REASONS FOR INNOVATION

CREATING LEGITIMACY FOR RESOURCE MOBILIZATION

イノベーションの理由

資源動員の創造的正当化

武石 彰
青島矢一
軽部 大

有斐閣

まえがき

本書は、「イノベーションはどのようにして実現されるのか」を解き明かそうとするものである。

イノベーションを実現するには、革新的な技術やアイデアを商品として事業化し、世に問わなくてはならない。そして商品化、事業化するには社内外の多くの人びとや組織の協力、生産設備や販売サービス体制の用意、資金の投入など——つまり、資源の動員が不可欠になる。だが、新たな技術やアイデアが、商品として、事業として、本当に成功をもたらすことができるのかどうか、事前に確たる見通しを示すことは難しい。不確実性が高く、成功の見通しを示せないと、商品化、事業化のために資源を動員することは難しくなる。資源の動員ができなければ、イノベーションの実現はかなわない。これが、イノベーションの実現を目指す者がしばしば直面する問題である。

本書は、この問題を乗り越えてイノベーションを実現した一群の事例を分析することを通じて、イノベーションが実現していく過程を解き明かしていく。イノベーションの実現過程を、不確実性の高い革新的な技術やアイデアの商品化、事業化に向けて資源動員を正当化していくプロセスとしてとらえ、どのようにして資源動員を正当化することが可能になるのかを明らかにする。イノベーションを実現するには、新たな技術やアイデアを生み出す創造性が必要だが、その技術やアイデアの商品化、事業化に向けて資源を動員することを正当化するための創造性も重要となる。本書は後者に着目し、資源動員を創造的に正当化するためのいくつかの道筋を示すことで、イノベーションの実現を目指す人びとへの新たな手がかりを提供する。

本書は、われわれが、一橋大学イノベーション研究センターで行ってきた「大河内賞ケース研究プロジェクト」の成果である。大河内賞は、財団法人大河内記念会が、産業の発展に貢献し、産業上の顕著な成果を実現した優れた技術革新を選定し、授与するものである。「大河内賞ケース研究プロジェクト」は、大河内賞を受賞した個々の業績を事例研究としてまとめ、日本企業のイノベーションに関するデータを蓄積していくことを目的として、われわれが仲間の研究者たち（教員や大学院生たち）と共同で、二〇〇三年度から二〇〇七年度にかけて実施した（その後も第二期のプロジェクトを継続して実施している）。本書は、このプロジェクトで蓄積した二三件の事例研究を題材とし、これらの事例を横断的に比較しながら、イノベーションが実現していった過程を分析し、考察を加えたものである。

本書は、大きく二つのパートから構成される。前半は「分析・理論篇」である。まず、われわれの問題意識と分析枠組みを論じ（第1章）、分析の題材である大河内賞を受賞した二三件の事例の概要を説明する（第2章）。その上で、これらの事例においてイノベーションが実現していった過程を横断的に分析し（第3章）、そこからイノベーションの実現に向けて資源の動員が正当化されていく過程を解明し、その特質を明らかにする（第4章）。そして本書の理解がイノベーションの実現を目指す実務家にとってどのような意味をもつのか（第5章）、またイノベーションをめぐる研究にとってどのような意味をもつのかを議論する（第6章）。

後半は「事例篇」である。「分析・理論篇」で扱う事例の中から八つを取り上げ、それぞれについてイノベーションがどのように実現していったのかを詳しく記述する。取り上げるのは、花王の酵素配合小型濃縮合成洗剤（アタック）（事例1）、富士写真フイルムのデジタルX線画像診断システム（FCR）（事例2）、オリンパス光学工業の超音波内視鏡（事例3）、三菱電機の新型構造・製造法モーター（ポキポキモータ）（事例4）、セイコーエプソンの自動巻発電クオーツウォッチ（KINETIC）（事例5）、松下電子工業の携帯電話端末用GaAsパワーモジュール（事例6）、東北パイオニア／パイオニアの有機ELディスプレイ（事例7）、荏原製作所の廃棄物焼却炉向け内部循環型流動層技術（事例8）をめぐるイノベーションの事例である。紙幅の関係から八つに絞るが、前半の「分析・理論篇」ではごく簡単にしか触れることができない個々の事例についてより詳しく紹介することで、前半の議論を具体的な文脈の中で跡付けていく。それぞれの事例では、「分析・理論篇」で論じた観点からまとめたセクションを最後に設けてある（なお、これら八つ以外の事例についても、大河内賞ケース研究プロジェクトの中で、個別に事例研究の成果が発表されており、各事例の詳しい内容を確認できる。詳細は第2章や巻末の付属資料を参照のこと）。

われわれは、本書を、イノベーションの実現を目指す実務家の方々に読んでいただきたいと考えている。革新的な技術を開発し、その成果を商品化、事業化につなげたいと考えている実務家の方々に読んでいただき、もし、なんらかの役立つ内容が本書に含まれていれば、それはわれわれにとって最もうれしいことである。

われわれはまた、本書を、イノベーションの研究者の方々にも読んでいただきたいと考えている。今年（二〇一二年）は、奇しくも、イノベーション研究の泰斗であるシュンペーターが経済社会にとってのイノベーションの重要性を謳った『経済発展の理論』を世に出してからちょうど百年目にあたる（原著ドイツ語版）。その後のイノベーション研究はシュンペーターの議論に脚注を加えていく作業であるともいわれているが、本書が新たな脚注としてイノベーション研究にいくらかでも寄与することできれば、それもまたわれわれにとって大きな喜びである。

本書は、たくさんの方々のご協力とご支援によってできあがった。

まずお礼を申し上げなくてはならないのが、本書の分析の題材となった事例研究の調査にご協力いただいた実務家の方々である。二三件に及ぶ事例の一つひとつにおいて、大河内賞受賞者の方々を始めとして、関連する多くの方々に、講演、インタビュー、資料提供などでご協力いただいた。個別の事例研究の成果の中でそれぞれに謝辞を述べてきたので、紙幅の関係もあり、ここでは一人ひとりのお名前をあげることはしないが、この場を借りて、ご協力いただいたすべての方にあらためてお礼申し上げたい。

これらの事例研究はまた、財団法人大河内記念会のご協力、ご支援があって可能になった。大河内記念会には、大河内賞ケース研究プロジェクトを立ち上げる段階からご理解とご支援をいただき、個々の事例研究を進めていく際に受賞企業、受賞者への紹介、協力依頼の労をとっていただいた。吉川弘之理事長はじめ、尾上守夫副理事長、常務理事の山﨑弘郎、中川威雄、平井英史、藤野直洋のみなさまにお世話になり、とくに、藤野さんには多くの便宜をはかっていただき、プロジェクトの円滑な実行を支えていただいた。厚くお礼申し上げる。

プロジェクトに参加し、個々の事例研究を担当していただいた研究者の方々にも深く感謝したい。一橋大学イノベーション研究センターと同大学院商学研究科の教員が中心となり、同大学院商学研究科の大学院生にも加わっていただき、個別の事例研究が行われた。巻末の付属資料に個々の事例研究を担当いただいた方々のお名前を掲載したが、その数は（われわれ三名を除き）二八名に達する。これらの方々による綿密で丁寧な事例研究が数多く蓄積されたからこそ、本書の分析が可能になった。

大河内賞ケース研究プロジェクトのコーディネーターを担っていただいた藤井由紀子さんにも深く感謝したい。藤井さんの優れたコーディネーションによって個々の事例研究が――時折あったトラブルも乗り越えながら――円滑に実行され、プロジェクト全体が回っていった。この他、森本典子さん、小貫麻美さんを始めとするイノベーション研究センター研究支援室，事務室，資料室のスタッフの皆さん，またプロジェクト一年目のコーディネーターを担当していただいた堀美波さんにも感謝の意を表したい。

さらに，一橋大学イノベーション研究センターとその同僚に感謝したい。多様な専門と経歴をもった優れた研究者を擁する同センターに身を置いていたからこそ，プロジェクトの企画と実行，そして本書の執筆が可能になった。とりわけ，宮原諄二さんに厚くお礼申し上げたい。宮原さんは，ご自身がかつて技術者として大河内賞を受賞されており，プロジェクトの発案段階からご協力をいただいた。その後も一貫してプロジェクト全体に関心を寄せていただき，イノベーションの研究者，実践者の両方の立場から多くの貴重な助言をいただくとともに，ご自身が受賞された業績の事例研究にも加わっていただいた。また，われわれの研究をいつも明るく応援していただいた米倉誠一郎さんにも感謝する。

事例研究の成果を本書の議論に結びつけていく過程では，さまざまな場で研究の中間段階での成果を発表する機会を得た。とくに，一橋大学イノベーション研究センター，同商学研究科，同国際企業戦略研究科，組織学会，日経カンファレンス，経営研究所，産業技術総合研究所などで報告した際に貴重なコメントをいただいた以下の方々にお礼を申し上げる（敬称略）。Christina Ahmadjian，伊丹敬之，加護野忠男，金井壽宏，榊原清則，中馬宏之，長岡貞男，沼上幹，野中郁次郎，三品和広，Tish Robinson。

大河内賞ケース研究プロジェクトは，一橋大学21世紀COEプログラム「知識・企業・イノベーションのダイナミクス」からの財政的支援を受けて実施された。プロジェクトの企画を検討していた際に，同プログラムの実施が決まり，サポートを得られたのは幸運であった。本書の執筆に際しては，同プログラムを引き継いだ一橋大学グローバルCOEプログラム「日本企業のイノベーション」や科学研究費補助金（基盤研究A）「境界のマネジメントと日本企業のイノベーション」からも財政的なサポートを受けている。ここに記して感謝する。

本書の出版では，有斐閣の藤田裕子さんに大変お世話になった。心よりお礼申し上げる。われわれの研究がまだ萌芽的な段階であった時期から声をかけていただき，結局，長い時間にわたっておつき合いいただくことになってしまった。とくに，最初の原稿が集まってから後の時間が，思いのほか長くかかってしまった。われわれ三人が原稿の見直しを何度も繰り返したからである。この間，藤田さんは，われわれが議論する場に常に同席され，議論が収束し，原稿が仕上がっていくのを静かに，暖かく見守っていただいた。おつき合いいただいた藤田さんにはご迷惑をおかけしたが，何度も議論を重ね，分析と考察を見直していった過程は，われわれ三人にとっては（なかなか収束しそうでしなかったので大変ではあったが）実に楽しい時間であった。

最後に，私事にわたるが，本書の執筆を側面から支えてくれたわれわれの家族（武石いづみ・広，青島洋子・侑生，軽部みどり・歩・泰）に感謝していることを記しておきたい。

本書は，以上でお名前をあげられなかった方々も含めて，たくさんの方々のご協力とご支援によって実現した。本書が，イノベーションの実現を目指す人びとの何らかの手がかりとなり，イノベーションの研究にいくらかでも貢献することで，多くの方々からいただいたご協力，ご支援に少しでもお返しができることを願うばかりである。

二〇一二年正月　京都・東京にて

武石　彰・青島矢一・軽部　大

目次：イノベーションの理由

■ 著者紹介

武石　彰（たけいし・あきら）

学習院大学経済学部教授，京都大学名誉教授

1958年生まれ。1982年東京大学教養学部卒業。同年株式会社三菱総合研究所入社。1990年マサチューセッツ工科大学スローン経営大学院経営学修士（M.S.）修了，1998年同大学院博士課程修了，Ph.D.（経営学）取得。1998年一橋大学イノベーション研究センター助教授，2003年同教授，2008年京都大学大学院経済学研究科を経て，2020年より現職。

主要著作◎『分業と競争』（有斐閣），『メイド・イン・ジャパンは終わるのか』（共編著，東洋経済新報社），『経営学入門』（岩波書店）。

青島 矢一（あおしま・やいち）

一橋大学イノベーション研究センター教授

1965年生まれ。1987年一橋大学商学部卒業。1989年同大学大学院商学研究科修士課程修了。1996年マサチューセッツ工科大学スローン経営大学院博士課程修了，Ph.D.（経営学）取得。一橋大学産業経営研究所専任講師を経て，1999年一橋大学イノベーション研究センター助教授，2007年同准教授を経て，2012年3月より現職。

主要著作◎『イノベーションの長期メカニズム』（共著，東洋経済新報社），『質の高い研究論文の書き方』（編著，白桃書房），『経営学入門』（共著，東洋経済新報社）。

軽部　大（かるべ・まさる）

一橋大学イノベーション研究センター教授

1969年生まれ。1993年一橋大学商学部卒業。1998年同大学大学院商学研究科博士後期課程修了，博士（商学）。東京経済大学経営学部専任講師を経て，2002年一橋大学イノベーション研究センター助教授，2007年同准教授を経て，2017年4月より現職。

主要著作◎『見えざる資産の戦略と論理』（共編著，日本経済新聞社），『組織の〈重さ〉』（共著，日本経済新聞出版社），『関与と越境』（有斐閣）。

分析・理論篇

第1章　イノベーションはいかに実現されるのか

はじめに

時代がイノベーションを希求している。

市場が成熟化し、経済が停滞を続け、内外で厳しい競争にさらされる中、以前にも増して日本企業はイノベーションを強く求めている。政府もまた、イノベーションを求めている。長期にわたる景気低迷から脱却すべく構造転換を進めていったとしても、そして、未曾有の震災からの復興を成し遂げていったとしても、日本経済が再び成長の軌道に乗るには、イノベーションによる市場の創造と企業経営の活性化が不可欠である。

企業にとっても、政府にとっても、イノベーションが大事であるならば、そもそもイノベーションはどのように生まれるのかについてよりよく理解しておくことが大切になる。本書は、そのためのものである。「イノベーションはどのようにして実現されるのか」。これが本書の基本的な問いである。

この問いについてはこれまでも多くの先人たちによって優れた分析や考察が重ねられてきた。そうしたこれまでの成果を踏まえつつ、この問いについて、われわれが設定した問題関心と視点から、われわれが仲間の研究者たちと共同で進めてきた一群の事例研究を題材として分析を行い、われわれなりの答えを導き出すことが本書の目指すところである。それは、ごく簡単にいうならば、大河内賞を受賞した日本企業のイノベーションの事例を分析しながら、イノベーションの実現を目指す者が組織内外の他者からの資源動員を果たしていく創造的な過程を解き明かしていこうとするものである。

その出発点としてまず、本章では、イノベーションの実現過程の特質を検討した上で、本書の問い、視点、分析枠組みがどのようなものなのか、なぜそれが重要なのか、を論じていくこととする。

1　イノベーションとは

「イノベーションはどのようにして実現されるのか」について考えるのであれば、なによりもはじめに、「イノベーションとは何か」について確認しておかなくてはならない。

本書は、イノベーションを「経済成果をもたらす革新」ととらえる（一橋大学イノベーション研究センター［2001］）。イノベーションとは、まずもって「革新」でなくてはならない。何か新しいもの、今までになかったもの、従来とは異なる変化でなくてはならない。しかし、単なる革新だけではイノベーションたりえない。「経済成果」をもたらさなくてはならない。市場取引を通じて社会に経済的価値を提供するものでなくてはならない。なんらかの革新を含むものが、商品として社会に提供され、それが購入され、使用され、普及して、はじめて「経済成果をもたらす革新」となる。つまり、イノベーションとは、研究開発活動等を通じた発明や発見、技術開発活動等を通じた実用化、生産体制や販売サービス体制の構築等を通じた事業化、そして市場取引を通じた社会への普及、という一連のプロセスを経て、経済成果がもたらされる革新のことをいう。

イノベーションとは、一般には、新しいものを生み出すこと、取り入れること、変化をもたらすこと、といった意味で使われる。例えば、芸術でも、スポーツでも、料理でも、教育でも、政治でも、そのような意味でのイノベーションはあるだろう。本書はしかし、そういう一般的な意味でのイノベーションを取り上げるものではない。本書は、「経済成果をもたらす革新」という、より限定された意味でのイノベーションを取り上げるものである。それは、「経済成果をもたらす革新」こそが経済社会にとってとりわけ重要な意味をもつからであり、われわれが関心をもつイノベーションとはそういう意味でのイノベーションだからである。

このとらえ方は、イノベーション研究の泰斗であるシュンペーター（J. A. Schumpeter）がかつて示したイノベーションのとらえ方を踏襲したものである。経済社会にとってのイノベーションの重要性と特質をはじめて本格的に指摘したシュンペーターは、その著書の中で、イノベーションとは新しいものを生産する、もしくは既存のものを新しい方法で生産することである、と述べている（Schumpeter［1934］）。ここでのキーワードは、「新しい」と「生産」である。「新しい」もの、方法でなければならないが、それが「生産」に結びつかなくてはイノベーションではない。「新しい」とは革新のことであり、「生産」とは経済成果を生み出す活動のことであり、つまり、イノベーションとは経済成果をもたらす革新を意味することになる。

2　イノベーションの実現過程の特質

2・1　イノベーションの実現過程

イノベーションを「経済成果をもたらす革新」ととらえるとすると、イノベーションを実現していくプロセスは、「革新によって経済成果を実現していく過程」であるということになる。イノベーションの実現過程とは、既存の経済活動を代替する革新の過程であり、機会を新しいアイデアへと転換し、それらが広く実用に供せられるように育てられていく過程である（Tidd et al. [2005]）。

とくに強調しておきたいのは、革新的なアイデア創出から経済成果がもたらされるまでの「一連のプロセス全体」を指してイノベーションの実現過程と呼ぶ、という点である。例えば、発明・発見は、革新の源となり、イノベーション実現の重要な出発点となる。しかしそれだけではイノベーションと呼ぶには不十分である。科学的・技術的に重要な発明・発見であったとしても、製品やサービスという形で企業によって商品化されなくては、そもそも消費者はその便益を知ることも享受することもできないし、消費者に普及、浸透し、継続的事業として成立しなくては、企業もまた経済成果を獲得できないからである。イノベーション・プロセスとしてしばしば注目される新製品開発も重要な活動ではあるものの、イノベーションの実現過程の一部を担っているに過ぎない。

このようにとらえたイノベーションの実現過程には、（少なくとも）二つの重要な特質が備わっている。それは、第一に、革新である故に不確実性に満ちているという特質、第二に、経済成果を実現するためには他者の資源を動員する必要があるという特質である。

2・2　不確実性

イノベーションの実現過程の第一の特質は、新しいこと、今までにない初めてのことを実現しようとする過程である故に、「常に不確実性をともなう」ということである。なんらかの革新的なアイデアが、本当に技術的に実現可能なのか、はたして経済成果を生み出すことが可能なのか、事前にはわからないという不確実性である。

イノベーションの実現過程を長年にわたって研究してきたファン・デ・フェンは、イノベーションの一連のプロセスを「イノベーション実現への旅」(innovation journey) と喩《たと》え、以下のような特徴をもっていると述べている（Van de Ven［1986］）。

- 最初の引き金：人や組織が認識する機会や不満がある閾値を超えることがイノベーションの引き金になる。
- プロセスの複線性：一つの方向に向かって出発するものの、事後的にそのプロセスはいくつにも分岐する。
- 計画・コントロールの限界：当初の計画はしばしば楽観的で、事後的には後退もしばしば生じる。
- 外部環境の変動：組織内部・外部の干渉やその他の予期せぬ出来事により、組織の再編もともなう。
- 経営トップの役割：経営トップは、イノベーションの後ろ楯ともなるし、批判や具体化においても重要な役割を果たす。
- 政治性：成功の基準は時として変化し、グループによっても違いがあることが、イノベーションを政治的なプロセスとしている。

• 学習の重要性：イノベーションには学習が必要であり，それはイノベーションの実現過程で予期せぬ出来事に直面するからでもある。

ファン・デ・フェンがいう「イノベーション実現への旅」とは，綿密な計画と周到な準備に基づいて旅程通りに粛々と進む，パッケージ・ツアーではない。それは，途中で出会うさまざまな予期せぬ障害や苦労を乗り越え，自ら道を切り拓きながら，時には偶然に導かれ，紆余曲折を経て前進していく旅である。別の表現をすれば，それは，ミンツバーグのいう「創発的」（emergent）な旅である（Mintzberg et al. [1998]）。「創発的」とは，事前に計画，準備された通りに結果が実現されるのではなく，各時点での局所的な想定外の出来事とそれへの対応が連なり，積み重なって結果が生み出されていく様をいう。社会的な営みやその変化の過程は多かれ少なかれ創発的な側面をもつが，不確実性に満ちている「イノベーション実現への旅」はなおさら創発的なものとなる。不確実性とそれへの対処の仕方が旅の行方とペースを左右していくことになる。

イノベーションの実現過程に横たわる不確実性は，イノベーションに関わる者が自然界と経済社会の双方について事前には限られた知識しか持ち合わせていないことに起因している。沼上（2004）の言葉を借りれば，前者の自然界に関する不確実性は「自然の不確実性」とよばれるものであり，後者の経済社会に関する不確実性は「意図の不確実性」とよばれるものである。

「自然の不確実性」は，自然界の法則定立的なパターンに関して統一的に説明する知識（科学的知識）も，そのパターンを人工物として再現可能にする方法に関する知識（技術的知識）も，事前には十分に有していないゆえに発生する不確実性である。研究開発活動等を通じて科学・技術の知識を学習，創造，蓄積していくことで削減可能な不確実性であり，研究開発活動はこの不確実性を削減するために行われる。

これに対して，「意図の不確実性」は科学・技術の知識だけでは削減できない不確実性である。製品の物理的な機能は開発者や消費者など人間の意図とは独立に成立するが，その機能の社会的，経済的価値は人間の意図や，意図に基づいた行為によって事後的に変化する。製品化や事業化や普及を通じて，経済社会の中でどのように使われ，どのような価値を実現することになるのか，事前には正確に予見することができない。その不確実性が「意図の不確実性」である。

それは，われわれが他人の意図を事前に読み解く能力を十分にもっていないから発生する不確実性であり，さらにそのような能力をもっていたとしても，他人が反省能力をもち，相互作用を通じて事後的に当初の意図を改変することが可能であることから発生する不確実性である。自然界の不確実性は客観的な知識に支配された世界であるのに対して，意図の不確実性は関連するさまざまな主体の間での主観的な合意形成（間主観性）に支配される世界である。

イノベーションの実現には，「自然の不確実性」と「意図の不確実性」という二重の不確実性に対処することが必要となる。革新的な技術が構想され，それが商品化，事業化されていく一連のプロセスを想定した場合，それぞれの不確実性に対処する必要性は，イノベーションの段階によって大きく異なってくるだろう。プロセスの初期の段階においては「自然の不確実性」への対処の必要性が大きく，「意図の不確実性」への対処の必要性は小さい。事業化の段階に進展していくと，相対的に「意図の不確実性」への対処の必要性が大きくなってくる。「自然の不確実性」がしだいに削減されていったとしても，「意図の不確実性」がつきまとい続ける。

2・3　資源動員

イノベーションの実現過程に備わっている第二の特質は、「資源動員を必要とする」ということである。「不確実性に満ちている」という第一の特質が、イノベーションが「革新」であるという部分からくるのに対し、「資源動員を必要とする」という第二の特質は、イノベーションが「経済成果をもたらす」ものであるという部分からくる。

経済成果をもたらすためには、なんらかの革新を含む商品が事業の一環として提供され、それが社会の中で購入、使用され、普及しなければならない。それには、商品を安価に高品質で生産するための工場設備、商品を販売するための流通網、修理や消耗品供給など必要なサービスを提供するサービス体制、さらには商品がその価値を実現するために不可欠な補完品やインフラストラクチャーの整備などが必要であり、そのために多様な関連主体からなる「他者」の資源（ヒト、モノ、カネ、情報）が動員されなければならない。

発明や発見、あるいは特許の取得であれば、特定の個人単独で成し遂げることもできるだろう。技術や製品の開発であれば、研究所や設計部門だけで成し遂げることもできるだろう。しかし、経済成果の実現は、個人や特定部門を超えて、企業内外のさまざまな主体を巻き込み、その資源を動員しないことには成し遂げられない。「革新」であれば個人的な、あるいは小さなグループ内の営みで完結することもあるだろうが、「経済成果をもたらす革新」は広範囲の他者との関わりを必要とする社会的な営みとならざるをえない。

イノベーションの実現過程における資源動員の重要性は、シュンペーターも当初から強調していた。彼は、イノベーションにはリスクマネーが必要であり、そのために銀行家による信用創造や大企業による独占利潤の役割が大切であると述べている（Schumpeter［1934, 1942］）。これは、イノベーションには、その実現を目指す企業家だけでなく、その実現を可能にする資源動員が不可欠であることを指摘したものである。

クリステンセンの「破壊的イノベーション」の議論でも資源動員の重要性を確認することができる(Christensen［1997］)。クリステンセンの「破壊的イノベーション」をめぐる議論は、多くの優れた企業が新たなイノベーションをきっかけにその地位を失っていく要因を明らかにしたものとして、イノベーションに関心をもつ人びとの間で大きな反響をよんだ。そこで彼が強調しているのが資源動員の問題である。イノベーションで成功することをめざす企業の運命を左右する大事な鍵は、誰がいつ革新的な技術を開発するかではなく、誰がいつその技術革新を事業化するための投資を行うかにある、というのが彼の基本的な論点であった。

3　イノベーションの実現過程の矛盾

3・1　不確実性と資源動員の矛盾

イノベーションの実現過程が、第一に不確実性に満ちている、第二に他者の資源動員を必要とする、という特質をもっているということは、イノベーションの実現を目指すプロセスは一つの矛盾をはらんでいることを意味する。それは、不確実性と資源動員という二つの特質の間に存在する矛盾、つまり、事前には技術的にも経済的にも成否が不確実な中でさまざまな他者の資源を動員しなくてはならない、という矛盾である。

他者の資源を動員しようとする時、現代の資本主義社会において最も有効な方法は、資源を動員することが経済的に合理的であることを示すことである。資源を提供すればそれを上回る経済的便益が戻ってくるという経済合理性、つまり、「儲かる」という見通しさえあれば、資源の動員は円滑に進む。資本主義社会とは、経済合理性に基づいて社会の資源を動員する仕組みである。

しかし、イノベーションは革新である故に不確実性に満ちている。技術的に実現可能かどうかわからないし、経済価値を実現できるかどうかもわからない。「確かに儲かる」という見通しはそこにはない。「経済成果」を実現しなくてはならない故に他者の資源が必要になるが、「革新」である故に不確実性に満ちており、経済合理性を欠くために、他者の資源を動員するのが難しくなる。にもかかわらず、経済成果を実現するには他者の資源を動員しなくてはならない。ここにイノベーションの実現過程がはらむ矛盾がある。

3・2　事前の評価と事後の評価

この矛盾をもう少し具体的に理解するために、ここでイノベーションの実現を目指す企てへの投資決定について例示的に考えてみよう。

ある企業内における二つの異なる時点を想像してみてほしい（図表1）。一つは、これまで行われてきた研究開発プロジェクトについて、事業化に向かってさらに前進するための投資を行うか行わないかの意思決定——例えば、製品化や事業化のための投資を実行するかどうかについての決定——を迫られている時点である。もう一つは、投資が実行された後にその成果を評価する時点である。つまり、プロジェクトへの投資が行われる事前の意思決定の時点と、プロジェクトが終了しその成果の事後評価を行う時点、という二つの時点を考えることとする。

図表のX軸は各プロジェクトの「事前の評価」を示し、Y軸は各プロジェクトの「事後の評価」を示す。各プロジェクトは事前の評価を受け、事前の投資決定基準であるXcを超える評価を得なければ、プロジェクトとして正式な支援を受けられず、投資は見送られる。評価がXcを下回るプロジェクトは、その時点で先に進めなくなり、頓挫する。一方、Y軸のYcはプロジェクトの事後的な成功、失敗の基準を示したものである。

図表1　事前の評価と事後の評価の関係

(1)　タイプA：事前の評価と事後の評価とが完全相関（全知

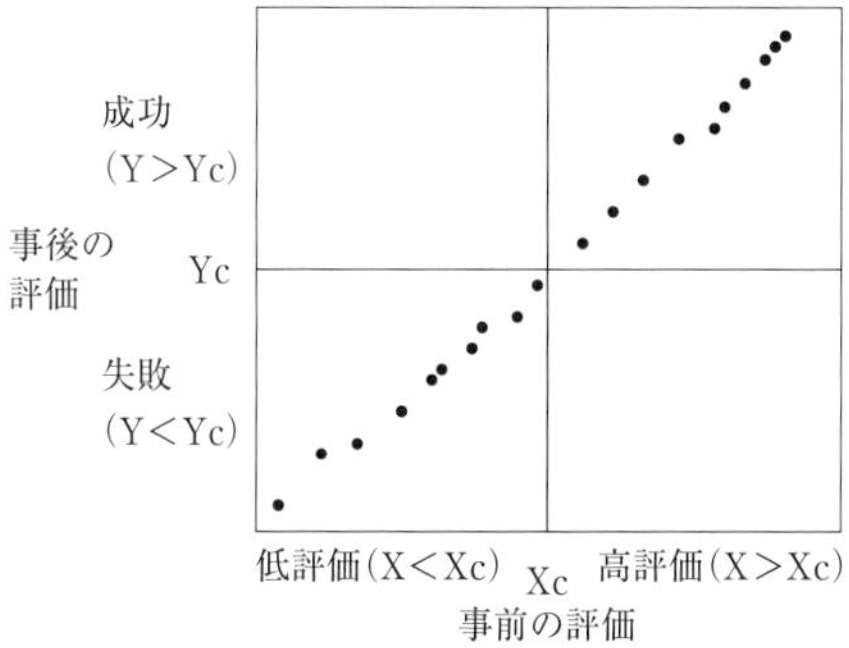

(2)　タイプB：事前の評価と事後の評価とが正の相関

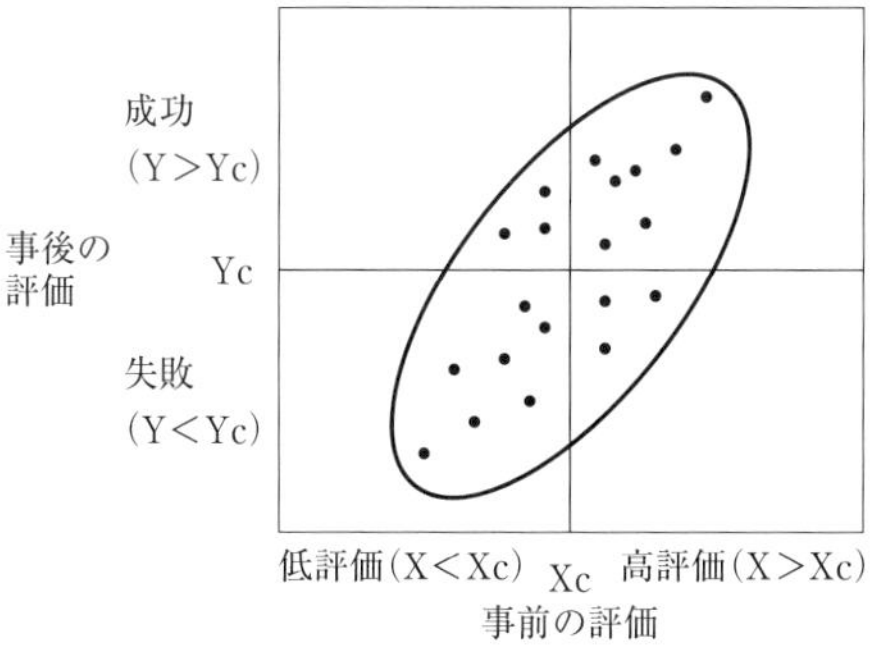

(3)　タイプC：事前の評価と事後の評価とが無相関（無知）

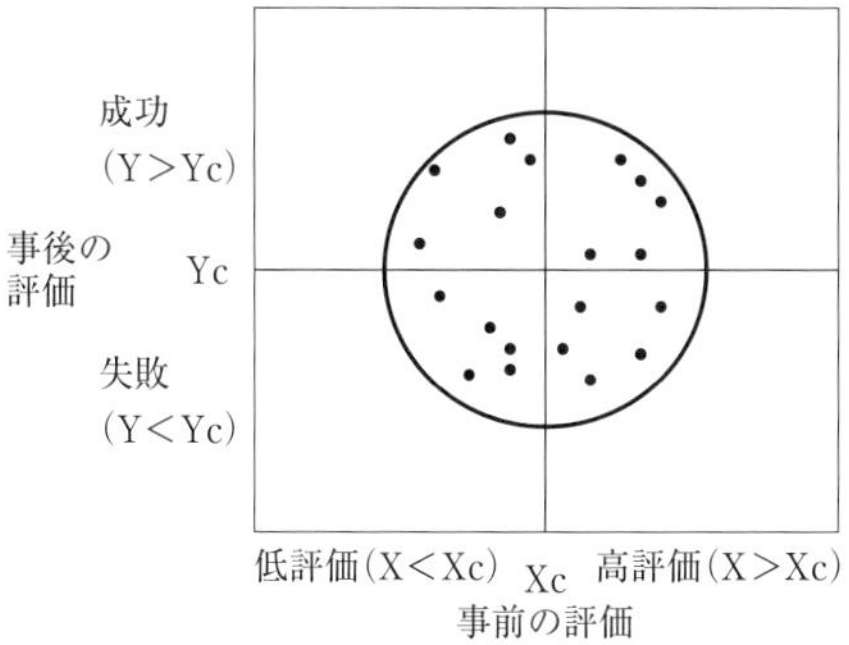

出所：Garud et al.［1997］を参考にして作成。

投資が実行され、その結果、事後的な評価が評価基準であるYcを超えていれば、そのプロジェクトは成功であり、それ以下であれば失敗であったと評価される。

タイプAからタイプCまでの三つの図にはそれぞれ二〇個の点がプロットされている。三つの図においてその分布の違いこそあれ、二〇のプロジェクトが企業内で事前の評価と事後の評価を受けていることをあらわしている。

タイプAは、意思決定者がイノベーションのもたらす事後的な価値について事前に完全に知っているパターンであり、事前の評価と事後の評価とが各プロジェクトに関して完全に一致する。これに対して、タイプCは、図に示されるとおり、事前の評価と事後の評価の相関がまったくない。つまり、事前の評価と事後の評価とが（偶然の場合を除いて）まったく一致しないというパターンである。タイプAが事前の評価と事後の評価とが一致する全知の世界だとすると、タイプCは両者の相関がまったくない無知の世界である。

われわれは、このようなプロジェクトの事前と事後の評価に関する真の分布について知っていると仮定することはできないが、楽観的に考えるならば現実の世界はタイプBのようであると考えても差し支えないだろう。それは、事前の評価と事後の評価が正の相関関係にある、つまり、事前の評価と事後の評価は常に完全に一致するわけではないが、おおむね一致する、というパターンである。

このパターンには四つの象限が含まれている（図表2(1)）。第Ⅰ象限は、事前の評価が高く（X＞Xc）、事後的な評価も高い（Y＞Yc）という、典型的な「想定内の成功」もしくは「計画の成功」とでも呼ぶべきケースである。これとは対照的に、第Ⅲ象限は、事前の評価が低く（X＜Xc）、事後的な評価も低い（Y＜Yc）という「想定内の失敗」もしくは「失敗の追認」とでも呼ぶべきケースである。当事者が完全に正しい知識を有しているタイプAならば、この二つのケースしか生起しない。しかし、より現実的なタイプBでは、当事

図表２　事前の評価と事後の評価

(1)　四つのケース

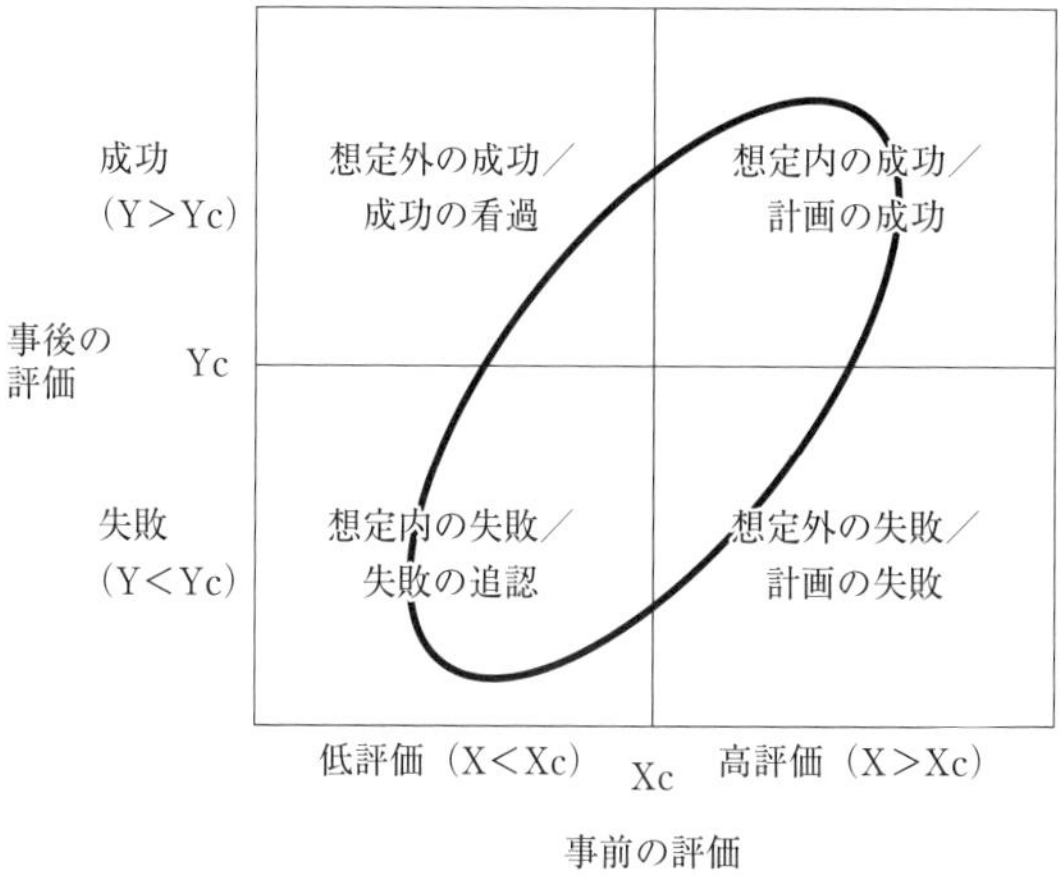

(2)　二つの誤謬と評価基準

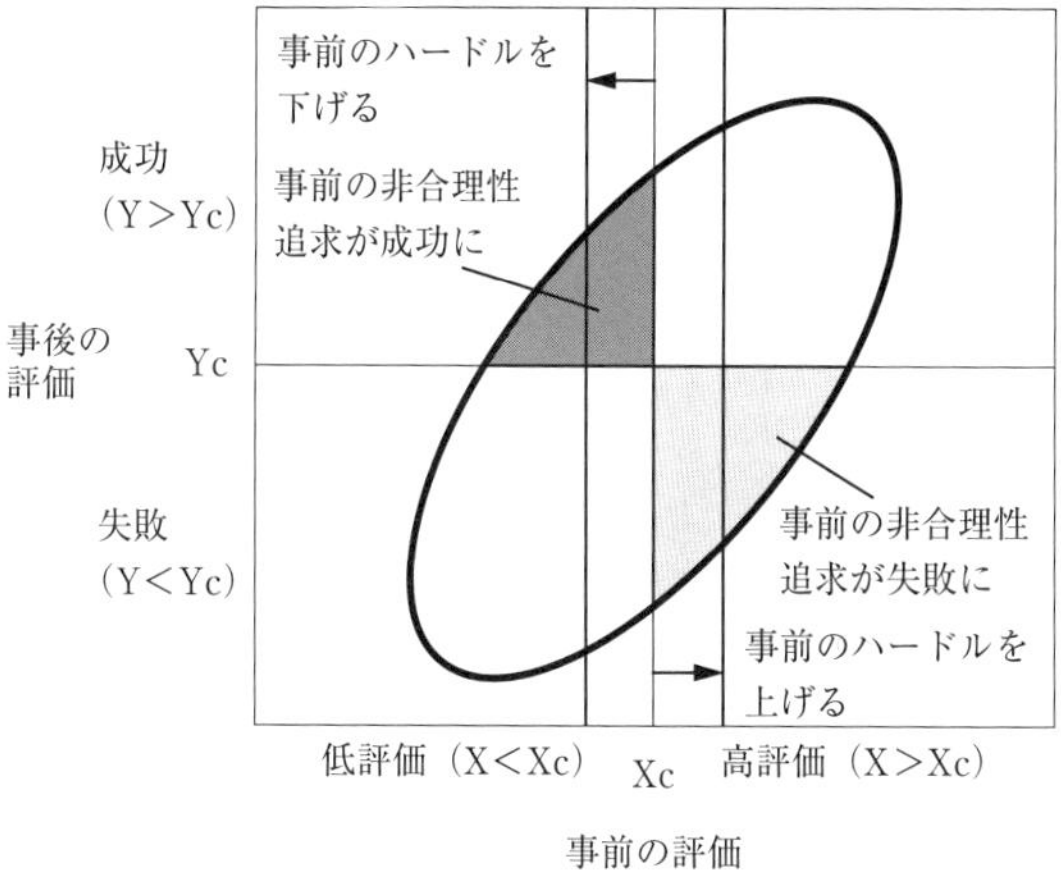

出所：Garud et al. [1997]，加護野［2002］を参考にして作成。

者の知識はおおむね合ってはいるが、完全には正しくないので、事前の評価と事後の評価が一致しないケース、つまり第Ⅱ象限と第Ⅳ象限に位置するケースが存在する。

第Ⅱ象限は、事前の評価が投資基準を下回ったため（X＜Xc）、投資決定を行う組織としてはプロジェクトの継続を見送るケースである。そのようなプロジェクトは、当該組織内の支援を受けられないため、経済合理的な意思決定がなされるのであれば、頓挫する。しかし、なんらかの事情でもし投資が実現すれば、事後的には成功の評価が得られる。事前の評価に従えば成功を逃すこととなり、逆になんらかの理由で事前の評価に従わず投資を実行していれば、結果として想定していなかった成功を収めることとなる。「想定外の成功」あるいは「成功の看過」と呼ぶべきケースである。

一方、第Ⅳ象限は、第Ⅱ象限とは対照的に、事前の投資基準をクリアするものの、事後的な成功基準であるYcをクリアできなかったケースである。事前に想定していた成功が得られない、「想定外の失敗」とよぶべきケースである。

以上の第Ⅱ、第Ⅳ象限に位置する投資意思決定の誤謬は、投資の事後的成果を事前に知ることができず、投資決定が立脚する事前の合理性が事後的な結果の常に正しい予見指標となる保証がないことに起因している（Garud et al.［1997］；加護野［2002］）。

これら二つの誤謬を同時に取り除くことはできない。図表2(2)に示されるように、採択基準を引き上げて投資決定のハードルを上げれば、事前の評価は高いが事後の評価が低いケースを排除できる。しかし、他方で事前の評価は低いが事後の評価は高いというケースを拾えないという問題が発生する。逆に、採択基準を下げれば、事前の評価は低いが事後の評価が高いケースをプロジェクトとして拾うことができる。しかしそのことは同時に、事前の評価は高いが事後の評価が低いというプロジェクトを増やしてしまう。事前の評価基準を緩めても、引き締めても、問題は解決できない。

意思決定をめぐる事前の評価と事後の評価の関係に四つのタイプがある中で、イノベーションにとってとくに重要な問題となるのは、事前の評価が誤っている可能性、つまり、第Ⅱ、第Ⅳ象限に位置する可能性が高いという点にある。

3・3　想定外の成功

先ほど、楽観的に考えるならば、事前の評価と事後の評価がおおむね一致すると考えていいだろうと述べた。どのような案件であれ、意思決定者が全知でない限り、将来の予測（事前の評価）が常に正しいということはありえないが、知識と経験を備えた意思決定者であれば、一般的には、おおむね正しい評価が事前には可能であると考えることは決して無理なことではない。

だが、意思決定の対象である案件が、より革新的な要素を含み、不確実性がより高い場合、つまり、イノベーションの特質を色濃く備えていればいる程、事前の評価が正しい可能性は低くなってしまう。事前の評価が低いと考えた案件は（投資をすれば）事後的に成功する可能性がより高く（第Ⅱ象限「想定外の成功」）、事前の評価が高いと考えた案件は（投資をすれば）事後的に失敗する（第Ⅳ象限「想定外の失敗」）おそれがより大きい。図表1でいえば、タイプCに近いタイプB、つまり事前の評価と事後の評価の相関がより弱い、ということになり、その分、取り上げた案件が第Ⅱ象限と第Ⅳ象限に分布する可能性が高くなる。

イノベーションの実現過程は、このように、「想定外の成功」と「想定外の失敗」という二つの誤謬を抱える可能性が高くなるわけだが、イノベーションの実現を目指す者にとって、より典型的で、より重要で、より困難なパターンとなるのは、前者の「想定外の成功」となる。

「想定外の失敗」も事前の評価が外れるという点では変わりない。ただ、イノベーションの実現を目指す者にとってまずもって重要なのは資源の動員であり、「想定外の失敗」にその点での問題はない。これに対して、事前の評価が低い「想定外の成功」は、まさにこの点で大きな問題となる。

事後的に成功する企ての事前の評価が低いというのは、多くのイノベーションの実例において見られることである。これまでのイノベーションの歴史を振り返れば、経済社会を大きく変え、歴史にその名を刻むような大きな成功を収めた革新的なアイデアが、事前にはその成功が予見されていなかった実例、つまり、第Ⅱ象限に当てはまる実例を数多く見出すことができる（一橋大学イノベーション研究センター［2001］）。

経済合理性を欠き、他者が投資に踏み切る可能性が低いとすれば、そこにあえて挑戦し、成功すれば、他者に先駆けて大きな果実を手に入れる可能性も高くなる。革新的なアイデアの中には、早くから皆が成功すると考え、その通り成功するパターンもあるだろうが、そうした「想定内の成功」に比べれば、「想定外の成功」の方が手に入る成果はより大きくなる可能性がある。他者がやろうとしないイノベーションに先んじて挑戦し、普通であれば頓挫するはずの企てにあえて資源を投入して、事後的にそこから大きな成功を収めることを目指す者にとって、より典型的で、より重要なのが第Ⅱ象限の「想定外の成功」ということになる。[1]

だが、容易に想像できるように、「想定外の成功」を達成するのは四つの象限の中で最も困難である。結果としての成果は、資源を投入しないことには得られないが、その資源は経済合理性を欠く中で投入されなくてはならない。先ほどから指摘してきたイノベーションの実現過程がはらむ矛盾である。

この矛盾の手強さは、投資の決断を下さなくてはならない当事者の立場に身を置いてみれば、容易に実感できるはずだ。革新故に不確実性が高く、投資を実行する程の経済合理性はない。当事者の立場からすれば、明確な成功の見通しのないものへの投資に反対する方が簡単である。見通しのないものへの投資に賛成して後から責任を問われるより、見通しのないものへの投資に反対しておく方が安心できるだろう。反対するのには合理的な理由があり、説明責任を果たすことはできる。合理的に判断すれば却下されていたはずの案件への投資を主張した者、認めた者が、失敗した後に浴びる非難と負わされる責任は大きい[2]。

さらに、革新は既得権益を損なうことがある。もし革新が新たな事業成果に結実すれば、これまで成果をあげてきた事業の収益を奪う可能性や、投資の優先順位を変えてしまう可能性がある。そうした既得権益を奪われそうな側は、当然、不確実性が高く、成功の見通しがないことをついて、抵抗や反対をしてくるだろう。

限られた資源をできるだけ有効に使わなくてはならない意思決定者にとって、たとえ「想定外の成功」を収める可能性があるとしても、事前の評価が低く、成功の可能性が低く、疑問や抵抗や反対を払拭することができない案件への投資を認める決断を下すのは難しい。

ここに「想定外の成功」を目指すイノベーションの実現過程に立ちはだかる大きな壁がある。「経済合理性を欠く中で他者の資源を動員しなくてはならない」という矛盾に起因する「資源を動員することへの疑問、批判、抵抗、反対」という壁である。

4　本書の問い、視点、分析枠組み：革新への資源動員の正当化

4・1　問　い

イノベーションの実現には、不確実性故に事前には成功の見通しがない中で、しかし他者の資源を動員しなくてはならない、という矛盾がつきまとい、資源動員への壁が立ちはだかる。だが、革新的だが不確実性

の高いアイデアからイノベーションを実現することを目指す者は、この壁を乗り越えなくてはならない。この壁を乗り越えた者だけがイノベーションを実現し、「想定外の成功」にたどり着くことができる。

では一体、この壁はどのようにして乗り越えることができるのだろうか。本書は、この問題に焦点をあてる。

イノベーションの実現を目指す者――以下、彼／彼女を「イノベーションの推進者」と呼ぶこととする――は、自らの革新的だが不確実性に満ちた企てが客観的な経済合理性を示せない中で、どうすれば壁を乗り越え、他者からの資源動員を果たすことが可能になるのだろうか。本書は、この問いを中心に据え、イノベーションの実現を果たした一群の事例の分析を通じて、この問いへの答えを探り出していく。資源動員の壁を乗り越えるプロセスを分析し、そのメカニズムや特質を解き明かすことによって、「イノベーションはどのようにして実現されるのか」について理解を深めることを目指すのである。

4・2　視　点

この問いについて、どのようにして答えを探り出していくか。そのための切り口とするのが、イノベーションのプロセスを「新規のアイデアを経済成果に結びつけるための資源動員が社会集団の中で正当性を獲得していく過程」と捉える視点である。

それは、「イノベーションの実現過程における資源動員の正当化」に着目するという視点であり、鍵となる概念は「正当化」である。イノベーションの推進者が資源動員のためになんらかの正当性を訴えることによって他者の支持を獲得していく過程に着目するという視点である。

これがどういう過程であるのかを、先の図表2(1)でもう一度確認してみよう。

この図の横軸は「事前の評価」となっているが、その基準は「客観的な経済合理性」である。「客観的」というのは、「多くの人が同意する」というほどの意味である。だれもが、いつでも、どこでも同意するような普遍的な意味での客観的経済合理性ではなく、あくまでも相対的な意味での客観的経済合理性である。「多くの人が儲かりそうだと思える」ようであれば、右側に位置し、そうでなければ左側に位置することになる。

このような意味での客観的な経済合理性がない（一定の水準を下回っている）中で、ある特定の主体が、自らの個人的な信念や先見性をもって、あるいは特定の事情を抱えながら、ある革新的なアイデアに基づくイノベーションの実現を目指して行動することで、イノベーションのプロセスが始まる。イノベーションの推進者は、（よほどの資産家や権力者でもない限り）必要となる資源のすべてを自ら事前に持ち合わせているわけではない。潜在的な資源提供者に自らの「企て」の意義や価値をなんらかの形で認めてもらう必要があり、協力を得るには相手が納得する必要がある。そこには相手が容易に納得できる客観的経済合理性はない。にもかかわらず、他者がなんらかの形で納得し、合意することで資源が動員され、やがて、事後的に経済的成果、先ほどの表現を使えば「想定外の成功」を実現する。

つまり、多くの人が同意するような客観的経済合理性がない企ての実現に向かって、ごく一部の――たった一人のこともあるだろう――推進者が、その成功を信じて動き始め、そしてその企てを一部の他者が支持して、経済価値の実現に向けて資源が動員されていく。これが、イノベーションの実現過程がはらむ矛盾に起因する障壁を乗り越えて、イノベーションが実現していくプロセスになる。

だとすれば、イノベーションの実現過程が継起するには、その実現に必要な資源を動員することを他者が支持するためのなんらかの「真っ当な理由」、つまり正当性が必要となる。イノベーションの推進者を取り巻く組織内外の他者によってその正当性が認められる限りイノベーションのプロセスは前進するが、正当性が認められず、前進に必要な資源が動員されないと、イノベーションのプロセスはその時点で頓挫する。革新的な企てへの資源動員が正当化されるかどうか、そしてどのように正当化されるかが、イノベーションの実現過程を駆動していくことになる。[3]

4・3　分析枠組み

正当性とは、先ほども述べたように、一般的には「真っ当な理由」とでもいうものである。より学術的に表現するならば、「ある主体の行為が、ある社会的に構成された規範・価値・信念・定義の体系の中で、望ましい・正しい・ふさわしいと一般に認知・想定されること」ということになる。これは、「正当性」という概念について理論的な検討を行ったサックマンの定義である（Suchman［1995］）。

正当性にはいろいろなタイプのものがある。同じく、サックマンの整理によると、規範的評価（社会で容認される法規則やルールなど）に基づく「道義的正当性」、暗黙の価値観や信念による受容に基づく「認知的正当性」、そして正当性を訴える相手の利害や好みに基づく「実践的正当性」という三つのタイプがある（Suchman［1995］）。

この中で、イノベーションへの資源動員にとって最も効果的なのは、当該の革新によって事後的に得られるであろう経済成果とそれに伴う事業収益への期待であり、その見通しである。つまり、経済合理性であり、「実践的正当性」に分類される。これが事前により高く、より確実であると認識されれば、資源が動員されることとなる。むろん事前に一〇〇％確実な見通しをもつことは実際にはありえないが、許容できるリスクで成果が得られるという期待を多くの人がもつことができれば、イノベーションの実現に必要となる資源が動員されることとなる。

だが、先に検討したように、革新的な企ての将来の経済成果について多くの人が納得できるような見通しを事前にもつことは往々にして困難である。最終的には儲かることを期待して事業化への投資がなされる（はずだ）が、そこに至るまでの過程ではそうした経済合理性が客観的には認められない中で、資源の動員が正当化されなくてはならない。一体、どのような相手に向けて、どのような理由によって、正当化されたのか。これを見ていくのが本書の分析枠組みとなる。

相　手

まず、正当性を誰に向かって訴えるのか、という問題である。

個人的着想から、要素技術の開発、さらには製品化や事業化に向けてイノベーションのプロセスが進むに従って、個人から出発するイノベーションの推進者は、周囲の人間が巻き込まれることで組織化され、当初正当性を訴える相手だったさまざまな利害集団自身がイノベーションの推進者となる。その結果、イノベーションの推進者は個人から企業へと広がっていく。

そして、正当性を訴える相手も変化していく。それは、特定の開発組織内部の関係者から、生産、営業組織へ、さらには事業部へと組織内部で垂直・水平方向へと広がっていく。また、潜在的な供給業者や顧客へ、そして市場、社会へと組織の境界を越えて外へと広がっていく。イノベーションの実現には、イノベーションのプロセスが進むにつれて変わりゆくこれらのさまざまな相手に向けて、資源動員を可能にするなんらかの正当性を獲得する必要がある。

理　由

もう一つは、どのような理由によって資源動員が正当化されたのか、という問題である。理由とは、資源動員を正当化しうる論拠であり、革新的なアイデアに資源を動員すれば、どのような価値がどの程度もたらされるかについての見通しを示すものである。

客観的な経済合理性が認められない中で、なんらかの理由が、資源動員を正当化する。そこには、資源動員を訴える側（推進者）の理由と支持する側（支持者）の理由が関わってくる。それは同じ理由かもしれないし、違う理由かもしれない。イノベーションの実現過程で理由が変化していくこともあるだろう。一体誰の、どのような理由が資源動員を正当化していくのか。

相手・理由――正当化

全体として、本書の分析枠組みは、イノベーションの推進者が事業化に向けて資源を動員するために、①どのような相手に向けて、②どのような理由で正当性を確立していったのか、についてイノベーションのプロセスの段階を追って明らかにしていくというものになる。

さまざまな相手に向かって、さまざまな理由によって他者からの資源動員を正当化していく。イノベーションの実現過程をそのようなプロセスとしてとらえ、そのメカニズムや特質を理解していく。とくにわれわれは、イノベーションの推進者が、ときには挫折し、ときには偶然に助けられながらも、多様な相手に向かって多様な理由によって、資源動員を正当化し、経済価値の実現に向けてイノベーションのプロセスを前進していく様をとらえ、理解したいと考えている。本書の鍵概念である「正当化」とは、この「多様な相手に向かって多様な理由によって資源動員への支持を獲得していく」様を示す。

この枠組みは、先ほど紹介した、ファン・デ・フェンのいう「イノベーション実現への旅」を「革新的な企てへの資源動員の正当化過程」という観点から描写し、理解しようとするものである。「イノベーション実現への旅」には「資源動員の正当化」が不可欠であり、そのあり方が「想定外の成功」を目指す旅の行方とペースを左右するのである。

イノベーションの実現に至るまでの過程をこうした正当性の確立プロセスとして捉える分析の枠組みを設けることによって、事前には必ずしも経済合理的ではない「企て」が結果的に経済合理性をもった「イノベーション」として結実する、一見すると矛盾を内包するプロセスを包括的に理解することが可能になると思われる。また、異なる分析レベルに応用可能な正当性という概念を導入することによって、本来であれば異なる分析レベルとして別々に検討されてきた個人・集団・組織がイノベーションのプロセスにおいて果たす役割やそれらの相互作用を体系的に検討することが可能になると思われる[4]。

5　本書のねらい：創造的正当化

「イノベーションはいかに実現されるのか」という基本的な問いについては先人たちが優れた分析と考察を重ねてきた。本書の問い、視点、分析枠組みはそうした既存の議論や研究成果とどういう関係にあり、どのような意義をもつのだろうか。

このことについては、分析結果を示した後、第4章以降で詳しく論じていくが、先取りしてごく簡単に述べておくならば、さまざまな相手・理由を駆使して資源動員を正当化していく多義的で、流動的で、創発的な過程としてイノベーションの実現過程をとらえてみるところに、本書の分析の意義があると考えている。

そういうとらえ方がいままでは必ずしも十分ではなかったのではないか、そこに新たな光を当てることでイノベーションの実現過程をよりよく理解することが可能になるのではないか、というのがわれわれの目論みである。

別の表現をするならば、本書のねらいは「資源動員を創造的に正当化していくプロセス」を明らかにしていくことにある、という言い方ができる。イノベーションには創造性が重要であることは、誰もが素直に理解できるだろう。ただ、これまでの研究は、イノベーションの実現において、とくに、革新的な技術を生み出す上での創造性に着目してきたところがある。それに対して、本書が示したいのは、創造性は技術革新についてだけでなく資源動員についても求められるのだ、という点にある。

イノベーションの実現過程にとって資源動員を創造的に正当化することが重要であることを示し、資源動員の創造的な正当化とはどのようなものなのかを明らかにしてみたい。これが、本書が目指すものである。

以下、このねらいをたずさえて、実際の具体的なイノベーションの事例を取り上げ、分析と考察を加えていく作業にとりかかることとする。

1　経営戦略論の分野でも、事前の非合理性から事後の合理性を生み出すことの重要性が語られている。例えば、楠木［2010］。

2　「想定外の失敗」の場合には、事前の評価が外れて失敗に終わっても、事前の判断はその時点では皆がそう思っていたという意味では合理的なものであったと主張することはできる。また、事業として失敗したとしても、結果的になんらかの技術的な成果を獲得したり、あるいは失敗の経験からなんらかの教訓を学習したりすることもできるかもしれない。

3　いうまでもなく、イノベーションの実現過程においては、そもそもイノベーションの推進者が、どのようにして革新的なアイデアを創造したのか、革新的だが不確実なアイデアになぜコミットするのか、という問題も重要であるが、本書はそこには分析の主眼を置かない。特定の信念、先見性、事情などで特定の革新的なアイデアにコミットした推進者がどこかにいることを所与として、そのような推進者がどのようにして他者の支持を獲得し、資源動員をとりつけていくのか、という問題の方に分析の主眼を置く。このような焦点の置き方をすることの意味合いについては、第6章で議論する。

4　ここで示した本書の分析枠組みは、既存研究の成果に依拠している。本書が取り上げる問い、視点、分析枠組みをめぐって、これまでの研究がどのような議論をしてきたのかについては、分析・理論篇に付した補論に簡単にまとめておく。また、より詳しく検討したものとしては、軽部・武石・青島（2007）を参照のこと。

第2章　分析の題材：大河内賞受賞事例

はじめに

前章で論じた問い、視点、分析枠組みに基づき、ここからは具体的な事例を取り上げて、イノベーションの実現過程がどのように進んでいったのかを分析していく。

分析の題材とするのは、優れたイノベーションに対して与えられる大河内賞を受賞した二三件の事例である。大河内賞とはどのような賞なのか、なぜ大河内賞を受賞した事例を取り上げるのか、そして取り上げる事例は実際にどのようなイノベーションを実現したものなのか。次章で分析を進めるに先立って、本章では分析の題材の概要を紹介する。

1　分析の題材：大河内賞受賞事例

1・1　大河内賞

大河内賞は優れた技術革新に与えられる賞である。財団法人理化学研究所（通称、理研。現在、独立行政法人理化学研究所）の第三代所長であった大河内正敏が亡くなった翌々年の一九五四年、その学界、産業界での功績を記念して創設され、以来、五〇年以上にわたって、財団法人大河内記念会によって贈賞されてきた。これまでの受賞件数は累計七〇〇件以上にのぼっている。[1] 伝統と栄誉ある賞として、日本の技術者、産業界に広く知られている。

大河内は、東京帝国大学造兵学科教授だったが、一九二一年に理化学研究所の所長に就くと、同研究所の研究機関としての発展に力を注ぐとともに、研究成果を事業化することにも積極的に取り組んだ。二七年に理化学研究所の発明を工業化するための事業体として理化学興業を創業したのを皮切りに、その後、理化学研究所で生まれた発明に基づき、マグネシウム、ピストンリング、理研酒、感光紙、電線、鋼材、薬品、工作機械などの会社を次々と興し、主要な会社の取締役会長に就いた。理化学研究所から生まれた企業の数は、最盛期には六三社、一二一工場に及んだ。大河内は、中興の祖として理化学研究所を国際的な研究機関にまで育て上げ、同時に、数多くの会社を興すことで理研産業団（世にいう理研コンツェルン）と呼ばれる企業グループまで作り上げていったのである。それは、「科学において国家の産業基盤をなす科学主義工業」という自らの考えを率先してなし遂げたものであった。[2]

こうした研究開発と事業化の両方を重視した大河内の考え方とその優れた成果を讃えて創設された大河内

図表１　大河内賞の種類と対象となる業績

賞の種類	対象となる業績	受賞対象
大河内記念賞	生産工学上優れた独創的研究成果をあげ，公表された論文または学術上価値ある発表により，学術の進歩と産業の発展に多大な貢献をした業績	個人または５人以下のグループ
大河内記念技術賞	生産工学，生産技術の研究により得られた優れた発明または考案に基づく産業上の顕著な業績	個人または５人以下のグループ
大河内記念生産特賞	生産工学上の優れた独創的研究によりあげられた産業上の特に顕著な業績	事業体
大河内記念生産賞	生産工学，高度生産方式等の研究により得られた優れた発明または考案に基づく産業上の顕著な業績	事業体

出所：財団法人大河内記念会。

賞は、生産実績と産業界への波及効果を重視した選定がなされている。同賞は、①大河内記念賞、②大河内記念技術賞、③大河内記念生産特賞、④大河内記念生産賞、の四種類の賞で構成されるが、いずれの賞も、産業の発展への多大な貢献、産業上の顕著な業績を実現したことを条件に選定されている（図表1）。これはつまり、大河内賞は、単なる発明や技術開発ではなく、「経済成果をもたらす革新」に対して贈られるものであることを意味している。本書がイノベーションについて実証研究を行うための材料として大河内賞を受賞した事例を取り上げる理由はここにある。

1・2　大河内賞ケース研究プロジェクト

一橋大学イノベーション研究センターでは、この大河内賞を受賞した業績を対象にして事例研究を行う「大河内賞ケース研究プロジェクト」を進めてきた。このプロジェクトは、日本企業のイノベーションの事例を蓄積していくことを目的としてスタートしたもので、一橋大学の21世紀COEプログラム「知識・企業・イノベーションのダイナミクス」の支援をうけて、二〇〇三年度から二〇〇七年度にかけて実施された。

五年間で、二五件の受賞事例を取り上げ、受賞対象となった技術革新がどのように開発され、事業化されていったのか、一つひとつ事例研究をまとめていく作業を行った。原則として、一橋大学のイノベーション研究センターもしくは大学院商学研究科の教員が大学院生とペアを組んで各事例研究を担当し、どの事例を取り上げるかは大学院生が選定した。研究の対象となる事例が、特定の教員が興味をもつ分野にできるだけ偏らないようにするためである。また、大学院生が希望する事例を選ぶ際に特定の業種や企業に集中しないように配慮を求めた。

それぞれの事例研究は、受賞者による講演や受賞者・関係者へのインタビュー、そして関連する公開もしくは社内の資料などに基づいて行われた。完成した事例研究は、一橋大学イノベーション研究センターの「ケーススタディ・シリーズ」もしくは季刊誌『一橋ビジネスレビュー』のビジネスケースとしてすべて公表されている。[3]

1・3　分析事例

大河内賞ケース研究プロジェクトで取り上げた事例の内、本書では、図表2に示す、二三件の事例について横断的な比較分析を加えていく。[4]

プロジェクトで取り上げた事例の内、三件を分析の対象からはずした。技術的な成果はあげたものの事業化には至らなかった事例一件と、中小規模の企業が受賞した事例二件である。具体的には、日本放送協会放送技術研究所／松下電器産業／パイオニア／富士通日立プラズマディスプレイ／日本電気の「ハイビジョン用プラズマディスプレイの実用化」（二〇〇一年度大河内記念技術賞）、根本特殊化学の「放射性物質を用いいな

図表2　本書で取り上げる事例一覧

企　業	事　例	受賞年度	受賞大河内賞
1　松下電器産業	IH クッキングヒーター（小型・高効率・ハイパワー誘導加熱ユニット搭載調理家電の開発と量産化）	2002	記念生産賞
2　三菱電機	ポキポキモータ（新型鉄心構造と高速高密度巻線による高性能モーター製造法の開発）	1997	記念賞
3　東洋製罐／東洋鋼鈑	タルク缶（高品質・低コスト・低環境負荷金属製缶技術の開発と実用化）	1999	記念賞
4　東　芝	ニッケル水素二次電池（ニッケル水素二次電池の開発）	1995	記念賞
5　オリンパス光学工業	超音波内視鏡（超音波内視鏡の開発）	1996	記念技術賞
6　花　王	アタック（アルカリセルラーゼ含有超コンパクト洗剤の開発）	1990	記念技術賞
7　セイコーエプソン	自動巻発電クオーツウォッチ（自動巻発電クオーツウォッチの開発）	1995	記念技術賞
8　松下電子工業	GaAs パワーモジュール（移動体通信用低消費電力／小型 GaAs パワーモジュールの開発と量産化）	2000	記念生産賞
9　東北パイオニア／パイオニア	有機 EL ディスプレイ（薄膜発光型有機 EL ディスプレイの開発と量産化）	2000	記念生産賞
10　川崎製鉄／川鉄マシナリー／山九	大ブロックリング高炉改修工法（革新的な大型高炉改修法による超短期改修の実現）	2002	記念生産賞
11　トレセンティテクノロジーズ	新半導体生産システム（Φ300 mm ウェハ対応新半導体生産システムの開発と実用化）	2002	記念生産賞
12　日清ファルマ	コエンザイム Q10（コエンザイム Q10 の工業生産とバイオアベイラビリティ向上技術）	2003	記念生産賞
13　富士写真フイルム	デジタル X 線画像診断システム（放射線イメージング・システムの開発）	1991	記念賞
14　日本電気	HSG-Si キャパシタ（大容量 DRAM 用 HSG-Si キャパシタの開発と実用化）	2002	記念賞
15　京セラ	エコシス・プリンタ（長寿命電子写真プロセスの開発と環境配慮プリンタの商品化）	1999	記念技術賞
16　日本電気	GaAs MES FET（砒化ガリウム電界効果型トランジスタの開発・量産化）	1978	記念賞
17　東　芝	エンジン制御用マイコンシステム（マイクロコンピュータシステムとその LSI 群の開発）	1974	記念技術賞
18　東京電力／日本ガイシ	NAS 電池（電力貯蔵用ナトリウム - 硫黄電池の開発と実用化）	2003	記念生産特賞
19　日立製作所	LSI オンチップ配線直接形成システム（LSI オンチップ配線直接形成システムの開発）	1992	記念技術賞
20　TDK	Ni 内部電極積層セラミックコンデンサ（高信頼性 Ni 内部電極積層セラミックコンデンサの開発および量産化）	1997	記念技術賞
21　セイコーエプソン	高精細インクジェットプリンタ（高精細インクジェットプリンタの開発）	1996	記念生産賞
22　東　レ	携帯電話液晶ディスプレイ用カラーフィルター（非感光ポリイミド法による携帯電話用液晶ディスプレイ向け高性能カラーフィルターの開発）	2005	記念生産賞
23　荏原製作所	内部循環型流動層炉（内部循環型流動層技術の開発）	2007	記念賞

注：企業名は，原則として受賞当時のもの。事例の名称は，以下，本書で用いるもの。（　）内は，大河内賞受賞の際の業績名称。

い長残光性夜光塗料の開発」（一九九五年度大河内記念技術賞）、伊勢電子工業／日本陶器の「平型蛍光表示管の開発と量産化」（一九七七年度大河内記念生産賞）の三件である。

三件ともイノベーションのプロセスを分析する材料としてはそれぞれに貴重なものである。事業に結びつかなかった事例や中小企業の事例の分析から得られる知見は興味深く、重要なものだろう。しかし、大河内賞ケース研究プロジェクトで取り上げてきた事例の中で、そうしたケースは少数派である。先述の通り、大河内賞は生産実績と産業界への波及効果を重視して選別していることから事業化されなかったケースは贈賞の対象とはなりにくい。また、大河内賞の選考対象は申請に基づいていることから申請の手間を取るだけの余裕がない中小企業も対象になりにくい傾向がある。

本書では、分析対象の範囲を少数派の事例を含めるまで広げることは控え、範囲を限定して分析の内容を深化させることを優先し、事業化に至った大企業の事例に題材をしぼって分析を進めることとしたい。

2　分析事例の概要

大河内賞ケース研究プロジェクトで取り上げた事例は、産業、技術、時期のいずれにおいても多岐にわたっている。そうした多様なケースを横断的に比較分析していくことが次章における作業になるが、その作業に入る前に、実際にどのような事例が以下の分析の対象に含まれているのかをおおまかに示すために、以下、各事例の概要を紹介しておこう。

次章の事例横断的な分析では、各事例の要点だけを論じるため、具体的なイメージを抱きにくいところがある。その点を多少なりとも補足するのが、以下の概要紹介の役割である。どのようなイノベーションを実現したのか。どのような事業上の成果をあげたのか。事業化に至るまでの一連の過程がどのように進んでいったのか。そこで資源動員の壁に遭遇したのか。遭遇した場合、どのように乗り越えていったのか。ごく短い要約にとどまるが、一つひとつの事例についてこれらのことを記述していく。

なお、以下の二三件の事例は、先述の通り、事例研究の成果が個別の「ケース」として公表されている。各事例のより詳しい内容について興味のある方はそれぞれの「ケース」資料をご覧いただきたい。また、八件の事例については、本書の事例篇に詳しい内容を載せているので、そちらをご参照いただきたい。[5]

事例１　松下電器産業：ＩＨクッキングヒーター

インダクション・ヒーティング（ＩＨ：誘導加熱）を用いる調理器。鍋底に交流磁界を当てることで鍋自体を発熱させるもの。火をおこさず高温調理ができ、室内の空気を清浄に保ち、安全性も高い。火力のコントロールもしやすく、調理台が平面なために清掃のしやすさや意匠の点でも優れる。火による加熱調理を代替し、「オール電化」を可能にした。

米国ウェスチングハウスによるＩＨ調理器の商品化をみて、一九七一年に技術開発が始まった。「暖房、照明に続いて、調理においても火から電気への代替を実現する」ことが目標であった。七四年には業務用のＩＨ調理器を日本で初めて商品化し、その後小型化とコスト削減を進め、七八年には家庭用卓上ＩＨ調理器を商品化し、業界をリードしながら家庭用ＩＨ調理器市場を立ち上げた。しかし、八五年の他社商品の発火事故を契機に市場は停滞し、業績が低迷した。事業を廃止すべきだという意見もきかれるようになった。

しかしその後、炊飯ジャー事業部門がＩＨ技術に関心を示したことから、新たな取組みが始まった。絶縁ゲートバイポーラトランジスタという新しい半導体技術を活用し、一九八八年に世界初のＩＨジャー炊飯器が商品化された。成熟化した炊飯ジャー市場における差別化商品として成功を収めた。並行して、当初からのねらいであったＩＨ調理器として、卓上調理器ではなく、ガスコンロに代替して台所で本格的に調理に使えるものの開発が進められた。回路設計の効率化と新方式のインバーターの開発により、十分な火力を持つことが可能になり、九〇年に世界初の二〇〇Ｖ対応ＩＨクッキングヒーターの商品化に成功した。

ＩＨクッキングヒーターの売れ行きは当初不調で、投資を回収できない状況が続き、事業の存続を疑問視する声が社内で出た。しかし、利用者の調査などを根拠に事業を継続し、一九九〇年代半ばに高気密・高断熱住宅が多い北海道地域での販売拡大を契機に市場が立ち上がり、その後、全国に普及し始める。折しも、電力自由化などを背景にしてガスとの業態間競争が激しくなる中、オール電化を推進したい電力業界の後押しもあり、さらに調理用のオールメタル加熱商品（鉄、ステンレス以外の金属製鍋へ対応するもの）の開発も進み、市場のさらなる拡大を実現し、トップメーカーとして市場の過半を占有する地位を築いた。

事例２　三菱電機：ポキポキモータ

新型鉄心構造と高速高密度巻線による高性能モーター。鉄心を関節のように分割し、これを反転して広げた状態でコイルを巻いてから、再び反転して丸めていくことでコイルを高密度化する。モーターの省エネ高効率化、省資源化、軽薄短小化、高性能化を可能にした。

一九九二年に、ＦＤＤ（フロッピー・ディスク・ドライブ）を生産していた郡山製作所の技術者が小型モーターの内製をしたいと考えたことから始まった。それまでの調達先だった中津川製作所がＦＤＤ用専用小型モーターの生産から撤退することが決まったからである。しかし、別の製作所で撤退が決まった事業を単に移管するという提案は受け入れられなかった。そこで新構造の小型モーターを開発生産することを提案し、九三年一月に、これが専門技術者のアドバイスを受けることという条件付きで事業本部長に認められ、正規の開発プロジェクトが始動した。

プロジェクト開始早々の一九九三年三月、当初提案していた新構造に欠陥があることが明らかになるが、プロジェクトに加わっていた生産技術センターの技術者からポキポキモータの原型となるコンセプトが提案され、これが突破口となった。新しいコンセプトは、生産技術センターの技術者が以前に関わった他の製作所の換気扇用モーターの製造技術の開発での経験を手がかりにして生まれたものだった。新しいコンセプトが技術的に実現可能であるという確認がとれると、九三年九月から事業化に向けて生産設備も含めて開発が進められ、九六年には郡山製作所の新型ＦＤＤにポキポキモータが採用された。

その後、郡山製作所はＦＤＤ事業から撤退したが、ポキポキモータは、ＦＡ機器、ＡＶ機器、エアコン、自動車機器、エレベーター用モーターへと応用範囲を広げていき、売上高は二〇〇億円を超えていった。

事例３　東洋製罐／東洋鋼鈑：タルク缶

潤滑剤、冷却剤を使用せずに飲料用金属缶を製造する技術。従来の製缶技術は製造過程で潤滑剤、冷却剤を使用するため大量の水を使用し、洗浄排水、産業汚泥が発生した。これに対し、タルク缶は、熱可塑性樹脂フィルムを両面にラミネートした鋼板を材料に、液体潤滑剤なしで深絞り成形を行う。成形後の塗装や焼付けの必要もなく、水使用量、固形廃棄物、二酸化炭素排出量など、環境負荷を大幅に削減することが可能になった。

もともとは綜合研究所の技術者の個人的な関心から始まった。既存のＤＩ（絞り・しごき）加工による製缶工程で大量の潤滑剤を使用し、またその洗浄も必要とすることに疑問を感じ、潤滑剤の使用を省くことができないか、可能性を探ってみたいと考えたのがその動機であった。潤滑剤を用いる工程は作業環境が厳しく、これをなんとか改善したいという思いが背景にあり、また、潤滑剤を用いない塑性加工技術の開発は、技術者にとって挑戦しがいのあるテーマでもあった。一九八〇年から研究に着手し、海外視察で技術的な手がかりも得たが、あくまでも非公式の個人研究であった。これが、八五年に、研究所の公式の研究テーマとして認められた。所内の報告会での発表をきいた研究所長がその可能性を認め、省資源のための新しい成形技術の開発を目指して、研究所内に開発チームが形成された。

これがさらに社内の正式の開発プロジェクトとなったのが一九八七年であった。研究の成果を報告していた技術本部の関心を呼び、さらに環境問題の重要性に着目していた社長の注目を得たことが契機となって、実用化への本格的検討が進められることとなった。それまでは、あくまでも技術者の技術的な関心から省資源を目指すものとして開発を進めていたものだったが、社長の指示により、環境保全のための新しい技術として位置づけられ、速やかに本格的な試作設備を開発するよう体制が用意された。その後、鉄鋼メーカーや樹脂メーカーなど外部企業の協力も得て、基本技術を完成し、一九九〇年にはパイロットライン、九一年には少量生産ラインを構築し、九二年に本格的な生産を始めた。

樹脂フィルムをラミネートした金属缶を飲料用に用いるのは初めてのことだったが、折しもブラジルでの環境サミット開催の時期とも重なり、環境重視の新しい技術として注目を集めることとなり、普及していった。スチール缶の二ピース缶ではタルク缶が主流になり、その後は使用素材をアルミにも拡大し、東洋製罐の金属缶の約半分、国内市場全体の約五分の一をタルク缶が占めるようになった。

事例４　東芝：ニッケル水素二次電池

エネルギー密度が高い二次電池。水素吸蔵合金を主体とする負極と酸化水酸化ニッケルを活物質とする正極からなる二次電池で、従来のニッカド電池に比べて、体積・重量あたりのエネルギー密度で優れ、二次電池の飛躍的な小型化を可能にした。有害物質であるカドニウムを使用しないことから環境面でもメリットがあった。

一九八〇年頃、東芝の研究開発センターの研究者が正極にニッケルを用いる二次電池の材料の開発に個人的に着手したのが始まりであった。ニッカド電池では後発で、結局事業から撤退した東芝は、以前からニッカド電池に代わる二次電池としてニッケル亜鉛電池の開発に取り組んでいた。しかしなかなか開発の成果が現れない中、上司に内緒で、亜鉛以外の材料の可能性を探索し始めたのである。その結果たどり着いたのが、負極に亜鉛ではなく、水素吸蔵合金を使うというアイデアだった。一定のメドが立つと、需要拡大が期待される携帯用電子機器向けに軽くて長持ちする二次電池を開発することの重要性が高まっていたこともあって、公式の開発プロジェクトとして認められ、実用化へ向けた開発が進められた。外部の材料メーカーや、撤退したニッカド電池事業の人材や設備などを活用しながら試作品が完成したのは約五年後のことであった。

事業化を担当したのは子会社の東芝電池であった。二次電池事業での経験のなさから販売と生産の両面で苦労をしたものの、一九九一年、事業化を果たし、東芝は一度撤退した二次電池市場に再び参入することとなった。ニッカド電池の登場以来変化がなかった二次電池市場に一〇〇年ぶりに登場した技術革新となり、ビデオカメラ、ノートパソコン、デジタルカメラなど携帯型電子機器向けに市場を拡大していった。積極的な設備投資を続け、九四年にはシェアを三四％にまで伸ばし、三洋電機、松下電池工業とともにニッケル水素電池で三社寡占体制を築いた。

事例5　オリンパス光学工業：超音波内視鏡

内視鏡と超音波診断装置を一体化した医療用診断装置。従来の光学式内視鏡の先端部に小型の超音波振動子を装着したもの。臓器表面の観察にとどまらず、臓器内部の粘膜の層構造や組織内部など深さ方向の観察が可能になった。

経営層の方針を受け、一九七八年の研究企画会議で、膵臓がんの早期発見を可能にすることを目標として超音波内視鏡の開発を進めることが決定されたのが、始まりであった。当時、世界の内視鏡市場で三大メーカーの一つとしての地位を確立していたオリンパス光学工業として、その地位をより強固なものにするために超音波内視鏡をフラッグシップとして開発することを目指し、そのための目標として当時発見が難しかった膵臓がんがターゲットとされた。超音波装置の専門メーカーや医師の協力を得ながら、八〇年に試作一号機が完成し、臨床試験に供された。しかし、分解能が低く、また故障しやすい等の問題を抱え、改良が続けられた。

その結果、一九八一年に完成した試作三号機では小さな膵臓がんの発見が可能になったが、それとともに重要な契機となったのが、胃壁の五層構造の抽出が可能になるという発見だった。当初から開発に協力していた医師ではなく、後になって試作機の貸与を受けた医師が、早期胃がんと診断された症例に超音波内視鏡検査を試みて、見出された発見であった。胃疾患の多い日本で、この発見は関心を呼び、胃がんの深達度診断という新たな用途が拓けていった。

さらに改良を続け、一九八八年には本格的に商品としての投入を実施した。オリンパス光学工業は、その後、開発生産体制の整備・合理化や製品ラインアップの拡充に努め、九七年には超音波事業推進部というビジネスユニットが作られた。当初膵臓がんの早期発見を目標にしていたが、超音波内視鏡は、消化器を中心にさまざまな観察、診断に用いられる標準的な診断機器として欧米にも広く浸透し、消化器系の臨床研究の進歩にも貢献していった。超音波内視鏡における同社のシェアは約八割に達した。

事例6　花王：アタック

少量できれいに洗濯できる合成洗剤。従来の合成洗剤を小型濃縮化するための転動造粒技術と、洗浄力を向上させる酵素（アルカリセルラーゼ）の発酵生産技術（バイオテクノロジー）を組み合わせて実現した。従来の洗剤に比べて、体積を四分の一にする小型濃縮化を実現した。

「アタック」の開発は、一九七五年に投入した小型濃縮洗剤が事業的に失敗に終わったことが出発点になっている。小型濃縮化の程度が不十分であったという反省と、小型濃縮化だけでは不十分であるという反省が失敗の経験から生まれていた。東京研究所の技術者が七八年に酵素を用いた洗浄実験に着手し、翌七九年に、セルラーゼという弱アルカリ性の洗濯水の中でも高い洗浄力をもつ酵素を発見し、もう一方で、和歌山の研究所では、小型濃縮洗剤に失敗した七〇年代半ば以降も継続的な検討を重ね、八三年から抜本的な小型濃縮化のための技術開発が進められた。前者はバイオ技術を応用したアルカリセルラーゼの大量発酵生産技術の開発への取組みにつながり、後者はトナー事業で用いていた製造技術の応用への取組みにつながっていった。両方の技術開発が進み、従来の商品に比べて小型で洗浄力の高い洗剤の技術が出そろったのは八五年の終わり頃のことであった。

しかし、技術開発には成功したものの、かつて小型濃縮化で失敗した経験を持ち、市場が成熟化の様相を強めていた中で、花王のマーケティングや経理部門から、事業化への投資に踏み切ることに反対する意見が絶えなかった。そうした意見を押し切って事業化の投資を決断したのが社長であった。

一九八七年に「スプーン一杯で驚きの白さ」という宣伝文句とともに新商品を発売した。発売直後の売れ行きを踏まえ、社長が一気に設備交換することを指示し、生産販売量は急速に伸びていった。それまで僅差でトップシェア争いをしていたライオンは対抗する商品の投入が一年以上遅れてしまい、花王はライオンを大きく引き離して五〇％を超えるシェアを獲得することに成功した。「アタック」は、花王の衣料用洗剤の歴史の中でも「記録的な成功」を収める商品となった。

事例7　セイコーエプソン：自動巻発電クオーツウォッチ

自動巻で発電するクオーツウォッチ。電池が不要な自動巻の機械式ウォッチと精度の高いクオーツウォッチの長所を組み合わせたもの。自動巻の巻き上げ機構を応用した発電機によって充電される電池（二次電池）をエネルギー源としてクオーツウォッチを駆動する。使い捨ての電池の交換を不要にし、環境負荷の軽減、資源節約も実現した。

交換が必要で、「水もの」である電池をクオーツウォッチから取り除きたいという技術的関心をもった技術者が、一九八二年に個人的なテーマとして検討しはじめたことでスタートした。試作の結果をふまえて、設計部内で六名程のチームによる開発が始まり、約三年を費やしてプロトタイプが完成した。しかし、従来のクオーツウォッチに比べて、厚く、重く、高価なものになってしまうため、服部セイコーの同意を得られず、八五年十一月に正式にプロジェクトの中止が決定される。セイコーグループのウォッチ事業では、セイコーエプソンは開発、生産を担当しており、ウォッチの商品企画、販売、マーケティングを担当する服部セイコーの承認なしに、製品開発、事業化を進めることはかなわなかった。

ところが、その後になって、副社長から、プロジェクトを再開するようにとの指示が出された。かつてクオーツウォッチの優れた技術開発で実績を残した副社長は、先端的な技術を積極的に事業化していくことが重要であると考えていた。一方で、プロジェクト解散に際して最後の花道として学会発表等のために欧州に出張した技術者が、服部セイコーのドイツの販売会社社長に面談した際に、電池が不要なクオーツウォッチは環境を重視するドイツ市場では売れるかもしれないとの評価を受けた。普段、国内はおろか、海外の営業担当者と接することのないセイコーエプソンの技術者にとっては予想もしていなかった反応だった。このことが服部セイコーへの説得材料にもなり、一九八七年三月に開発プロジェクトが再開された。中止の決定から一年四カ月後の方針転換であった。

約一年をかけて製品開発、事業化が進められ、一九八八年に世界初の自動巻発電クオーツウォッチとしてドイツ、日本を皮切りに発売された。発売当初、十分な充電ができないというクレームが続出し、販売側の信頼を大きく損なったが、その後技術を改良し、新製品を投入し、成功を収め、九〇年代半ばには国内、海外ともにセイコーの技術力を象徴する「中心商材」として販売を拡大していった。

事例８　松下電子工業：GaAs パワーモジュール

携帯電話端末の送信用の電波を増幅するデバイス。増幅素子にガリウム砒素（GaAs）電界効果型トランジスタを用いて、デジタル式携帯電話端末用の高周波の送信用モジュールとして、世界最高水準の小型化と高効率化を達成した。小さくて、軽くて、バッテリーが長持ちする携帯電話端末を可能にした。

一九八〇年代後半に松下電子工業の半導体研究所の技術者が、当時立ち上がり始めていた携帯電話端末用にGaAs パワーモジュールの開発に取り組み始めたことが原点となる。この開発テーマは松下電子工業の中では支持されなかったが、松下電器産業の半導体研究センターの光半導体研究所で開発の機会を与えられた。

松下電子工業出身の同研究センター長が声をかけて実現したものであった。ただし、半導体研究センター長には松下電器産業の研究開発体制を活性化するというねらいがあり、必ずしもGaAsパワーモジュールの将来性を期待していたわけではなかった。実際、研究は続けたものの、事業化のメドはたたなかった。

しかし一九八九年になって事態は急変した。当時激化していた日米通信摩擦の結果、携帯電話事業へのモトローラの国内参入が決定され、NTTが、対抗するために少しでも性能のよい端末の開発を求め、その結果、GaAsパワーモジュールに急遽関心が寄せられたのである。一転して開発、事業化が一気に前進し、九一年には松下通信工業が発売した小型携帯電話端末に搭載された。この成功を受けて、続けて投入が検討されていたデジタル式の携帯電話端末用のGaAsパワーモジュールの開発要請が松下通信工業から出され、これを松下電子工業の電子総合研究所の新しい開発チームが引き受け、約二年を費やして、新しい要素技術を開発していった。だが、開発には成功したものの、肝心の松下通信工業はコストに優れたアナログ用の既存のパワーモジュールを採用し、受注の獲得に失敗した。

電子総合研究所の開発チームは、他社に販路を求めた結果、一九九四年に、効率性のよさに着目したNECからの受注に成功し、次いでソニーからも注文を受けた。松下通信工業からの受注に成功したのは、九五年のことであった。その後、さらに改良を重ね、九六年には、松下通信工業が発売し、成功を収めた、一〇〇cc一〇〇gを切る小形、軽量の携帯電話端末にも採用された。小さくて、軽くて、バッテリーが長持ちする携帯電話端末を可能にするパワーモジュールとして内外の端末メーカーに採用され、海外ではモトローラ、クアルコムからの受注にも成功した。一九九〇年代半ばから二〇〇〇年にかけて国内シェアは二割弱から六割強まで拡大していった。

事例9　東北パイオニア／パイオニア：有機ELディスプレイ

発光体に有機化合物を使ったエレクトロルミネッサンス（EL）のディスプレイ。アルミニウム・リチウム合金陰極により発光効率を高め、材料開発や素子構造の最適化によって長寿命化を達成し、さらに陰極微細パターニング法という独自の製造技術を開発することなどにより、有機ELの実用化に世界で初めて成功した。高輝度、高コントラスト、広視野角、高速応答、薄型、低消費電力などの特長を持つ。

米国イーストマン・コダックの研究者が有機薄膜を積層する構造を一九八七年に発表し、それを知ったパイオニアの総合研究所の技術者が興味を持って、八八年に研究に取り組んだのがスタートであった。九一年にディスプレイ技術の将来戦略を社内横断的に検討した際に、プラズマディスプレイとともに、有機ELについても中小型ディスプレイ向け中心に研究開発を進めることが決まり、より本格的な取組みが始まった。その結果、九三年までに複数の画期的技術が開発され、事業化が検討されることとなった。だが、本来ディスプレイ事業をになうべき部門はすでにプラズマディスプレイを事業化することが決定されており、社内における有機ELの優先度は低かった。

ここで総合研究所次長があたりをつけたのが子会社の一つである東北パイオニアであった。東北パイオニアはデバイス関連の事業を営んでいたが、円高で生産の海外移転が進み、操業度を維持するための新しい製品を必要としていた。総合研究所次長が以前に別の事業の移管を担当したことも手伝って、東北パイオニアの社長は提案を受けることとした。一九九四年から事業化へ向けたさらなる検討が進められ、九五年夏には東北パイオニアが有機EL事業に取り組むことが決定された。その後、量産化に必要ないくつかの技術開発を重ね、九七年に世界ではじめて有機ELが量産され、パイオニアのカーエレクトロニクス事業部門へ、FM文字放送レシーバー用ディスプレイ向けに納入された。

その後、有機ELは、カーオーディオ、携帯電話端末、携帯情報端末など用途を広げ、モトローラ、TDK、三洋電機、富士通など、外部の顧客への販売も増やし、量産規模を拡大しながら小型ディスプレイ向けに浸透していった。

事例10　川崎製鉄／川鉄マシナリー／山九：大ブロックリング高炉改修工法

製鉄所の大型高炉の改修を短期間で行う工法。高炉の改修において、高炉の炉体を三〜四の大ブロックに分割してあらかじめ建造しておき、それらを炉体の設置場所まで搬送し、上部より順次つり上げて据え付け、溶接するもの。改修期間を短縮することで高炉の操業停止による機会損失が小さくなり、改修工事の安全性も高まった。従来の工法に比べて、改修期間を半分以下に短縮し、その後も高炉改修期間の世界最短記録を更新していった。

一九九五年、川崎製鉄の千葉製鉄所所長から改修時期を迎えていた第六高炉の改修を大幅に短縮する方法を求められて、同製鉄所の設備技術部長が検討を始めたのが出発点であった。当時の千葉製鉄所は、高炉を二本に集約していて改修による休止の影響が大きかったこと、そして川下設備への大規模投資を済ませたばかりで、投資回収を早めたかった、という事情を抱えていたことから、改修期間の短縮を強く求めていたのであった。しかし、従来の技術の延長では大幅な短縮は難しく、要請を受けた高炉改修班の回答は、大幅な短縮は無理である、というものであった。しかし、なお可能性を求めて所長は、担当外ではあったが、高炉改修に経験があった設備技術部長にも打診した。打診を受けた設備技術部長も、当初、短縮化は困難であると感じたが、検討を重ねて新たな工法を発想した。新工法のアイデアは約二週間でまとめられ、その後、三名の技術者による非公式な技術的検討を経て、実現可能性が確認された。

だが、新しい工法は、担当外の人間から提案されたものだった。実際の高炉改修を担当する高炉改修班は従来の常識を覆す新工法の採用に対して慎重な態度を崩さず、従来の工法を採用することを主張した。提案から三カ月後の一九九五年暮れになり、新工法に対する疑問や懸念を徹底的に問いただすという特別な審議会が開催された。ここで、それまでに積み重ねていた実験の結果などを示しながら提案者は実現可能であることを示し、この結果、所長は公式に新工法の開発を認め、高炉改修班も加わって、より本格的な開発、実験が行われ、九六年三月には役員会で新工法による改修が正式に許可された。詳細設計を経て、二年後の九八年三月に改修が始まった。

改修はほぼ順調に進み、最終的には、従来一三〇日程度かかっていた改修期間を六二日まで短縮した。新工法は、その後も改善を重ね、川崎製鉄と日本鋼管が経営統合したＪＦＥスチールのすべての高炉改修で採用され、高炉改修期間の世界最短記録を更新していった。他社の製鉄所でも改修工事に類似の工法が用いられるようになり、業界内にも浸透していった。

事例11　トレセンティテクノロジーズ：新半導体生産システム

低コストと多様性を両立させる半導体製造の新しい生産システム。大口径の三〇〇㎜ウェハを使うことによって収率を高め、バッチ式に代わって、ウェハを一枚流しにする「完全枚葉式」という生産方式を用いることによって多品種・少量品の効率的生産を可能にするもの。

半導体ウェハ製造の前工程において、バッチ処理ではなく、枚葉処理を活用する方式の研究は、日立製作所では一九八五年頃に始められた。この流れに、一九九〇年代半ばに半導体業界で本格的な検討が始まったウェハ口径の三〇〇㎜への移行の流れが加わり、九七年に日立製作所社内で次世代高効率半導体工場構築のプロジェクトがスタートした。中心となった生産技術部長たちは、「スピードを重視した工場」というコンセプトを打ち出し、三〇〇㎜ラインにすることと、完全枚葉式を採用することを方針として打ち出した。

しかし、日立製作所の経営は一〇〇〇億円を超える投資を許す状況にはなかった。ここで浮上したのが海外半導体メーカーとの合弁事業というアイデアであった。一九九九年にこのアイデアに合意した台湾の半導体メーカーUMC（United Micro-electronics Corporation）との間で合弁契約が結ばれた。必要な技術が開発され、外部の製造装置メーカーとの協業も進め、日立製作所とUMCの合弁会社「トレセンティテクノロジーズ」（二〇〇〇年三月設立）は、二〇〇一年四月に新生産方式により量産を開始した。

新工場は世界初の三〇〇㎜ウェハ工場であり、また世界ではじめて完全枚葉式を取り入れた工場でもあった。トレンセンティテクノロジーズは、半導体の前工程の製造のみを請け負う「ファウンドリ」専門の事業を担う会社であり、これも日本でははじめてのことであった。ただ、事業化後、市場環境の悪化などにより事業採算が悪化し、UMCは合弁から撤収する結果となった。このため、トレンセンティテクノロジーズは、ファウンドリとしての事業成果を出せないまま、二〇〇二年に日立製作所の子会社として内部化され、二〇〇五年にはルネサステクノロジ（日立製作所と三菱電機の合弁半導体会社）に吸収合併された。

事例12　日清ファルマ：コエンザイムQ10

生体内でエネルギー産生と抗酸化作用を担う補酵素コエンザイムQ10（CoQ10）を人工的に生産する技術。人間を含む多くの動物の臓器、細胞、血液の中に存在し、生体にとって欠かせない補酵素であるCoQ10の工業的製法を世界で初めて実現した。当初、世界初の心筋代謝改善機能を有する医薬品錠剤として発売され、その後、心臓病予防や美肌、アンチエイジングのサプリメントとして用途を広げていった。

ビタミンの国産化に関わっていた日清ファルマ（当時、日清製粉）の研究者がCoQ10に興味を持ち、一九五八年に工業化を目指した研究に着手したのが始まりだった。CoQ10は、一九五〇年代はじめに英国で発見され、その後米国で化学構造等が明らかにされたが、人工的に製造する技術がなかった。化学構造が似ているビタミンの製造技術を応用できるのではないかと考えて研究に取り組んだものの、工業的な製法の開発は困難を極め、試行錯誤が続いた。六四年に研究者が異動した工場の産業廃棄物から鍵となる物質を発見したが、その後も開発は進まず、いったん研究は中断を余儀なくされる。しかし、たまたま工場を訪ねた社長から、研究の進捗を尋ねられたことをきっかけに研究が再開され、六六年になって、ついに一グラムの合成に世界ではじめて成功した。

CoQ10の合成技術の実現を受けて、ビタミン事業で協力関係にあった医薬品メーカーのエーザイが関心を寄せ、共同開発が始まった。医薬品開発に実績を持つエーザイが心臓疾患に対する改善効果を確認し、新薬としての承認認可を得て、一九七四年に心筋代謝改善機能を有する医薬品錠剤として発売された。研究に着手してから一六年目のできごとであった。日清ファルマではそれ以降原料調達先の確保や量産技術の改善を続け、独自の医薬品の製造販売にも着手し、両社のCoQ10医薬品事業の規模は一九八〇年代前半には薬価ベースで四〇〇億円以上に達した。

その後、薬価の引下げ等で医薬品としての売上げは縮小していったが、サプリメント市場が一九九〇年代初頭から欧米で立ち上がり、日本でも二〇〇〇年代からサプリメント市場が拡大し、日清ファルマは世界の主要メーカーの一角の座を維持している。

事例13　富士写真フイルム：デジタルX線画像診断システム

デジタル式のX線画像診断システム。レントゲン・フィルムを使う従来のアナログ式に対して，高感度のセンサーにX線画像情報を記録し，これをスキャナーで読み取って，コンピュータで画像処理をして，写真フィルムや液晶モニターなどに表示する。世界で初めてX線画像診断装置のデジタル化に成功し，読影・診断精度の向上，被曝量の抑制，さまざまな画像処理による新しい診断方法，画像診断情報のネットワーク化を可能にした。

一九七四年に富士写真フイルムの足柄研究所でレントゲン・フィルムを用いる従来のX線画像診断システムに代わるデジタル式のシステムの開発に着手したのがスタートだった。レントゲン・フィルムで大量に使用する銀が高騰していたのと，白黒写真フィルムの研究開発組織の再編により，一部の研究者が行き場を失いかけていたことなどがきっかけであった。提案をしたリーダー以下，数名の研究者がチームを組み，検討が始まった。その後本社トップの支持も得て開発プロジェクトがスタートしたものの，社内の期待と支持は限定的なものであり，スタート早々，チームのリーダー，サブリーダーが配置転換で別の部門に異動になるなど，出鼻をくじかれた。しかし，専門医の協力等も得ながら，約三年を費やして三つの要素技術（画像センサー，画像読取装置，画像処理アルゴリズム）の開発に成功した。医療現場での臨床試験も行いながら，先行機の開発を進めた開発チームは欧州での学会発表を計画した。しかし，開発された技術の価値や事業性を評価できなかった経営層は公表することに難色を示した。学会直前になりようやく承認を得て，ベルギーで開催された国際放射線学会での発表にこぎつけた。学会二日目，医療機器メーカーの大手，フィリップスの担当副社長から，技術導入したいとの申し入れを受け，これが契機になり，社内での評価も高まり，商品化，事業化の段階へと移っていく。

臨床試験を重ねながら商品の開発を進め、医療機関向けの販売サービス体制を新たに整え、さらにデジタル装置を用いた診療の保険点数加算を認めてもらうために日本医師会や厚生省などへの働きかけにも取り組みながら、一九八三年に一号機の発売にこぎ着けた。

世界初のデジタルX線画像診断システムは、改良を重ねて内外の医療機関に浸透し、販売を伸ばしていった。当初、独自路線に不安を抱いていたトップの意向もあって、医療システム事業で実績のある東芝との提携が実現したが、現場は独自路線を追求し、その後提携は解消された。国内で七割のシェアを獲得し、海外では海外有力メーカーとの提携を活用しながら五割のシェアを獲得し、世界トップの地位を確立し、一九九〇年代以降は富士写真フイルムの重要な収益の柱になった。

事例14　日本電気：HSG-Si キャパシタ

半導体大容量DRAM（ダイナミック型ランダムアクセスメモリ）のキャパシタの蓄電容量を高める技術。キャパシタ電極のアモルファスシリコンの表面にミクロな半球状の多結晶シリコングレイン（粒状のもの）を形成し、表面を凸凹にする。単位体積あたりの表面積を増やすことで蓄電容量を拡大し、この結果、記憶保持のために必要な消費電力の節約を可能にした。

一九八九年にマイクロエレクトロニクス研究所超集積回路研究部の研究者が実験中に偶然シリコン表面に半球上のグレインが形成されることを発見したのが最初のきっかけとなった。これをキャパシタの容量増加に活用できないかという発想が生まれた。だが、グレインの形状の制御が難しく、またグレイン形成領域も限られていた。この問題を解決するきっかけを提供したのが、同じ研究部に所属していた別の研究者だった。同じく八九年に、別の装置で材料開発を行っている最中にたまたま同様のグレインが形成される現象を発見していたのである。この現象は研究の目的からすれば失敗であった。しかし、月例報告会で、この現象がキャパシタの容量拡大に使えるかもしれないとの話しを聞き、自らの経験を伝えたところから、八九年から共同の研究が開始された。その後、基本的なメカニズムの解明や再現性を高めるための研究開発が進められ、九二年頃には実用化の可能性が探られる段階にまで達し、生産設備の基礎技術開発も進められた。学会での発表もなされ、海外の研究者からの反響は大きかった。

だが、社内の半導体事業部門の関心は薄かった。重要な事業で未経験の新しい技術を実用化することに抵抗を覚えたのである。そこで、一九九三年、研究者はみずからＵＬＳＩデバイス開発本部に異動した。事業部門での新しい技術の採用の決定に大きな影響力を持つ同本部に異動することで、実用化を目指したのである。当初は、上司から研究開発をやめるように指示されるが、逆に説得して、実用化へ向けての開発を続けることが認められる。社外での研究が活発化したことも功を奏した。開発を続けながら、さらに第一メモリ事業部長を直接説得し、九五年にはついに、翌年からHSG-SiキャパシタをＤＲＡＭ製品に採用することを第一メモリ事業部長が決断し、ＵＬＳＩデバイス開発センターでもHSG-Siキャパシタをキャパシタ容量拡大のための中核技術とすることが決定された。研究者は、これを受けて、さらに半導体生産技術本部に異動し、量産技術確立の作業に直接携わっていった。ここで量産化のための多くの技術課題を解決し、九六年に64MbDRAMの量産で実際に採用された。

その後、研究者はＮＥＣ ＵＫに異動するなどして海外工場での採用も促し、HSG-Siは社内で広く採用されていった。社外での採用も進み、二〇〇一年までには世界のＤＲＡＭ製品の約七割がHSG-Siキャパシタを採用するという世界的な標準となった。

事例15　京セラ：エコシス・プリンタ

消耗部品の寿命を飛躍的に高めたプリンタ。ページプリンタの感光体に、従来型のＯＰＣ感光体ではなく、薄膜技術を活用したアモルファスシリコン（a-Si）感光体を用いる。長寿命化に成功し、ランニングコストが低く、環境保護に貢献するノンカートリッジ型のプリンタを実現した。

a-Si 感光体は、本業のセラミック製品で蓄積してきた薄膜技術を活用したもので、京セラでは一九七九年から開発に取り組んでいた。八一年には複写機用に製品化し、八四年には量産化され、高速複写機用に外部の企業に供給された。しかし、これをプリンタに用いる開発に本格的に着手したのは八九年終盤のことであった。厳しい競争にさらされていたプリンタ事業部門が、差別化の手立てとして社内の独自技術であるa-Si 感光体を搭載したプリンタの投入を企図したためだった。関連する複数の事業部門間で合意され、社内横断的な開発体制が組まれた。長寿命を活かした、「ノンカートリッジ化」という製品コンセプトが練られ、要素技術が開発され、九〇年には一次試作機が完成した。会長の意見で、地球環境にやさしいことを最大の訴求点にすることが決められ、商品としてのコンセプトが固まり、「エコシス」と名付けられた。九二年には技術開発が完了し、長寿命感光体を用いたはじめてのページプリンタの販売が欧米と国内で開始された。

エコシスにより京セラは、売上げに占める消耗品の比重が大きい他社とは異質のビジネスモデルを確立し、プリンタに a-Si 感光体を採用する唯一の企業として高い収益性を確保していった。エコシス・プリンタの売上台数は拡大を続け、一九九六年には京セラのページプリンタはすべてエコシスに置き換えられ、二〇〇一年からは複合機（プリンタ・複写機）でも a-Si 感光体を採用した。

事例16　日本電気：GaAs MES FET

高周波通信における送受信用の増幅デバイス。電界効果を介して電流の流れを制御するトランジスタで、ガリウム砒素（GaAs）を材料とすることで、高い周波数帯の通信装置で求められる高速動作、低消費電力を可能にした。

源流は、中央研究所でGaAs MES FETの研究開発に取り組んでいた個体部がたまたま試用した写真蝕刻技術が予想外の成果をあげることを一九七三年初め頃に発見したことにあった。GaAs MES FETの原理は六六年に米国の研究者によって提案されており、世界中の有力企業が開発に取り組んでいたが、開発、量産化ができずに苦闘していた技術であった。日本電気の中央研究所も七〇年代に入ってこの技術開発に遅れて参加したものの、成果があがらなかった。その中で偶然生まれた成果であった。この成果を耳にして、具体的に実用化に結びつけてみようと考えたのは、半導体事業部超高周波トランジスタ課長だった。

組織再編で同じ部に異動してきた若手の技術者を巻き込み、中央研究所の開発者も含めて新たな開発チームを作って、開発にあたらせた。別の仕事を割り当てられていた若手技術者の上司の反対にあったものの、押し切ってチームは形成され、一九七三年に開発がスタートした。写真蝕刻技術が突破口となり、さらに他の技術も結集して、七四年には一定のメドが立ち、約一年でサンプルができあがった。多くの企業が挑戦しても実現できなかった製品化に世界ではじめて成功した。

だが、国内での市場は未成熟で、社内の事業部では採用される見込みはなかった。このため、海外の販売代理店を通じて、海外の企業へとアプローチしていった。カナディアン・マルコーニが最初の顧客となり、その後、ヒューズエアクラフト、ATT、GEなどへと販売先は広がっていった。写真蝕刻技術を足がかりに日本電気が確立した独自の技術を模倣できる企業はしばらく現れず、ほぼ二年間、日本電気が独占的に販売した。世界のマイクロ波通信送受信装置向けのGaAs MES FET市場で約八割のシェアを獲得し、地上電話回線、レーダー、そして衛星通信や移動体通信へと用途を広げていった。

事例17　東芝：エンジン制御用マイコンシステム

自動車エンジンを最適な状態で作動させるためのマイコンシステム。抜本的な排ガス対策を迫られた米国フォードの依頼を受けて開発されたもので、エンジンに関する複数の要因（点火制御、排ガス還流制御、二次空気制御）をデジタル制御する12ビットのマイコンシステムを世界で初めて実現した。

エンジンの電子的な制御装置の開発プランを求める引合いがフォードから東芝に一九七一年三月に送られてきたのが始まりだった。悪化する大気汚染問題への対策として米国で排ガス規制が強化される中、規制をクリアするための新しい技術を必要としていたフォードがいくつかの企業に提案を求め、その一つとして東芝にも声がかかった。仕様書を受け取った電子事業部半導体事業部長は、総合研究所のコンピュータや制御を専門とする研究者の協力を得て、短期間で開発提案書を作成し、七月に提出した。デジタル式の電子制御技術の提案を用意したことから、フォードの評価を得て、より具体的な開発の仕様書に基づく正式の開発プロジェクトがスタートする。技師長の支持を得て、最終的には社長の承認を経て、翌月には全社的な特別プロジェクトとなった。複数の事業部門や総合研究所から人が集まり、総勢三〇名程度のチームで開発が進められた。世界第二位の自動車メーカーからの引合いであったことが全社的なプロジェクトとして認められた決め手となった。

フォードから要求された厳しい仕様を満たすための開発努力が続き、同じようにフォードから声がかかったライバル企業の提案を退けながら、東芝は最も有望な供給者としての評価を固めていく。しかし、米国政府の排ガス規制自体の見直しや、フォード内の電子技術に対する不安などから、当初の予定を大幅に過ぎたままフォードによる正式採用は一向に実現しなかった。見込みのないテーマにいつまでも多くの人員を割《さ》いていることへの社内の批判が高まり、プロジェクトの中止を求める声があがった。しかし、会長の「フォードがどう出ようと、やりはじめたことは最後までやるように」との一言で、プロジェクトは息を吹き返し、フォードが曖昧な態度を続ける中でもプロジェクトは続けられた。厳しい実車テストにも耐え、ついに一九七六年にフォードの量産車への正式搭載が決定され、翌七七年秋に東芝製のマイコン制御を搭載した新車が発売された。最初の引合いから六年が経過していた。

その後、改良を重ねながら、一九八〇年代に入るとフォードの乗用車モデルのほぼ全車種に搭載されるようになり、やがてトヨタ自動車の車種などにも搭載されていった。エンジンのマイコン制御の先駆けであり、東芝の自動車用半導体事業の発展の礎ともなった。

事例18　東京電力／日本ガイシ：NAS電池

電力貯蔵用の電池。負極にナトリウム、正極に硫黄、電解質にβ-アルミナを利用した高温作動型二次電池で、大規模の電力貯蔵用に用いられる。従来の鉛蓄電池に比べて、エネルギー密度を高め、体積・重量を小さくし、電力貯蔵用電池を世界で初めて事業化した。負荷平準化によって効率的な電力利用が可能になるほか、非常用電源機能や瞬時電圧低下対応機能を持つこともできる。

東京電力の経営層が、一九八二年に電力貯蔵電池の開発に取り組む方針を打ち出したことに始まる。電力負荷平準化を目的とした、揚水発電に代わる代替的電力貯蔵手段を開発することを目指すものだった。一九八〇年度からスタートしていた国家プロジェクト「ムーンライト計画」でも他社が同種の技術開発に取り組んでいたが、重要な技術なので自ら取り組むべきであると考え、独自開発の方針が選ばれた。代替技術の評価を経て、八二年にNAS電池が選択され、開発のパートナーとして日立製作所が八三年から、日本ガイシが八四年から参加することとなった。日立製作所と日本ガイシがそれぞれに電池の開発に取り組み、ユーザーとして東京電力が評価していくという体制であった。日本ガイシは、当初参加を渋ったものの、東京電力の説得を受けて、参加を決断した。

NAS電池は一九六七年にその原理が明らかにされ、実用化を目指して内外の多くの企業が取り組んでいたものの、コストや安全性など多くの課題を抱えており、最後発で開発に着手した三社の開発も困難を極めた。日本ガイシが八七年にNAS電池に関して提携したドイツのBBC社（後のABB社）の技術が一つの突破口となった。BBCは電気自動車用NAS電池の開発に長年取り組んでおり、安全で耐久性に優れた基本構造を開発していた。日本ガイシは、同社と合弁会社ナステクを八八年に設立し、ここが中心となって、NAS電池開発の取組みを強化していった。九三年に日立製作所が共同開発関係を解消し、共同開発は東京電力と日本ガイシの二社で進められることになった。

要素技術が開発され、一九九二年からは実証実験が始まり、ユーザーとしての東京電力の役割が大きくなっていく。だが、東京電力の社内ではNAS電池開発に対する風当たりが強くなっていく。九〇年代半ば以降、電力自由化が始まったことで揚水発電のコストが下がったこと、さらに九〇年代末以降は揚水発電そのものが過剰設備を抱えることになり、当初想定していたNAS電池の意義が薄れてしまったためである。そうした批判を乗り越えたのは、当初からNAS電池の開発を重視していた会長以下経営トップ層の支持が失われなかったからであり、さらには、会長からの提案を受けて、NAS電池の新たな意義が見出されていったからであった。当初、電力会社の変電所に設置して揚水発電に代替することを目標としていたのに対し、電力自由化、電力供給の分散化の流れを受けて、需要家側で設置して、電力コストの低下に寄与するためのシステムとしてNAS電池の用途が再定義されていったのである。新たな用途へ向けた一層のコストダウン努力等が続けられ、非常用電源機能、無停電電源機能、さらには自然エネルギー発電（風力など）の不安定な出力を補う機能もNAS電池の強みとして強調しながら、需要家も含めた実証実験が積み重ねられた。一九九八年には、日本ガイシはNAS電池の量産、事業化を二〇〇二年から開始することを決定し、東京電力も二〇〇一年には一般需要家向けにNAS電池を販売し、保守サービスを請け負う営業部隊を組織し、二〇〇一年末には商品としての実働が保証された最初のシステムが東京都葛西水再生センターに納入された。

以降、東京電力の管外の国内顧客や海外顧客への納入も行われ、二〇〇三年からは日本ガイシでNAS電池の量産工場が稼働を開始した。量産規模で事業化された世界ではじめての電力貯蔵用電池システムとして市場を拡大していった。二〇〇七年度には日本ガイシのNAS電池の売上げは約一五〇億円に達し、単年度黒字化も実現した。

事例19　日立製作所：LSIオンチップ配線直接形成システム

LSIの微細な配線を作り直す技術。切断を担当する集束イオンビーム（FIB）と接続を担当するレーザーCVDという技術を組み合わせて、実際のLSIチップ上で、配線を切断し、新たな配線を接続する。従来のLSIの開発で試作品を繰り返し製作していたのに対して、修正が必要なところだけを直すことで、開発に要する時間の短縮とコストの削減が可能になった。

出発点は、生産技術研究所で、用途を特定しない形で始まった二つの技術開発の取組みであった。一つは一九八〇年頃から着手されたFIBの開発、もう一つは八三年頃から着手されたレーザーCVDの開発であった。前者は、ＦＩＢが世の中に出回り始めたのをみて、技術者が実験装置を作り、応用用途を探ろうとして始めたものだった。後者は、上司から好きなことをしてよいといわれた若手の技術者が、個人的な関心でスタートしたものであった。特定の事業用途を念頭におかずに着手されたこれら二つの要素技術が、具体的な事業用途に結びついたのが八五年九月のことであった。

副社長が、「プリント基板で配線が切れているところをジャンパー線でつなぐように、ＬＳＩチップ上でもジャンパー線を飛ばせないものか」というメモを半導体関係の幹部に示したのである。当時、大型コンピュータでＩＢＭに対抗していち早く新製品を出すことに精力を傾けていた日立製作所において、次期の大型コンピュータの開発でＬＳＩ開発の効率をあげたいという意向が背景にあった。ＩＢＭに対抗することは日立製作所にとって最重要課題の一つであった。これを受けて、一九八五年に生産技術研究所で開発チームが形成され、コンピュータ事業部のデバイス開発センターなどとの協力体制も築かれ、オンチップ配線システムの開発に向けた具体的な開発が始まった。

開発が進み、一九八六年にはシステム全体のイメージが明確になり、主要な技術課題もほぼ解決され、装置の仕様の概略も決まった。デバイス開発センターを通じて公式に予算申請がなされ、五億円の予算が認められた。予算を受けて、その後さらに具体的な装置の開発、生産が進められ、八八年に装置が完成し、実際のオンチップ配線に利用されていった。

まず、最初のターゲットであった超大型コンピュータの開発で利用され、その後、二世代にわたる後継機種の開発でも用いられた。その他、スーパーコンピュータ用のＬＳＩやさまざまな機器向けのＡＳＩＣ開発にも使われ、全体で七〇の品種、四〇〇を超えるチップの開発に利用された。オンチップ配線システムの利用により、超大型コンピュータのＬＳＩ開発期間は一二カ月から八カ月へと約四カ月短縮され、ＡＳＩＣ開発でも二カ月から六カ月の期間短縮を実現した。

事例20　TDK：Ni内部電極積層セラミックコンデンサ

内部電極にニッケル（Ni）を用いた積層セラミックコンデンサ。従来主流だった高価な貴金属に代わって安価な卑金属であるニッケルを内部電極に用いるもの。焼成の方法、材料の見直し、結晶構造の変更等により、寿命が長く、低価格のNi内部電極積層セラミックコンデンサを実現した。

きっかけは、一九八九年に、コンデンサ事業部から開発研究所にニッケル内部電極積層セラミックコンデンサの寿命が短い原因を解明してほしいという依頼が寄せられたことであった。TDKは、低コスト化を目指してニッケルを内部電極に用いた製品を限定的に供給していたが、競合他社に遅れをとっており、なんとか大容量化しつつ、寿命の長い製品を実現したいと考えて、開発の支援を頼んだのである。ニッケルを用いると寿命が短いという問題は、長年、内外の主要なコンデンサ・メーカーを悩ませてきた問題だった。しかし、検討を引き受けた技術者は約半年で突破口を見出す。セラミックコンデンサの専門家ではなかったために、それまでの常識にとらわれない発想が可能であったことが功を奏したのであった。焼成の方法や材料を見直すことで、寿命は従来のものに比べて一〇〇倍に伸びた。

これを受けて、一九九〇年から量産化へ向けたより本格的な取組みが始まった。事業部側には一部で未経験の技術を用いることへの抵抗もあったものの、開発者自らが事業部や工場を訪ねて量産へ向けての実験をうながし、また顧客や学会などで報告を重ねて、理解を求めていった。同時に、さらなる技術的な改良も重ね、商品ラインアップの拡充も進め、九二年以降セラミックコンデンサのニッケル化が本格化していった。

貴金属を用いず、低コスト化を実現したNi内部電極積層セラミックコンデンサは、コンデンサ市場で用途を拡大していった。一九九六年には、ＴＤＫでのニッケル製品の売上げが従来型のパラジウム製品を超え、セラミックコンデンサ事業の主役となり、同社のセラミックコンデンサ市場における世界シェアは一九九二年の一三％から二〇〇一年には二三％にまで拡大していった。

事例21　セイコーエプソン：高精細インクジェットプリンタ

高精細のインクジェット（ＩＪ）プリンタ。ピエゾ式ＩＪ技術を発展させたもので、積層型ピエゾ素子を活用して、従来の一〇分の一の大きさでありながら、わずかな電圧で微量のインク滴でもまっすぐ吐出できるＭＡＣＨ（マッハ）印字ヘッドを実現した。

一九八〇年代半ばに競合するヒューレット・パッカード（ＨＰ）からバブルジェット方式のＩＪプリンタが発売されたことが大きな契機となった。それまでシリアル・インパクト・ドット・マトリクス・プリンタで世界トップのシェアを握っていたが、個人向け市場でＨＰらのバブルジェット方式の攻勢を受け、また高価格機種市場ではキヤノンらのレーザービーム・プリンタの攻勢を受け、突如守勢に立たされることとなった。すでに別の方式のＩＪの開発を進め、新商品投入を行っていたが、コストが高く、信頼性などにも問題があり、競合への対抗には力不足であった。そこで、プリンタ事業本部の方針として、一九八七年、バブルジェット方式に対抗できるピエゾ方式の印字ヘッドの開発に開発部が取り組むことが決定された。他の技術開発に関わっていた技術者も集結させ、新しいＩＪプリンタの開発部隊が形成された。

ピエゾ式はセイコーエプソンが一九七〇年代から取り組んできた技術であったが、コストが高く、小型化が難しいという欠点を備えていた。その問題を克服することを検討していた技術者が八九年に遭遇したのが、オランダのフィリップスがたまたま持ち込んできた積層ピエゾ（ＭＬＰ：Multi Layer Piezo）に関する技術であった。これが手がかりになって、MLPを用いた印字ヘッドの開発が始まった。MLPの実現可能性がみえると、九〇年には事業本部をあげて、新しいIJヘッドの開発のための緊急ヘッドプロジェクトが形成され、MLPの商品化が目指された。大枠の技術コンセプトが固まり、九一年四月には開発担当者が商品化を加速するために設計部に異動した。だが、技術に未熟なところがあり、一方で設計部は別の技術の商品化に取り組んでいたこともあり、まだ商品化できる状況ではないとの判断となった。

開発部に戻った技術者はMLPの完成度を高めた。設計部が取り組んでいた技術の開発にも問題が残っていたことから、再度、一九九一年十月にMLPの量産化開発に踏み切ることが決定された。新しいMLPヘッドはMACHヘッドと名付けられ、九三年にMACHヘッドを搭載したプリンタが発売された。セイコーエプソン初の個人向け製品であった。

バブルジェット方式に対抗する商品として開発されたピエゾ方式のIJプリンタは内外で高い評価を受けた。発売後も改良を重ね、さらなるコストダウンを実現し、高精細フルカラー化も実現して販売を伸ばし、日本のプリンタ市場でキヤノンからトップシェアを奪還した。

事例22　東レ：携帯電話液晶ディスプレイ用カラーフィルター

液晶ディスプレイ（LCD）のカラー表示を可能にする要素部材。非感光ポリイミド法を用いたもので、他社が採用する感光アクリル法に比べて、微細加工や色純度に優れる。携帯電話端末用途を中心とした中小型LCD向け半透過型カラーフィルターとして広く普及した。

一九八三年にポリイミドの用途開拓のためにLCDカラーフィルターの開発に着手した。当初は研究者の個人的な興味により「アングラ研究」としてスタートしたが、八五年には基礎研究所の正式テーマに認められた。さらに技術開発を進めた後、八七年には新設の電子情報材料研究所に研究チームが移管され、八九年には技術センター内に液晶材料開発推進グループが設置され、九三年から大型ＴＦＴ-ＬＣＤ向けカラーフィルター事業がスタートした。

しかし他社との設備投資競争、価格下落などにより業績は芳しくなかった。業績が好転しない中、二〇〇一年に、事業の抜本的な見直しが検討されることとなった。その結果決定された方針は、三年の期限で、主たる市場を、パソコン用途主体の大型ＴＦＴ-ＬＣＤから携帯電話、カーナビ、デジカメ用途主体の中小型ＴＦＴ-ＬＣＤ向けに転換することで事業を再構築するというものであった。業績が低迷する東レのカラーフィルター事業に対する社外の評価は低く、証券アナリストの中には撤退すべきだという意見もあったという。しかし社内では長年取り組んできた独自の技術を活かしたいという意見が強く、中小型ＴＦＴ-ＬＣＤ向け市場に活路を見出そうとしたのである。新たな方針を受け、非感光ポリイミド法の優位性をより活用できる高精細の半透過型のカラーフィルターの基本技術を開発し、二〇〇二年から携帯電話端末向けなどを中心に商品を投入した。

携帯電話端末のディスプレイのカラー化、高機能化の波に乗り、売上げは急速に拡大し、二〇〇四年には初めて事業の黒字化を達成した。高機能に加え、色設計シミュレーション技術による多様な設計要求への迅速な対応が可能であることも手伝って、東レは携帯電話端末ＬＣＤ向けカラーフィルター市場において国内では二分の一、海外でも四分の一のシェアを達成し、トップ企業の地位を獲得した。

事例23　荏原製作所：内部循環型流動層炉

流動層技術を活用した廃棄物焼却技術。炉内に充塡した砂を炉底から空気を入れて流動させ、そこに廃棄物を投入させて燃焼させるもので、燃焼効率に優れている。当初、原理的に大型化に限界があるとされていたが、砂の横方向流動を活用する「内部循環型流動層技術」を開発することで大型化の制約を克服した。

主力の「風水力」事業の成熟化にともない、新規事業開拓を目指していた中で、一九七二年に廃棄物用焼却炉事業への参入が検討され始めた。英国のSDP社の「旋回流型」流動層技術に着目し、七三年にライセンス契約で導入した。後発の企業として、廃棄物用焼却炉で長年実績のある既存企業が用いている「ストーカ炉」との差別化をはかるのがそのねらいであった。都市ゴミ焼却炉市場への参入を目指し、七七年に厚生省の認可を得て、同年石川県珠洲《すず》市に実機第一号を納入した。その後改良を加えながら八一年にかけて一四件の「SDP式」焼却炉を受注した。しかしいずれも地方向けの中小型焼却炉に限られていた。

焼却炉事業で本格的に成功するためには大都市の大型焼却炉市場への参入が必要であったが、既存の流動層技術では原理的に大型化が困難だった。この問題を克服するため、一九七九年に、三人の技術者が大型のゴミを事前に破砕することなく、横方向の撹拌を可能にする技術の開発に着手したものの、大型化は不可能であると考えていた事業部からは現場への導入の機会を認められなかった。しかし、独自に開発に取り組んだ結果、SDP社の技術者のアイデアを手がかりに、独自の方法を用いた「内部循環型」の「TIF炉」の開発に成功した。八一年に神奈川県藤沢市の清掃センターにTIF炉一号機が納入された。ただし、これは破砕機をつけることを条件に認められたもので、開発者にとっては不本意なものであった。社内にも顧客にも、無破砕型大型TIF炉への信用がなかったためである。はじめて無破砕型のTIF炉を納入し、成果を収めたのは、次の和歌山県海南市向けであった。海南市の技術者出身の担当者がTIF炉を高く評価してくれたためだった。この二件により大型炉にも対応可能な流動層焼却炉メーカーとしての評価を得た荏原製作所は、以降、受注を伸ばし、八三年には政令指定都市である新潟市に採用されて、その地位を堅固なものとした。

ＴＩＦの成功によってポンプメーカーから総合環境エンジニアリング企業へと大きく転身するきっかけを得た荏原製作所は、その後も内部循環型技術を核にして新たな焼却炉技術を開発し、事業の拡大を続けていった。第二ステップとして、熱回収型のＩＣＦＢ（内部循環型流動層ボイラ）を一九八九年に開発し、主として産業廃棄物の焼却炉として納入実績を上げ、続く第三ステップとして、ダイオキシン問題に対応するＴＩＦＧ（内部循環型ガス化溶融炉）を独自技術で開発し、二〇〇〇年に一号機を納入し、その後三年間で一八機を納入していった。さらに、第四ステップとして、会長からの指示により、ゴミからアンモニアを生成するという研究テーマが与えられ、宇部興産との協力により加圧二段型のＰＴＩＦＧ（内部循環型ケミカルリサイクル用ガス化炉）が開発され、二〇〇〇年に実用化されている。ただし、ＴＩＦＧ、ＰＴＩＦＧには技術的に難点が残り、本格的普及には至らなかった。

1　二〇一〇年度末時点で七二八件を数える。

2　理研コンツェルンは、戦後、ＧＨＱにより解体され、その後企業グループとして復活することはなかった。しかし理研コンツェルン出身企業の一部は現在でも事業を展開している。例えば、リコー、リケンなどがその代表例としてあげられるだろう。一方、理化学研究所の方は、組織形態を変えながら研究開発活動を続け、現在も優れた研究機関として多くの研究開発成果を生み出している。

3　本研究プロジェクトの概要は、http://www.iir.hit-u.ac.jp/iir-w3/reserch/GCOEokochiprize(A).html 参照。完成した事例研究の内、一橋大学イノベーション研究センターのケーススタディ・シリーズとして公表されているものは上記ＵＲＬからダウンロードが可能である。また、個々の事例研究の担当者を巻末の付属資料に示す。なお、本プロジェクトは、一橋大学21世紀ＣＯＥプログラム「知識・企業・イノベーションのダイナミクス」の終了により二〇〇七年度末にいったん区切りを迎えたが、二〇〇八年度からは、一橋大学グローバルＣＯＥプログラム「日本企業のイノベーション：実証的経営学の教育研究拠点」の中で、第二期のプロジェクトとして引き続き実施されている。

4　以下の分析で取り上げる二三件の事例の内、一件（荏原製作所の内部循環流動層炉の開発）は、大河内賞ケース研究プロジェクトの第二期で取り上げた事例である。本書の執筆に取りかかった段階ですでに事例研究の成果がまとまっていたことから、分析の対象に含めた。

5　以下の事例に関する記述は、原則として、これまで行った個別の事例研究の成果に依拠しており、それぞれ、当該の事例研究を行った時点での情報に基づいて書かれている。ただし、一部、本書のために加筆、更新、修正した記述が含まれている。なお、本書で記述する企業の名称では、正式社名に含まれる「株式会社」の表記は省くこととする。また、以下、分析・理論篇（第1〜6章）において事例の記述で登場する企業の名称は、原則として、大河内賞を受賞した時の会社名を用いる（ただし、事例篇においてはこの限りではない）。当該事例の受賞前の段階（例えば技術開発に取り組んでいた時など）では別の社名であった場合もあり、また、受賞後に社名が変わり、現社名と異なる場合もあるが、混乱を避けるために受賞時の名称で統一する。ただし、東芝の事例の一つ（事例17）は受賞時には「東京芝浦電気」という社名であったが、もう一つの事例（事例4）では受賞時には「東芝」という社名であったので、統一するため、両事例とも「東芝」と表記する。また、各事例には、整理のため事例番号を付けるが、分析・理論篇と事例篇では異なる事例番号が付されている。

第3章 大河内賞受賞事例にみるイノベーション実現のプロセス

はじめに

本章では、前章で概要を紹介した二三件の事例を横ならびに比較しながら分析を進めていく。これらの事例においてイノベーションがどのような過程を経て実現していったのかを、第1章で示した、イノベーションの実現過程を「革新への資源動員の正当化プロセス」としてとらえる視点に立って分析していくという作業である。

具体的には、アイデアの創出、要素技術の開発着手から始まって、製品開発を経て、事業化に至るまでの一連のイノベーションのプロセスについて、大きく、次の三つの点をみていく。

①スタートから事業化までどの程度の時間を要したのか。
②その過程で資源を動員する上で抵抗や反対などの壁に直面したのか。
③そして資源を動員する上で抵抗や反対などの壁に直面した場合に、その壁をどのように乗り越えていっ

たのか、つまりどのように資源動員を正当化していったのか。

一つひとつの事例について丁寧な事例研究を行ってきたことが本書のデータの強みである。この強みを活かし、個々の事例の詳細な情報を丹念に拾い上げ、汲み取りながら、共通の枠組みに則って横断的な分析を加えることで、イノベーションが実現していくプロセスを解き明かしていきたい。

1　スタートから事業化までの時間経過

イノベーションの実現プロセスがスタートから事業化までどのような時間経過で進行していったのか。このことから見ていこう。

「スタート」とは、大河内賞を受賞したイノベーションの実現過程が始まった時点を指す。といっても、何をもってスタートとするかを厳密に定めるのは簡単ではない。ここでは、イノベーションによって実現を目指す商品の着想を最初に得た時期、もしくはイノベーションを構成する革新的要素技術の開発に着手した時期のいずれか早い方をスタートの時期とする。

最終的に事業化された商品のアイデアが当初から想定されていた事例もあれば、用途が必ずしもはっきりしないまま、あるいは別の用途を想定して、要素技術の開発がスタートし、後になってからその要素技術を応用する市場や商品について具体的なアイデアが生まれる事例もある。本書ではどちらか一方が始まった時期を「スタート」の時期としてとらえることにする。

個々の事例を見ていくと、スタートに先立つ段階で関連する技術の開発が行われている場合もある。しかしここでは、あくまでも大河内賞で受賞の対象となった要素技術の開発を開始した時期、[1]もしくは受賞対象となった商品の着想を得た時期をスタートとし、その上で、そうしたスタート前の歴史、つまり「前史」についても、可能かつ必要な範囲で注意を振り向けることとする。

また、「事業化」といっても、すでに関連する事業がやはり「前史」として成立している事例もある。これについても同じく、あくまでも大河内賞で受賞対象となった商品が事業化された時期を「事業化」の時期とし、その上で、分析にあたってはその前史にも可能かつ必要な範囲で注意を振り向けることとする。

図表1は、二三件の事例それぞれの時間経過を示したものである。平均すると、スタートから事業化まで九・二年を要している。二三件の事例の中には、五年以内で事業化にこぎ着けた事例が六つある一方で、全体の約四分の三にあたる残りの一七件では五年を超える時間を費やしている。その内、一〇年以上かかった事例が九件を数え、さらにその内の五つは一五年以上を費やしている。

スタートから事業化までもっとも長い時間を要したのは、二〇年かかった東京電力／日本ガイシのＮＡＳ電池（#18。図表1の事例番号。以下同じ）の事例である。それに続くものとして、一九年かかった松下電器産業のＩＨクッキングヒーター（#1）、東レの携帯電話液晶ディスプレイ用カラーフィルター（#22）、一六年かかったトレセンティテクノロジーズの新半導体生産システム（#11）、日清ファルマのコエンザイムＱ10（#12）の事例などがある。[2]

他方で、三年以上をかけずにスタートから事業化にたどり着いた三菱電機のポキポキモータ（#2）、松下電子工業のGaAsパワーモジュール（#8）、川崎製鉄／川鉄マシナリー／山九の大ブロックリング高炉改修工法（#10）、日本電気のGaAs MES FET（#16）、ＴＤＫのNi内部電極積層セラミックコンデンサ（#20）、荏原製作所の内部循環型流動層炉（#23）といった事例もある。ただ、この内、三菱電機、松下電

事業化までの時間経緯

スタートした年（西暦）	製品開発が始まった年（西暦）	事業化された年（西暦）	スタート→製品開発（年）	製品開発→事業化（年）	スタート→事業化（年）
1971	1988	1990	17	2	19
1993	1993	1996	0	3	3
1980	1987	1992	7	5	12
1980	1985	1991	5	6	11
1978	1981	1988	3	7	10
1978	1983	1987	5	4	9
1982	1987	1988	5	1	6
1991	1993	1994	2	1	3
1988	1991	1997	3	6	9
1995	1995	1998	0	3	3
1985	1997	2001	12	4	16
1958	1966	1974	8	8	16
1974	1979	1983	5	4	9
1989	1993	1996	4	3	7
1979	1989	1992	10	3	13
1973	1973	1974	0	1	1
1971	1973	1977	2	4	6
1982	1992	2002	10	10	20
1980	1985	1988	5	3	8
1989	1990	1992	1	2	3
1987	1990	1993	3	3	6
1983	2001	2002	18	1	19
1979	1979	1981	0	2	2
—	—	—	5.4	3.7	9.2

図表1　スタートから

企　業	事　例
1　松下電器産業	IH クッキングヒーター
2　三菱電機	ポキポキモータ
3　東洋製罐／東洋鋼鈑	タルク缶
4　東　芝	ニッケル水素二次電池
5　オリンパス光学工業	超音波内視鏡
6　花　王	アタック
7　セイコーエプソン	自動巻発電クオーツウォッチ
8　松下電子工業	GaAs パワーモジュール
9　東北パイオニア／パイオニア	有機 EL ディスプレイ
10　川崎製鉄／川鉄マシナリー／山九	大ブロックリング高炉改修工法
11　トレセンティテクノロジーズ	新半導体生産システム
12　日清ファルマ	コエンザイム Q 10
13　富士写真フイルム	デジタル X 線画像診断システム
14　日本電気	HSG-Si キャパシタ
15　京セラ	エコシス・プリンタ
16　日本電気	GaAs MES FET
17　東　芝	エンジン制御用マイコンシステム
18　東京電力／日本ガイシ	NAS 電池
19　日立製作所	LSI オンチップ配線直接形成システム
20　TDK	Ni 内部電極積層セラミックコンデンサ
21　セイコーエプソン	高精細インクジェットプリンタ
22　東　レ	携帯電話液晶ディスプレイ用カラーフィルター
23　荏原製作所	内部循環型流動層炉
	平　均

出所：一橋大学イノベーション研究センター「大河内賞ケース研究プロジェクト」。

子工業、荏原製作所の事例は、ともにスタートの前に、関連する技術の開発を続けていた前史がある（それぞれ、三菱電機で四年程度、松下電子工業が四年程度、荏原製作所で六年程度）。前史まで含めれば、技術開発に着手してから事業化まで短い期間で駆け抜けていく事例はさらに少数派であるといえるだろう。

スタートから事業開始まで全体として約九年が費やされているが、これを「スタートから製品開発に着手するまで」の前半と「製品開発着手から事業化まで」の後半の二つの期間に分けてみると、前半の期間が後半の期間より短い事例は二三件の内、八つにとどまっており、三分の二の事例において前半の方が後半よりもより長い時間を費やしている。平均すると、前半が五・四年、後半が三・七年となっている（前掲図表1）。

製品開発は、一般に、主要な要素技術の実現可能性について一定のメドが立ち、どのような顧客にどのような商品を提供するのか、つまり、製品の機能と市場がある程度明確になった時点で着手するものである。スタートしてからこのような段階に至るまでにより長い時間を費やし、その後はスピードが加速するというのが典型的なパターンとなっている。

前半に最も長い時間がかかったのは、一八年を費やした東レの携帯電話液晶ディスプレイ用カラーフィルター（#22）で、それに次ぐのが、一七年をかけた松下電器産業のＩＨクッキングヒーター（#1）、一二年を要したトレセンティテクノロジーズの新半導体生産システム（#11）、一〇年を費やした京セラのエコシス・プリンタ（#15）、東京電力／日本ガイシのＮＡＳ電池（#18）の事例となっている。こうした事例では、長い時間にわたった製品開発着手までの前半を耐え忍んだことが、イノベーションを実現する上での一つの鍵となったといえるだろう。[3]

2　スタートから事業化までのプロセスと資源動員の壁

以上がスタートから事業化までの時間の流れだが、次に、スタートから事業化に至るプロセスが実際にどのように進んでいったのかを見ていこう。焦点をあてるのは、さきほど本章の冒頭で述べた通り、第一に、一連の過程を通じて、資源動員は円滑に進んでいったのか、あるいはなんらかの壁（疑問、批判、抵抗、反対など）に遭遇したのか、そして第二に、そうした壁に遭遇した場合にどのようにしてそれを乗り越えていったのか、という二つの問題である。

この内まず、第一の問題について、主として二つの側面から分析を加えていく。一つ目は、スタートの時点で、事業化に向けての資源動員について社内の支持があったかどうか、という側面である。二つ目が、事業化に至る過程の中で、資源を動員することに対して事業部門からの抵抗や反対に遭遇したのかどうか、という側面である。とくに、要素技術の開発に一定のメドが立ってから――つまり先ほどの区分でいえば、前半の段階で一定の成果が得られてから――事業化に至るまでの段階においてなんらかの抵抗や反対に遭遇したかどうかを見る。後に触れるように、要素技術開発後における資源動員の壁をどう乗り越えるかがイノベーションの実現過程においてしばしば決定的な重要性を持つからである。

図表2は、二三件の事例においてスタートから事業化までの過程がどのように進んだのかについて、これら二つの側面から整理したものである。

図表２　イノベーションの実現プロセス：スタート時の支持と事業化への資源動員の壁

		要素技術が開発された後，事業化に至る過程で事業部門からの疑問，批判，抵抗，反対が		合計
		なかった	あった	
スタート時に事業部門・本社の支持を	得ていた	三菱電機のポキポキモータ（#2），京セラのエコシス・プリンタ（#15），TDK の Ni 内部電極積層セラミックコンデンサ（#20），セイコーエプソンの高精細インクジェットプリンタ（#21）［4件］	松下電器産業の IH クッキングヒーター（#1），オリンパス光学工業の超音波内視鏡（#5），松下電子工業の GaAs パワーモジュール（#8），東芝のエンジン制御用マイコンシステム（#17），東京電力／日本ガイシの NAS 電池（#18）［5件］	［9件］
	得ていなかった	東洋製罐／東洋鋼鈑のタルク缶（#3），東芝のニッケル水素二次電池（#4），日清ファルマのコエンザイム Q10（#12），日立製作所の LSI オンチップ配線直接形成システム（#19），東レの携帯電話液晶ディスプレイ用カラーフィルター（#22）［5件］	花王のアタック（#6），セイコーエプソンの自動巻発電クォーツウォッチ（#7），東北パイオニア／パイオニアの有機 EL ディスプレイ（#9），川崎製鉄／川鉄マシナリー／山九の大ブロックリング高炉改修工法（#10），トレセンティテクノロジーズの新半導体生産システム（#11），富士写真フイルムのデジタル X 線画像診断システム（#13），日本電気の HSG-Si キャパシタ（#14），日本電気の GaAs MES FET（#16），荏原製作所の内部循環型流動層炉（#23）［9件］	［14件］
合　計		［9件］	［14件］	［23件］

出所：一橋大学イノベーション研究センター「大河内賞ケース研究プロジェクト」。

2・1　スタート時の支持

まず、スタートした時点で本社や事業部門から支持を得ていたかどうかについて見てみよう。

ここで「支持を得ていた」とは、原則として本社や事業部門からの予算の手当があったことを意味する。本社や事業部門に要請して認められたものもあれば、もともと本社や事業部門からの要請を受けてスタートしたものもあるが、いずれにせよ、それは、（一定の範囲であれ）資源動員が本社や事業部門から認められていたことを意味しており、事業としての成果の見通しや事業に対する貢献への期待が本社や事業部門にあったことを示唆するものである。スタート時点で、事業成果の見通しや貢献への期待があって、本社や事業部門からの資源動員が認められていた場合には「支持を得ていた」、そうではなかった場合には「支持を得ていなかった」と分類される。

二三件の事例の中で、スタート時点で本社や事業部門の支持があったのは、九件となっている（図表2）。ライバルの製品化をきっかけに事業部が興味を持ち始めて技術開発がスタートした松下電器産業のＩＨクッキングヒーター（#1）、存続の危機にあった郡山事業所の提案から検討が始まった三菱電機のポキポキモータ（#2）、外部の企業からの共同開発の申し入れがきっかけとなったオリンパス光学工業の超音波内視鏡（#5）、グループ内の松下通信工業からの要請によって開発を始めた松下電子工業のデジタル式の携帯電話端末用 GaAs パワーモジュール（#8）、自社の薄膜技術を活用するものとしてファインセラミックス事業本部で a-Si 感光体の開発が始まった京セラのエコシス・プリンタ（#15）、フォードからの引合いを受けて本社直轄の開発プロジェクトとしてスタートした東芝の自動車エンジン制御用マイコンシステム（#17）、国家プロジェクトとしての検討が始まったのを受けて独自の開発に着手することを経営層が決断した東京電力／日本ガイシの電力貯蔵用ＮＡＳ電池（#18）、コンデンサ事業部から寿命が短い原因を解明してほしいとの要請で研究がスタートしたＴＤＫのNi内部電極積層セラミックコンデンサ（#20）、ライバル企業の有力新商品投入への対抗策として開発着手が事業部門で決定されたセイコーエプソンの高精細インクジェットプリンタ（#21）である。事情や経緯はいろいろあるにせよ、これらの事例では、スタート当初から事業上の成果の見通しや事業への貢献に対する期待が本社や事業部門側にあって、そこからイノベーションのプロセスが始動している。

しかし、全体の六割強にあたる残りの一四件では、具体的な事業成果の見通しが必ずしもはっきりしないまま、特定の技術者や研究部門内の特定組織によって着想の検討や要素技術の開発が始まっている（前掲図表2）。事業成果の見通しがないといっても、開発に着手した技術者は最終的な用途についてなんらかのイメージをもっていただろうし、いずれなんらかの形で事業に貢献するはずだという自負や信念、あるいは願望をもっていたはずである。しかし、本社や事業部門が資源投入を支持してくれるほどにはその実現可能性も、市場性も明確でないまま、プロセスがスタートしている。[4]

このこと自体は、さして驚くべきことではないだろう。着想や要素技術開発着手の段階で必要な資源は、研究者と研究開発用の設備施設や材料などである。この段階では、不確実性が高いものの、必要な資源は相対的には小さい。その分ハードルは低く、そもそも、本社や事業部門の支持がなくとも技術開発をスタートさせ、ある程度先に進むことは可能だろう。例えば、東洋製罐／東洋鋼鈑のタルク缶（#3）、東芝のニッケル水素二次電池（#4）、セイコーエプソンの自動巻発電クォーツウォッチ（#7）、日清ファルマのコエンザイムＱ10（#12）、東レの携帯電話液晶ディスプレイ用カラーフィルター（#22）などでは、特定の技術者の個人的な関心、興味から、研究開発が小さな規模で、非公式なままスタートしている。

それでもイノベーションの実現を目指して研究開発に取り組む技術者は、技術開発のための資源投入を研究開発部門内で認めてもらわなくてはならない。個人的な関心から非公式な「内職」として始めたとしても，やがては共同で開発に取り組むメンバーや設備機器，材料などを確保できなければ先には進めなくなる。研究組織内での公式の承認が必要になる。常にさまざまな研究開発案件が流れていて，研究者，研究設備，材料などの優先的配分を求める競争が絶えないことを考えると，必要な資源が相対的に小さいといっても，承認を得るのは決して簡単ではないだろう。先述の通り，製品開発に着手するまで平均五年以上の期間を要しており，八年以上を費やした事例が六つ，その内，一〇年以上を費やした事例も五つある。これだけの長い期間，少なくとも研究開発部門内の支持が必要となる。ここにイノベーションの実現プロセスの最初の難関がある。

また，最近，企業の研究所，技術開発部門で，予算配分の前提や優先順位の判断基準として事業への貢献の見通しが求められる傾向が強まっているという話しをしばしば耳にするが，このことからすると，多くの事例において要素技術開発に取り組み始めた時点ではそのような見通しをもっていなかったという事実の意味は小さくない。早い段階から事業化への見通しを求めると多くのイノベーションの芽を摘み取ってしまう可能性が高いということを物語るからである。

では，なぜ事業部門の支持がない中で技術開発がスタートし，進んだのか。そこでは，事業成果の見通しが明確でない中でも新しい技術の開発を進めようとする技術重視の考え方が働いている。技術重視の考え方の源にあるのは，技術開発を重視する組織としての伝統や価値観，あるいは技術的な問題点の解決や新たな可能性を追求してみたいという技術者の個人的な関心である。

例えば，東洋製罐／東洋鋼鈑のタルク缶（#3）では潤滑剤を使わない製缶技術を開発したいという技術者の思いが始まりだった。潤滑剤を使う工程は作業環境が厳しく，これをなんとか改善したいという考えや，潤滑剤を使わない塑性加工技術の開発に技術者として挑戦してみたいという気持ちがその背景にあった。花王のアタック（#6）では、以前に一度失敗した小型濃縮化に新たな技術を開発して再度挑戦しようという技術者の思いで開発が始まった。セイコーエプソンの自動巻発電クォーツウォッチ（#7）では、電池をウォッチからなんとか取り除きたいという技術者の願いがベースにあった。交換を必要とし、「水もの」である電池は精密機械の腕時計にとって歓迎されざる存在であった。富士写真フイルムのデジタルX線画像診断システム（#13）では、研究開発組織の再編で行き場を失いかけていた技術者たちがデジタル式のシステムの開発に思い切って挑戦してみようと決断したことが出発点になった。

より細かく見ていくと、技術優先とはいえ、数ある開発テーマの中で特定の技術の開発が優先された背景として、さまざまな事情と経緯が作用している。いくら技術を優先するといっても、利用できる資源に限りがある中で、すべてのテーマを認めるわけにはいかない。特定の技術開発に資源が動員されるには、特定の事情と経緯が必要になる。

東北パイオニア／パイオニアの有機ELディスプレイ（#9）、日清ファルマのコエンザイムQ10（#12）などのように、海外の研究者や競合する会社が類似の技術開発に取り組んでいることが理由になっている場合もあるし、また、松下電子工業のGaAsパワーモジュール（#8）の前史のように、研究成果への期待というよりは、むしろ研究組織の活性化をねらって予算を配分したような事例もある。セイコーエプソンの自動巻発電クォーツウォッチ（#7）のように、企業グループ内で技術開発の役割分担が決まっていたことが、いくつかある技術的選択肢の中で特定のテーマに焦点をあてた理由になっている事例もある。

このように、特定の技術開発テーマが選ばれ、そこに一定の資源が動員されたことの背後にはさまざまな個別の事情と経緯があるが、その事情や経緯がなんであったにせよ、事業上の成果への見通しや期待がなくとも、技術開発部門の中で資源を手当てして技術開発を進めていったという点では、これらの事例は共通したパターンを示している。そこでは、必ずしも事業の成果についての見通しがはっきりしていなくとも、特定の研究開発組織や技術者のコミュニティでその重要性や可能性が認められたり、あるいは、それまでの優れた技術を開発した研究者の信頼が担保となったりして、技術開発への資源が動員されるのである。

だが、技術優先の考え方で正当化できるのは、基本的には技術開発部門内での資源動員までである。技術重視の考え方だけでは、要素技術の開発や、場合によっては製品開発が始まるあたりまでは進めたとしても、事業化までたどり着くことはできない。事業化のために必要な資源はそれまでの段階で必要とする資源に比べて範囲もスケールも大きくなるからだ。資源動員に立ちはだかる壁はより高く、厚くなる。

これは、別名、「死の谷」（Valley of Death）と呼ばれる問題のことである。「死の谷」とは、研究開発の成果が、製品化、事業化に結びつかず、日の目を見ないままお蔵入りしてしまうことをいう（Auerswald and Branscomb [2003]）。本書では、これを事業化への「資源動員への壁」と表現するが、基本的には同じ問題をさしている。[5]「死の谷」という言葉が広く流布しているように、これは多くの企業が経験している問題であるが、はたして本書が取り上げた二三件の事例では、要素技術が開発された後、事業化に至る過程の中で、資源を動員することに対して本社や事業部門からの抵抗や反対に遭遇したのかどうか。この点を次に見ていくことにしよう。

2・2　事業化に至る過程での抵抗、反対：資源動員の壁

本書で取り上げた事例は、結果的にすべて、最終的には事業化にたどり着くわけだが、要素技術の開発で成果をあげた後、事業化に至る過程において、大きな抵抗や反対もなく、資源動員への支持を獲得する上で

特段の苦労をすることなく円滑に進んだ事例は二三件中九件となっている（前掲図表2）。[6]

この内、四件は、スタート時点から本社や事業部門の支持を得ていた。つまり、スタート時から本社や事業部門の支持があり、その後事業化に至るまで、イノベーションの実現過程が――時間がかかることはあったにせよ――ほぼ順調に進んだという、いわば順風満帆型のパターンである。三菱電機のポキポキモータ（#2）、京セラのエコシス・プリンタ（#15）、TDKのNi内部電極積層セラミックコンデンサ（#20）、セイコーエプソンの高精細インクジェットプリンタ（#21）がこのパターンに該当する。

残りの五件は、本社や事業部門の支持を得ないままスタートしたものの、要素技術が開発された後から事業化に至る過程では資源動員にさしたる苦労をしていない。この内、東洋製罐／東洋鋼鈑のタルク缶（#3）では、研究所で開発を進めていたところ、社長、技術本部の関心を呼び、とくに環境保全のための新しい技術として有望であると考えた社長の後押しによって、技術者が想定していた以上のスピードで実用化に向けての本格的取組みが進むこととなった。東芝のニッケル水素二次電池（#4）では、開発のメドが立った時点で事業化を引き受ける組織（東芝電池）がすみやかに現れた。日清ファルマのコエンザイムQ10（#12）では、研究開発が長引いて挫折しかけた時に経営トップが関心を寄せたことで継続が可能になった上に、やはり要素技術が開発された段階でエーザイという外部の企業が協力を申し出てきて事業化のために必要な資源動員が可能になった。日立製作所のLSIオンチップ配線直接形成システム（#19）では、具体的な用途を特定しないまま二つの要素技術の開発を進めていたところに、開発期間の短期化を求めていたコンピュータ事業部から新たな要請があり、これらの要素技術が活用できることが判明して事業化に向けた開発に一気に大型の予算がついた。

これらの四件では、技術者の個人的な関心で新しい技術の開発に着手し、要素技術が開発された時点、もしくは開発の途上で、事業部門、子会社、もしくは外部の企業からの要請や協力を得て、事業化に向けた資源動員が可能になっている。先の見えない新しい技術の研究開発に挑戦し、その成果が出るや否や事業化に向かってプロセスが迅速に、円滑に進む、という技術者にとっては一つの理想型ともいえるパターンである。

もう一つの東レの携帯電話液晶ディスプレイ用高性能カラーフィルター（＃22）は事情が異なる。技術者個人の関心から開発がスタートし、独自の要素技術が開発された後、大型ＴＦＴ-ＬＣＤ向けにいったん事業化に至ったものの、その後業績が低迷した。しかし、中小型ＴＦＴ-ＬＣＤ向けに転換することで——三年間という期限付きではあったが——事業の立て直しを目指すことが事業方針として決定され、新たな開発に着手し、携帯電話端末のディスプレイ用に事業化された。長年取り組んできた独自技術をなんとか活かしたいという社内の考えがあり、事業としては苦しい状況にあったが、新たな商品開発、事業化に向けて資源を動員することへの抵抗、反対はなかった。

始めから順風満帆だったか、あるいは途中から円滑に進んだか、などの違いはあるが、以上の九つの事例は、要素技術が開発された後の段階で、事業化に向けての資源動員で大きな苦労を経験することなく、つまり、「資源動員への壁」（もしくは「死の谷」）に直面することなく、事業化に至ったことになる。だが、残りの一四件、全体の六割にあたる事例では、要素技術が開発された後、なんらかの疑問、批判、抵抗、反対に遭ったり、あるいは——明示的な抵抗、反対はないまでも——積極的な支持を得ることができずに、事業化に向けてさらに資源を動員することがかなわないという状況に直面している（前掲図表２）。

その中には、スタート時点では事業部門からの支持や要請があったにもかかわらず、その後の過程で事業化への壁にぶつかった事例も五つある。途中で事情が変わったり、当初期待された成果が出てこなかったり、時間がかかりすぎたりして、懐疑的な見方が勢いづくことがあるからだ。

松下電器産業のＩＨクッキングヒーター（＃1）では、一旦家庭用卓上ＩＨ調理器の商品化に成功したものの、その後他社製品の事故などもあって事業が低迷し、ＩＨ調理器事業の廃止を求める声が高まった。オリンパス光学工業の超音波内視鏡（＃5）では、当初の目標であった膵臓がんの発見は可能になったものの、本格的な事業化には至らず、開発部門主体の限定的な体制での取組みが続いた。松下電子工業のGaAsパワーモジュール（＃8）では、一定の開発成果があがったものの、もともと開発を要請してきたグループ内の松下通信工業が既存の製品を優先したために採用が見送られてしまった。東芝の自動車エンジン制御用マイコンシステム（＃17）では、フォードという大口顧客からの引合いで始まったものの、フォード側の事情が変わって、正式に採用しようとする兆しがいっこうにないまま長い時間が経過し、リスクが高いプロジェクトに資源を投入し続けることへの批判が社内で高まった。東京電力／日本ガイシのＮＡＳ電池（＃18）では、当初揚水発電に代わる代替的電力貯蔵手段の開発という目的で開発が始まったものの、その後揚水発電そのものが過剰設備を抱え、開発の意義自体が失われ、「一体どこまでカネをつぎ込めばモノになるのか」と、開発を続けることへの風当たりが強くなった。

当初から事業部門の支持があった場合でもこのように途中から事情が変わることがある。本社や事業部門の支持のないままスタートした場合には、なおさら資源動員への抵抗や反対はおきがちであった。本社や事業部門の支持のないままスタートした一四件の事例の内、先ほど述べた通り、五件では要素技術開発後の事業化への資源動員は大きな苦労をすることなく進んだが、残りの九件では壁にぶつかっている。

花王のアタック（＃6）では、いくつかの画期的な要素技術を組み合わせて小型濃縮洗剤の開発に成功したものの、市場が成熟化する中で、しかも類似の小型濃縮化への試みが以前に失敗したこともあって、設備投資には反対する声が根強かった。セイコーエプソンの自動巻発電クォーツウォッチ（＃7）では、プロトタイプが完成したものの、商品企画、販売、マーケティングを担当する服部セイコーから、従来のクォーツウォッチに比べて厚く、重く、高くなってしまうという欠点が指摘され、開発プロジェクトの中止が決定されてしまった。東北パイオニア／パイオニアの有機ＥＬディスプレイ（＃９）では、有機ＥＬの画期的な技術開発に成功したものの、ディスプレイ事業をになう事業部門では別の技術であるプラズマディスプレイを事業化することがすでに決定されており、行き場がなくなっていた。川崎製鉄／川鉄マシナリー／山九の大ブロックリング高炉改修工法（＃10）では、新たな改修法の技術的可能性が確認されたものの、実際に高炉回収を担当する部門は未経験の工法を採用することに慎重な姿勢を崩さなかった。

トレセンティテクノロジーズの新半導体生産システム（＃11）では、完全枚葉式を採用したスピード重視の工場の設立を提案したものの、必要な大型投資を経営陣は認めなかった。富士写真フイルムのデジタルＸ線画像診断システム（＃13）では、要素技術を開発し、臨床実験もすませたものの、その技術の価値や事業としての可能性は依然として疑問視され、開発者たちが望んでいた海外の学会発表への許可がなかなかおりなかった。日本電気のHSG-Siキャパシタ（＃14）では、基礎技術開発が進み、海外での反響でも手応えを得たものの、肝心の社内の半導体事業部門の関心は薄いままで、未経験の技術の実用化への抵抗は根強かった。日本電気のGaAs MES FET（＃16）では、技術的なメドが立ち、サンプルもできあがったものの、社内の事業部門の関心は薄く、採用される見込みはなかった。荏原製作所の内部循環型流動層炉（＃23）では、流動層技術を用いた大型化は不可能であるとの事業部の評価を覆せず、要素技術の開発に成功はしたものの、破砕機をつけた形での不本意な商品化しか認めてもらえなかった。

スタート時点で本社や事業部門の支持を得ていたものの、その後、事業化への資源動員で苦労した五件を含め、合計一四件の事例が、このように、要素技術の開発では一定のメドが立っており、場合によっては試作や商品開発まで進んでいながら、事業化へ向けての投資が認められないという事態に遭遇している。

それは、関係者の多くが「なるほどこのアイデアや技術を事業化すれば儲かるだろう、多少リスクがあっても事業化に向けて資源を動員してもいいだろう」と納得できるだけの見通しがその時点ではなかったということを意味している。多くの人が無理なく合意できるような客観的な経済合理性がないために、事業化に向けて資源を動員することに対して事業部門からの疑問、批判、抵抗、反対などに遭遇したのだった。

いざ事業化へ向けての投資となると、主として研究開発部門の中だけで限られた資源を投入していたそれまでの段階とはちがって、多くの関係者が関わってくる。工場の設備を用意し、販売サービス体制も整えなくてはならない。供給業者の協力も必要となる。投入する資源の規模も大きい。それぞれに優先して資源を投入したい別の案件をもっているだろう。成功の見通しが不確かでリスクが高いといった理由から、事業部門、工場、販売部門、経理部門などが事業化に疑問や批判を呈したり、抵抗や反対を表明したりする。既得権益の侵害や共食いへのおそれから抵抗や反対を受ける場合もあるが、それもつまりは、そのような抵抗や反対を覆すだけの客観的な見通しがなかったということになる。ここに、イノベーションの実現に向けての高く、厚い壁が立ちはだかるのである。

にもかかわらず、いずれの事例も、そうした壁を乗り越えて最終的に事業化までたどり着いている。そうでなければ大河内賞はもらえない[7]。どのようにして壁を乗り越えたのだろうか。一体、どのような相手から、どのような理由（正当性）で支持を獲得し、事業化に向けて資源動員が正当化されたのだろうか。

3 資源動員の正当化

３・１　どのような相手から

経営トップの支持

どこの誰から支持を獲得したのか（図表3）。

わかりやすいのが、経営トップが支持者になる場合だろう。経営トップがリーダーシップを発揮して決断し、事業化への資源動員が認められるというパターンである。花王のアタック（#6）、セイコーエプソンの自動巻発電クォーツウォッチ（#7）、東芝のエンジン制御用マイコンシステム（#17）、東京電力／日本ガイシのNAS電池（#18）の四つの事例がこのパターンにあてはまる。

いうまでもなく、これら以外の事例でも、事業化に際しては最終的にトップの正式承認が必要である。しかしそこでトップが果たしたのは承認者の役割である。ここでいう経営トップのリーダーシップとは、その種の承認者としての役割を果たすことを指すのではない。収益に関する客観的な見通しがない案件について資源を動員することに対して疑問、批判、抵抗、反対がある中で、事業化への資源動員をみずから決断するという類いのリーダーシップを指す。事業化までたどり着くための資源動員の支持者として最もパワフルな存在である経営トップが、その個人的な判断と組織内における最高意思決定者としての権威という正当性に基づいて資源を動員するというものである。

四つの事例で登場するのは著名な経営者である。花王の丸田芳郎社長（#6）、セイコーエプソンの中村恒也副社長（#7）、東芝の土光敏夫会長（#17）、東京電力の平岩外四会長（#18）（いずれも事例当時の役職）、といずれも社内外で広くその名前を知られた人物であり、二人は経団連会長にも就いている。

花王のアタック（#6）では、小型濃縮洗剤を実現する技術の開発には成功したものの、成熟化した合成

図表３　事業化への資源動員の支持獲得：どのような相手から，どのような理由で

		どのような相手から			合計
		経営トップ	経営トップ以外の組織内	組織外	
どのような理由で	推進者の理由への支持	花王のアタック（#6），セイコーエプソンの自動巻発電クォーツウォッチ（#7），東芝のエンジン制御用マイコンシステム（#17）［3件］	川崎製鉄／川鉄マシナリー／山九の大ブロックリング高炉改修工法（#10），日本電気のHSG-Siキャパシタ（#14）［2件］	松下電子工業のGaAsパワーモジュール（#8），富士写真フイルムのデジタルX線画像診断システム（#13），日本電気のGaAs MESFET（#16），荏原製作所の内部循環型流動層炉（#23）［4件］	［9件］
	新たに加わった／変わった理由への支持	東京電力／日本ガイシのNAS電池（#18）［1件］	松下電器産業のIHクッキングヒーター（#1），セイコーエプソンの自動巻発電クォーツウォッチ（#7），東北パイオニア／パイオニアの有機ELディスプレイ（#9）［3件］	オリンパス光学工業の超音波内視鏡（#5），トレセンティテクノロジーズの新半導体生産システム（#11）［2件］	［6件］
合　計		［4件］	［5件］	［6件］	［15件］

注：1つの事例に複数の重要な支持者獲得が関わっている場合があるので，合計は対象事例数（14件）とは一致しない。
出所：一橋大学イノベーション研究センター「大河内賞ケース研究プロジェクト」。

洗剤市場にこの新商品を投入しても失敗するのではないかという意見が社内で根強かった。以前に小型濃縮化した洗剤を開発、事業化して、結果的に失敗に終わったことも反対の根拠となった。この懐疑的な見方を抑えて事業化の投資を決断し、さらに発売直後の市場の反応をうけとめて、一気に設備を切り替え、増産を決断したのが丸田であ

った。アタックは、事後的に花王の洗剤事業で歴史に残る成功を収めるが、事業化に際しては、社内に根強い反対があり、それを覆すための決断をトップが下したのである。セイコーエプソンの中村（#7）も、グループ内で商品企画、販売、マーケティングを担当する服部セイコーの反対でいったん中止が決まったにもかかわらず、自動巻発電クォーツウォッチの開発プロジェクトを再開してなんとしても事業化を目指すようにという指示を出し、これが結果としてその後の事業化につながった。

東芝の自動車エンジン制御用マイコンシステム（#17）では、フォードの引合いで開発が始まったものの、当初の予定を大幅に過ぎてもフォードがいっこうに正式発注をしようとしないことから、プロジェクトを中止すべきだとの声が社内で強まった。これを救ったのが、「いったん始めたものは最後までやるように」という土光の一言であった。東京電力における平岩（#18）も、要素技術が開発されたものの、揚水発電の代替というNAS電池開発の当初の目的自体が意味を失い、社内での風当たりが強くなった中で、「電力供給の自由化、分散化」の流れに対応する技術としてNAS電池の新たな意義を指摘して、開発の継続を支えた。

以上の四件は、事業化に向かう段階で経営トップが重要な役割を果たした事例だが、その他の段階で経営トップが重要な役割を果たした事例としては、日清ファルマのコエンザイムQ10（#12）、京セラのエコシス・プリンタ（#15）の二つがあげられる。日清ファルマでは、当初技術者の興味からコエンザイムQ10の工業生産のための技術開発に挑戦したものの、長い間いっこうに成果が現れず、技術者本人があきらめていたところに、正田英三郎社長が研究に関心を持ち続け、その成果を問うたことから研究が継続された。京セラでは、稲盛和夫会長の意見で、地球環境にやさしいことを最大の訴求点にすることが決められ、商品としてのコンセプトが固まり、「エコシス」という商品名が導かれた。

これらの、要素技術開発の段階、あるいは製品開発段階で経営トップが鍵となる役割を果たした二つの事例を含めても、経営トップが重要なリーダーシップを発揮したのは都合六件にとどまる。イノベーションの実現に向けて経営トップが重要な決断を下していくこの種の物語はいかにも劇的でわかりやすいが、全体の中で決して多数を占めるわけではない。

意思決定に客観的な材料があるのであれば、それは誰でも決断ができることを意味する。客観的な材料がないときに、リスクと失敗した時の責任をおそれず、しかし（結果的に）的確な意思決定ができるのがトップの役割であろう。そうした決断ができるトップはそう多くは存在しない。この種の決断ができる経営者が少ないからこそ決断できる人が名経営者になれるのだとすれば、このパターンにあてはまる事例の数が少なく、また登場する経営者がいずれも著名な経営者であったのは当然なのかもしれない。

だとすれば、滅多にいない名経営者の決断のみに頼っていては、事業化までなかなかたどり着けないということになる。また、強力なトップに頼らないといけないとしたら、そのトップに認めてもらえないアイデアは事業化にたどり着けなくなってしまう。いくら優れたトップであっても、すべてのアイデアを事前に的確に評価できるはずはない。事業化にたどり着きたい推進者としては、他の支持者が必要になる。実際、より多くの事例に見られたのが、トップ以外の関係者から事業化へ向けて資源を動員することへの支持を獲得するというパターンであった。

経営トップ以外の支持

事業化へ向けての資源動員について経営トップ以外に支持者が獲得された事例は一一件を数える（前掲図表3）。ここでいう支持者とは、経営トップや事業部門長のように必ずしも資源動員の権限を握っている者だけをさすわけではない。資源動員の権限をもつ者が資源動員を決断する上で鍵となる影響力をもっている者も含んでいる。

そうした、資源動員で鍵となる役割を果たした支持者が、トップ以外にどこにいたのかを見ていくと、六件の事例で支持者は組織の外部で獲得されている。オリンパス光学工業の超音波内視鏡（＃５）では、本来想定していた用途で実績がなかなかあがらなかった中、それまで直接の付合いがなかった医師が新たな診断用途（胃壁の五層構造の可視化）を見出したことで、事業化に向けてのさらなる資源動員が可能になった。松下電子工業のGaAsパワーモジュール（＃８）では、もともと開発を依頼してきたグループ内の松下通信工業が採用してくれなかった携帯電話端末用GaAsパワーモジュールを日本電気が発注してくれたことで事業化が果たせた。トレセンティテクノロジーズの新半導体生産システム（＃11）では、日立製作所内では大型投資への同意が得られなかった中で、台湾のファウンドリ企業（ＵＭＣ）との合弁の話がまとまり、工場の新設が認められた。富士写真フイルムのデジタルX線画像診断システム（＃13）では、社内の経営層の評価が定まらなかった段階で、海外展示会においてフィリップスがデジタルX線画像診断システムを高く評価したことで社内の評価が好転し、事業化へ向けての本格的資源動員が可能になった。日本電気のGaAs MESFET（＃16）、荏原製作所の内部循環型流動層炉（＃23）では、社内での評価が定まらない段階で、前者ではカナディアン・マルコーニやヒューズエアクラフトなどの海外の顧客が、後者では和歌山県海南市の担当者が新たな技術を積極的に評価してくれたことで、事業化が可能になった。

残りの五件は、社内（あるいはグループ内）の部門に支持者を獲得した事例であるが、その内、二件では、社内（あるいはグループ内）とはいえ、地方・海外の販売会社や関連子会社など、企業組織の周辺部で支持者を獲得している。セイコーエプソンの自動巻発電クォーツウォッチ（＃７）では服部セイコーのドイツ販売会社社長が、東北パイオニア／パイオニアの有機ＥＬディスプレイ（＃９）では子会社の東北パイオニアが、事業化への資源動員を可能にする支持者となっている。また，松下電器産業のＩＨクッキングヒーター（#1）では，業績の低迷によりＩＨ調理器事業の廃止圧力が高まっていた中で，炊飯ジャー事業部門がＩＨ技術に関心を寄せてきたことで新たな開発，事業化が可能になったが，これも当初想定していなかった事業部門が支持者となった事例である。

誰もが認める客観的経済合理性がない中で，資源動員を認めてくれる支持者は，組織の外（六件）にいるか，あるいは組織内（九件）であっても，経営トップのように頂点に位置する人物であるか（四件），あるいは，トップ以外（五件）であっても，その半分以上（三件）は，イノベーションの推進者が日頃つきあうことがない，接点のない地方・海外販売会社や関連子会社にいた場合（二件）や当初想定していなかった事業部門（一件）であった。客観的な経済合理性を欠き，多くの人が認めようとしないような資源動員を支持する主体は，トップ，想定外の周辺部，あるいは外部といった，やはり「普通ではない」ところにいたということになる。

一方，イノベーションの推進者が，組織内で通常接点をもち，資源動員を働きかける相手としてもともと想定されていた本流の部門に支持者を獲得した事例は二件であった。全体の中では少数派である。川崎製鉄／川鉄マシナリー／山九の大ブロックリング高炉改修工法（#10）では，会議を開いて，新しい改修技術の採用を渋る高炉改修部門の関係者のすべての疑問に答えていくという正面突破の方法で説得に成功した。日本電気のHSG-Siキャパシタ（#14）では，開発者が自ら希望して事業部門に異動し，内部者として説得することではじめて実用化，事業化に向けての投資が認められた。ともに，本流の部門の支持を獲得するために大きな労力を費やしている。さらに，ＴＤＫのNi内部電極積層セラミックコンデンサ（#20）のように，事業部門からの要請を受けて開発に着手した結果，画期的な要素技術の開発に成功して資源動員の壁にぶつかることなく事業化に至ったものの、それでも事業化の過程で現場が新技術の導入に消極的な姿勢を示したため、やはり開発者自らが工場に乗り込む必要があった、というような事例もある。

3・2　どのような理由で

以上の支持者たちは、それぞれどのような理由で支持したのだろうか。支持を獲得した理由が、イノベーションの推進者が支持を求めていた理由と同じものであったかどうか、つまり、推進者が正当性を訴えた理由と支持者が正当性を認めた理由の関係を見ていく、という観点から整理してみよう（前掲図表3）。

イノベーションの推進者の理由がそのまま支持者に認められた場合は九件ある。この内、推進者の理由がまずあって、それを当初認めなかった相手に向けて推進者が働きかけ、説得し、納得させたという事例は、川崎製鉄／川鉄マシナリー／山九の大ブロックリング高炉改修工法（#10）、日本電気のHSG-Siキャパシタ（#14）の二件だった。先ほども触れたように、前者では、会議を開いて採用を渋る関係者を説得し、後者では、開発者が自ら事業部門の開発部隊に異動して同僚や上司を直接説得することで、実用化、事業化への投資の承認をとりつけた。

推進者の理由をそのまま認めてくれた支持者が当初想定してなかったところから見出された場合が七件ある。花王のアタック（#6）、セイコーエプソンの自動巻発電クォーツウォッチ（#7）、東芝のエンジン制御用マイコンシステム（#17）では、先ほど紹介したように、経営トップが自らの判断で支持者として登場し、資源動員を可能にしている。また、松下電子工業のGaAsパワーモジュール（#8）、富士写真フイルムのデジタルX線画像診断システム（#13）、日本電気のGaAs MES FET（#16）、荏原製作所の内部循環型流動層炉（#23）では、社内には事業化を認める者がいなかった中で、外部にその意義を認める者（顧客や業界他社）が登場して、事業化が可能になっている。これら四つの事例では、イノベーションの推進者が自ら外に目を向け、支持者を見出している。

一方、推進者が当初もっていた理由とは違う理由で支持者が獲得される場合が六件あり、そこにはさらに二つのパターンがある。推進者の理由とは異なる理由が加わる場合と、支持者から示された新たな理由を受けて、推進者の理由そのものが変化して、支持が獲得される場合である。

前者の異なる理由が加わった例は四件を数える。松下電器産業のＩＨクッキングヒーター（＃1）で、事業不振により廃止圧力を受けていたＩＨ調理器技術に関心を寄せ、活路を提供し、やがて本格的ＩＨ調理器の商品化、事業化にたどり着かせてくれたのは、ＩＨ技術を炊飯ジャーに応用するという、新たなアイデアであった。セイコーエプソンの自動巻発電クォーツウォッチ（＃7）の場合には、「水もの」の電池をウォッチから取り除くことと電池交換の手間を省くメリットが推進者の理由であったのに対し、支持者として登場したドイツ販売会社社長の理由は電池交換が不要であることが環境保護を重視するドイツの消費者に受け入れられるというものであった。この事例では、前述の通り、経営トップ（中村副社長）が支持してくれたことも壁を乗り越える要因となったが、この新たな理由による新たな支持者の登場が、それまで事業化に反対していた服部セイコーを説得する有力な材料となり、事業化を可能にした。オリンパス光学工業の超音波内視鏡（＃5）では、当初のねらいであった膵臓がんの早期発見のための診断装置という理由ではなかなか本格的事業化にたどり着けなかったものが、偶然が重なって見つかった新たな診断領域（胃壁の五層構造の可視化）の発見によって新たな有力な用途（理由）が確立し、加わることで、事業化が可能になった。トレセンティテクノロジーズの新半導体生産システム（＃11）では、台湾の半導体メーカーが合弁パートナーとして登場したことが事業化を可能にしたが、そこで新たに加わったのが、製造に特化する「ファウンドリ事業」として「完全枚葉式」技術を活用していく、という当初は想定していなかった理由であった。

もう一つの、支持者の理由を受け止めて推進者の理由が変わっていった事例は、二件存在する。東北パイオニア／パイオニアの有機ＥＬディスプレイ（＃９）は、ＬＤ事業の成長を後押しする大画面ディスプレイ用の技術としてパイオニアで開発がスタートしたが、事業化段階では子会社である東北パイオニアにとっての新たな事業の柱として位置づけられ、商品化されるときには車載用ＡＶ事業の差別化技術と位置づけられた。東京電力／日本ガイシのＮＡＳ電池（＃18）では、当初の揚水発電の代替という目標が意義を失った後に、電力供給の自由化・分散化への対応を可能にする技術という理由へ転換することで事業化にたどり着いた。

こうして、組織内外のどこかで、推進者の当初の理由が支持されるか、支持者の別の理由が加わるか、あるいは推進者の理由が変わることによって、支持者を獲得することが可能になるが、いずれにせよ、抵抗や反対を乗り越えて事業化に向けて資源動員が正当化される理由は、客観的な理由、つまり多くの人が「なるほど事業化すればたぶん儲かるだろうな」と納得できるような理由ではない。当事者である推進者と特定の支持者だけが認める「固有の理由」である。多くの人が認めるような客観的な理由であれば、支持者を獲得することは難しくない。客観的な理由ではない固有の理由である故に、特定の支持者を獲得することが重要になる。組織内外のさまざまな相手から、さまざまな理由によって、支持を得て、そのことが、客観的な経済合理性が認められない中で、事業化に向けての資源動員を可能にしたのである。

以上は、要素技術開発後、資源動員の壁にぶつかった一四件の事例についての話だが、要素技術開発後、資源動員の壁にぶつからなかった事例の中にも、特定の支持者が固有の理由で資源動員を認めたという経緯があったことを理解する必要がある。東洋製罐／東洋鋼鈑のタルク缶（＃３）で事業化への資源動員を可能にしたのは、開発中の技術に着目した社長の後押しであったが、社長が関心をもったのは、技術者が当初から重視していた「潤滑剤を用いない製缶技術を開発したい」という技術的な理由ではなく、当時しだいに重視されるようになっていた環境保全に適しているから、という別の理由からであった。東芝のニッケル水素二次電池（#4）、日清ファルマのコエンザイムQ10（#12）において、要素技術開発後、速やかに事業化に向けての資源動員を支持してくれたのは、それぞれ子会社（東芝電池）と外部企業（エーザイ）であった。日立製作所のLSIオンチップ配線直接形成システム（#19）では、要素技術を開発していた技術者がもともと想定していなかった「大型コンピュータの開発のスピードアップ」という新たな用途が登場したことが、事業化への資源動員を可能にした。東レの携帯電話液晶ディスプレイ用カラーフィルター（#22）では、もともと想定してなかった携帯電話端末ディスプレイなど中小型TFT-LCD向けカラーフィルターへの応用という新たな方針によって事業化が可能になった。[8] 三菱電機のポキポキモータ（#2）、京セラのエコシス・プリンタ（#15）でも同じように、要素技術やアイデアはもともと別の用途向け（換気扇用モーター、複写機用感光体）に開発されており、その後新たな用途（FDD用モーター、プリンター用感光体）があらわれて、別の商品、事業として花開いている。

周辺部もしくは外部の支持者、あるいは経営トップ、そしてもともと想定してなかった用途（理由）が事業化への比較的円滑な資源動員を可能にしたこれらの事例と、資源動員の壁に遭遇しながらそれを乗り越えていった先ほどの一四件の事例の間には、壁に遭遇せず早くから支持を得たか、壁に遭遇して支持を獲得するまで時間と労力を費やさなくてはならなかったかという違いこそあれ――それはイノベーションの推進者にすれば天と地ほどの違いだろうが――多様な支持者と多様な理由によって資源動員が正当化されたという点では、本質的な違いはない。

資源動員を可能にした支持者とその理由に関連してもう一つだけ触れておきたいのは、推進する主体、もしくは支持を打ち出す主体がなんらかの危機感や切実な事情を抱えていたことが原動力として作用する場合があるという点である。

推進者側に危機感や切実な事情があった事例としては、レントゲン写真開発組織の解散の危機から取組みが始まった富士写真フィルムのデジタルＸ線画像診断システム（#13）、千葉製鉄所における高炉改修短縮化への切迫したニーズが出発点となった川崎製鉄／川鉄マシナリー／山九の大ブロックリング高炉改修工法（#10）、実績を出していない微生物バイオグループの焦りが技術開発の前進をうながした花王のアタック（#6）、存続の危機にあった郡山事業所からの要請から始まった三菱電機のポキポキモータ（#2）があげられる。また、パイオニアの研究所で開発された薄膜発光型有機ＥＬディスプレイの事業化に売上げ減少中の東北パイオニアが名乗りを上げた（#9）のは、支持を打ち出す側に危機感があった事例であり、これは上で紹介した、危機感を持った支持者が推進者とは別の理由（危機の脱却）で支持を打ち出す、というパターンにあてはまる。

確実な見通しのない技術革新に資源を投入するかどうかの判断は、それを評価する側のリスク選好によっても変わってくる。ものごとが順調に進んでいる組織や個人に比べて、危機におかれている組織や個人はより大きなリスクをとることを厭わないことがある。現状の延長では先行きが見えないとき、「ダメでもともと」の精神で、リスクの高いアイデアへの資源動員を決断することがある。時として、そうした主体が推進者もしくは支持者としてどこかで関わることで、イノベーションのプロセスが先に進むのである。

4　小括：二三件の事例にみるイノベーションの実現過程

以上、大河内賞を受賞した二三件の事例について、①スタートから事業化までどの程度の時間を要したのかを確認した上で、②事業化に向かう過程で資源動員の壁（抵抗や反対など）に直面することはなかったか、そして③もし壁に直面した場合には、その壁をどのように乗り越えていったのか、どのように資源動員を正当化したのか、について分析した。

分析結果のエッセンスをあらためて示すなら、次のようにまとめることができる。

- スタートから事業化まで、平均して約九年が費やされている。この内、スタートから製品開発着手までに約五年、製品開発着手から事業化までに約四年を要しており、技術の実現可能性や市場性がある程度見えてくるまでの前半の段階により長い時間が費やされている。
- スタートから事業化までの一連の流れの中を見ていくと、スタート時から本社や事業部門の支持を得て、途中さしたる抵抗や反対に遭うことなく資源を動員し、順風満帆に事業化に至った事例は二三件中四件であった。また、本社や事業部門の支持を得ないままスタートしたものの、その後優れた要素技術が開発され、それ以降、さしたる苦労なく事業化にたどり着いた事例は五件あった。
- しかし、残りの一四件（全体の六割）では、要素技術が開発された後の段階で、事業化に向けて資源を動員することへの疑問、批判、抵抗、反対を受けたり、あるいは積極的な支持を得られずに、壁に遭遇している。その中には、スタート時点では本社や事業部門からの支持を得ていながら、その後事情が変わって、資源動員の壁に遭遇した事例も五件含まれていた。

- これらの一四件の事例が遭遇したのは、要素技術が開発されていながらも、依然として客観的な経済合理性を欠いているために、事業化にたどり着けないという壁（あるいは「死の谷」）であった。要素技術の開発までは、必要な資源が相対的には限られており、本社や事業本部の支持がなくともある程度前進を続けることは可能だろう。壁はまだ低く、薄い。しかし、事業化に向けてより本格的に資源を動員する（工場への設備投資、販売サービス体制の整備など）段階になると、壁はより高く、より厚くなり、乗り越えるのは一層難しくなる。
- だが、いずれの事例も、最終的にはそうした壁を乗り越え、必要な資源を動員し、事業化にたどり着き、そして大河内賞を受賞している。それは、いずれかの支持者が、いずれかの理由で、客観的な経済合理性を欠く企てを支持し、事業化への資源動員が正当化されたからである。
- 支持者は、経営トップ（四件）、トップ以外の組織内部（五件）、そして組織外部（六件）とさまざまなところに存在した。わかりやすいのは経営トップが支持者になる場合だが、そうした事例は限られている。より多くの事例で見られたパターンは、経営トップ以外の支持者を獲得するというものであった。そうした支持者は、組織の外部か、あるいは組織の内部であっても周辺部（子会社、海外販売会社、想定外の事業部門）にしばしば存在していた。そして、支持者が獲得された理由も、推進者の理由であったり（九件）、支持者の別の固有の理由が加わったものか推進者の理由自体が変わっていったものであったり（六件）と多様であった。
- 壁を乗り越えて、事業化に向けて資源動員が正当化される理由は、当事者である特定の推進者と特定の支持者が認める固有の理由である。多くの人が納得しうる客観的な理由ではない。多くの人が「なるほど儲かるだろうな」と思える程の客観的な経済合理性が認められない中で、しかし、推進者の固有の理由と組織内外のさまざまな支持者の固有の理由が合わさり、そのことが、目前に立ちはだかる壁を乗り越えて、事業化に向けての資源動員を可能にした。

● そうした壁に遭遇しなかった他の事例においてもまた、事業化に向けての資源動員を可能にしたのは、しばしば、特定の推進者と特定の支持者が認める固有の理由であった。早くから支持を得て壁に遭遇しなかったか、あるいは、壁に遭遇し、支持を獲得するまでになんらかの努力、工夫、幸運を必要としたか、という違いはあっても、本書が取り上げた事例の多くにおいて、多様な支持者と多様な理由が関わることによって資源動員が正当化されたという点において違いはなかった。

1　大河内賞では、贈賞に際して、対象となる要素技術が特定されている。

2　この内、松下電器産業のＩＨクッキングヒーター（#1）、東レの携帯電話液晶ディスプレイ用カラーフィルター（#22）では、元になった要素技術を用いて他の商品、事業を展開していたが、大河内賞の対象となった商品が事業化されるまでに、どちらも一九年を要した。

3　注2で触れたように、松下電器産業のＩＨクッキングヒーター（#1）、東レの携帯電話液晶ディスプレイ用カラーフィルター（#22）では、元になった要素技術を用いて他の商品、事業を展開していたが、両事例とも、大河内賞の対象となった商品の製品開発が始まる前の段階で展開していた他の商品、事業は業績不振で苦しんでいた。

4　松下電子工業のパワーモジュールの事例（#8）では、スタート時点で本社や事業部門から資源動員への支持を得ていたが、それ以前に本社や事業部門の支持のないままアナログ用にGaAsパワーモジュールの開発を続けていた前史があった。

5　同じ問題をさしてはいるが、われわれは「資源動員」という問題に着目していることから、この表現をとる。後にも触れるように、資源動員の壁は事業化に至る段階だけに関わる問題ではなく、イノベーションの実現過程全般に関わる問題であり、その意味でも「資源動員の壁」という表現を用いることに意味があると考えている。

6　ここで断っておかなくてはならないのは、何を持って抵抗、反対があったというのか、どの程度の抵抗や反対があれば抵抗、反対があったといえるのかを明確に定めるのは難しいという点である。定量的な測定指標があるわけではない。個々の事例研究に基づきつつ、横断的に事例をながめ、各事例の研究担当者にも確認をとりながら、われわれが判断したものである。その判断がどのような具体的事実の理解に基づいているのかについては、一つひとつの事例研究に記述されているので、関心のある方は個別に確認することができる。第2章には各事例の概略を示してあるし、一部の事例については本書の事例篇でより詳しく紹介している。さらに、前章でも述べた通り、すべての事例についてより詳しい事例研究が公表されている（一橋大学イノベーション研究センターの下記ＵＲＬを参照のこと。http://www.iir.hit-u.ac.jp/iir-w3/reserch/GCOEokohiprize(A).html）。

7　事業化に至らなくとも大河内賞を受賞する事例はあるが、それは少数派である。本書で取り上げた事例はすべて事業化にたどり着いている（第2章参照）。

8　当時、東レのカラーフィルター事業は業績不振にあり、外部のアナリストからは当該事業が東レの業績の足を引っ張っており、同事業から撤退すべきであるとの指摘も受けていた。独自技術をなんとか活かしたいというのが東レ社内の判断であり、そこから中小型ＴＦＴ-ＬＣＤ向けという新たな用途の案が生み出されたわけだが、アナリストの「客観的」評価によれば、新たな商品化、事業化を目指すことに事前の経済合理性はなかったということになる。

第4章 革新への資源動員の創造的正当化

はじめに

イノベーションは、革新的なアイデアを創出するだけでは実現できない。そのアイデアが、具体的な製品やサービスとして結実し、社会に新たな価値をもたらすことによってはじめてイノベーションは実現する。革新的なアイデアを経済成果につなげるためには、社会に存在するさまざまな資源を継続的に動員する必要がある。イノベーションの実現過程への資源供給が止まれば、どんなにすばらしいアイデアもイノベーションとして結実することはかなわない。

イノベーションの源となる革新的なアイデアは、その実用化可能性と経済価値に関して常に不確実性に満ちている。アイデアは本当に製品やサービスとして実用化されるのか。実用化されたとして、市場はそれを受け入れてくれるのか。これらの問いに対して、事前に、万人を説得できるような明確な回答を提供できることはほとんどない。つまり、イノベーションは、多くの場合、客観的な経済合理性を示すことができないまま、継続的に資源が動員される過程を通じてはじめて実現される。

このような特質をもつイノベーションの実現過程を「正当化」という鍵概念を中心に解明しようというのが、本書の目的であった。第1章で用いた表現に再び立ち返れば、「想定外の成功」を目指す「イノベーション実現への旅」を「革新的な企てへの資源動員の正当化過程」として理解してみようというのが、われわれが目指すところであった。

この目的に向かって、前章で示した分析結果は何を物語っているのか。そこからイノベーションの実現過程についてどのような理解が導かれ、どのような議論ができるのか。そして、それはイノベーションの実現を目指す実務家や、日本の大企業にとって何を意味するのか。以下、本章と次章で考察していくこととしよう。

1　固有の理由の重要性

大河内賞を受賞した二三件の事例の分析結果が明らかにしたのは、イノベーションの実現過程を導くのは、多くの場合、事前の客観的な経済合理性ではなく、当事者の「固有の理由」である、ということである。「イノベーション実現への旅」は、多くの人びとが合意できるような成功の見通しによって整然と進むものではない。イノベーションの実現を目指す推進者や資源の動員に関わる特定の主体に固有の主観的・局所的な理由が、その前進を駆動し、旅の行方とペース――つまり、どのような事業がどれくらいの時間をかけて実現されるのか、あるいはされないのか――を左右するのである。

イノベーションとは、常識に対する挑戦である。他者がやろうとしないことを先んじて実現しようとする営みである。それゆえ、イノベーションの将来価値が当初から万人に認められることは稀である。事実、われわれが分析した二三件の事例をながめると、イノベーション・プロセスのスタート時点から事業の成功の見通しがあり、その後もそうした見通しに基づいて資源が順調に動員され、事業化に至る、というようなよどみのない道程をたどったケースは少数派であった。多くの事例で見られたのは、スタート時点から、そして事業化に至るまでの途中の段階においても、誰もが納得するような経済合理性を欠く中で、固有の理由でイノベーションの実現を目指す推進者が、固有の理由でそれを支持する特定の関係者から資源動員をとりつけることで、事業化に至るという道程であった。

この道程では、まず、イノベーションの推進者のもつ「固有の理由」もしくは「信念」がイノベーション・プロセスを起動する上で重要な役割を果たすことになる。推進者は、革新的なアイデアの実現可能性とイノベーションが生み出す価値に関して、たとえそれが確信に満ちたものではないにせよ、固有の信念をもっている。

しかし、個人の信念だけでは先には進めない。イノベーション・プロセスが前進し、イノベーション推進者の信念が経済成果として結実するには、ヒト、モノ、カネ、情報に代表される資源の継続的な投入が必要となる。これらの資源を自分自身で準備できないのであれば、推進者は、自身の信念を他者に伝え、他者を説得し、資源の供給をとりつける必要がある。しかし、推進者がもつ固有の信念を、客観的な経済合理性を示す形で表現することは難しい。推進者自身は、イノベーションの潜在性を直感的に把握しているのかもしれないが、まだ形になっていない革新的なアイデアをもってその経済的価値を万人に納得させることはできない。こうした状況では、イノベーションの実現過程で必要となる資源を、企業の通常の事業活動や予算配分手続きから獲得することは困難であるし、ましてや、一般投資家から広く資源を集めることなどできない。

そうした中で、なぜ資源動員が可能になるのか。前章の分析が見出したのは、推進者が固有の理由で始動したイノベーションに対して、やはり固有の理由から正当性を認める特定の他者と出会うことで、事業化へ向かう前進が可能になる、という構図であった。経営トップや外部者を含むさまざまな支持者の存在が、イノベーションを実現する上で重要な役割を果たしており、それらの支持者は客観的な、つまり、多くの人が理解し、合意する理由ではなく、その支持者固有の理由で資源動員を支持するという構図である。イノベーション・プロセスとは、いわば、特殊固有な理由と別の特殊固有な理由が出会うことで前進が可能になり、その積重ねによってやがてより普遍的な理由、つまり、客観的な経済合理性が見出されて経済成果が実現される過程であるととらえることができる。

イノベーション・プロセスの比較的早い段階、例えば、要素技術が開発された段階などで、すでにその経済的価値が多くの人に認められ、あとは自ずと事業化に向かって資源が動員され、その後のプロセスが円滑に進んでいく場合もあるだろう。しかし、そのようなケースは二三件の事例の中では九件（四割弱）にとどまった。必要とされる資源の規模と範囲が限られる技術開発の段階で、資源動員の壁を乗り越えることができたとしても、事業化に向けて商品化を進め、生産販売体制を構築する段階となるとそうはいかない。当初多くの関係者が資源動員を認めたようなアイデアであっても、想定外の事態によって、途中で正当性が失われるような事例も見られた。そうしたケースも含めて、二三件の内一四件（六割強）の事例において、イノベーションの推進者は、首尾よく要素技術を開発した後も、事業化に至る過程で、他者からの資源動員を果たせない局面に遭遇した。

われわれの事例研究は数が限られている。どこまで一般化できるかについては慎重でなければならない。しかし、技術は開発されたものの、事業化に至らない「死の谷」問題（Auerswald and Branscomb［2003］）が広く論じられていることから判断すれば、われわれの事例分析は例外的なケースばかりを取り上げたわけではないと考えていいだろう。客観的な経済合理性がないままで資源動員を実現していくという課題は、イノベーションの実現を目指す者にとって、稀にしか直面しない、あるいは初期の段階でしか直面しないマイナーな課題ではなく、むしろしばしば、そして後段に入ってからも遭遇するメジャーな課題であるということになる。

このことは、例えば、花王のアタック（#6）や、富士写真フイルムのデジタルX線画像診断システム（#13）の事例の過程をたどれば、鮮明に実感できるだろう。ともに、それぞれの企業において歴史的な成功を収めたイノベーションであった。しかし、アタックの場合でいえば、製品ができあがってもなお、事業化投資に反対する意見が根強かった。デジタルX線画像診断システムの場合でいえば、試作機ができあがってもなお、その意義や可能性を評価できず、経営層が公表するのを逡巡した。花王では丸田社長の決断でその壁を乗り越え、富士写真フイルムでは担当者の懸命の説得によって海外の学会発表にこぎつけ、その結果フィリップスという支持者が登場することでその壁を乗り越えていった。

さらにいずれの事例とも、事業化した後でさえ、成功の見通しに対する社内の合意が得られていたわけではなかった。花王は、事業化後に製造設備の一斉切替えを決断し、それがライバルのライオンを引き離すことを可能にしたが、この決断は社内の総意というよりは、再び丸田社長の迅速な「独断」によるものであった。富士写真フイルムのデジタルX線画像診断システムでは、事業化後に東芝との提携が結ばれたが、それは、デジタルX線画像診断システム事業の将来性に確信をもっていなかった経営者が、独自路線を目指していた現場の意向に反して、決定したことであった。このように、のちに大きな成功を収めることになる二つの事例とも、事業化された後でさえ、なお、その成功を見通す客観的な材料をもたなかったのである。前者では慎重な現場を尻目にトップが決断し、後者では野心的な現場に対してトップが慎重な姿勢を崩さなかった。その点で好対照である。しかし両ケースとも、誰もが納得するような成功の見通しが事業化後にもなかったという点では同じであった。

アタックやデジタルX線画像診断システムのように、のちに誰もが認める成功ですら、事前には客観的な経済合理性がなく、事業化において、そして事業化後においてもなお、資源を動員するために特定の支持者と固有の理由を必要としたのである。そして、この二つの事例は、成功の大きさという点においては他の事例よりも顕著なところがあったとしても、事後的な成功が事前には客観的な経済合理性をもっていなかったという点では決して例外的な事例ではなく、他の多くの事例と共通している。

つまり、「想定外の成功」を目指すイノベーションの旅こそが、イノベーションの実現を目指す者の多くがたどらなくてはならない道程であり、そこでの前進は、客観的な経済合理性ではなく、特定の推進者と特定の支持者が理解し、認める固有の理由によって継続的な資源動員が可能になるプロセスにゆだねられているのである。このプロセスをわれわれは「創造的正当化」プロセスと呼びたい。

個人の創造的活動を中心とするインベンション（発明）と異なり、イノベーションはすぐれて社会的な営みである。革新的なアイデアをイノベーションとして結実させるには、複雑な社会的関係をもつ多様な利害関係者に囲まれる中で、イノベーション活動に対する支持を取り付けるような、創造的なプロセスを必要とする。革新的な技術やアイデアを生み出すために創造性が必要であるように、資源の動員を果たすためにも創造性が求められる。それは、資源動員を正当化していくために、さまざまな理由をさまざまな相手に向かって駆使し、総動員していく創意工夫と努力であり、イノベーション推進者の固有の理由と支持者の固有の理由が出会うことでイノベーション・プロセスを先に進めていくための創意工夫と努力である。

本書の事例分析からわれわれが導き出したい結論は、革新的な技術やアイデアが事業化され、イノベーションが実現するには、創造的正当化プロセスを通じた継続的な資源動員が鍵となるということである。この「創造的正当化」という本書の鍵概念が何を意味するのか、それはどのようなものなのかを、さらに詳しく論じていくこととしよう。

2　創造的正当化プロセス

2・1　資源動員プロセスのモデル

図表1⑴はイノベーションの実現過程における資源動員とその正当化を模式的に示したものである。縦軸に示される「イノベーションの理由の固有（汎用）性」とは、イノベーションに付与された理由が、社会的な同意をどの程度得られるものなのかを示している。固有性の高い理由はごく一部の特定の人にしか通用しないのに対し、固有性の低い（汎用性の高い）理由はより多くの人びとに通用する。この図の縦軸では、下にいく程固有性が高く、上にいく程固有性が低く（つまり、汎用性が高く）なる。

一方、横軸の「動員される資源量」は、イノベーション・プロセスの各段階において活動を進める上で必要とされる資源量を示している。横軸上に、イノベーション・プロセスの各段階が示されているが、それは当該の段階においてさらに前進を続けるために当該水準の資源の動員が必要になる、ということを表している。要素技術開発から製品化・実用化、さらに事業化へと段階が進むに従って必要とされる資源量は増大する[1]。

横軸はまた、理由の固有性の特定レベルに対応して平均的に期待される資源動員量も示している。図表1に示される右上がりの直線が、この関係を図示している。イノベーションの理由の汎用性が高くなる（固有

における理由の固有性と資源動員

(3)　段階的に必要な資源動員量を確保していくパターン

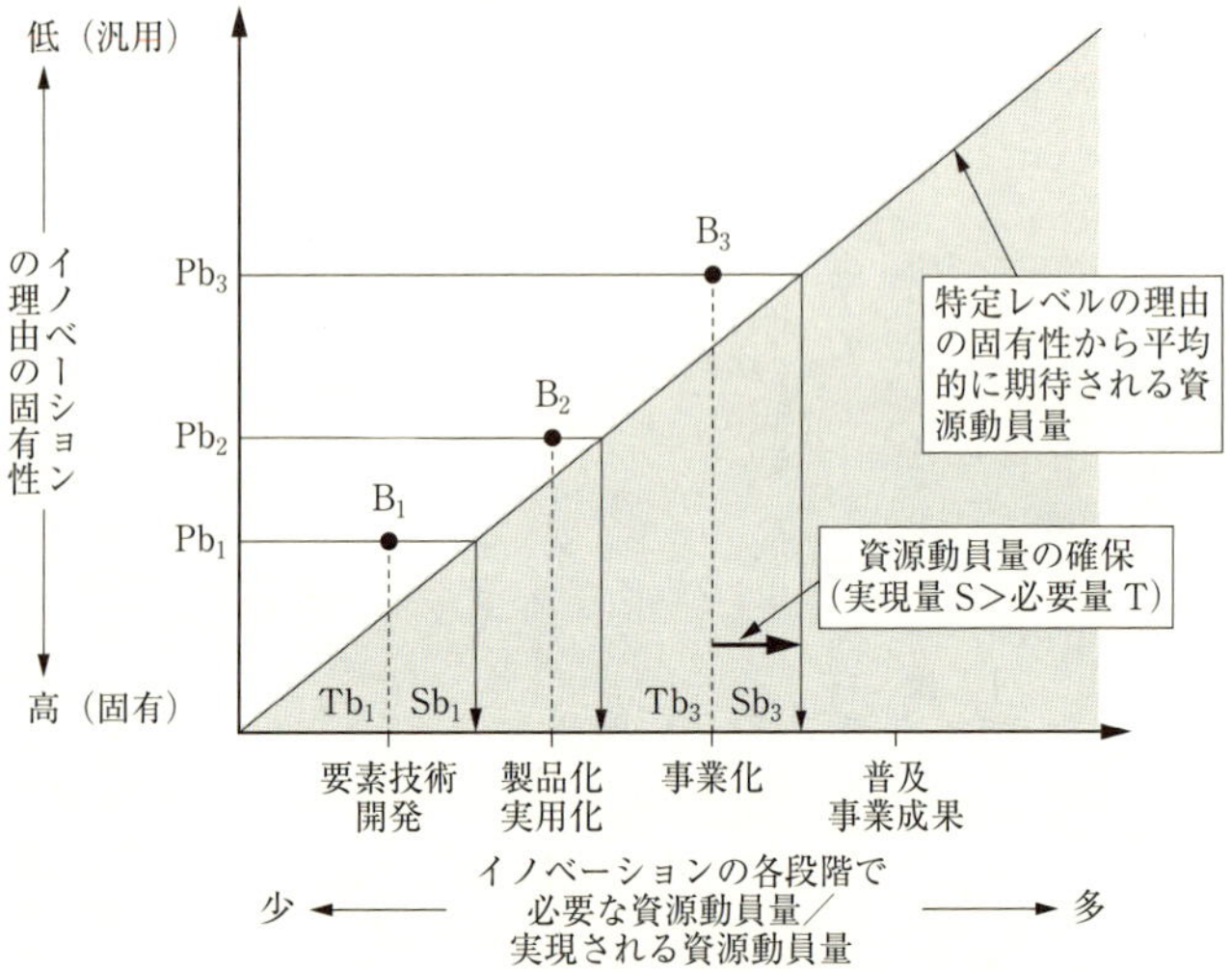

(4)　理由の固有性により資源動員の壁に遭遇するパターン

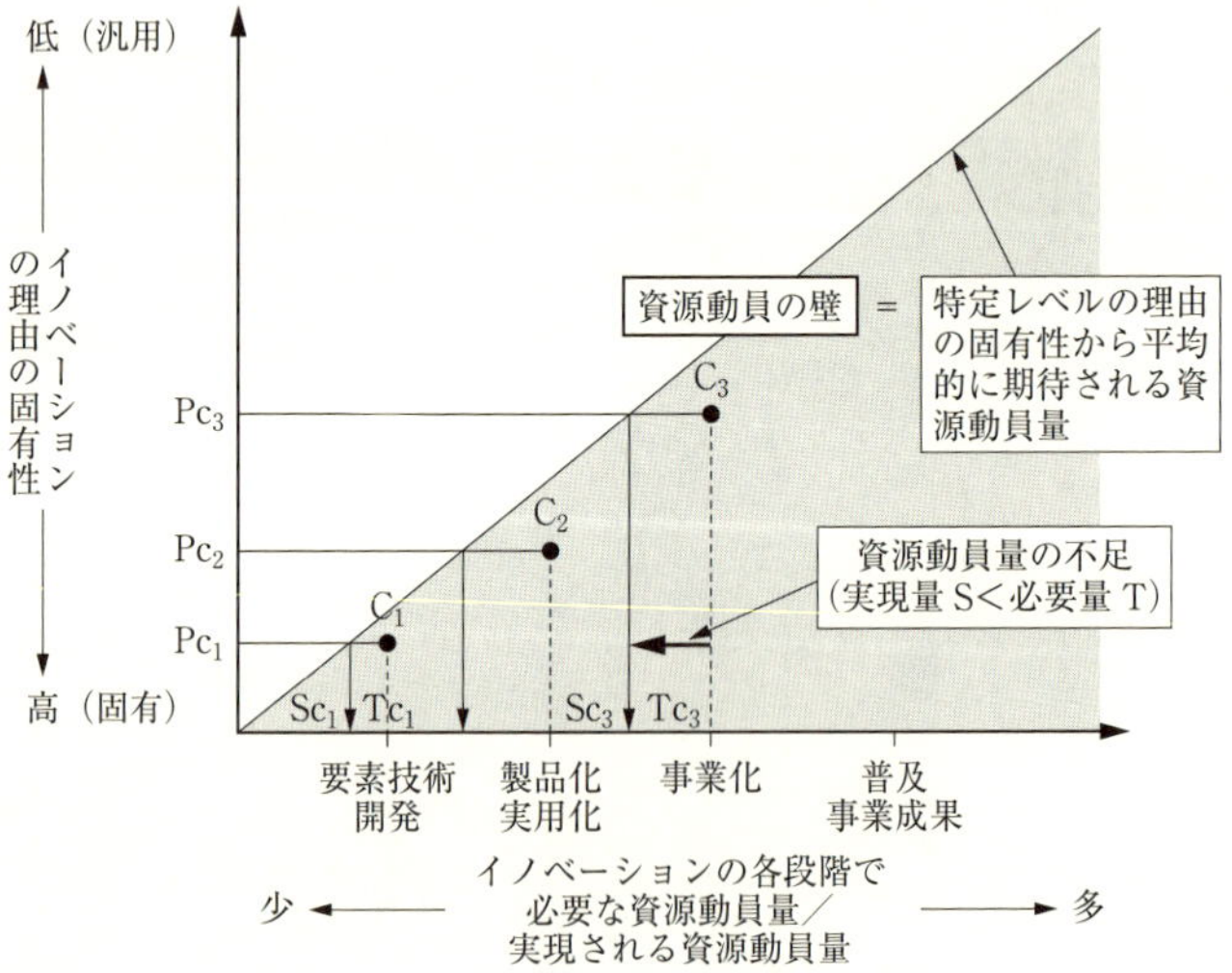

図表１　イノベーション・プロセス

(1)　理由の固有（汎用）性，必要とされる資源動員量，実現される資源動員量

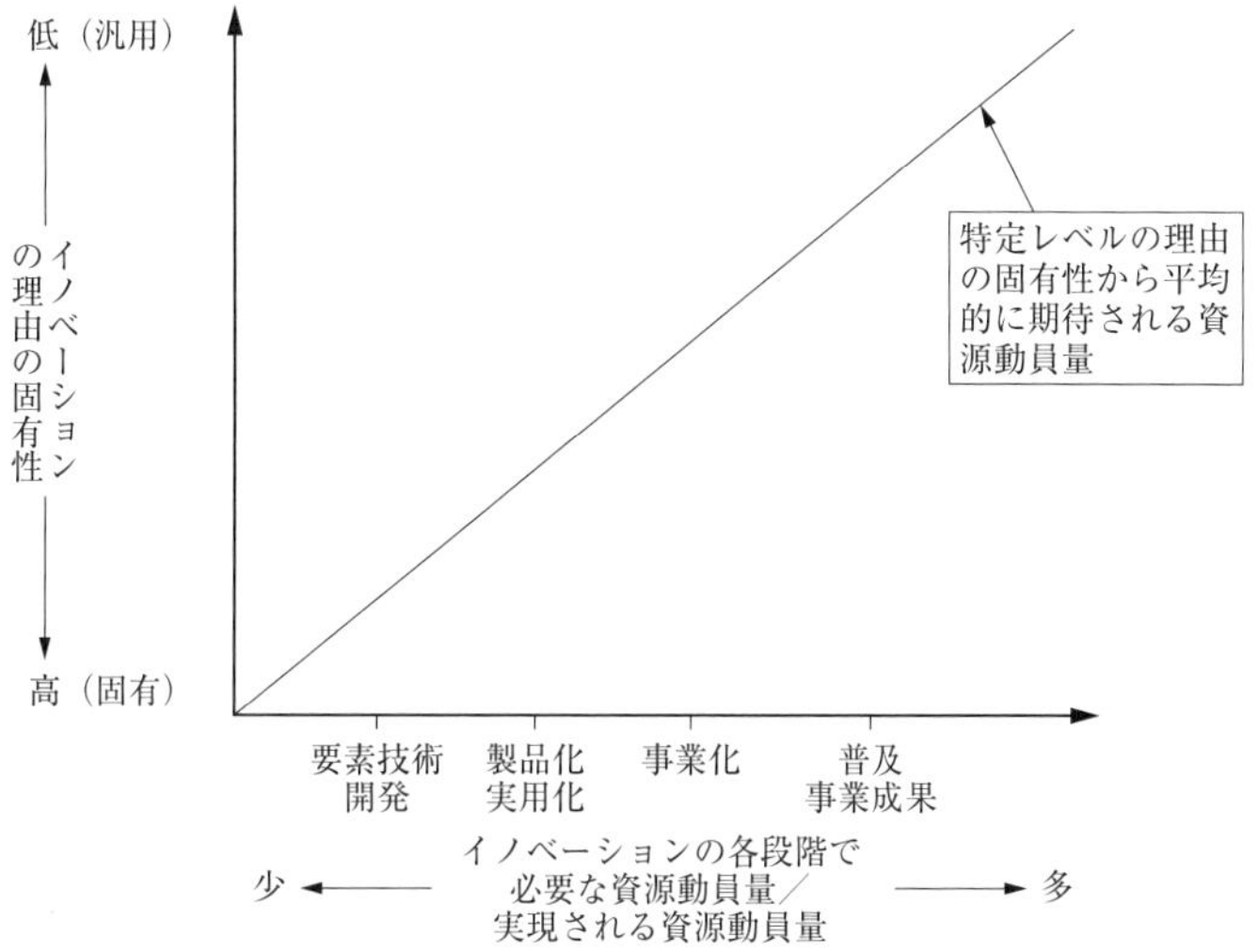

(2)　早い段階から資源動員を一気に実現するパターン

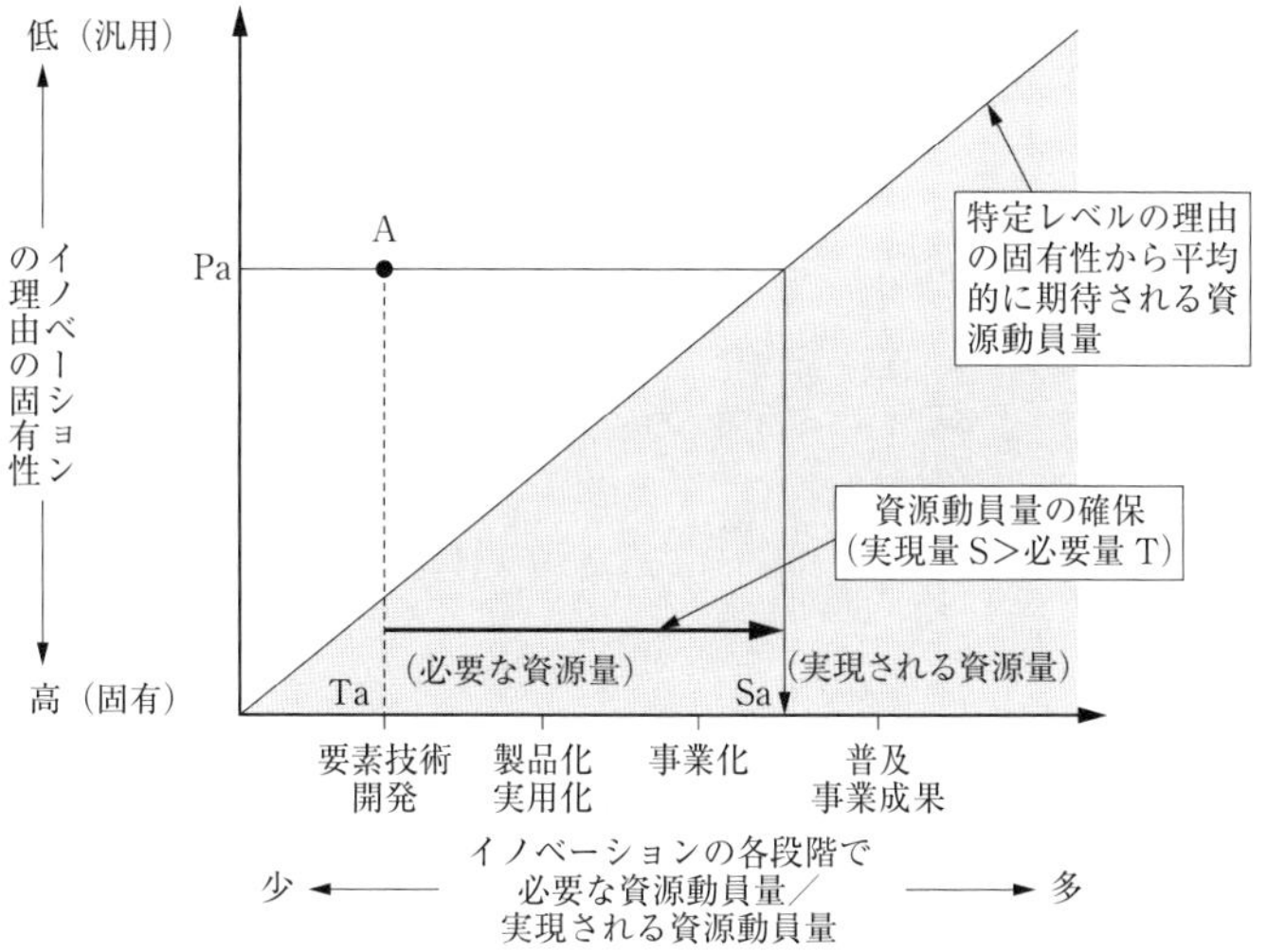

性が低くなる）につれて、平均的に期待される資源動員量が増大することを示している。これは、理由がより多くの人に通用することで、支持者の数が増え、その結果、動員できる資源量が増大するという関係から成り立っている（この関係については、次節で詳しく論じる）。

多くの場合、イノベーション活動は、イノベーションの推進者である個人の革新的なアイデアの追求から始まる。イノベーション推進者は、革新的なアイデアの追求を単なる技術的な興味から始める場合もあるし、また、社会に対する高邁《こうまい》な理想を掲げて始める場合もあるだろう。推進者が属する組織の特殊な事情が関わるような場合もあるだろう。いずれにせよ、そこには推進者に「固有の理由」がある。

この固有の理由が初期段階で万人に承認されるようであれば、イノベーション活動に必要な資源を動員することになんら困難は伴わない。それは、イノベーション活動の早い段階で、推進者の理由が高い汎用性を持つ場合である。図表1⑵の点Aがそれである。例えば、天才的なエンジニアがいて、その個人的なひらめきに基づくアイデアが創造されるや否や誰もがその価値を認めるような場合である。あるいは、環境問題に対する世界的な関心の高まりによって、太陽電池技術が急速に注目を浴び、各国で公的支援が拡大し、新興企業が上場を通じた資金調達に成功したように、社会状況の変化の追い風に乗って、初期の段階からイノベーションの理由がいきなり汎用性をもつこともあるだろう。推進者の理由が早い段階からこのように高い汎用性（Pa）をもてば、右上がりの直線の関係から、一気に大きな量（Sa）の資源動員が可能になり、当面の要素技術開発に必要な資源（Ta）はもちろんのこと、事業化に至るまで必要な資源まで確保できる。これはイノベーションの推進者にとって理想的な状況である。

イノベーションの理由が十分な汎用性をもつ限りにおいては、イノベーション活動の各段階で必要とされる資源量よりも社会から提供されうる潜在的な資源量が常に上回っている。それゆえ、要素技術の開発から製品化・実用化、そして事業化へと進むにつれて必要な資源量が増大しても、資源動員で苦労することはない。イノベーションの推進者は、潜在的な資源提供者から有利な条件を引き出すことに注力すればよい。そこでは発達した資本市場が重要な役割を果たすことになるであろう。

このような理想的な状況ではなくても、イノベーション・プロセスの進展とともに、イノベーションの理由が、必要とされる資源量に相応するだけの汎用性を段階的に獲得することができれば、イノベーション活動が妨げられることはない。図表1(3)の点B_1、B_2、B_3がそれである。B_1は、推進者が要素技術開発に取り組もうとする段階にあり、Tb_1という資源を必要としており、一方で推進者が示す理由の汎用性がPb_1という水準にあることを表す。この時、Pb_1という理由の汎用性があれば、右上がりの直線の関係からSb_1という資源が動員される。これは要素技術開発に必要な資源量を上回っており、推進者はイノベーション活動を継続し、前進することが可能になる。例えば、筋の良さそうなアイデアが推進者にあり、周りの技術者たちの多くから、優れた要素技術が開発されそうだと評価されているような状況を想定すればよいだろう。それに続く製品化・実用化、そして事業化の段階で同じような状況を実現できれば（B_2、B_3）、この推進者は無事に事業化までたどり着くことができる。つまり、イノベーションの理由が、イノベーション・プロセスの各段階で、図表1の右上がりの直線の左上側の領域に位置されるだけの汎用性を持つ限り、イノベーション・プロセスは経済成果の実現に向かって円滑に進行する。

最初から皆が納得して一気に資源動員が起きるか、段階的に一定の範囲で関係者が納得し、それらを積み重ねながら各段階で必要な資源が動員されるかの違いはあるものの、いずれの場合も、推進者は資源動員にはさほどの苦労をしないで済む。

しかしながら、本書における事例分析から明らかにされたように、多くの場合このような理想的な道程は成り立たない。初期のアイデア段階からイノベーションの意義や実用化の可能性を多くの人が認めることは稀であるし、たとえ実用化できたとしても、それが顧客に受容されることを多くの人が確信することは依然として難しい。「自然の不確実性」は削減されても「意図の不確実性」が残る。

そのようなイノベーションの推進者が置かれる状況は、図表1(4)の点C_1、C_2、C_3で示される。例えば、C_3は、製品化・実用化にメドを付け、いよいよ事業化に取り組む段階にあり、そのためにはTc_3だけの資源を必要としているが、推進者が示せる理由の汎用性はPc_3にとどまっていることを表している。この水準の汎用性から平均的に期待される資源動員量はSc_3までであり、必要な資源量を下回ってしまう。資源が不足して先に進めなくなる。C_1、C_2も同じように、要素技術開発、製品化・実用化に取り組むために一定量の資源動員を必要としているが、理由の汎用性が低く、つまり固有なものにとどまっているために、必要な資源動員ができなくなってしまう。

図表1(4)の右上がりの直線の右下の領域に位置する推進者はみなこのような状況に直面する。そこでは、イノベーションの推進者は、イノベーションの理由の固有性という制約を抱えながら、イノベーション・プロセスの前進に必要とされる資源を動員しなくてはならないという困難に直面する。イノベーションの多くが事前の客観的経済合理性をもたないために資源動員の壁に遭遇するというのは、こうした状況を指している。理由が固有のままであることから、つまり広く人びとを説得できる理由をもたないため、期待される資源動員量がイノベーションの実現過程で次の段階に進むために必要な資源動員量を下回ってしまう。これがイノベーションの推進者が直面する資源動員の壁となる。

ちょうど、図表1(4)の右上がりの直線が、壁に相当すると見ればよい。理由の固有(汎用)性がある水準にある時、右水平方向に向かってこの直線(壁)にぶつかるところまでの資源量は動員できる。だが、それ以上の資源は直線（壁）が立ちはだかって動員できない。直線（壁）の右下に位置する推進者は、必要な資源量を動員できず、前進できなくなる。前章で見た、事業化への資源動員の壁に遭遇した一四件の事例の推進者たちはみな、この状況に置かれていた。

こうした状況で、（多くの場合）技術者であるイノベーションの推進者が資源動員を実現するために通常行うことは、ひたすら技術開発に邁進して、イノベーションに付随する不確実性の除去を加速化し、少しでも客観的な経済合理性に近づくよう、つまり理由の汎用性をあげるよう、日々努力を続けることである。しかし、これまで繰り返し述べてきたように、十分な資源を受けるだけの客観的合理性を示すことはしばしば困難である。この状況は決して例外的な状況ではなく、むしろ多くの推進者たちが遭遇する典型的な状況なのである。それが図表1で右上がりの直線の右下にいるということである。

イノベーションの実現を目指す多くの旅は、こうした状況に置かれ、壁に直面して、先に進めなくなり、終わりを迎える。喩えてみるならば、「イノベーション実現への旅」とは、行く手を阻む多くの壁が次々と連なる荒野を行くようなものである。客観的経済合理性という「錦の御旗」を掲げた企ては荒野を速やかに進んでいくが、「錦の御旗」をもたない企ては、先に進めず、前進を断念せざるをえなくなる。イノベーションの荒野には、立ちはだかる壁を前にして朽ちてしまった企ての残骸が累々と散らばっている。だが、一部の企ては、「錦の御旗」なしにこの壁を乗り越えて、前進を続け、事業化に到達する。それを可能にするのが「創造的正当化」プロセスである。

2・2　創造的正当化とは

三つのルート

創造的正当化プロセスとは、どのようにしてこの壁を乗り越えるものなのか。前章の分析結果をふまえながら整理すれば、この壁を乗り越えるためのルート（道筋）は大きく三つあると考えられる。一つ目は、理由の固有性を所与としながら支持者をより多く獲得するというルート、二つ目は、理由の固有性そのものに働きかけて支持者をより多く獲得するというルート、三つ目は、支持者の数を所与としながらより多くの資源を動員するというルートである。

まず、第一のルートは、理由を所与としつつ、支持者をより多く獲得する。理由を所与とすれば、その固有性から平均的に期待される支持者の数が定まるが、ここでいう「平均的に期待される」とは、平均的な努力を前提とすれば、という意味である。とすれば、そこに平均以上の努力やなんらかの創意工夫があれば、通常で得られるはず以上の支持者を獲得し、その結果、必要な資源を動員できる可能性が出てくるということになる。

それは、通常であれば行かないようなところまで支持者を探しにいったり、少しでも見つかりそうな特別な場所にねらいをつけて探しにいったりする、といったルートである。支持者の数を増やす可能性に向かって、より広く、あるいはより特異なところに、支持者を求めていくのである。

例えば、セイコーエプソンの自動巻発電クオーツウォッチ（#7）の事例では、ドイツの販売会社社長と巡り会うことで、環境を重視し、また新しい機械を好む傾向にあるドイツなら売れるかもしれない、という固有の理由に基づく支持者が獲得された。セイコーエプソンの技術者にとって、商品企画、販売、マーケティングを担当する服部セイコーの欧州の現地子会社の社長は、同じ企業グループ内とはいえ、通常では接する機会のない人間であった。普段は、海外はおろか、国内の販売関係者とも接することがないセイコーエプソンの技術者が、ドイツの販売担当者と直接出会ったことで支持者が見出されたのである。

富士写真フイルムのデジタルX線画像診断システム（#13）の事例では、日本で支持を集めようとするよりは、医療診断機器の革新に対してより積極的な欧米に訴えた方が評価されやすいはずだとの判断で、欧州の学会で無理を通して発表したことが功を奏し、実際に欧州の会社から高い評価を得て、それが事業化に向けてさらなる投資を承認してもらう上で重要な契機となった。

日本電気のHSG-Siキャパシタ（#14）の事例では、推進者である研究所の研究者が、採用に否定的な下流の部門に自ら異動して、同じ職場に身を置き、事業化への説得に成功した。

松下電器産業のＩＨクッキングヒーター（#1）の事例では、当初のねらいであった調理器具向けで事業が不振に陥っていた時期に、もともと想定していなかった炊飯ジャー事業部門がＩＨ技術に関心を寄せ、ＩＨジャー炊飯器が商品化されたことで、息を吹き返し、やがて本格的調理用のＩＨクッキングヒーターの開発、事業化が可能になった。また、これはＩＨクッキングヒーターの事業化後の話しであるが、当初売上げが伸びなかったものが本格的に立ち上がる契機となったのは、高気密・高断熱住宅が多い北海道の販売会社がＩＨクッキングヒーターに興味を示したことだった。北海道で売れ始め、これがその後の全国的な普及の突破口となっている。

オリンパス光学工業の超音波内視鏡（#5）では、開発当初から協力していた医師ではない別の医師がたまたま試作機を借り受け、超音波内視鏡の新たな診断用途を見出したことが事業化に向けた資源動員を後押しした。

さらに、松下電子工業のGaAsパワーモジュール（#8）、日本電気のGaAs MES FET（#16）では、もともと社内向けに新しい部品の開発を進めていたものの、結局社内で採用されず、その後、外部に新たな顧客を求めることで、事業化の活路を見出していった。前者では日本電気、ソニー、後者ではカナディアン・マルコーニが最初の顧客となった。

通常の努力、所与の関係、日常的なやりとりの範囲では資源動員の壁にぶつかったものの、その範囲を超えて、つまり平均的な努力の範囲を超えて、特異な場所や領域に足を踏み出し、ルートを開拓していくことで、所与の固有性でも平均以上の支持者を見出すことが可能になるのである。目の前にある、慣れ親しんだ、平凡な道をいくのではなく、例外的な支持者がいそうな方角にねらいをつけて、行ったことのない、未開の道に足を踏み入れて、壁を突破するルートである。

第二のルートは、そもそもの出発点である理由そのものに働きかけて、支持者の数を増やす。そこには、大きくいえば、二つの方法がある。

一つは、当初に想定した理由とは異なる、さまざまな理由が合体することによって、イノベーションへの資源動員が多角的に正当性を獲得するパターンである。これはイノベーションの多面性に注目した「多様な理由の共存状態の創造」である。たとえイノベーションの推進者のもつ固有の理由に対する同意は得られなくても、別のさまざまな固有の理由によって支持者を増やし、特定のイノベーション活動を正当化するという可能性である。

例えば、オリンパス光学工業の超音波内視鏡（#5）は、膵臓がんの早期発見を可能にすることを目標に開発がスタートしたが、その後に登場した胃壁の五層構造の抽出が可能になるという発見を通じて、むしろ、胃がんの進達度診断という用途に向けて本格的な事業化が進み、普及が進んだ。現在では消化器を中心としたさまざまな部位の診断に用いられる標準的な診断機器となっている。

セイコーエプソンの自動巻発電クオーツウォッチ（#7）も，煩わしい電池交換の手間を省くことによって消費者の便益を高めたい，そして「水もの」である電池を腕時計の中から除去してしまいたいというねらいをもって開発されたものの，ドイツ販売会社の社長が支持した理由は，電池を廃棄しなくてもいいという特長が環境保護を重視するドイツの消費者に適合しているという新たなものであった。

松下電器産業のＩＨクッキングヒーター（#1）では，ガスエネルギーを代替する次世代の調理技術という大義のもとに開発が進められたが，先ほども触れた通り，ＩＨクッキングヒーターの事業化までのつなぎ役として資源動員を可能にしたのは，ＩＨ技術を炊飯器の付加機能として位置づけるという新たに加わった理由であった。ＩＨ技術が炊飯ジャーの差別化技術として正当化され，世に登場していなければ，現在われわれが目にしているオール電化は，いまだ実現していなかったかもしれない。

トレセンティテクノロジーズの新半導体生産システム（#11）では，台湾の半導体メーカーが合弁パートナーとして登場したことが事業化を可能にしたが，そこで新たに加わったのが，製造に特化する「ファウンドリ事業」として「完全枚葉式」技術を活用していく，という当初は想定していなかった理由であった。もともとの「完全枚葉式」による新しい生産システムを確立するという理由だけでは，合弁は成り立たなかったし，日立製作所単独での投資も認められなかった。

このようにイノベーションは，その理由においてしばしば多面性をもっており，この多面性を利用した「多様な理由の共存」がイノベーションに必要な資源動員を可能にする。そこでは，イノベーションの推進者のもつ固有の理由に対する同意が，必ずしも得られているわけではない。むしろ各支持者は，それぞれ別の固有の理由からイノベーションを支持している。さまざまな理由がイノベーション活動に合流，合体することによって資源動員が実現される、「同床異夢の戦略」とでも呼べるような資源動員の方策である。

もう一つは、「新たな固有の理由の創造」を通じた資源動員である。「多様な理由の共存状態の創造」が空間的に多様な理由が合流、合体するのに対して、こちらは、時間的に理由が変化し、結果として多様な理由が創造される、ということができる。

イノベーションは固有の理由で始まるが、イノベーションの推進者でさえ、そのイノベーションのもつ広い意味や価値、社会的影響力のすべてを当初から理解しているわけではない。むしろイノベーション・プロセスが進み、さまざまな人びとと接する過程で、自らが始動させたイノベーションの新しい意味や価値が発見されていく。こうした推進者による学習を通じて、イノベーションの理由は進化する。その進化の過程で、当初は支持を得られなかったさまざまな人びとからの同意をとりつけ、資源動員が実現する。

また、学習の結果というより、資源動員の戦術として、イノベーションの推進者がイノベーションの理由を「創作」することもあるだろう。イノベーションを前進させるために推進者は、当初の信念を脇に置き、資源提供者の利害に合致するように理由を置き換え、イノベーション活動の方向性を修正するかもしれない。

われわれが分析した事例の中にも、当初の目論見とは異なった理由が創造されることによって、イノベーション活動の継続が保証され、事業とした花開いたケースが見出される。

東北パイオニア／パイオニアの有機ELディスプレイ（#9）は、当初、LD事業の成長を後押しする大画面ディスプレイ用の技術として正当化されていた。しかしパイオニアは、その後、プラズマディスプレイを大型ディスプレイの本命として位置づけたため、有機EL技術は別の理由を必要とした。そこに登場したのが子会社である東北パイオニアであった。既存事業の低迷に直面していた東北パイオニアは、新たな事業の柱として、有機EL技術への投資を決定した。そこで有機ELは、携帯電話端末用などの小型液晶ディスプレイを置き換える技術として期待されるが、コストとリスクの問題から事業化は壁に直面した。この状況で商品化を可能にしたのはグループ内の車載用ＡＶ事業の支持であった。ＡＶ事業は、有機ＥＬ技術を、カーオーディオ製品の差別化技術と位置づけたのだ。

東京電力／日本ガイシのＮＡＳ電池（#18）も、電力負荷平準化を目的とした揚水発電を代替する電力貯蔵用手段として開発されたものの、揚水発電コストの低下によって当初の目的の意義が薄れてしまった。開発継続を後押ししたのは、電力自由化の流れや環境問題への関心の高まりによる分散型発電への注目であった。結局ＮＡＳ電池は、系統発電の補完設備ではなく、非常用電源機能や無停電電源機能など、低コストで安定的な分散型発電を実現する設備として再定義され、このことにより事業化へのさらなる資源動員が実現していった。

第三のルートは、支持者の数を所与としつつ、資源をより多く動員する。支持者の数を所与とすれば、そこから平均的に期待される資源の動員量が決まるが、ここでいう「平均的に期待される」とは、平均的な支持者を前提にすればという意味である。だとすれば、平均的でない、つまり例外的な支持者を得れば、通常期待される以上の資源を動員できる可能性が出てくる。第一、第二のルートが支持者の数を増やすことをねらったものであったのに対して、このルートは、支持者の数を所与としつつ、一定数の支持者から動員できる資源動員の効率を高めることをねらう。

期待以上の資源動員につながる例外的な支持者とは、より多くの資源を動員できる者や、自身が動員できなくとも、動員できる他者に対して大きな影響力をもつ者があてはまる。

前者の典型例が経営トップである。経営トップとは、当該企業組織の中で、最大の資源を動員する権限をもっている。他に支持者がいなくても、経営トップさえ支持すれば、必要な資源の動員が可能になる。理由の固有性により支持者の数が少なくても、その高い資源動員効率によって、必要な資源を動員することが可能になる。前章でみたように、数は多くないが、花王のアタック（#6）、セイコーエプソンの自動巻発電クオーツウォッチ（#7）、東芝のエンジン制御用マイコン（#17）、東京電力／日本ガイシのNAS電池（#18）の四つの事例があてはまる。それぞれ、通常の手順や周りの評価では先に進めなかったものが、経営トップ自らの支持により、資源の継続的動員が可能になり、事業化にたどり着いている。なかなか近寄れないが、そこさえ突破すれば一気に道が開けて、壁が乗り越えられる、というルートである。

経営トップまでいかなくとも、やはり権限の大きい上級管理者に働きかけて資源動員が可能になるというケースもある。日本電気のHSG-Siキャパシタ（#14）の事例では、先ほど触れたように、推進者である研究所の研究者が下流の部門に自ら異動して事業化への説得に成功したが、その際、異動先の直属の上司だけではなく、部門長クラスまで接触して理解を得たことが説得の鍵となっている。また、セイコーエプソンの自動巻発電クオーツウォッチ（#7）では、副社長の後押しに加え、環境問題に関心のあるドイツ市場での可能性を指摘したドイツ販売会社の支持が重要だったが、それが、販売マーケティングの決定権をもつ、服部セイコー側のドイツの販売会社の社長という一定の影響力を持った人間であったことが資源動員を可能にした。

直接的には資源を動員できなくても、影響力のある支持者を獲得することで、間接的に資源動員が可能になるというケースもある。先ほども触れたように、富士写真フイルムのデジタルX線画像診断システム（#13）の事例では、欧州の会社から高い評価を得たことが資源動員を可能にしたが、その支持者が医療用診断機器の世界で強い影響力をもつフィリップスの副社長であったことが、重要な鍵となっている。「あの世界に冠たるフィリップスの副社長が認めた」ことが、それまで懐疑的だった富士写真フイルム社内に強いインパクトをもたらしたのである。

影響力のある支持者として外部の顧客がその後の事業展開を正当化する例もある。先ほど紹介したように、松下電子工業のGaAsパワーモジュール（#8）と日本電気のGaAs MES FET（#16）は、ともに社内で採用されず、外部に新たな顧客を見出すことで事業が立ち上がったが、その後、内部の事業部門でも採用されている。ライバルである外部の企業の採用は、内部の事業部門を説得する有力な理由となる。

荏原製作所の内部循環型流動層炉（TIF炉）（#23）も、大型化は困難であるとして、当初、破砕機なしでの事業化は社内で認められなかった。突破口となったのは、顧客である海南市の技術者出身の担当者が無破砕のTIF炉を高く評価してくれたことであった。判断が保守的になりがちな公共部門では先例があることが重要となる。その意味でこの最初の支持者の影響力は大きかったといえよう[2]。

相手・理由の総動員

正当化とはさまざまな理由でさまざまな相手に向けて働きかける努力の総体をいう、と第1章で述べたが、創造的正当化とは、相手と理由を総動員して「イノベーション実現への旅」を前進していくために創意工夫と努力を重ねることに他ならない。例外的な相手、特別な相手を探し出し、働きかけ、時には理由そのものを組み合わせ、見直し、創造しながら、①所与の理由のもとでより多くの支持者を獲得する、②理由そのものに働きかけてより多くの支持者を獲得する、③所与の支持者数のもとで動員できる資源を増やす、という三つのルートを開拓することで、壁を乗り越えて、資源動員を正当化していくのである。

ここで注意すべきことの一つは、三つのルートは相互に排他的なものではなく、それらが組み合わされることによって創造的正当化が進む場合もあるということである。創造的正当化で総動員されるのは、相手であり、理由であり、そしてルートである。いくつものルートを切り拓くことで、高く、厚い壁を乗り越えていくことが可能になる。このことは、先ほどの三つのルートの説明の中で、いくつかの事例が繰り返し登場していたことからもわかるだろう。

富士写真フイルムのデジタルX線画像診断システム（#13）の事例では、欧州の学会に出向いて欧州の会社から高い評価を得たことが資源動員を可能にしたが（第一ルート）、その支持者が医療用診断機器の世界で強い影響力をもつフィリップスの副社長であったことが重要であった（第三ルート）。セイコーエプソンの自動巻発電クオーツウォッチ（#7）の事例でも、環境問題に敏感な欧州市場において新たな意義が認められたわけだが（第二ルート）、それを支持したのは、普段接することのない、そして影響力をもつドイツの販売会社の社長であった（第一ルート、第三ルート）。また、オリンパス光学工業の超音波内視鏡（#5）の事例では、当初想定していなかった新たな診断用途が発見されたこと（第二ルート）によって開発が継続されたが、その用途を発見した医師は従来のつき合いの範囲外に存在していた（第一ルート）。

もう一つ注意すべきことは、資源動員を正当化した事例の中には、意図的な努力や創意工夫によってではなく、偶然それらのルートが開けた場合も少なくないということである。

セイコーエプソンの自動巻発電クオーツウォッチ（#7）でドイツ販売会社社長の支持が得られたのは、開発プロジェクトの終了が決まった後、たまたま技術者に欧州出張の機会があり、出張のついでに面談のチャンスがあったからに他ならない。支持者を求めて出張に出たわけではなかった。オリンパス光学工業の超音波内視鏡（#5）で重要な用途を発見したのは、特殊な経緯でたまたま試験機を利用する機会を得た医師であった。オリンパス光学工業が膵臓がんの早期発見という当初の目的を目指して試験機を提供していた医師たちではなかった。

不確実性に満ちた「イノベーション実現への旅」を踏破するには，時としてこうした偶然が重要な役割を果たす。推進者が意図として創造的正当化を果たしたのではなく，幸運が働いて，結果として創造的正当化が実現されたという道程である。

こうした道程は，実は，壁にぶつからなかったケースの中にも見出される。第3章で触れた通り，要素技術開発後に大きな壁にぶつかることなく円滑に事業化までたどり着いた事例の中にも，特定の支持者が固有の理由で資源動員を認めたという経緯があった。三菱電機のポキポキモータ（#2），東洋製罐／東洋鋼鈑のタルク缶（#3），東芝のニッケル水素二次電池（#4），日清ファルマのコエンザイムQ10（#12），京セラのエコシス・プリンタ（#15），日立製作所のLSIオンチップ配線直接形成システム（#19），東レの携帯電話液晶ディスプレイ用カラーフィルター（#22）――これらの事例では，推進者が壁に遭遇することなく事業化に至っている。だが，その過程では，推進者の意図による主体的，能動的な働きかけはなかったものの，結果的に創造的正当化のメカニズムが作用して――つまり固有の理由によって特定の支持者が得られることによって――資源動員が実現している。先ほどのセイコーエプソンの自動巻発電クオーツウォッチ（#7）やオリンパス光学工業の超音波内視鏡（#5）の事例では，そうした幸運の女神が舞い降りてくるのに時間がかかったため，途中で資源動員の壁にぶつかったのに対して，これらの事例では，より早い段階で女神が舞い降りたため，資源動員の壁にぶつかることなく事業化に至ったのである。

だが，なんとしてもイノベーションを実現したい推進者としては，女神の到来をじっと待っているわけにはいかない。女神は気まぐれであり，滅多に降りてきてはくれない。結果として幸運が働いた事例を列挙したが，誤解してはいけない。これらの幸運な事例の背後には，女神に出会うことなく，壁の前で朽ちてしまった無数の企ての残骸がある。女神は，気まぐれで，滅多に降りてきてくれないから，女神なのである。

偶然に頼るのではなく、偶然を少しでも必然に近づけるのが、多様な相手に向けて、多様な理由を駆使して、さまざまなルートを自ら意図的、主体的に開拓していく創意工夫と努力である。なんとしてもイノベーションの実現を目指す者は、主体的、能動的に努力し、創意工夫を重ねなければならない。それをわれわれは「創造的正当化」と呼ぶのである。もし、パスツールがいうように、幸運の女神は努力する者のところに舞い降りるのだとすれば、創造的正当化の努力はなおさら重要であろう。

創造的正当化から事業成果へ

創造的正当化について、さらにもう一つ、注意しておかなくてはならない大事な点がある。それは、創造的正当化による事業化は、それ自体では事業成果の実現を約束するものではないということである。

イノベーション・プロセスのゴールは、経済成果の実現であり、企業にとっては事業成果を獲得することである。事業化した商品が多くの買い手に購入され、社会に広く普及、浸透することで経済成果は実現する。それが企業に収益をもたらして、イノベーションへの資源動員は報われる。

創造的正当化は、そこに至るまでの途中段階で、不確実性の高いイノベーション・プロセスを前に進めるための、重要ではあるが、一つの手段に過ぎない。事業化までは固有の支持者による固有の理由によって必要な資源が動員できたとしても、最終的に経済成果を実現し、事業として継続的に収益を上げるには、客観的な経済合理性、つまり、汎用性の高い理由を獲得し、数多くの人びとによる「商品の購入」という形での幅広い支持が必要になる（図表2）。推進者と支持者はともに、対象となるイノベーションがいずれは多くの人びとに広く受け入れられることを期待して、創造的正当化プロセスに関わるに違いない。しかし、創造的正当化による事業化が、その期待の実現を保証しているわけではない。

図表２　創造的正当化から事業成果（客観的経済合理性）へ

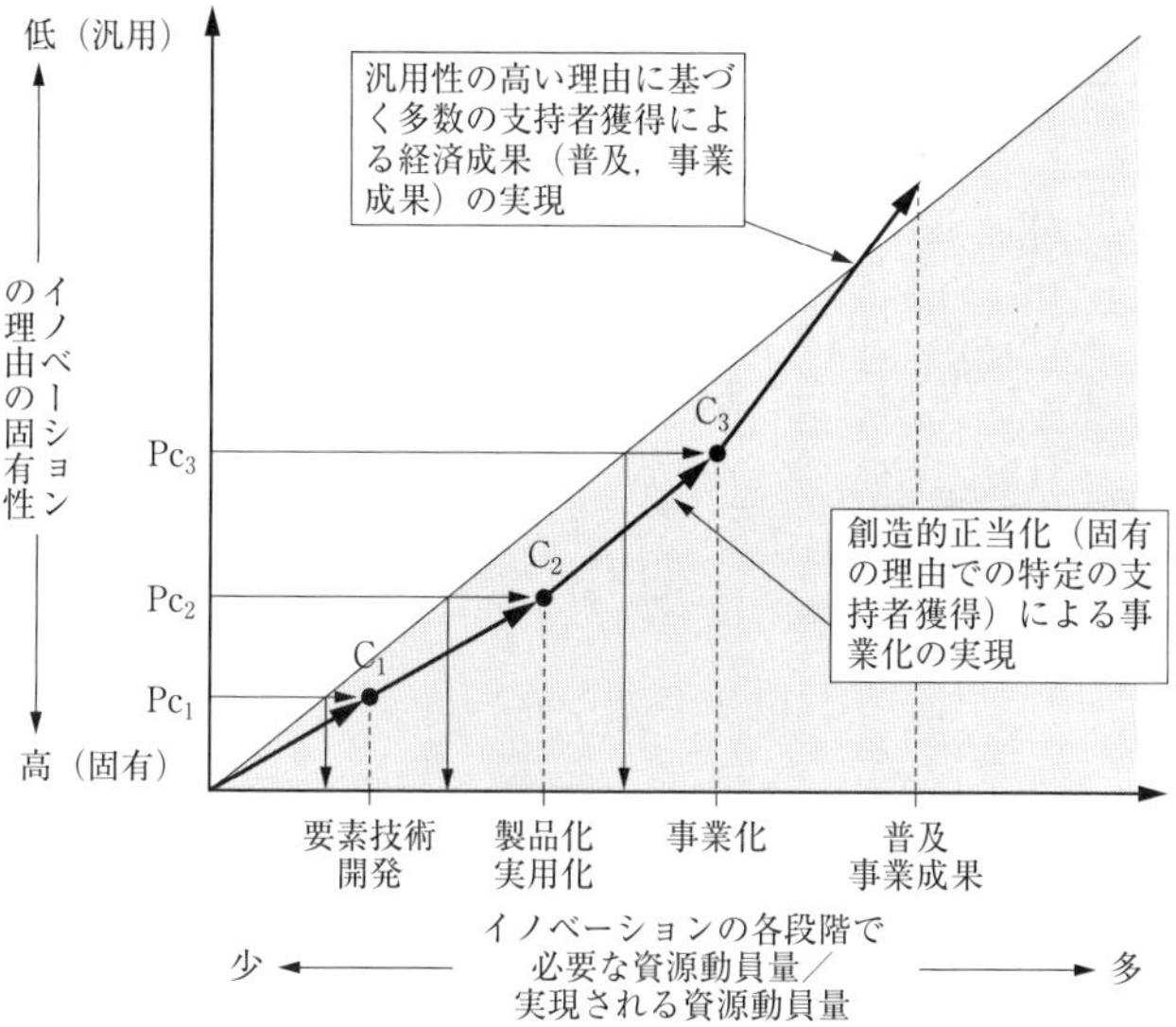

本書が取り上げた事例は、すべて、（少なくとも一旦は）事業成果をあげたものである[3]。その中には、創造的正当化によって事業化した結果、推進者と支持者の期待通りに、スムーズに市場が立ち上がり、売上げも利益も順調に拡大した事例がある。

しかし、創造的正当化による事業化が、いつもそのように速やかに事業成果をもたらすわけではない。他の事例では、事業成果を獲得するために、事業化後もさらなる技術の開発や生産の合理化を必要としたし、新たな創造的正当化を必要とした事例もあった。

例えば、松下電器産業のＩＨクッキングヒーター（#1）、オリンパス光学工業の超音波内視鏡（#5）、セイコーエプソンの自動巻発電クオーツウォッチ（#7）、富士写真フイルムのデジタルＸ線画像診断システム（#13）、東京電力／日本ガイシのＮＡＳ電池（#18）では、事業化された後も、技術的に未成熟な面が残り、事業収益を実現するまでには、商品価値の向上やコスト削減に向けて、さらなる技術開発や生産体制の合理化を必要とした。

この内、松下電器産業のIHクッキングヒーター（#1）と富士写真フイルムのデジタルX線画像診断システム（#13）では、事業収益を実現するまでに、さらに新たな創造的正当化を必要とした。前者の事例では、事業化後当初、売れ行きが不調で、投資が回収できない状況が続き、事業の存続を疑問視する声が再び高まった。だが、高気密・高断熱住宅が多い北海道の販売会社が興味を見せ、そこから市場が立ち上がり、その後の全国への普及につながっていった。

後者の事例でも、事業化後当初は市場規模が限られ、長く赤字が続いた。だが、日本医師会会長や労働組合の代表など、医療保険制度に多大な影響力をもつ実力者たちに積極的に働きかけ、保険点数の見直しによるデジタル加算を早期に実現したことで商品価値を高め、市場の拡大を可能にした。どちらも、事業化後に、新たな支持者から、新たな理由によって支持を獲得し、それが事業収益の実現につながったものであった。[4]

以上の事例は、事業化後の継続的努力によって事業成果を実現したが、そうではないパターン、つまり、創造的正当化によって事業化したものの、結局、事業成果に結びつかないというパターンもある。事業成果をあげた事例を題材に分析を行ってきた本書ではそうしたパターンは観察されなかった。だが、新たな商品を事業化して売り出したものの、結局、事業成果をあげることなく、消えていってしまった事例は数多くある。そうした失敗例の中に、事業化に至る過程で創造的正当化――客観的に成功する見通しがない中で、多様な相手に向けて多様な理由によって支持を獲得して事業化への資源動員が認められるというメカニズム――が作用した事例が含まれていたであろうことは容易に想像がつく。

創造的正当化は成功を約束するものではない。推進者が信じて事業化にたどり着いても、そしてその後のさらなる創意工夫や努力をもってしても、事業成果を実現できない場合もある。創造的正当化による事業化が最終的に客観的な経済合理性をもつようになるという保証はない。

しかしなお、創造的正当化は、しばしば、それなしにはイノベーションを実現できない不可欠の手段となる。それは、繰り返し指摘している通り、結果として成功するものであっても、事前には客観的な成功の見通しがなく、やってみなければわからない場合があるからである。事前の評価は低く、失敗のリスクはあるものの、潜在的に成功しうる可能性を持つ案件が、花開くことなく埋もれてしまうことのないよう、なんとか拾い上げるという重要な役割を果たすのが、創造的正当化である。

イノベーションの推進者にとって、理想的な道程は、優れた技術の開発に専心し、理由の汎用性を高めることで事業化にたどり着き、そのまま事業成果を上げるというルートだろう。これが、いわば、「イノベーション実現への旅」の「王道」である。だが、多くの「イノベーション実現への旅」において、王道は閉ざされている。王道を進むこともかなわず、幸運にも恵まれないイノベーションの推進者にとって、高く、厚い壁を乗り越えてゴールにたどり着くために残された可能性は、自らの主体的な創意工夫と努力によって創造的正当化という「迂回路」を切り開くことだけである。その先にあるのは行き止まりで、結局ゴールにたどり着けないかもしれないが、「想定外の成功」の可能性を信じて前進したい推進者にとって、これだけが残された可能性となる。

3　創造的正当化のメカニズムと特質

「創造的正当化」とはおおよそ以上のようなものであるとして、ここでもうひと手間かけて創造的正当化の背後にあるメカニズムを分解整理するという作業を進めてみたい。それが創造的正当化の特質と意味のさらなる理解を可能にすると考えられるからである。前節の議論と重なるところもあるが、いま一度、理由の固有性と資源動員量の関係について考えるところから始めよう。

3・1　創造的正当化のメカニズム

固有の理由と資源動員の関係

先ほど、理由の固有性と平均的に期待される資源動員量の間には図表1の右上がりの直線で示される関係があると論じた。この関係は、より詳細に整理すると、図表3のような要因と関係に分解できる。

イノベーション・プロセスへの資源動員量（F）は、まず、支持者の数（E）と、支持者一人あたりの資源動員力（D）の掛け算で決まる。後者は平均的支持者の資源動員量を表すもので、これに支持者の人数を乗じれば、支持者から動員される資源の総量が算出される。

前者の支持者の数（E）は、支持を訴えかける潜在的支持者数（B）とそこから支持者の出現する確率（C）によって規定される。潜在的支持者数とは、イノベーションの支持者となりうる可能性をもつ人びとの数である。それは、推進者が進めるイノベーション活動になんらかの形で接する機会をもち、少なくとも、その存在を認知している人びとの集団である。そこから支持者が出現する母集団といい換えることもできるだろう。もう一つの支持者の出現確率とは、潜在的支持者の中で、その可能性と将来価値を認めて、実際に資源動員に貢献した人びとの割合であり、支持者数を潜在的支持者数で除したものと一致する。潜在的支持者が支持者として顕在化する平均的確率といい換えることもできる。この「潜在的支持者数」と「支持者の出現確率」を掛け合わせれば，自ずと，イノベーションに対する「支持者数」が導き出される。
そして，「支持者の出現確率」(C)を左右するのが「理由の固有(汎用)性」(A)である。理由の固有性が高ければ通用する範囲は限定され，支持者の出現確率は低くなるし，逆に理由の汎用性が高まれば通用する範囲が広がり，支持者の出現確率は高くなる。

資源動員の壁の構図

以上の固有の理由と資源動員の関係に依拠して，資源動員の壁が形成される構図を描いたのが図表4である。図表1に対応する第Ⅰ象限を含めて，全部で四つの象限をもつグラフが描かれている。さきほど，図表1の説明で，右上がりの直線が，所与の理由の固有性で平均的に期待される資源動員量の上限，つまり壁を示していると述べたが，この直線(壁)がどのような要因とその関係で形成されているのかがこの図に示されている。

いま，イノベーションの推進者が点Cという状況にあると考えよう。事業化に向けてTというレベルの資源を動員する必要があるが，しかし理由の固有性がPというレベルにある。このため，Sしか資源が動員できず，先に進めない。これが資源動員の壁に直面している推進者の状況である。このことはすでに図表1で確認したが，図表3で議論したことを踏まえると，実はその背後には次のような構図がある。

第Ⅱ象限に目を移すと，そこには，「イノベーションの理由の固有性」と「支持者の出現確率」との関係が示されている。イノベーションの理由の汎用性が高まるほど，多くの潜在的支持者からの賛同が得られやすくなり，支持者の出現確率は向上する。逆に，イノベーションの理由の固有性が高ければ，支持者の出現確率は低くなる。このことがグラフの直線で示されている。直線の傾きは一定であり，傾きの値は，イノベ

図表３　資源動員量の決定要因

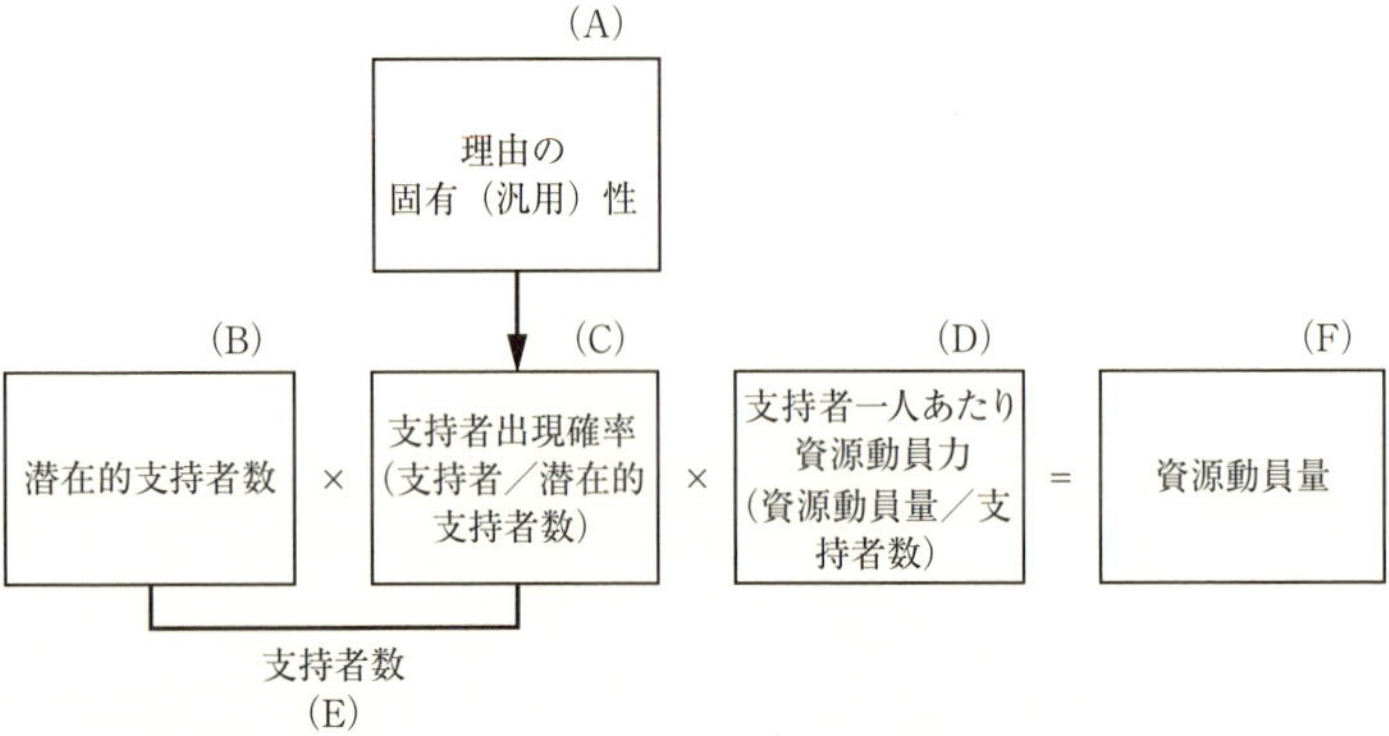

図表４　資源動員の壁を形成する要因と関係の構図

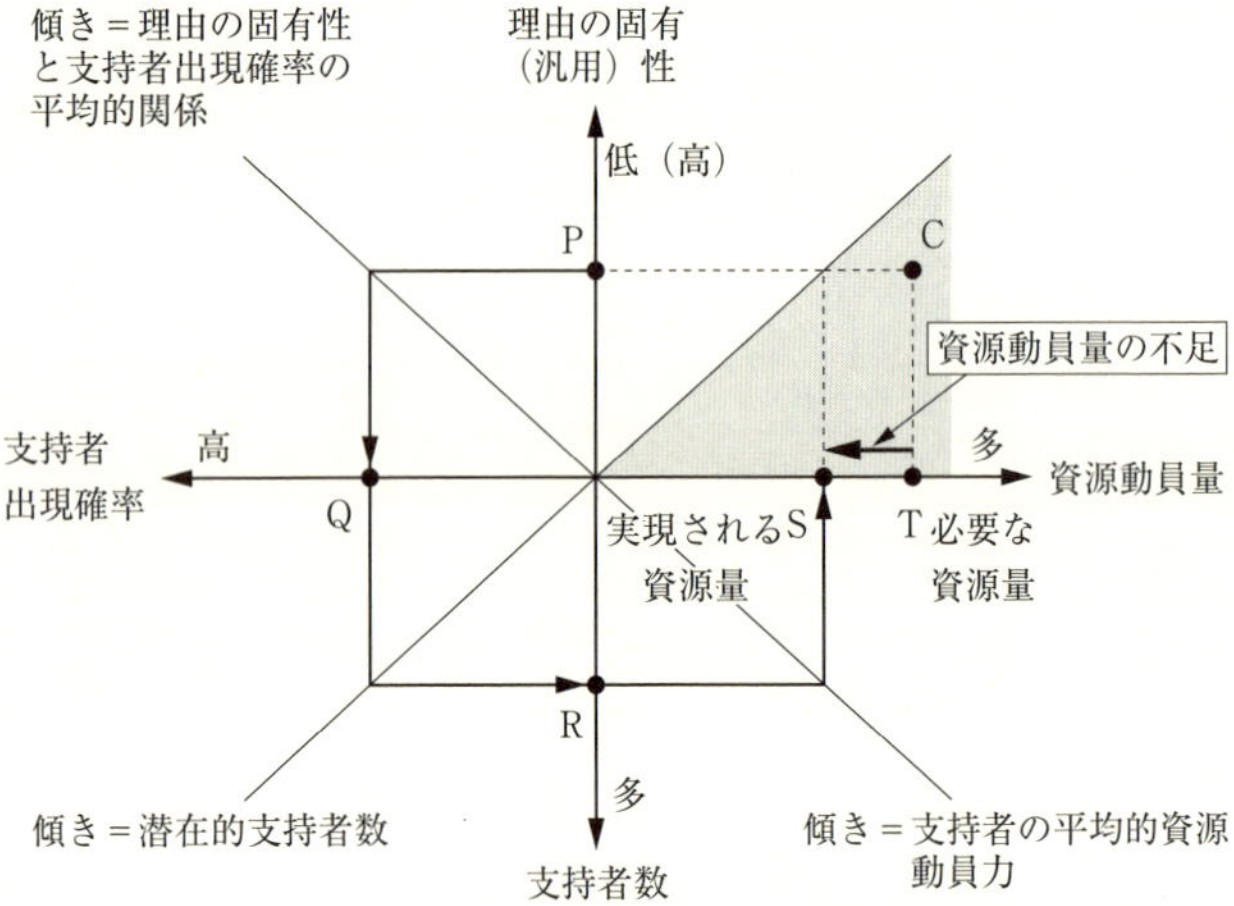

ーションの理由の固有性と支持者の出現確率の平均的な関係を表している。この平均的な関係を前提として、Y軸上の点Pで示されるイノベーションの理由の固有性は、点Qで示される支持者出現確率に投影される。次に、第Ⅲ象限に移動すると、そこには、「支持者の出現確率」と「支持者数」との関係が描かれている。図表3の式が示唆するように「潜在的支持者数」を一定とするならば、「支持者の出現確率」が高まるほど、「支持者の数」も増える。この関係がグラフの直線で示されている。直線の傾きは一定であり、傾きの値は、平均的な潜在的支持者数を示している。この平均的な潜在的支持者数を前提とすれば、X軸上の点Qで示される支持者出現確率は、Y軸上の点Rで示される支持者数に変換される。

第Ⅳ象限には、「支持者数」と「資源動員量」の関係が表されている。グラフの直線の傾きは一定であり、その値は、「支持者一人あたりの資源動員力」の平均を示している。つまり、平均的な「支持者一人あたりの資源動員力」を前提とするならば、支持者数の増大は直接的に資源動員量に影響することを、グラフは示している。点Rが示す支持者数の場合には、点Sで特定される資源動員量が動員されることになる。

このように、イノベーションの理由の固有性から支持者の出現確率が定まり、その出現確率から支持者数が決まり、さらに支持者数から動員される資源量（期待量）が定まる。「理由の固有性（P）→支持者の出現確率（Q）→支持者数（R）→資源動員量（S）」という関係があり、この関係を前提として、所与の理由の固有性（P）から通常得られるはずの資源動員量（S）が定まる。図表1（もしくは図表4の第Ⅰ象限）の右上がりの直線はこのようにして導き出される。そして、理由が固有のままであることから、つまり広く人びとを説得できる理由をもたないため、期待される資源動員量がイノベーションの実現過程で次の段階に進むために必要な資源動員量（T）を下回ってしまう。これがイノベーションの推進者が直面する資源動員の壁となる。

創造的正当化のメカニズム

だが、創造的正当化はこの壁を乗り越えることを可能にする。それは、図表4に示した、資源動員の壁を形成する要因と関係のいずれかに働きかけ、その水準や条件を変えることで、乗り越えていくのである。

図表4の説明では、われわれは資源動員の壁を形成する要因と関係について、それぞれ平均的な水準、所与の条件を想定していた。「潜在的支持者数」（B）と「支持者の資源動員力」（D）の二つの要因の値は、所与の定数として、平均的な値を想定した。それぞれ、第Ⅲ象限と第Ⅳ象限のグラフの傾きとして示される値である。また、理由の固有性（A）と支持者の出現確率（C）との関係に対しても同様に平均的な値を想定した。第Ⅱ象限の直線の傾きの値である。そして、「理由の固有性」は所与のレベルを定めた。

これは、決して非現実的な想定ではないだろう。例えば、潜在的支持者の範囲を規定すると考えられる、推進者の日常的な社会関係、人間関係は、短期的に容易に変えたり広げたりできるものではない。また、支持者一人あたりの資源動員力は、通常、推進者の影響範囲の外にある問題である。イノベーションの理由の固有性と支持者の出現確率との関係も、潜在的支持者の平均的な属性に依存しているため、推進者自らが容易に変えることができるものではない。理由の固有性も、その汎用性を高められないことがそもそもの問題の出発点であった。

だが、これはあくまでも平均的な水準、所与の条件を想定したものである。創造的正当化とは、このように資源動員の壁を形成する要因とその関係をめぐって通常想定される水準、条件を、推進者が主体的、能動的に働きかけて、変えていくことに他ならない。平均の水準、所与の条件をただそのまま受け入れていては必要な資源が動員できない中で、平均を超え、所与の条件をはねのけていく創意工夫と努力を押し進めることこそが、創造的正当化なのである。

先ほど、創造的正当化には三つのルートがあると論じたが、それぞれについてこのことを確認していこう。第一のルートは所与の理由のもとでより多くの支持者を獲得するものであった。これは、前掲図表3でいえば、理由の固有性（A）は所与としつつも、潜在的支持者の母集団（B）を平均以上に増やすか、あるいは、支持者の出現確率（C）を平均以上に高めることで支持者の数を平均以上に獲得するということになる。

まず、支持者の出現確率が一定であっても、潜在的支持者の母集団を増やすことができれば、出現する支持者の数は増える可能性がある。ひたすら多くの人びとに訴えかけ続ければ、いつかは支持者に出会うかもしれない。この可能性を求めて、広く支持者を求めていくのである。図表5(1)に描かれるように、この正当化のルートは、第Ⅲ象限の直線の傾きの変化として表現することができる。この傾きの変化により、必要な資源（T）に見合う資源（S′）を動員することが可能になる。

一方、潜在的支持者の間で、支持者の出現確率が一律でないとするならば、平均よりも出現確率が高そうな特定の集団に訴えることによって、やはり平均以上の支持者数を得ることができる可能性がある。この可能性に向かって、より特異なところに、支持者を求めていくという方法である。このルートは、図表5(2)に示されるとおり、第Ⅱ象限の直線の傾きの変化として表される。この変化により、やはり必要な資源（T）に見合う資源（S′）を動員することが可能になる。

第二のルートは、そもそもの出発点である理由そのものに働きかけて、支持者の数を増やすというもので、さらにそれは当初の理由とは異なる理由が合体するルートと、当初の理由が新たな理由に変化していくルートの二つが含まれていた。後者は、理由そのものを変えることで、所与の水準として定められていた理由の汎用性を高めていくというものである。それは、図表3でいえば、理由の固有性（A）を所与の水準から下げていくということであり、図表5(3)では、出発点となる点Pの位置が上方に移動する（固有性を下げる＝汎

正当化のメカニズム

(3)　理由の汎用性の向上（第二ルート）

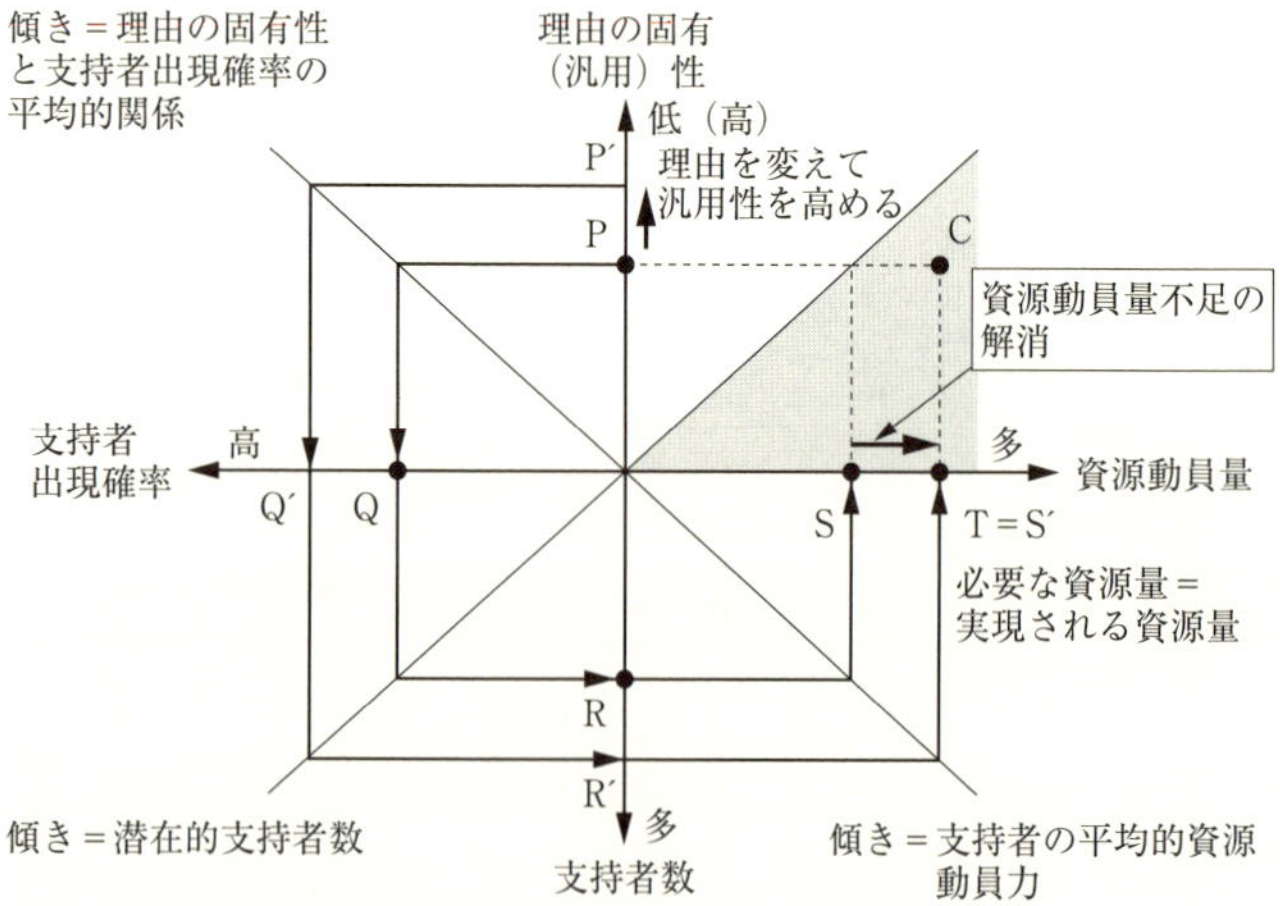

(4)　支持者あたり資源動員力の増大（第三ルート）

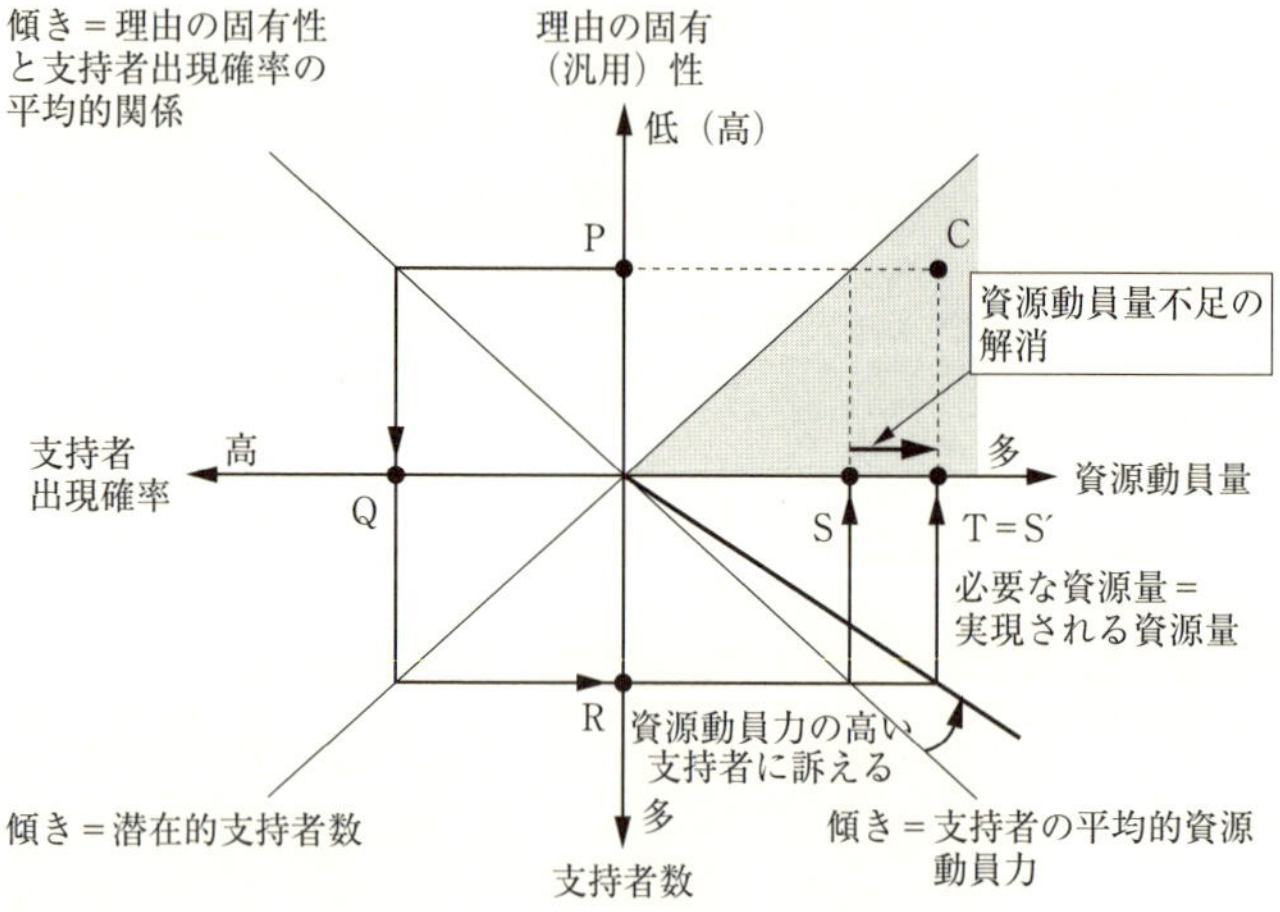

図表５　資源動員の創造的

(1)　潜在的支持者数の増大（第一ルート）

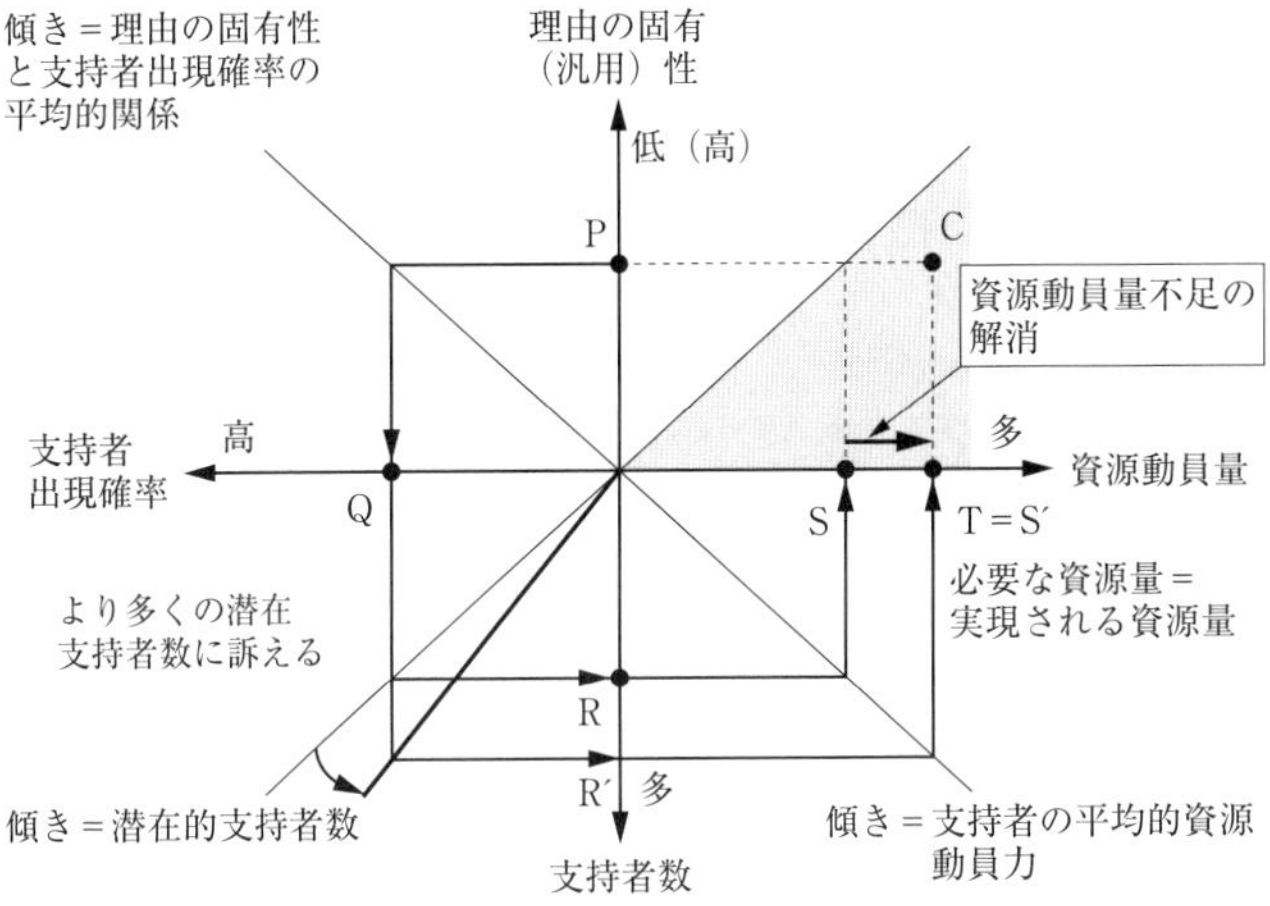

(2)　支持者出現確率の増大（第一ルート，第二ルート）

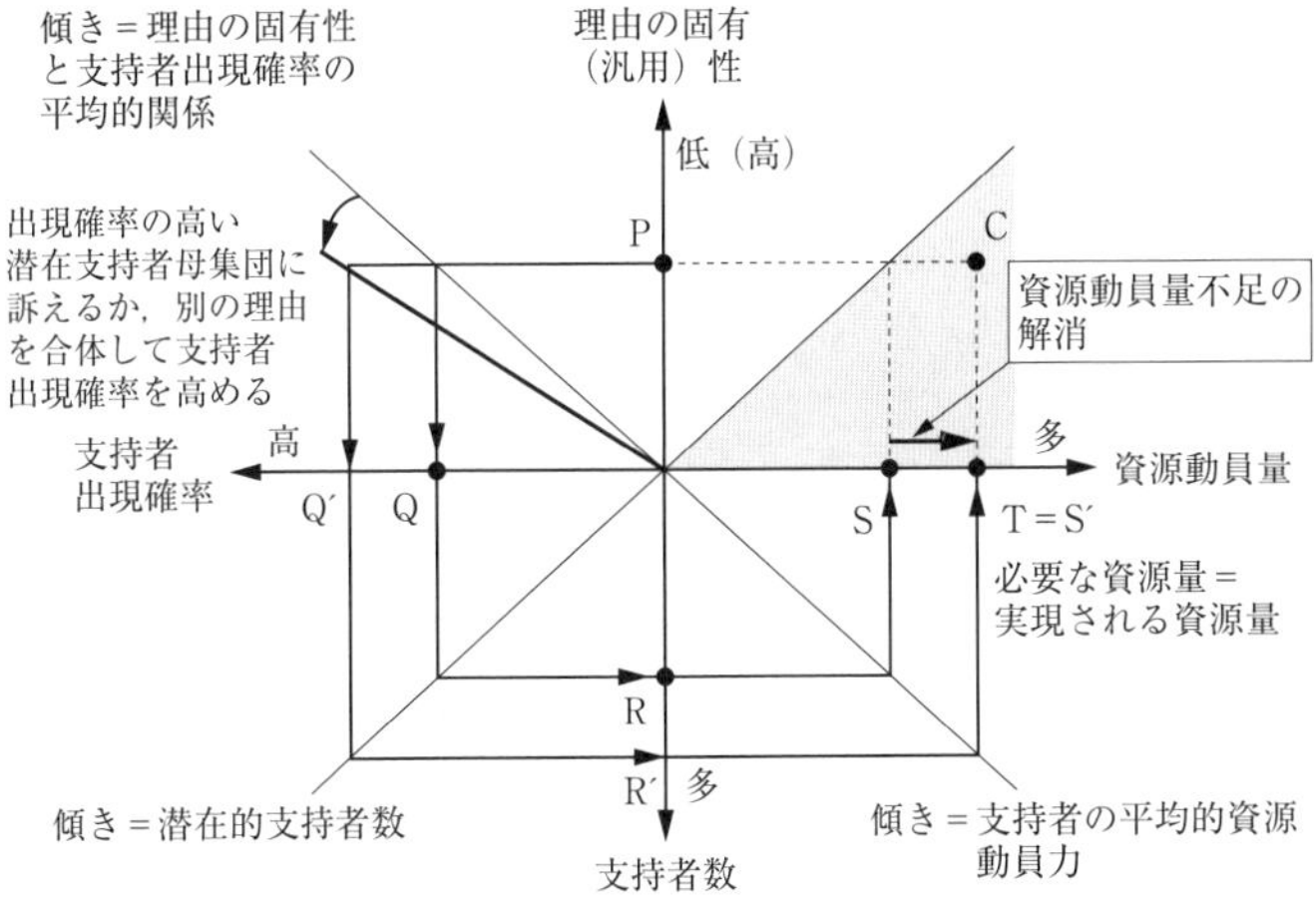

用性を上げる）ということである。[5]この上方移動により、必要な資源（T）に見合う資源（S′）を動員することが可能になる。

もう一方の前者は、推進者の理由は同じままで、その固有性の水準は変わらないが、新たな理由が加わることで、支持者の出現確率が平均以上に高くなるというものである。これは、前掲の図表5(2)の第Ⅱ象限における直線の傾きの変化として描写することができる。前掲図表3でいえば、理由の固有性（A）自体は変わらないが、支持者の出現確率（C）を平均以上に高める、ということになる。[6]理由の固有性の高いイノベーションであっても、イノベーションのもつ多面性とそれに対応した支持者の多様性を巧みに活用することによって、通常得られるよりも高い支持者出現確率を得ることが可能になる。支持者出現確率を高めるという意味で、第一ルートの二番目の方法と同じだが、第一ルートでは理由は所与として支持者出現確率が高そうな特定の潜在的支持者母集団をねらうのに対して、第二ルートではイノベーションの理由自体に対する積極的な働きかけ（他の理由による支持者をねらう）を通じて支持者の出現確率を向上させるという点で異なっている。

第三のルートは、所与の支持者数のもとで、動員できる資源を増やすというものであった。これは、前掲図表3でいえば、左側の三つの要因（A〜C）で決まる支持者数を所与としながら、支持者あたり資源動員力（D）に働きかけて、平均以上の資源量を動員するということになるし、図表5(4)でいえば、第Ⅳ象限の直線の傾きの変化として表される。この変化により、やはり必要な資源（T）に見合う資源（S′）を動員することが可能になる。より多くの資源動員に影響を持つ支持者を得ることができるほど、たとえ支持者の数は平均的な水準にとどまっていても、平均を超えたレベルの資源動員を実現することが可能になる。

いま一度整理しよう（図表6）。各ルートは、それぞれに資源動員の壁を形成する要因、関係のいずれかに

図表６　創造的正当化の三つのルートとそのメカニズム

創造的正当化のルート		支持者数の増大				支持者あたり資源動員力の増大
		所与の理由		理由への働きかけ		
		潜在的支持者数の増大	支持者出現確率の増大	支持者出現確率の増大	理由の汎用性の向上	
第一ルート	①　範囲拡大	○				
	②　選択的探索		○			
第二ルート	①　理由の合体			○		
	②　理由の変化				○	
第三ルート						○

注：理由の合体は，推進者の立場から見れば，もともとの理由は変わっていないので「支持者出現確率の増大」であるととらえられるが，第三者の立場から見れば，新たな理由が加わって全体として汎用性が高まっているので，「理由の汎用性の向上」であると考えることも可能である。

働きかける方策である。第一ルートは理由を所与としつつ、①支持を訴える範囲を広げて、潜在的支持者数を平均以上に増やしたり、②支持してもらえる確率が高そうな母体に選択的に迫って、支持者出現確率を平均水準以上に高めたりすることで、資源動員量を増やす。第二ルートは、理由そのものに働きかけ、①他の理由を合体して、支持者出現確率を平均水準以上に高めたり、②新たな理由に転換して、理由の汎用性の所与の水準を高めたりすることで、資源動員量を増やす。第三ルートは、支持者あたり資源動員力を平均水準以上に高めることで資源動員量を増やす。

これらをさらに括ってみるならば、第一ルート、第二ルートは支持者の数を平均以上に増やす方策であり、第三ルートは支持者あたりの資源動員力を平均以上に高める方策であった。また、第一ルートと第三ルートは理由の固有性を所与として資源動員量を平均以上に増やす方策であり、第二ルートは、理由そのものを所与とせず、そこに働きかけて資源動員量を増やす方策であった。これらの方策でルートを切り拓き、ときにそれを組み合わせることで、図表1（もしくは図表5の第Ⅰ象限）の右上がりの直線（壁）を越えて、必要な資源を動員していくのである。

いずれの方法も、平均を超え、所与の条件をはねのけることで、資源動員の壁を乗り越えていく。「平均」や「普通」ではないものを求めていく行為である。イノベーションの推進者は、固有の理由をもっている。多くの場合、それ自体が「変わったもの」であり、平均的な人びとに普通に働きかけるだけでは必要な資源の動員はかなわない。だからやはり、平均的ではない「変わった」人びとに支持を求めて、普通ではない「変わった」働きかけをしていく。そのための創意工夫や努力が創造的正当化なのである。

社会が一様で同質であれば、社会を構成するのは平均的で普通の人びとだけであり、創造的正当化の余地はない。だが、社会は一様でも同質でもない。価値観、立場、事情を異とするさまざまな人びとがいるし、富、権限、影響力は偏在している。世の中にはいろいろ変わった人がいて、普通の人が認めないような理由を認めたり、普通の人が思いつかないような理由を考えついたりする人がいる。だから第一ルートや第二ルートが拓ける。世の中には普通の人よりも大きな資源を動かせる力や大きな影響力をもった人がいる。だから第三ルートが拓ける。

社会が多様であるからこそ、創造的正当化は可能になるのであり、その多様であることに働きかけることで創造的正当化がかなうのである。

3・2 「広さ」と「豊かさ」の矛盾とその克服

創造的正当化がこのようなメカニズムをもったものだとすれば、それは、不確実性の高いイノベーション活動へと資源を動員する上で避けることのできない矛盾を克服する手段だということができる。

日々前進するイノベーションに必要な資源を継続的に確保するには、潜在的支持者との接点を広げることが重要となる。より多くの潜在的支持者と接点をもつことによって、出現する支持者数と、それに伴う資源動員量の増大を期待できる。特に、日常の社会的関係の範囲を超える、多様な潜在的支持者との接触は、イノベーション活動を支持する固有の理由との遭遇確率を高めるという意味で、資源動員量の増大に貢献するであろう。

他方、固有の理由をもつイノベーションへの資源動員に正当性が付されるには、多くの場合、推進者と潜在的支持者の直接的な接触が必要となる。両者の間で、暗黙知を含む豊かな情報の濃密なやりとりがなければ、固有のイノベーションの理由に対する理解を促すことが難しいからである。

イノベーションにかける推進者の思いや信念、技術の素性や将来性といったものはすべて、イノベーションの実現に多大な影響を与えるものの、文書などの明示化された情報として十分に伝達することはできない。たとえ文書化できたとしても、そうした形式情報だけで、潜在的支持者が内容を信用するとは限らない。イノベーションに関わる背景情報を十分に理解しなければ、人びとはそのプロセスに自らの貴重な資源を投入しようとは思わないであろう。それゆえ、支持者の出現確率を高めるために、推進者は個々の潜在的支持者と豊かな情報のやりとりを、十分な時間をかけておこなう必要がある。

ところが、多くの場合、支持者の探索範囲を広げれば広げるほど、個々の支持者との豊かな情報のやりとりが困難となり、固有の理由に対する深い理解を求めることがかなわなくなる。イノベーション活動へ十分な資源を動員するには、「広い」範囲での支持者を募ると同時に、個々の潜在的支持者と「豊かな」情報のやりとりが必要となるのだが、この「広さ」と「豊かさ」の両立が難しい。

日常の社会関係を超えて、広い範囲で潜在的支持者を探索すれば、自ずと一人ひとりの潜在的支持者との情報のやりとりは形式的で浅薄なものにならざるをえない。一方、固有の理由に対する深い理解を求めるのであれば、既存の密な社会的関係を利用して支持者の探索を行う方が成功確率は高くなるであろうが、それでは探索の範囲が狭くなる。固有の理由へ理解を強調して支持者の出現確率を高めようとするなら「豊かな」情報のやりとりが重要であるが、潜在的な資源提供者の母集団の拡大を求めるなら関係の「広さ」が必要となる。

関係の「広さ」と情報の「豊かさ」の同時追求が、支持者間の利害調整を困難にするという問題もある。イノベーション活動への支持者は、それぞれ固有の目的や理由から資源提供を行う。支持者間での目的や理由の相違は、一定の範囲であれば、イノベーション活動の微修正や相互調整によって吸収可能であろう。しかし、支持者の多様性が増大するに従って、異なる目的をもった支持者間に生じる利害対立の問題が深刻になる。

こうした利害対立を避けつつ支持者を拡大する一つの方法は、最大公約数的な客観的指標を活用することである。例えば資本市場では、多様な支持者（投資家）間の調整は投資収益率のような客観的な指標に基づいて行われるため、イノベーション推進者にも客観的な経済合理性を示すことが要求される。しかし、客観的な経済合理性を示すことができないことがイノベーション活動の本質だとすれば、それはかなわない。

関係の「広さ」と情報の「豊かさ」の間に存在する矛盾は、通常は「潜在的支持者数」と「支持者の出現確率」のトレードオフとして顕在化する。通常の努力の範囲では、「広さ」を追い求めれば、潜在的支持者は拡大するが、支持者の出現確率が低下する。一方、「豊かさ」を目指せば、支持者の出現確率は高まるかもしれないが、潜在的支持者の母集団を広げることができない。

創造的正当化とは、結局、「広さ」と「豊かさ」の矛盾に直面しながらも、潜在的支持者の拡大と支持者の出現確率の増大のトレードオフを克服して、イノベーション活動に日々必要とされる資源の動員を実現す

図表７　創造的正当化による「広さ」と「豊かさ」のトレードオフの克服

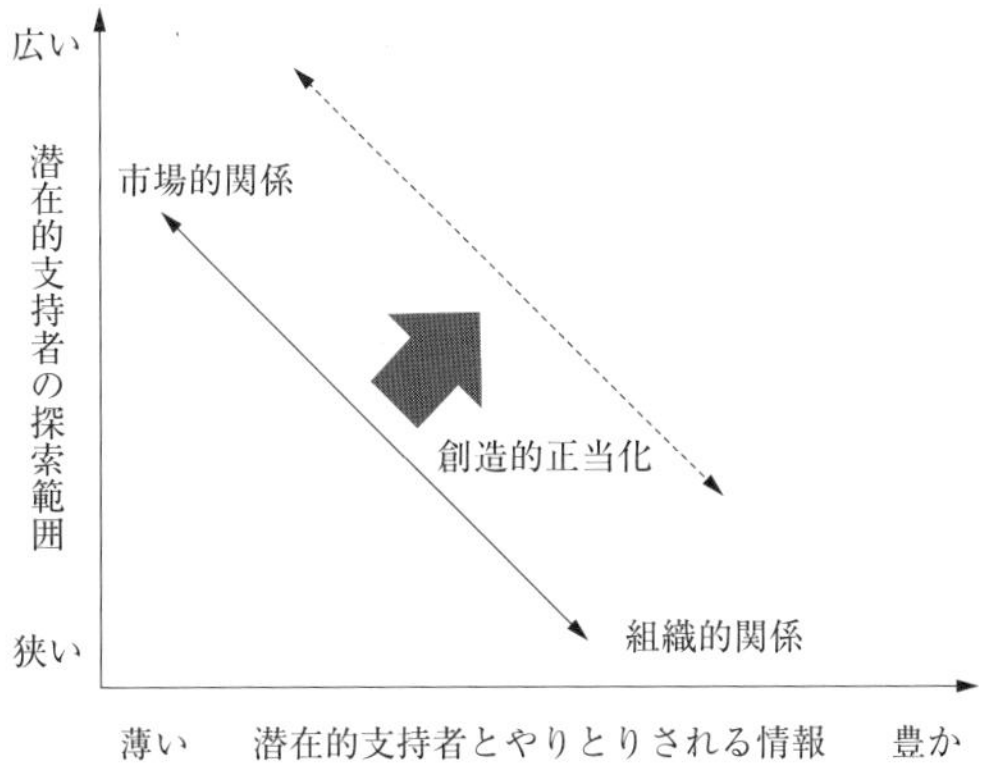

る知恵の総体なのである（図表7）。

例えば、創造的正当化の第一ルートは、潜在的支持者との豊かな情報のやりとりをなるべく犠牲にすることなく、通常の社会的関係の範囲を超えて、広い範囲で潜在的支持者との接触を試みる努力を示している。[7] 潜在的支持者の拡大を目指す第一ルートでは、それぞれの潜在的支持者との間の豊かな情報のやりとりを阻害しないように、推進者には通常の努力を超えた活動が要求される。それは、普段の業務を超えて、さまざまな人びとへの接触を試み、長い時間をかけて潜在的支持者との関係を築くような、過度な負荷を推進者自らが積極的に引き受けることを意味する。それに対して、支持者の出現確率の増大を目指す第一ルートは、潜在的支持者の多様性を認識して、無闇に探索するのではなく、選択的に潜在的支持者への接触を試み、推進者が過度な負荷を受けることなく、効率的に支持者を獲得するための工夫ととらえることができる。

第二ルートも、支持者を求める範囲を単純に拡大するのではなく、イノベーションのもつ多面性と潜在的支持者の多様性を活用して支持者の出現確率を高め、潜在的資源動員量を増大させる巧みな手段である。特定のイノベーションに、さまざまな理由が、空間的に合流、合体するか、時間的に変化、創造されれば、潜在的支持者の母集団を拡大することなく、結果として多くの支持者を得ることが可能になるのである。

第三ルートは、支持者の資源動員力の違いに注目する。多くの資源の動員に影響力を持つ人と選択的に「豊かな」情報のやりとりを行い、それらの人びとに支持者になってもらうことができれば、必ずしも多数の潜在的支持者と接触しなくても、つまり、「広さ」を犠牲としても、結果として、イノベーション・プロセスの前進に十分な資源量を確保できる可能性がある。

第一ルートと第二ルートが、主に、潜在的支持者の多様性やイノベーションの多面性に注目して、潜在的支持者の増大と支持者の出現確率を両立させる手段であったのに対して、第三ルートは、支持者の資源動員力の多様性に注目して、「広さ」と「豊かさ」の矛盾に起因する資源動員の問題を克服する手段といえる。

このように、イノベーションの実現にとって創造的正当化が鍵であり、創造的正当化のもつ重要な機能が、潜在的支持者との関係の「広さ」とやりとりされる情報の「豊かさ」の間に存在する矛盾を抱えつつ、必要な資源動員を可能にする手段であると考えると、イノベーションを実現するために、実務家の人びとが考えるべきポイントも見えてくる。こうした点も含め、次章では、これまでの議論をもとに、イノベーションを実現するための実務的な方策を議論してみたい。

1　ここでは簡略化のためリニアな関係を仮定しているが、実際には事業化段階に至ると、必要とされる資源量は急速に増大するはずである。

2　このほか、影響力のある支持者が重要な役割を果たした例として、次のようなものもある。東芝のエンジン制御用マイコンシステム（#17）では，途中段階で開発の範囲が広がった（マイコンから制御モジュールへ）。これは，依頼元のフォードの担当者から打診を受けた東芝側の推進者が，社内で下から提案しても難航するおそれが大きいので，フォード会長から（ちょうど面談することになっていた）東芝トップに直接依頼するようフォード側に進言し，その結果実現したことであった。フォード会長からの直々の依頼に東芝のトップが応諾したため，東芝社内での承認は円滑に進んだ。事業化への資源動員を正当化するために鍵となった出来事ではないが，影響力のある関係者に働きかけてより大きな資源動員を実現するための工夫であったといえるだろう。

3　ここで「事業成果」とは，少なくとも一旦は採算のとれる事業が確立されること，もしくは，プロセス技術のイノベーションの場合には，社内事業向けに継続的に活用されることを指す。第2章で述べた通り，大河内賞の選定基準は事業成果を重視している。本書が取り上げた事例がすべて事業成果をあげているのは，そのようなサンプルを分析の対象にしているからである。個々の事例で具体的にどのような事業成果をあげたかについては，第2章に記述されている。なお，トレセンティテクノロジーズの新半導体生産システム（#11）に関しては，トレセンティテクノロジーズの企業としての財務的な成否を問うとなると，事業成果をあげたとはいえないかもしれない。しかし，この事例をあくまでもプロセス技術を開発したものとしてとらえるならば，その技術は，その後に日立製作所（ルネサステクノロジ）に引き継がれており，社内での継続的な活用が行われたと判断することができる。

4　類似のパターンは，東レの携帯電話液晶ディスプレイ用カラーフィルター（#22）の事例でも見られた。この事例では，事業化への資源動員の壁には遭遇しなかったが，もともと想定してなかった携帯電話ディスプレイなど中小型TFT-LCD向けカラーフィルターへの応用を目指すという新たな方針によって事業転換が可能になり，それが事業成果につながった。同社のカラーフィルター事業は，それまで大型TFT-LCD向けに赤字が続き社外ではその意義が疑問視されていた。つまり，事業成果が出ていない事業において，（結果としての）新たな創造的正当化によって事業転換が可能になり，それが事業成果につながった，ということになる。

5　ここでいう汎用性の引上げとは，理由を所与としながらその汎用性を高める（例えば，技術開発をさらに進めて，その結果，経済合理性を高める）ことを意味しているのではない。理由そのものを新しいものに変え，その新しい理由が従来の理由より高い汎用性をもっている，ということを意味している。

6　これは，新たな理由が加わることで理由の汎用性自体を高める方策である，という解釈もできるだろう。ただ，ここでは、推進者の立場に立った分析を行っており、推進者自体の理由は変わっていないことから、理由の固有性は所与のままで支持者出現確率を高める方策として整理している。

7　当然そのためにはイノベーションの推進者に追加的な負荷が課されるという意味でのコストが生じる。この正当化コストの問題は第6章で議論することになる。

第5章 イノベーションをいかに実現するか

はじめに

ここまで見てきたように、イノベーションの実現過程とは、不確実性に満ちた企てに対する資源動員を創造的に正当化していくプロセスである。そのプロセスには、三つのルートがあり、いずれかのルートもしくはその組合せによって、資源動員が正当化され、イノベーション活動の前進が可能となる。そして三つのルートは、それぞれ、資源動員を実現する上での根本的な課題（広い範囲で支持者を探索することと潜在的支持者との豊かな情報のやりとりを行うことの矛盾）を克服する手段として位置づけることができた。

イノベーションの実現過程をこのようにとらえてみると、それは、イノベーションの実現に関わる実務家やイノベーションの創出を求める日本の大企業に対しても、従来とは異なった角度からの示唆を与えることになる。

まず、イノベーションの実現に関わる実務家にとって、われわれの理解、議論が何を意味するのか。このことを考えてみよう。この問題は、大きく二つの立場からの考察が必要である。一つは、イノベーションの担い手である推進者としての立場であり、もう一つは、イノベーションを促し、そこに資源を配分する管理者としての立場である。

1　イノベーションの実現に関わる実務家にとって

1・1　イノベーションの推進者にとって

ここまでの分析が示すように、イノベーションが資源動員の壁に直面することは決して珍しいことではない。むしろそれが普通である。

イノベーションが抱える原理的な不確実性を前提にするなら、イノベーションの担い手には、常に、資源動員への壁を乗り越えるための創意工夫を重ねることが求められる。時には偶然が手を差し伸べてくれることがあるかもしれないが、そうした偶然を少しでも必然に近づけるための努力が必要とされる。

そうした創意工夫や努力の必要性は、イノベーションの担い手が「優れた技術者」以上の存在となることを要求する。優れた技術者は、革新的アイデアを創造し、そのアイデアを具現化するために、「自然の不確実性」の削減に創意工夫と努力を集中し、成果をあげる。技術開発に注力し「自然の不確実性」を削減することは、たしかにイノベーションへの資源動員を正当化する一つの重要な手段ではある。しかし、それは「一つの」手段にすぎない。

たとえ首尾よく「自然の不確実性」を削減できても、イノベーションの実現には「意図の不確実性」が立ちはだかっている。困難な課題を克服して、すばらしい技術が完成したと思っても、その技術に社会が価値を見出さなければ、イノベーションは完成を見ることなく、消え去る運命にある。だから、イノベーションを担う人びとは、技術開発に邁進するだけでなく、必要な資源動員を果たすことにも創意工夫と努力を注ぎ、成果をあげなくてはならないのである。もちろんそうした創意工夫なり努力なりは必ずしも技術者本人が担わなくてもいいかもしれない。しかしそのような創意工夫と努力なくしてイノベーションは実現しないことを、技術者はよく理解しておかなくてはならない。革新的アイデアの実現に腐心するだけでは、イノベーションは実現しない。

技術開発を、喜び、生き甲斐とすることは技術者の本性である。技術開発に没頭し、不可能であったことを可能にすることが、技術者の社会的使命でもある。しかし、技術者が技術開発に専念できるのは、それが企業や社会に新しい価値をもたらすこと、つまりイノベーションとして還元されることが期待されているからに他ならない。イノベーションが実現しない限り、技術者が技術開発に専念し続けることはできない。

技術開発を生業とする技術者にとって、イノベーションの実現過程で遭遇する資源動員の壁は、馴染みのないやっかいな代物に違いない。それは、困難な技術開発の壁以上に、高く、厚くそびえ立って見えるかもしれない。しかし、イノベーションの実現を目指すのであれば、資源動員の壁にぶつかることを恐れてはならない。それはごく普通のことなのだから。

そのことをまずは理解した上で、イノベーションの推進者がなすべきことは、大河内賞を受賞した事例で同じような状況に置かれた推進者たちがそうしたように、そして前章の分析が示したように、多様なルートを切り拓き、組み合わせ、さまざまな支持者とさまざまな理由を総動員して、壁を乗り越えて資源動員を創造的に正当化していくことである。

一つには、通常は接点がないような、組織内の上層部や周辺部門、あるいは外部の組織まで働きかけて、潜在的な支持者を広い範囲で顕在化させることが大切である。経営トップや上級管理者層など資源配分の権限をもつ人びとへの働きかけは特に有効である。また、資源配分の意思決定に影響力をもつような人びと、例えば、顧客、競合企業、学会における権威者などへの働きかけは、限られた努力で資源配分決定へ大きな影響を与えるという点で効率的な方法となる。

資源動員の正当化は、本書の事例でも見られたように、偶然によって結果として実現することもあるが、こうした創意工夫や努力が偶然を必然に少しでも近づける。

例えば、富士写真フイルムのデジタルX線画像診断システムの事例では、社内での疑問や抵抗がある中、早期に海外の学会で開発成果を発表して影響力のある支持者を獲得したことが、内部者の説得につながった。また、日本電気の HSG-Si キャパシタの事例では、推進者自らが、採用に否定的な下流の部門に異動して、上層部に直接働きかけることによって、事業化への説得に成功した。いずれも、支持獲得をねらった意図的な努力の成果であった。

また、イノベーションの推進者には、イノベーションのもつ意味、価値、社会的影響力を自らが発見、学習して、それを周囲に発信するという主体的な活動も求められる。自らが推し進めている革新的アイデアや技術には、推進者の想定よりもはるかに大きい価値が備わっているのかもしれない。また当初の想定とは異なった価値があるかもしれない。

例えば、東京電力／日本ガイシのNAS電池の事例では、系統電力の負荷平準化を効率化することを目的として開発されたNAS電池が、むしろ分散型発電における安定的電力供給に寄与するものとして再定義された。東北パイオニア／パイオニアの有機ELの事例でも、大型TV用パネルとして始まった開発は、その後、小型液晶を代替する技術として位置づけられることになった。セイコーエプソンのインクジェットプリンタ用ヘッド開発では、フィリップスがドットインパクトプリンタ向けに売込みにきた積層ピエゾに、インクジェット向けの新たな価値を見出したことがきっかけとなっていた。

イノベーションの推進者は、このような新たな価値の発見を、人任せにするのではなく、自らが積極的に探索することが肝心である。そうすることによってイノベーション活動は、より多様な価値をもつ人びとを支持者として惹き付けることになるであろうし、また、結果として広い範囲の人びとに訴えることができる汎用的な理由を獲得することになるだろう。

イノベーションの価値を訴える相手は多様である。説得に使える理由も多様である。もちろん多くの平均的な人を一度に説得できるような経済合理性を示すことができれば理想なのだが、そのような理想型を夢見て技術開発に没頭しているだけでは、多くの場合、イノベーション活動は資源動員に失敗し、停滞を余儀なくされる。本書で取り上げた事例では、技術開発の成功が直接的に経済合理性の証明につながるような理想的な事例は少数派であった。多くの事例で、多様で固有な理由を多様で固有な人びとに訴えかけることによって、資源動員の壁を突破することが求められていた。それは楽な旅程ではない。つらく、困難な旅程である。だがそれが、「想定外の成功」を目指す「イノベーション実現への旅」の旅人の宿命なのである。幸運の女神が舞い降りてくるのを待つのもいいが、女神は気まぐれで、滅多に降りてきてはくれない。

誤解を招かないように強調しておきたいのだが、われわれは本書で固有の理由による特定の相手に向けての正当化という社会的プロセスの重要性を論じてきたが、決して技術の役割を軽んじているわけではない。優れた技術革新はイノベーションの出発点である。優れた技術革新は社会の資源動員の流れを変えるための最も有効な手段の一つである。ただ、優れた技術があれば、あとは自ずとよどみなく資源が動員されるというわけではない。

そもそも客観的な意味での「優れた技術」というものは、多くの事例において存在しない。誰もが「優れている」と考えれば、資源動員は容易だが、やがて大河内賞を受賞することになるような技術革新であっても、事前にはそのような評価を受けていない。誰もが優れていると思うから前に進むのではなく、誰かが主観的に「優れている」と信じて、イノベーションのプロセスを牽引していくのである。主観的な意味で「優れている」と信じられる技術があり、その商品化、事業化に向けて、関係主体のやはり主観的な判断に働きかけて資源を動員していく創意工夫と努力があって、はじめてイノベーションが実現するのである。

自分が信じられるような優れた技術を開発することが、まずは出発点であり、それなくして「イノベーション実現への旅」は始まらないし、経済成果の実現という目的地にはたどり着けない。そのような優れた技術の開発に努めることが技術者の本分である。ただ、それだけでは話は済まない。その済まないところを切り抜けていくための創意工夫のあり方、努力のしどころを本書は論じているのだ。

1・2　正当化プロセスに付随する罠

ここまで、イノベーションの実現を目指す推進者に向けて、創造的正当化が鍵となることを説いてきたが、創造的正当化という行為が潜在的にもっているリスクや問題点についても論じておかなくてはならない。イノベーションの推進者は、このことをよく理解した上で、自省的に創造的正当化に取り組むことが求められる。

前章でも述べた通り、創造的正当化は、あくまでも、不確実性に伴う資源動員の問題を克服するためにとられる「途中段階での手段」である。「変わった」アイデアをイノベーションとして実現するために、「変わった」人びとの支持を獲得して、資源を動員し、事業化していくわけだが、それが動員した資源に見合うだけの事業成果に結びつくには、そしてより大きな事業成果を実現していくためには、最終的には「普通の」

人びとによる「普通の」理由による広範囲な支持――つまり、多くの平均的な人や組織に商品として買ってもらえること――を獲得しなくてはならない。

「想定外の成功」を目指す「イノベーション実現への旅」とは、推進者のもつ固有の理由が、やがては平均的な人びとが支持するようになるまでの長い道のりである。創造的正当化とは、前章の表現でいえば、そのゴールに至る長い道のりの「迂回路」であり、別のいい方をすれば、革新的なアイデアを平均的な人びとへと届けるまでの「橋渡し」の過程なのである。多くの革新的アイデアが成就することなく消え去る「死の谷」に新たな橋を架ける作業なのである。

不確実性ゆえに十分な経済合理性を示せないから、致し方なく、さまざまな支持者と理由を駆使して資源動員の正当化を試みる。「王道」を進めないから、「橋」を架け、「迂回路」をいく。しかし、それが許されるのは、イノベーションの推進者が、最終的な経済成果の実現に強いコミットメントをもつ場合に限られる。イノベーションの推進者が、自ら推進する革新的アイデアや技術の価値を信じて、その実現に邁進する覚悟があるからこそ、変則的なやり方ではあるものの、資源動員の正当性を創造することが許される。

むろん、イノベーションの推進者のもつ信念が、結果として正しいのかどうかはわからない。それでも、経済成果の実現に向けた信念なくして、個人的な楽しみを継続するために、正当性を無理矢理に創造して、多くの人びとを巻き込むことは、少なくとも営利企業に所属する限り許されることではない。決して手がけている技術開発の継続自体やひとまずの事業化が最終目的となってはならない。

それでも、そうしたことを強く自覚しないと、資源を動員したことで、事業化したことで、満足して終わってしまうことがある。これが創造的正当化の一つの問題点である。創造的正当化は、ともすれば、単なる「うまい言い訳」になりかねない。推進者は、自らのイノベーション活動の継続を保証するために、なりふり構わぬ言い訳づくりをするかもしれない。しかし、たとえ「うまい言い訳」の積み重ねでイノベーション活動が継続されたとしても、最終的に多くの平均的な人びとに支持されるだけの経済合理性を確立できなければ、イノベーションは実現しない。

イノベーションの推進者は、このことをよく理解して、最終的に、広く一般的な人びとに認められるような経済合理性を確立することを目指さなければならない。創造的正当化から最終的なゴールである事業成果にたどり着くまで、事業化後もなお、可能な限りの創意工夫と努力を続けることが求められる。実際、それが、前章で触れた通り、本書が取り上げたいくつかの事例で推進者たちがなしとげたことであった。創造的正当化によって事業化できても、期待されるような事業成果が実現されず、推進者たちは、再び批判や疑念の声にさらされた。そこで、さらなる技術開発や生産の合理化に努力し、あるいは新たな創造的正当化を駆動し、最終的には事業成果を実現していく、という取組みが行われていた。

そうした取組みを続けても事業成果が実現されないこともある。創造的正当化は最終的な成功を約束するものではないからだ。その時には、どこかの時点で——粘り続けることで打開策が見出されることもあるので、その判断はきわめて難しいが——、資源動員の継続を断念しなくてはならない。推進者は、成功への努力が実を結ばない時、見切りをつけて、苦渋の決断をしなくてはならない。

つまり、創造的正当化によるイノベーションの実現を目指す者は、創造的正当化そのものを目的とすることなく、最終ゴールにたどり着くまでの努力と、たどり着けない時の撤収の決断が求められる。いずれも容易なことではないが、それが内外の多くの人びとの貴重な資源を動員する者の責務となる。

そのような責務を考えたとき、創造的正当化は、さらにもう一つの問題をはらんでいる。創造的正当化が経済成果の実現に向けたさらなる努力や撤収の決断をかえって阻害する可能性があるという問題である。

資源動員に向けて創造された多様な理由は、イノベーションの推進者の意図を離れて、自走する危険性がある。イノベーションの推進者は、イノベーションの実現に向けた強い思いから、創造的正当化に腐心する。その結果として、イノベーションは、さまざまな固有の理由をまとうことになる。それらの固有の理由が、資源動員を正当化するのであるが、一方で、それらの理由（その背後に存在する支持者の意図）をイノベーションの推進者が制御できなくなり、イノベーションの実現過程が、推進者の意図に反する方向に進んでしまうかもしれない。あるいは、それまでの正当化の経緯や事情が、その後に必要になる新たな取組みや決断を制限してしまう可能性もある。

これは本書では直接分析できなかった問題であるが、実は、本書で取り上げた事例が事業成果をあげた後の行方をたどっていくと、この種の問題の可能性が垣間みえてくるところがある。

われわれが事例分析を重ねるに従って浮上してきた一つの疑問がある。「大河内賞を受賞したにもかかわらず、事業的には必ずしも大きな成功にまでは至っていない事例が多いのはなぜか」という疑問である。大河内賞の選定基準には、技術的な革新性だけでなく、事業的な成果も含まれている。つまり、分析した事例は、少なくとも受賞した時点においては事業的にも一定の成果を上げていると判断されたものである。しかし、その後の推移を観察すると、実は、富士フイルムのデジタルX線画像診断システムや花王のアタックなどの一部の事例を除けば、事業として長期に、大きな成功を収めたものは限られている。すでに事業撤退しているものも存在する。

ちなみに、第3章で検討した事例の中で、事業化後の変遷までたどってみた一五件の事例に限っていえば、事業化後、売上げがピークを迎えるまでの平均年数は一〇年程度であり、一五年を超えて事業が拡大を続けている事例はわずか数件にとどまった。事例の中にはまだ事業化して間もないものもあれば、かなり時間が経っているものも含まれているので、全体を単純に平均して事業化後の成功の程度を論じるには注意が必要だが、少なくとも、多くの事例で事業の成功が継続しているわけではない、という事実は確認できる。

といっても、われわれが観察した事例の成功率は、通常の製品の平均的な成功率と比較すれば、ずっと高いのかもしれない。「大河内賞を受賞したにもかかわらず……」というわれわれの疑問自体が成り立っていないのかもしれない。あるいは、長期に続く、大きな成功を収めるようなイノベーションは、そもそも、そう簡単には出てこないということなのかもしれない。それでもやはり、技術的な卓越性の割には事業的な成功が限られているという印象を拭い去ることは難しい。そこには、日本企業は戦略に弱いといった一般論を超えた、より論理的な説明がありそうに思える。

なぜ、事業化にたどり着き、事業成果を実現したものの、その後成功が継続しないのか。それは本書の主題ではないし、検討するための材料もないので、ここでその要因を解明することはできないが、上で述べたような創造的正当化の逆機能が作用してしまったと考えられるいくつかの例をあげることはできる。

荏原製作所の内部循環型流動層炉の事例では、四つの新しいゴミ焼却炉技術が事業化されたが、この内、資源動員に苦労したプロジェクトほど、事業的には成功していた。初期の二つの開発プロジェクトに対しては社内にほとんど支持者が存在せず、事業部や経営トップからの支持もなかった。しかし事業的な成功を収めたのは、これら二つのプロジェクトであった。現在に至るまで、荏原製作所のゴミ焼却炉事業の利益のほとんどは初期のＴＩＦ炉から生み出されたものである。

その一方、三つ目のガス化溶融炉のプロジェクトでは、ダイオキシンが社会問題として注目されたことや、環境エンジニアリング企業としての荏原の事業ドメインと合致したこともあり、開発活動を正当化する上での困難はまったく存在しなかった。しかし、このガス化溶融炉事業は事業成果をあげることはなく、その後、荏原製作所全体の急速な業績悪化をもたらす主たる要因となった。

日本では、社会的な風潮に後押しされて、三〇社にも及ぶ企業がさまざまな方式でガス化溶融炉の事業化を行った。おそらくどの企業においても、イノベーションの推進者が正当化の困難に直面することはなかったであろう。しかし結果として、十分な利益を生み出すことができた企業はほとんどないと推察される。

苦労しないで資源動員できる環境にあれば、わざわざ活動を正当化するために努力する必要はない。しかし、このことがかえって冷静な技術選択や事業モデルの構築を阻害するのかもしれない。自らの活動を正当化するには、潜在的な支持者、協力者を説得できるレベルにまで技術を向上させるよう日夜努力する必要があるであろうし、将来の収益をもたらす明確な事業モデルの構築に頭を悩ますことになるはずである。「容易《たやす》い正当化」はたしかに資源動員を促すが、正当化に向けたイノベーション推進者の創造的な努力を殺いでしまう可能性がある。

他方、さまざまな相手に向けて多様な理由を駆使する複雑な正当化プロセスが常に良いともいえない。それがより汎用的な理由の確立を遅らせる可能性も否定できない。創造的正当化プロセスでは、イノベーションの理由の固有性という制約ゆえに十分な支持者が得られない状況下で、イノベーション活動に対する人びとの支持を獲得する「巧みさ」が鍵となる。しかしその巧みな正当化が、かえって、事業化の継続的な成功に必須となるより汎用的な理由（経済合理性）の確立を妨げる危険性がある。

例えば、東北パイオニア／パイオニアの有機ＥＬディスプレイは、当初は大型ディスプレイ用の技術として、その後は、パッシブ方式における技術的優位性や、子会社の事業成長動機、グループ内のカーエレクトロニクス商品の差別化など、さまざまな理由から資源動員が正当化され、最終的には事業成果を実現した。しかし、その後、合弁会社を設立することによってアクティブ方式に進出するという大きな投資を決定した結果、苦境に陥り、すぐに撤退を余儀なくされ、経営は大きなダメージを被ることになった。なぜ、パッシブ方式とは異なり、技術的優位性に乏しく、液晶パネルのような投資競争が予測される事業に、一子会社である東北パイオニアが邁進することになったのか。この問いを考えていくと、もちろん仮説に過ぎないが、事業化を支えてきたさまざまな正当化の論理が、経済合理性を示せないまま大きな投資に踏み切るという行動を後押ししていたのではないかと思える。

また、技術開発や事業化を正当化した理由が、将来的な事業化の範囲に制約を与えることもある。例えば、日立製作所のLSIオンチップ配線直接形成システムは、大型コンピュータ事業における熾烈な開発競争に勝つための効率化手段として開発された。収益の柱である大型コンピュータの開発に資するという理由ゆえ、その開発に異を唱えるものはいなかったが、それはあくまでも社内向けの技術として正当化されたものであった。オンチップ配線直接形成システムの開発は、大型コンピュータ事業への貢献という点ではたしかに成功を収めた。しかし、この正当化プロセスが、オンチップ配線直接形成システムを構成する、集束イオンビーム装置とレーザーCVD装置のもつ潜在力の活用を妨げていた可能性も否定できない。集束イオンビーム装置は、その後、検査用の装置として市場で一部利用されるようになっていくが、残念ながら、オンチップ配線直接形成システムで開発された装置自体が外販されることはなかった。またレーザーCVDも社内の液晶パネル向けに一部導入されたのみで、ほとんど市場展開されることはなかった。これら二つの技術がはたしてどれだけの市場性をもっていたのかははっきりしない。ただ、当初の開発を正当化した理由が、その後の事業展開に制約を与えていた可能性はある。

松下電子工業の GaAs パワーモジュールの事例についても同様の指摘が可能である。事業化後、当初は、デジタル式の携帯電話端末向け GaAs パワーモジュールで海外の顧客を獲得するなど、国際的にも大きな成功を収めた。しかしその後，米国の企業が投入した新しいデバイスに市場を奪われてしまう。この新しいデバイスはかつてＮＴＴが信頼性に問題があるといって否定した技術を用いたものであったため，松下電子工業をはじめ日本勢は出遅れてしまった。もともと松下電子工業がGaAsパワーモジュールを開発，事業化する上ではＮＴＴからの要請が重要な理由になっていたのに対し，のちの技術転換では逆にＮＴＴの考え方が技術開発の範囲を制約することになってしまったということになる。

これらの事例の事業成果をめぐる因果関係は複雑であり，事業化後のさらなる発展や転換に何がどのように左右したのかを明確にすることは難しい。ただ，技術開発や事業化を正当化した理由が，さらに多くの人びとに受け入れられる経済合理性を確立するための冷静な判断や行動を阻害した可能性を完全に否定することはできそうにない。

もう一つ，創造的正当化がはらむ問題として，イノベーションの推進者が創造的正当化に没頭するあまり，技術開発自体がおろそかになってしまうという危険性も考えられる。創造的正当化プロセスを通じて新しい技術や知識の創造が起きることもあるが，一方で，限られた時間と資源を創造的正当化プロセスに費やすことによって，肝心の技術開発が手薄になるという問題も発生しうる。こうした問題は，技術開発に没頭する人と創造的正当化を担当する人を分けることによって部分的には解決されるかもしれないが，イノベーションの推進者は，常に，両者のバランスに気をつける必要がある。

創造的正当化には，このようにさまざまな「罠」がありうる。創造的正当化が，自己目的化してしまうという問題，その後必要になる冷静な判断や戦略を制約してしまうという問題，そして技術開発活動を邪魔してしまうという問題である。こうした問題に陥らないためにも，イノベーションの推進者は，多様な相手に向かって，多様な理由を駆使して，多様なルートを切り拓いて，創造的正当化に努めつつ，しかし同時に，常に正当化を支える理由と構造をよく理解し、やがてそれが客観性の高い経済合理性につながるように努力を続け、必要な時には撤収の決断をすることを心がけるべきである。創造的正当化は両刃の剣である。うまく使えば、高く、厚い壁を切り裂くことができる。しかし下手に使えば自分自身を傷つけてしまう。

これらの問題点を指摘しておいた上で、しかしなおここで強調しておきたいのは、そうしたマイナスを懸念して消極的になっていては決して「イノベーション実現への旅」を踏破することはできない、ということである。「創造的正当化」なくして、「想定外の成功」の実現はない。創造的正当化へ依存することによって、「筋の悪い」イノベーションが正当化されてしまい、かえって大きな経済的損失を引き起こす危険性は、常にある。それでも、イノベーションの実現を目指す者は、イノベーションの価値に対する信念をもって、まずは、創造的正当化に邁進しなくてはならない。

ただそこで、創造的正当化の危険性を自覚して、最終的には、より客観性の高い経済合理性の獲得を目指すことを忘れてはならない。それが推進者の責任である。それは、偶然によって創造的正当化がなされたイノベーションの推進者であっても、負わなくてはならない責務である。

1・3　イノベーションを推進する管理者にとって

ここまでの議論を踏まえて、次に、イノベーション活動の管理者に対するいくつかの指針を示したい。

企業組織におけるイノベーション活動の管理者には二つの側面がある。一つはイノベーション・プロセスの促進者としての側面で、もう一つは資源配分や投資の意思決定者もしくはその代理人としての側面である。

前者の側面に関しては、研究者の創造性開発、問題解決支援、開発チームの組織マネジメントなど、知識創造プロセスに注目した多くの知見がこれまで蓄積されてきた。いかに知識創造を刺激し、促進するか、という問題である。それらの知見はもちろん有用であるが、資源動員プロセスという観点からイノベーション活動をとらえる本書の立場は、促進者としての管理者にとってもう一つ重要な役割に光をあてている。それは、イノベーションのもつ社会的意味や経済価値を推進者が継続的に発見、学習、創造するよう促す役割である。

そのための一つの方法は、イノベーションの推進者が潜在的な支持者と出会う機会を増大させることである。学会活動、海外視察、顧客訪問など、組織外部との接触は、新たなアイデアの源泉となるだけでなく、資源動員のための潜在的支持者の探索という点からも重要な活動である。それは、潜在的な資源供給者、もしくは支持者のネットワークを広げるというだけでなく、当初は想定していなかったようなイノベーションの価値を推進者が発見することにも貢献するであろう。そして、新たな価値の発見がさらなる支持者の拡大につながる、という好循環を生み出すことが期待される。創意工夫や努力は、革新的なアイデアを生み出すためだけに必要なのではなく、その価値を見出し、資源の動員を果たすためにも必要であることを理解し、推進者のそのための活動を鼓舞し、支援していくのである。

こうした資源動員プロセスの促進者としての側面とともに、管理者は資源配分や投資の意思決定者もしくはその代理人としての側面も持ち合わせている。資源が限られている以上、社内に芽生えたさまざまなイノベーションの企てのすべてを支援できるわけではない。それらに優先順位をつけた上で限られた資源の配分を決めなければならない。それが管理者の仕事である。第１章で例示的に紹介した、事前の評価をして意思決定する、という仕事である。

その際に管理者がまずもって気をつけるべき点として本書が明らかにしているのは、客観的な経済合理性だけに頼っていては事後的に正しい判断はできないということである。

第1章から繰り返し指摘してきたように、イノベーションには「自然の不確実性」と「意図の不確実性」という二つの原理的な不確実性がともなう。「技術として完成するのか」、「完成したとしてそれが市場で受け入れられるのか」という二つの問いに、事前に明確に答えられることは稀である。意思決定を求められる管理者はイノベーションの推進者に精緻な採算計画を求めるかもしれない。しかし、推進者が十分に説得的な採算計画を作成できることは稀である。結果として管理者は将来的に有望なイノベーションの機会を逸してしまいかねない。管理者は、イノベーションが、しばしば、誰もが納得できる客観的な経済合理性ではなく、特定の推進者と支持者だけが信じ、納得しうる「固有の理由」によって実現されるものであることを理解し、その理解を前提に資源配分の意思決定に臨まなくてはならない。さもなければ、イノベーションで先行し、大きな成果を目指す者としては、継続的な過小投資に陥りかねない。「想定内の成功」は得られても、「想定外の成功」を逃してしまう。管理者は、常に、客観的な経済合理性を過度に適用することの問題を意識する必要がある。

ただし、少々逆説的ではあるが、管理者としてイノベーションの推進者に経済合理性を求め続けることは重要である。なぜなら、推進者が創造的正当化に努力するのは、経済合理性という制約の存在が大きく関わっているからである。もし管理者が経済合理性を求めることなく、イノベーション活動を安易に支援しつづければ、イノベーションの推進者は、支持者を獲得するためにイノベーションの理由を自ら発見したり、創造したり、あるいは例外的な支持者を探し出すことに苦労する必要はない。そうなると、イノベーションはいつまでたっても固有の理由に甘え、依存したままで、事業化に向けて前進することはなくなってしまう。経済合理性の追求という営利企業における厳しい制約があるがゆえに、イノベーションの推進者は、創造的正当化に腐心し、その過程でイノベーションは徐々に、結果として、汎用的な理由、つまり経済合理性を獲得していくのである。それは、経済合理性の制約があるために経済合理性が創造されると言い換えることもできる。つまり、投資配分決定者としての管理者は、経済合理性によって創造的正当化プロセスを促進するよう努める一方で、経済合理性でイノベーション・プロセスを殺してはいけない。この微妙なバランスが求められているのである。

管理者としてはまた、固有の理由による過大投資という問題にも気をつけなければならない。それは、経済合理性に欠けるにもかかわらず、固有の理由による正当化によって一旦進んだイノベーションに対する事業化投資、そして事業化後の継続投資が止まらないことによって起きる問題である。事業化や事業継続の断念は、それまでの努力と投入された資源が少なからず埋没することを意味する。ゆえに、当事者からは強い反対があるであろうし、当事者たちはさまざまな方法によってさらなる資源動員を正当化しようと試みるに違いない。前節で議論した正当化に付随する罠の問題である。

管理者はしたがって、推進者と同様に、対象となるイノベーションをこれまで支えてきた正当化の論理を把握し、それが自走、暴走しないように注意しなければならない。イノベーションは、イノベーションの推進者の創造的正当化の努力の結果としてさまざまな固有の理由をまとっている。不確実性の高い環境でイノベーション・プロセスを前進させる上ではそれが必要だからである。しかし、最終的に許される理由は客観的な経済合理性のみである。だからイノベーションに付与されている正当化の理由を一旦剝《は》ぎ取り、経済合理性の観点から冷静に事業計画を判断することが求められる。

要するに、固有の理由と客観的な経済合理性の両方を常に目配りし、後者を強調しすぎることなく、しかし前者に過度に依存することなく、両者のバランスを時間をかけてとっていく、という姿勢が求められることになる。

では、このバランスをどのようにとればいいのか。残念ながら、その点について本書は具体的な処方箋を提供することはできない。しかし、やや風呂敷を広げて論じるとすれば、本書の分析から三つの指摘ができるだろう。

第一に、まずは固有の理由と客観的な経済合理性のバランスが大事であるという理解に基づいて管理にあたることが大切である、という指摘である。経営環境が厳しくなる中で、多くの企業は投資に際して提案者にも意思決定者にも客観的経済合理性を求めるようになっているが、その種の姿勢はイノベーションの実現プロセスとは本質的に相容れないところがある。この点をいま一度確認すべきである。

第二に、したがって、固有の理由と客観的な経済合理性の間のバランスをとらなくてはならないが、そこにおいて創意工夫をすることこそが管理者の役割である、という指摘である。例えば、ポートフォリオによって管理していく、つまりすべての提案、案件に対して、一律に客観的な経済合理性を求めるのではなく、一部の案件には過度に客観的な経済合理性を求めない、といった方法があるかもしれない。あるいは、企業として、あるいは特定部門として、特定のテーマの案件には過度に経済合理性を求めない、といった方法もあるかもしれない。当該企業（部門）のコアな技術や製品、事業に関わることは、たとえ事前に採算性の見通しが明確でなくとも、資源を投入していく、といった考え方である。その結果として失敗することも許容し、しかしいずれ「想定外の成功」を収めるものが出てくることを信じて実行していく、という姿勢である。

最後に、投資意思決定者としての管理者は、自分自身が創造的正当化プロセスの参加者であることを意識することが重要である、という指摘である。管理者は単にイノベーション活動の正否を決定する客観的、中立的裁定者ではない。客観的な判断基準を適用して資源配分を実行するだけであれば、それはつまり、誰でもできるということになる。投資決定者もしくはその代理人としての管理者の存在価値はない。イノベーション活動は、推進者の主観と支持者の主観が出会うことによって、資源が供給され、次のステージへと進む。管理者の判断も、結局のところ、管理者自身の主観的価値にゆだねるほかない。明確な経済合理性が見えないことを理由に資源供給を打ち切ることは、管理者が責任を回避する意味でも、たやすい方法かもしれない。しかし、そこに潜む過小投資の危険性を認識するなら、管理者は、時に、自らの主観を積極的に持ち込む必要があるだろうし、その判断に責任をもたねばならない。また、推進者と支持者の相互のやりとりを通じてイノベーションの理由が継続的に創造されるプロセスが創造的正当化プロセスであることを考えれば、投資意思決定者としての管理者は、決して、イノベーションの場の外側に立って点数をつける審判なのではなく、その内部において推進者と一緒に、イノベーションの理由の創造に参加するプレーヤーなのである。推進者にも、支持者にも「固有の理由」が必要であるように、実は管理者も「固有の理由」が求められるのである。失敗のリスクを覚悟しつつ、自らの「固有の理由」から、責任をもって資源動員を認める管理者――いくつかの事例で登場した、リーダーシップを発揮した経営トップとは、まさにこのよう管理者であった。

2　大企業におけるイノベーションの創出

われわれの分析が、イノベーションの実現に関わる実務家（推進者と管理者）にとって何を意味するのかを論じたが、もう一つ、大企業にとって何を意味するのかを論じておきたい。

一般に、新興の企業がイノベーションをたずさえて次々に登場し、華々しい成功を収めていく米国に比べて、日本にはそうした新興企業が登場する例が少ないとされる。この現状からすれば、日本でも新興企業によるイノベーションを活性化させることが重要であり、実際、そうした議論が盛んに行われている。しかし一方で、今もって日本のイノベーションの主たる担い手である大企業のイノベーションをいかに活性化させるかという問題も重要であり、そのための議論をもっと深める必要があるだろう。

本書で分析したイノベーションの事例はすべて、比較的規模の大きな歴史ある企業において実現されたものであった。その分析成果を踏まえ、イノベーションの実現にとって創造的正当化が鍵となるという本書のアイデアをもとに、以下では、あらためて大企業におけるイノベーションの可能性と課題を議論してみたい。

2・1　大企業におけるイノベーションの可能性

大企業のイノベーション創出能力に関しては長い議論の歴史がある。「イノベーションを生み出すのは確立した地位をもつ大企業なのか、それとも新たに登場する新興企業なのか」。この問いは、今でも、イノベーション研究の中心的な問いの一つである。

遡れば、これは、シュンペーターが提示した一見矛盾する二つのイノベーション・モデルに起因している（Freeman［1982］）。シュンペーターは、初期の著作において、既存の経済活動の均衡を破壊する特異な役割を担う企業家の重要性を強調した（Schumpeter［1934］）。企業家の役割を強調するこうした見方は、大きな既存事業を抱える大企業のイノベーション創出能力に対する懐疑的な見解を支持する。しかしその一方で、シュンペーターは、のちの著作で、独占的な地位を占める大企業こそがイノベーションの担い手となりうるという主張も行っている（Schumpeter［1942］）。不確実な投資を含むイノベーションを進めるには、投資リスクを負担できるだけの資本力をもつ独占的な企業の存在が欠かせないという考え方である。

はたしてどちらの説明が正しいのか、はっきりした答えが示されないまま、多くの研究が積み重ねられてきた。ただ、近年は、資本市場が高度に発展することによって、独占的な大企業に頼ることなく広く社会から投資資金を集めることが可能になっている。イノベーションへのリスクマネーの供給という点での大企業の役割はかつてより低下しているといえる。さらに一九九〇年代以降，シリコンバレーに代表されるように，ＩＴ産業やバイオ産業におけるスタートアップ企業の活躍が目立つようになった。こうしたことを反映してか，このところ，既存大企業のイノベーション創出能力の限界を指摘する声が大きくなっている。「既存事業との共食いを恐れる大企業は新規事業へ投資できない」，「既存顧客にロックインしている大企業は新たな価値を提供するイノベーションに投資できない」，「高度な分業を確立した大企業では新たな協同を必要とするイノベーションの機会を見失う」等々，さまざまな論理から大企業の限界が指摘されている（Christensen［1997］；Henderson and Clark［1990］；Reinganum［1983］；Tripsas and Gavetti［2000］）。こうした指摘は，「硬直的な大企業はイノベーションに向いていない」という一般的な言説とも整合的であり，支持を得てきたと思われる。

しかし，資源動員のための創造的正当化プロセスがイノベーション創出にとって鍵であるという本書の考え方からすれば，現代の大企業は，少なくとも以下の四つの点で，イノベーションの創出に好意的な環境を提供しているはずである。

第一に，大規模な企業組織は（限定された範囲内ではあるが）資源配分の集権的なメカニズムであり，全社的な資源配分に関する強大な権限がトップマネジメントに与えられている。彼らは大きな資源をコントロールする権限を与えられた「大スポンサー」として機能している。それゆえ，イノベーションの推進者のもつ固有の理由に対する広い同意が得られなくても，企業のトップさえ同意すれば，イノベーション活動に必要となる資源を内部で獲得することが可能である。小規模なスタートアップ企業の場合には，外部に資源を求めなければならず，そこでは相対的に広範囲の資源提供者からの同意を獲得することが求められる。そこでは、しかし、潜在的支持者との「豊かな」情報のやりとりが犠牲となるおそれがある。

第二に、伝統ある企業組織は、利益を生み出すことを一義的な目的としているものの、その長い発展の歴史を通じて、単なる営利目的を超えた組織固有の価値観を形成するのが通常である（Schein［1985］）。企業理念や組織文化といったものは社会的存在としての企業組織のもつそうした固有の価値観を部分的に反映したものである。組織に定着するこうした固有の価値観が、単なる経済合理性を超えた、イノベーションの理由を提供する。企業では、しばしば、「これはわれわれがやるべき技術なのか」、「これはわれわれが提供すべき製品なのか」、「これはわれわれが手がけるべき事業なのか」といった議論がなされる。そこで問題とされているのは、単なる利益期待だけではなく、企業が自ら定義する社会的役割や共有された価値観との整合性である。つまりイノベーションの理由がこうした価値観と整合的である限り、それが経済合理性という点からは万人が納得するような客観性に乏しくても、企業組織内での同意を得られる確率は高くなる。

例えば、東北パイオニア／パイオニアが有機EL技術の開発に着手したのは、その商品化が利益を生み出すという明確な期待によるというよりは、「優れた映像・音響を社会に提供する」という企業目標によるところが大きかった。またオリンパス光学工業の超音波内視鏡の開発も、内視鏡の分野で世界的な実績をあげてきた企業として、人の命を救いたいという使命感や発見の難しい膵臓がんの診断技術の開発に挑戦したいという技術重視の考え方に支えられていた。

その他、本書で分析した多くのイノベーションが、技術開発を重視する開発組織の価値観や、技術の可能性を追求したいという技術者に共有された欲求によって支えられていた。

第三に、企業組織は、イノベーションの推進者のもつ固有の理由（信念）が、人びとの間で共有されるための好環境を提供している。日頃から時空間を共有する組織メンバーはお互いに、イノベーションのもつ潜在性に関するより深い情報を共有することができる。イノベーション・プロセスの初期段階でイノベーションの推進者は、イノベーションを進める自分自身の固有の理由を客観的な経済合理性を示す形では表現できないことが多い。しかし、同じ組織に属する他者は、形式的な情報には転換できないさまざまな背景情報を共有することによって、イノベーションの推進者の信念に共感することが可能となる。組織という場で共有される暗黙的な知識が、イノベーションを起動した固有の理由の伝達、理解、浸透を助ける役割を果たす。あるいは、特定のアイデアに対する共感ではなく、特定の個人に対する共感という形をとる場合もあるだろう。組織は、個人間の共感や信頼、つまり感情を醸成する場や機会を提供することがあるからだ。イノベーション推進者の固有の事情に触れることのできない外部者には、こうした知識や感情の共有は難しい。この点で、歴史ある企業組織は、固有の理由に基づくイノベーションに対する支持者の出現確率を高めるということができる。

第四に、多角化した大企業は、固有の利害や事情を抱えているさまざまな下位組織から構成されている。グループ内を広く見渡せば、なんらかの理由が成立することで技術革新が事業化にたどり着く可能性がある。多角化企業の「多角化」は、事業の多角化を意味するとともに、価値観や固有の理由の多角化をも意味している。イノベーションに必要とされる資源を動員する上では、この後者の意味での「多角化」が重要な役割を果たす。つまり、多角化企業に存在する多様な固有の理由が、多面的に付与されることによって、特定のイノベーション・プロセスの前進を可能にする。この点で、多角化した大企業は、同床異夢の戦略による資源動員を可能にする環境を提供しているといえる。

例えば、東芝のニッケル水素二次電池の事業化は、それ自身の収益性とともに、ノートパソコンやビデオカメラなど社内のセット商品の魅力を高めるための重要な要素として正当化された。同様に、東北パイオニア／パイオニアにおける有機ＥＬ事業の立上げを支えたのは、グループ内のカーオーディオ事業からの需要であった。それぞれ、部材・デバイス事業単体としては正当化されない事業に対して、セット事業が正当性を付与したという事例である。

また、多角化した大企業の内部ではローテーションを通じて場の異動がある。組織改編を通じて人びととの入れ替えが起きることもある。こうした人びとの場の異動は、イノベーションの推進者が新たな固有の理由と触れる機会を提供することになる。例えば、三菱電機のポキポキモータの開発は、ＦＤＤ用小型モーターの生産を中津川製作所から郡山製作所へ移管させるために、関係する技術者が結集して生産の自動化を進めたことが契機となっていた。郡山製作所は生産品目の減少に伴い存続の危機にあり、小型モーターの内製化によるＦＤＤ事業の競争力維持と拡大が急務であった。こうした固有の事情がポキポキモータの事業化を促進していた。また松下電子工業における GaAs パワーモジュールの開発も、その前史まで遡れば、松下電子工業の研究者が松下電器産業の光半導体研究所に異動したことによって、アナログの GaAs パワーモジュールの開発、事業化が承認されたことが発端となっていた。松下電子工業内では認められなかったパワーモジュールの開発が、研究所を活性化させたいという固有の事情をもつ光半導体研究所に場を移すことによって実現した例である。

さらに、企業組織や企業グループ内での競争というローカルな事情がイノベーションへの投資を正当化することもある。例えばセイコーエプソンで自動巻発電クオーツウォッチのような独自技術の開発が市場の見通しや販売部門の支持なしに進められた背景には、セイコーグループ内の製造企業として常に存在意義を示す必要に迫られていた同社の伝統がある。また、デジタルの携帯電話用 GaAs パワーモジュール開発が松下電子工業で正当化されたのには、グループ内の松下通信工業から依頼があったことに加えて、アナログのパワーモジュールの技術開発で主導権をとられた松下電器産業に対する対抗心もあった。コストや性能などの経済性を唯一の指標とした市場での競争と異なり、組織やグループ内でのこうした競争は多次元の独自指標に沿ったものであり、単純に勝負がつくものではない。それゆえ、時として長期にわたるイノベーション・プロセスを後押しする強い力となることがある。

他社に先行してイノベーションを実現しようとするのであれば、企業はいかなる「固有の理由」をもつのか、が問われるのである。客観的な経済合理性だけですむのであれば、企業ではなく、資本市場に資源の動員を委ねればよいだろう。だが、誰もが認める経済合理性に基づくだけでは、イノベーションで他社に先行することは難しい。多くの人が認めないような「固有の理由」に資源を動員するからこそ、他社に先行できる可能性が高まるのだとすれば、他に先んじて「想定外の成功」を目指す者にとって、大企業は多様な支持者と多様な理由の宝庫として魅力的な存在たりうる。

２・２　大企業の限界とその克服

このように、創造的正当化プロセスという観点からイノベーションの実現過程をとらえた場合、歴史と多様な事業部門をもつ大企業は、単に大量の経営資源をコントロールできるからではなく、「固有の理由」による良い意味で専制的な意思決定が可能であり、伝統的に培われた「固有の価値」をもち、分業に伴って「多様化した固有の理由」を内包し、人びとの異動や組織の改編を通じてそれらの固有の理由が「直接的に出会う機会」を提供するがゆえに、イノベーション・プロセスを後押しするエネルギーとチャンスを供給することが可能となると考えることができる。

しかし一方で、創造的正当化を促すこれらの四つの側面は、それぞれ同時に、イノベーションを阻害する要因にもなりかねない。

第一に、集権的な資源配分メカニズムである大規模組織では、見識のあるトップマネジメントの判断次第で、たとえ不確実性が高く、（多くの人には）経済合理性の見えないイノベーション活動に対しても資源動員の道が開ける。しかし、同時に、見識のないトップマネジメントの判断で、将来性のあるイノベーション活動が打ち切られる可能性もある。逆に、将来性のないイノベーションに多大な投資が行われる危険性もある。つまり、資源配分の権限をもつトップマネジメント次第で、イノベーション活動の存続が大きく左右されてしまうというリスクをはらんでいるのだ。それだけにトップマネジメントの力量が問われるということである。

第二に、企業組織内に存在する多様な価値観や固有の理由ゆえ、むしろ特定のイノベーションに対する抵抗勢力を生み出すこともある（Thomas［1994］）。企業組織は、一面で、さまざまなイノベーション活動が、限られた資源をめぐって競争する場である（Burgelman［1991］）。イノベーションの実現過程が前進し、より多くの資源動員が必要になればなるほど、こうした資源争奪の競争は激しくなる。どんなに革新的なアイデアであっても、希少資源の配分ゆえに生じる利害対立によって排除されることがある。例えば、工場の自動化が効率向上につながるとしても、製造部門の人員を維持するという強い価値が、自動化に対する強い抵抗を生み出すといったことはよく見られる。本書の事例の中でも、富士写真フイルムのデジタルX線画像診断システムでは、既存のレントゲンフィルム部門が事業化に批判的な立場をとっていた。荏原製作所の内部循環型流動層炉でも、別の技術で大型ゴミ焼却炉の事業化を模索していた荏原総合研究所が一時抵抗勢力となった。

組織が内包する固有の理由は、経済合理性を示しえない革新的なアイデアを支える力となる一方で、革新的アイデアが組織固有の理由に適合しない場合には、たとえそれが高い経済合理性を示すものであったとしても、意図的に排除されてしまう危険性すらある。組織が提供する固有の理由の範囲内では資源が動員されるが、それ以外は排除されてしまうという限界である。

第三に、日頃から時空間を共有する組織メンバー間で、イノベーションの推進者のもつ固有の理由（信念）が深く共有される可能性は増大するかもしれないが、特定の組織メンバー間で深く緊密な関係を構築することは、他方で、部門や組織の枠を越えた、広い範囲での潜在的支持者との接触を妨げるかもしれない。これは、前章で議論した、情報の「豊かさ」と関係の「広さ」の両立の問題に関係している。一般に組織は、「内」の世界と「外」の世界の間に境界を設けることによって、内部における人びとの深い密なやりとりを保証する。潜在的支持者との濃密なやりとりは、範囲を限定することによる「狭さ」ゆえに実現されるものであり、それが同時に多様なイノベーションを生み出す上での限界にもなりかねない。

確かに、組織が多角化し、さまざまな価値観をもつ人びとを内包することによって、こうした限界は部分的にせよ克服される。多様に分化した組織においては、イノベーションの推進者は、相対的に広い範囲で、多様な潜在的支持者と出会う機会を得ることができる。しかし、組織が多角化すればするほど、事業を超えた人びとの間のやりとりは必然的に減少する。「事業部が異なれば退職するまで接点がまったくない」といったような状況は、多角化した大企業につとめる人にとっては決して珍しくないことだ。

結局、組織の規模や多様性を増大させただけでは、潜在的支持者の拡大と支持者の出現確率の増大をともに達成して、資源動員を実現することはできない。

2・3　大企業でイノベーションを促進するには

大企業でイノベーションを促進するには、上で議論した、イノベーションへの資源動員を可能にする大企業のさまざまな良さを維持しながら、一方でそれを阻害する問題点を克服することが重要となる。

第一に、資源配分の権限が特定の人に偏在していることが、限られた支持者数にもかかわらず資源動員を可能にしているのであれば、そうした偏在性を組織内に維持することが必要だということになる。それは、案件ごとの資源配分を多数の人びとの合議で決めるのではなく、主要な意思決定者に相応の裁量権を与えることを意味する。典型例は、経営トップへの資源配分権限の集中であるが、事業が多角化し、企業規模が大きくなれば、すべての案件を経営トップが判断することは難しくなる。その場合には、研究所長や事業部長などに、自らの判断でイノベーション・プロセスへの資源投入を決めるための権限を委譲することになるであろう。重要なことは、組織内の主要な意思決定者が、イノベーションに投入できる余裕資源を保有し、イノベーションの推進者の活動を深く理解して、自らの主観を信じて、自らの責任において資源動員を判断することである。

ただし、特定の意思決定者に、過大な資源配分権限の委譲を行うことには、常にモラルハザードの危険が伴うため、権限保有者の暴走を牽制する組織的な仕組みを用意することが、他方では必要となる。

第二に、経済合理性とは異なる固有の理由を支持する多様な価値を内包していることが多角化した大企業の強みだとするなら、イノベーションの推進者が、なるべく広い範囲で、それらの固有の価値に触れ、潜在的支持者と出会えるような環境を整えることが重要となる。大企業は、組織という範囲内ではあるものの、さまざまな潜在的支持者をプールした社会的集合体である。それは、相対的に高い支持者の出現確率を示す潜在的支持者の母集団であり、イノベーションの推進者が効率的に支持者と出会えるような好環境を与えてくれるものである。

しかし、たとえ環境が整っていても、それを利用しなければ、宝の持ち腐れである。だから、イノベーションの推進者は、可能な限り、社内のさまざまな部門の人びととの豊富な情報のやりとりを心がけるべきであるし、管理者は、イノベーションの推進者が社内の多様な人びととのつながりを維持できるように工夫する必要がある。例えば、人事異動や組織改変を、単に、人材需給への対応や個人の能力育成といった目的からだけでなく、イノベーションの推進者と支持者との人的つながりを構築するという点から考え直すことも一案である。

企業内に存在する固有の理由は、イノベーションへの資源動員を後押しすることがある一方で、逆に、特定のイノベーションに対する強い反対勢力を生み出すこともある。こうした企業組織のもつ限界ゆえ、イノベーションの推進者はしばしば企業組織の外部に支持者を求める必要性に迫られる。イノベーションを促進するには、時には組織の外に目を向けて、外部の影響力を巧みに活用して、正当性を創造することが効果的な手段となるということである。これが大企業でイノベーションを促進する上での第三のポイントである。

われわれの分析でも六件の事例で、外部の支持者が重要な役割を果たしていた。例えば富士写真フイルムのデジタルX線画像診断システムの開発では、海外での学会発表を通じてフィリップスという支持者を得たことによって事業化への道が開けた。日立製作所による三〇〇㎜ウェハ対応の新生産ラインシステムは、台湾ＵＭＣというパートナーの出現によって、トレセンティテクノロジーズの設立という形で実現した。外部に目を向ければさまざまな価値観をもつ人びとが存在する。そうした価値観を組織内に持ち込むことによってイノベーションの推進者は組織による資源動員の限界を部分的にせよ克服することができるのだ。多角化した大企業、歴史ある大企業だからこそ、内部に多様な支持者と理由を見出せる可能性が高いが、一方でそれゆえに陥りがちな内向き指向、自前主義に走ることなく、広く外に目を向けることが大切になるだろう。

こうした外部への働きかけの努力をもってしても組織内で資源を動員できない場合、イノベーションの推進者は外部に資源を求めることになるであろう。例えば、公的資金の活用は、組織にとどまりながらも、組織からの資源配分を受けずに開発活動を継続するための一つの手段である。また公的資金などの外部資金を獲得することが、組織内での追加的な資源配分を正当化するという側面もある（David et. al.［2000］）。

それでも組織内でイノベーション活動が正当化されない場合には、より広く外部資金を求めて、イノベーション推進者は組織からスピンアウトすることを選択することになるかもしれない。それは、組織という資源配分メカニズムから脱却して、資本市場に広く革新的技術の魅力を訴えることを意味する。ただし、組織外であれば、固有の理由が理解される可能性が減るおそれがあり、革新的なアイデアがそこで理解される保証はない。

多角化した大企業は、一面で、潜在的支持者との関係の「広さ」と、支持者とやりとりされる情報の「豊かさ」の間の矛盾を克服して、多くの支持者を出現させる一つの社会的仕組みととらえることができる。

大企業は、組織内に多様な価値観を持つ潜在的支持者を内包しており、単一事業の中小企業に比べて、イノベーションの推進者にはそれら多様な潜在的支持者へのアクセスの機会が提供されている。逆に、資本市場に比べると潜在的支持者へのアクセスの範囲は限定されるものの、集権的な資源配分や価値の共有、組織内での人的な交流に特徴があり、理由の固有性を維持したままでの資源動員を可能にしている。

こうした企業組織も、運用やマネジメント次第では、イノベーションへの資源動員が平均以上に可能になる場合もあるし、逆に平均以下に滞ってしまうことにもなりかねない。例えば、A事業部とB事業部の技術者の間の交流がまったくないとしたら、この企業が両事業部を傘下に置くことは、イノベーションの推進者と支持者の出会う確率，ひいてはイノベーションの実現確率の増大になんら寄与しないことになる。同様に，イノベーションに関わる資源配分がすべて事業部レベルに委譲されているような組織では，資源配分の権限が特定の人に偏在することで大企業が提供しうる，イノベーション・プロセスへの資源動員上の恩恵を十分に受けることができない。

逆に，資本市場を介した資源動員において，人的なつながりによる固有の理由の深い理解に基づく，イノベーション活動への支援が実現することもある。起業して成功した資本家が新たなスタートアップ企業を支援するような場合にはこうしたことが起きていると考えられる。例えば，シリコンバレーにおけるイノベーションの実現は，そこに形成されたコミュニティと人的つながりに強く依存しているという指摘もある（Saxenian［1994］）。

つまり，資源配分のどのような社会的仕組みであろうとも，イノベーションの実現にとって鍵となるのは，潜在的支持者との関係の「広さ」と潜在的支持者とやりとりされる情報の「豊かさ」の間にある矛盾を克服して，潜在的支持者との接点を拡大すると同時に，資源動員量の高い支持者の出現確率を高めることにある。そして，これこそが，創造的正当化プロセスによって実現されることなのである。

大企業でイノベーションを目指す実務家は，イノベーションに好意的な環境を提供する企業組織の特質を理解して，それを活かすように行動することが重要である。イノベーションが起きないことを大規模組織のもつ硬直性に求める実務家も多いが，そうした人びとは，多角化した大企業がイノベーションへの資源動員を正当化する多様で固有の理由の宝庫であることを再認識すべきである。この豊富な資源を活用する上では，社内の人的ネットワークの大きさと人的関係の濃密さが重要となるであろう。研究室で粛々と技術を洗練させることは重要である。しかしそれだけでは，技術開発は進んでもイノベーションは進まない。イノベーションを自ら前進させようと思うなら、部門や場所の垣根を積極的に越えて、さまざまな人びととの間に深い人的関係を構築することが必要となる。さらに、本書の事例にもあったように、組織内部から資源を獲得するには、組織の枠を越えて外部に支持者を獲得することも有効な手段となる。人的ネットワークを通じた社会資本の大きさがイノベーションの実現確率を高めると言い換えることもできる。

多様な事業と長い歴史をもつ大規模組織としてイノベーションを生み出す可能性を高める鍵は、創造的正当化が組織の中でより積極的に進められるような構造とプロセスをデザインし、実行できるかどうかにかかっている。

第6章　さらなる理解に向けて

はじめに

本書は「イノベーションはどのようにして実現されるのか」を基本的な問いとしている。われわれは、この基本的な問いに対して、われわれなりの関心に基づいてもう一段焦点を絞り込み、「不確実性に満ちた革新的な企てが客観的な経済合理性をもてない中で、イノベーションの推進者はいかに他者からの資源動員を果たしていくのか」という問いを設定した。そして、この問いについて、二三件の大河内賞受賞事例を題材に分析を進め、われわれなりの答えを導き出し、その答えが意味するところを論じてきた。

しかし改めていうまでもなく、われわれの答えは、絞られた問いに対して、絞られた視点と少数の事例の分析によって導き出したものであり、議論の範囲も論拠も限られている。「イノベーションはどのようにして実現されるのか」という基本的な問いは、依然としてより良い答えを待ちながらわれわれの前に大きくそびえ立っている。

その大きな問いに対して、ここまで示してきた分析と議論は（ささやかながらも）どのような貢献を果たし、どのような課題を残しているのか。イノベーションのプロセスをより良く理解するためにはさらに何が必要なのか。分析・理論篇の結びとしてこれらのことについて考えてみたい。

1　本書の貢献

長い間、経済学や経営学は、財や資源（ヒト、モノ、カネ、情報）の効率的な「配分」とそれに伴う経済主体間の「調整」に注目して、経済現象の理解を深めてきた。その一方で、これらの学問では、配分の対象となる財や資源の「創造」の側面は相対的に軽視されてきた（米倉・青島［2001］）。この溝を埋めるのがイノベーション研究である。

イノベーション研究は「『新しいもの』が生み出されるプロセス」を解明しようとする学問である。それゆえ、イノベーション研究が「知識の創造」に注目してきたことは自然だといえる。しかし、「創造」が起きるためには、創造の場に、十分な資源が供給されなければならないし、創造された知識が経済価値を生み出すためにも、やはり資源が供給されなければならない。イノベーションの実現過程において、知識創造と資源動員は密接不可分なものである。両者を適切に理解してはじめて、イノベーションという現象を説明することが可能となる。こうした考えのもと本書では、従来の研究が十分には注目してこなかった「資源動員」に注目して、イノベーションの創造を説明しようと試みた。

本書が見てきたように、イノベーションの実現過程における資源動員プロセスは、経済システムや企業組織の中で観察される通常の資源配分プロセスとは、かなり様子が異なっている。ここにイノベーション研究において資源動員に注目する意味がある。

イノベーションが実現する過程では多くの不確実性を抱えることが不可避である。イノベーションの実現可能性やその将来の経済価値を客観的な指標で表現することは，近年発達した金融の手法を用いたとしても，不可能に近い。それゆえ，資源動員で重要となってくるのが，イノベーションの推進者と支持者の双方がもつ主観的な理由の出会いである。良い技術さえ開発していれば自然と資源が集まるというのは，技術者が抱く希望に過ぎない。イノベーションの実現過程では，良い技術であるかどうかさえ同意を得られないのが通常である。だから，放っておいては支持者が集まらない状況で，イノベーションの推進者はなんとかしてイノベーションの理由に対する支持を広げ，資源供給の流れを維持しようと奮闘する。こうした，時として極めて人間くさいプロセスを，本書では「創造的正当化」プロセスと呼んだ。

もちろん，従来のイノベーション研究が，資源動員の重要性を認識してこなかったわけではない。経済発展をもたらすイノベーションにリスクマネーを供給するためには銀行家による信用創造が鍵となることを最初に説いたのはシュンペーターである（Schumpeter［1934］）。シュンペーターは，その後の著作で，同様の理由から，独占利潤を享受する大企業の重要性を指摘している（Schumpeter［1942］）。また，近年，ベンチャーキャピタルなどの制度整備の必要性が叫ばれた背後にも，イノベーション活動へリスクマネーを供給することの重要性の認識がある。

しかし，これら従来の議論は，リスクマネーの供給源に注目する一方で，それらリスクマネーが実際にイノベーションの推進者に流れる具体的プロセスに対する考察が欠けている。

優良な大企業がイノベーションへの対応に失敗する論理を提示したクリステンセンの研究も，資源動員の問題に注目している点で，本書と共通している（Christensen and Bower［1996］；Christensen［1997］；Christensen and Raynor［2003］）。大きな顧客基盤に縛られて「破壊的技術」への資源動員を正当化することができないことが、イノベーションに対応できない大企業の本質的な問題であることをクリステンセンは指摘した。そこには、創造的活動の遂行「能力」ではなく、創造的活動への「資源動員」が鍵となるという本書と共通の認識がある。この認識に基づき、クリステンセンは、破壊的技術への投資を正当化することの難しさやそれを克服する方法を、豊富な事例を用いて、体系的かつ具体的に示している。

しかし、クリステンセンは、顧客という単一のステークホルダーを通じた正当化プロセスに焦点をあてており、創造的正当化を可能にするその他の多様な正当化ルートには必ずしも言及していない。その点、さまざまな正当化の理由やルートを体系的に整理した本書には、新たな貢献があると思われる。

正当性のタイプの概念的整理という点では、第1章で触れた、サックマンによる先行研究がある（Suchman［1995］）。サックマンは、正当性を、社会で容認される法規則やルールなどに基づく「道義的正当性」、暗黙の価値観や信念による受容に基づく「認知的正当性」、そして正当性を訴える相手の利害や好みに基づく「実践的正当性」という三つのタイプに整理している。さらに、正当性を確立する戦略として、支持者に合わせる、支持者を見つけ出す、そして支持者を操作する、という三つの戦略がある、といった整理もしている。

こうしたサックマンの整理は、イノベーション・プロセスにおける資源動員を説明する際にも有効であり、本書もそれを参考にしている。ただ、イノベーションという変化を伴う動態的な現象を把握するには物足りないところがあるとわれわれは考えた。イノベーション・プロセスが進展するにつれて、正当性を訴える社会的範囲は大きく変化する。イノベーションを支える理由もさまざまに変貌する。その過程で、イノベーションの推進者は、既存の制度的枠組みを越えて、さまざまなルートを駆使して、自らの革新行動の正当性を創造的に獲得していく。われわれが導き出した分析結果と議論は、こうした主体的、能動的行動を把握するためにサックマンの分類をより多角的に拡張したものとしてとらえることができるだろう。

また、イノベーションの実現過程を「社会的に構成されたもの」「社会的な合意形成によるもの」としてとらえる議論がある。前者は、多様な主体が革新的な技術によせる異なる解釈とその収斂のあり方がイノベーションの行方を左右すると論じ（Bijker［1995］；Pinch and Bijker［1987］）、後者は関連する主体の合意が形成されることで、ある方向と速度でイノベーションが実現していくと論じている（沼上［1999］）。本書の議論は、そうした解釈が収斂し、合意が形成されていく過程を、推進者の側から多様な固有の理由による支持（解釈、合意）を獲得していく過程としてとらえ直し、そのメカニズムを整理したものであるといえるかもしれない。

不確実性に満ちたイノベーション活動は、「なぜ」「どのように」資源を獲得し、待ち受ける壁（もしくは「死の谷」）を乗り越え、事業化というゴールにたどり着くのか。残念ながら、この問いに対して既存研究はこれまで十分な回答を持ち合わせていなかった。本書が行ったことは、いまだ不十分ではあるものの、この問いに対して新たな答えを付け加える作業であった。

それは言い換えれば、ファン・デ・フェンがいう「イノベーション実現への旅」を目指すものにとっての新たな「旅行ガイド」（難所を切り抜けるための手がかり）を作成する作業であった。目的地に着実に、安全にたどり着くための道筋を明示できない出来の悪い旅行ガイドなのだが、それでも、不安な旅行者に一筋の光と勇気を与えることはできるかもしれない。

このようにイノベーションの実現過程における資源動員プロセスに注目したという点で本書には一定の価値があると思う。しかし一方で、多くの限界があることも認識している。以下では、それらの限界を明らかにした上で、今後の研究に向けた指針を提示したいと思う。

2 本書の限界

2・1 成功事例に注目する限界

本書では、大河内賞を受賞した成功事例を取り上げて、革新的アイデアが事業化に至る過程を、資源動員の視点から説明しようと試みてきた。しかし、大河内賞を受賞するような成功事例の陰には、事業化されることなく消えていった、あるいは事業化されても事業成果を出せないまま消えていった、無数の技術開発の努力とその成果が存在する。それらの技術開発や事業化を推進した人びとも、おそらくは、さらなる開発や事業化に向けて自らの活動を正当化すべく、さまざまな試みを続けたに違いない。

両者の違いはどこからくるのだろうか。正当化戦略の巧拙が事業化の成功と失敗を分ける、というのが本書で展開された議論である。しかしこれはあくまでも仮説にすぎない。たしかに、革新的アイデアが事業化されるプロセスを創造的正当化の視点から説明することは、論理的には可能である。そして、結果として成功した事例を横断的に見ることで、創造的正当化のためのいくつかのルートが浮かび上がってきた。しかし、創造的正当化がはたしてイノベーションの成否を分けるほどの影響をもちうるのだろうか。創造的正当化がイノベーションの実現にとって鍵であると本当にいえるのだろうか。また、商業的成功に結びつく正当化とそうでない正当化には具体的にどのような違いが存在するのか。

これらの問いに答えるには、大河内賞を受賞した事例と、同様の技術開発をしながらも事業化できなかった（もしくは事業化に出遅れた）事例との間の体系的な比較分析を行う必要がある。実際に、われわれが観察した受賞事例の背後では、受賞には至らなかった同様の技術開発が他社によって行われていたことが多い。もちろん受賞の有無がそのままイノベーションの成否を示すわけではないが、同時期に行われた成果の異なる開発事例の比較研究は、本書で展開された議論を深めるための一つの方向だと考えている。

2・2　正当化コスト

成功事例だけを分析対象としたことから、われわれの分析はもう一つの問題を抱えている。創造的正当化のマイナスの側面への目配りを欠いている、という問題である。

われわれは、自ずと、創造的正当化のプラスの側面に注目する傾向にあった。しかし、すでに述べたように、創造的正当化は両刃の剣である。功罪が表裏一体となっている。あらゆる経営行動にプラスとマイナスの側面があるように、創造的正当化にもマイナスの側面がある。創造的正当化にコストや犠牲が伴うことは避けられない。

その意味で、イノベーションの実現過程における創造的正当化のプラスの役割を強調したわれわれの議論は、一面的である。イノベーションが「想定外の成功」を目指すものであるならば、創造的正当化なくして、その実現はない。われわれは「想定外の成功」を目指して不確実な企てへの資源動員を必要とするイノベーションの推進者の手助けとなりたいと考え、本書の研究に取り組み、価値あるイノベーションの実現に向けた創造的正当化のあり方を解明することに注力し、われわれなりの答えと示唆を導き出した。それは、イノベーションの推進者にとって，まがりなりにも，一助となるはずのものである。

しかし，同時にそのマイナスの側面についてもさらなる検討をしなくてはならない。われわれは，前章で，イノベーションの実現を目指す実務家，管理者に向けて，創造的正当化のマイナスの側面に注意しなくてはならないと述べ，いくつかの関連する指摘をした。しかしなお，どのような注意をいかにすべきかという問題については依然として明確な答えを出せていない。創造的正当化を，より確実に，より大きなイノベーションの成果に結びつけるためには，創造的正当化が功罪をもたらす因果メカニズムを，より体系的に深く分析，考察していかなくてはならない。第5章で論じたことと重なるところもあるが，ここで改めて，今後の研究に向けて正当化のコストやマイナスの側面についていくつかの指摘をしておきたい。

希少資源の配分問題

イノベーションの推進者に与えられる時間や資源は有限である。ゆえに，創造的正当化に注力すればするほど，肝心の技術開発が手薄になる危険性がある。創造的正当化プロセスは，推進者が，潜在的支持者を自ら探索し，相手を説得し，時には相手の価値観の変更を試み，また，自分自身の考えを反省的にとらえつつ，イノベーションの理由の創造を通じて社会的な合意を形成する，時間のかかる漸進的なプロセスである。それゆえ，イノベーションの推進者が日々創造的正当化に腐心することは，知識の創造に割かれるべき貴重な時間が奪われることに他ならない。そこには一種の機会費用が生じる。技術開発プロジェクトの継続のために技術者が社内外を奔走する姿を想像してみれば，そのことは自ずと理解できるであろう。

このような問題に対応して，技術開発を行うイノベーターと資源動員を牽引するチャンピオン（事業化の推進者）への役割分担が重要となるという指摘は可能である（Maidique［1980］；Roberts and Fusfeld［1981］）。

知識創造活動と資源動員活動を別々の人が担うことによって、両者の活動が相互に浸食することを避けるためである。知識創造と資源動員がそれぞれ異なる能力を要求するとするなら、こうした分業はなおさら有効であるかもしれない。

ただし、創造的正当化プロセスでは推進者の主観的価値を潜在的支持者の主観に訴えることが重要であるというわれわれの議論からすれば、知識創造と資源動員の役割分担が必要だとしても、それぞれの担当者はお互いに極めて緊密な関係にある必要があると思われる。そうでなければイノベーションの固有の理由を支持者に十分に伝えきれないからである。

ここまで本書はイノベーションの推進者を単一の主体のごとく扱ってきたが、あらためて事例を見ればわかるように、現実には、イノベーションの推進には複数の人びとが関わっていた。それらの人びとの間での役割分担に関する分析は、正当化コストの削減という観点から、今後の研究における重要な論点となるであろう。

正当化の罠

創造的正当化プロセスは、イノベーションの理由の固有性という制約を受け入れながらも、なんとか資源動員を実現しようとする漸進的なプロセスである。通常であれば十分な支持者が得られない状況下でイノベーション活動に対する人びとの同意を獲得する「巧みさ」が、創造的正当化の本質だといえる。しかし、時として、この「巧みさ」がかえって徒《あだ》となるかもしれない。固有の理由で始まったイノベーションも、最終的には、誰もが認めるような汎用的な理由を獲得する必要がある。しかし、巧妙な創造的正当化は、この汎用的な理由の獲得を妨げる危険性がある。前章でも指摘した、創造的正当化に付随する罠の問題である。

トップの独断で正当化されてきたイノベーション活動も最後には広く社会からの同意を得なければならない。同床異夢の戦略のもと微妙なバランスを保ちながら前進してきたイノベーション活動も最終的には誰もが認める理由を獲得する必要がある。イノベーション・プロセスを前進させるには、理由の固有性にもかかわらず資源動員を実現する創造的正当化がしばしば鍵となる。しかしイノベーションが市場で受容され、それが社会に広く、長く普及するには、大規模な資源動員に見合うだけの、理由の汎用性が必要となる。問題はどのようにここにたどり着くかである。

先に論じた通り、創造的正当化によって事業化にたどり着けたとして、その後の行方がどうなるかについては、いくつかの可能性がある。事業化した結果、円滑に市場が拡大し、事業成果が獲得される場合がある。あるいは、事業化後にさらなる技術開発と生産の合理化やさらなる創造的正当化を継続することで、市場拡大と事業成果というゴールにたどり着くという場合もある。

しかし、その一方で、事業化後もなかなか市場拡大、事業成果に到達できないという場合もある。あるいは、獲得できた事業成果の程度と範囲が限られてしまうという場合もあるだろう。そうした時に、それまでのイノベーションのプロセスを牽引していた創造的正当化が、さらなる創意工夫や努力を実行する上で、あるいはそれ以上の資源動員を断念するという決断をする上で、阻害要因になる可能性がある。ここに創造的正当化の一つの問題が存在する。

正当性の確立には、多大なエネルギーと時間、そしてコミットメントが必要となる。それゆえ、ひとたび確立した正当性の転換やそれに伴う正当性の確立戦略の転換には硬直性を伴う可能性がある。より一般的には、「コミットメントのエスカレーション」とも呼ばれる問題である（金井［1984］）。特に、巧妙に正当化されてきたイノベーションほど、その正当化のスキームから逃れることができず、汎用的な理由への転換が困難になる可能性がある。汎用的な理由を獲得することなしに事業化に突入し、採算のとれない事業を続けてしまうという可能性もある。そこには、理由の固有性にもかかわらずイノベーション・プロセスを前進させてきた力が、かえってその停滞をもたらす危険性が存在する。

また、イノベーションを実現する過程では、さまざまな利害集団が支持主体として参加し、他方でイノベーションの推進者もさまざまな動機からイノベーション実現のための「企て」に参加することとなる。イノベーションの実現にはさまざまな利害集団が異なる動機をもちつつもその実現に参加することが不可欠となるので、多様な動機を束ねて協力的行動につながるような正当性の提示が必要となる。しかし、そもそも異なる動機に基づいてその「企て」に参加するため、事後的にはイノベーションを推進・支持する主体間、あるいは主体内においてコンフリクトが生まれる可能性がある。こうしたコンフリクトは、理由の汎用性を獲得するための飛躍や撤収の決断の妨げとなる危険性がある。

これらの問題を回避するには、正当性確立戦略を転換する適切なタイミングを理解するとともに、コミットメントのエスカレーションを解きほぐし、支持者の間で生じるコンフリクトを解決する方法を見出すことが必要となる。こうした視点から、いかに創造的正当化の効果を高め、問題を抑えるか、という問題についてさらなる研究を行うことが重要になるだろう。[1]

2・3　制度的な差異、イノベーションのタイプの違い

本書では、大河内賞の受賞事例を分析対象とするという研究手法をとったために、日本の大企業におけるイノベーション・プロセスを中心にした分析とならざるをえなかった。また、取り上げたイノベーションも、製造業、生産技術を重視する大河内賞の方針を色濃く反映するものに限られてしまった。制度的要因の異な

る海外に目を向けた場合、あるいはより多様なイノベーションのタイプに目を向けた場合、本書における分析結果がどこまで適用可能となるのか。どちらも今後の検討課題である。

例えば、日本に比べて米国では、革新プロセスをスタートアップ企業が担う傾向がある。スタートアップ企業を支えるリスクマネーを供給する社会インフラが日本よりも整備されていることが一つの理由である。それゆえ、新規のアイデアに対する支持が社内で得られなければ、技術者は企業を離れて、外部のベンチャーキャピタルやエンジェルファンドに支援を求めることができる。これに対して、日本では、技術者の流動性が相対的に低く、革新的アイデアをもつイノベーションの推進者は、企業内でなんとか活路を見出す必要がある。われわれが描いた、日本の大企業における創造的正当化プロセスは、こうした日本の制度的制約のもとで、より有効に機能するのかもしれない。

しかし、米国の技術者が、外部に飛び出してリスクマネーを求めることができるとしても、実際に資源動員を実現するために自らの革新的アイデアの正当性を確立する必要があることには変わりない。ベンチャーキャピタルの背後には、短期的な利益を求める多数の投資家がいる。彼らの代弁者としてのベンチャーキャピタリストの同意を得るには、将来にわたる経済合理性を示す必要があるが、イノベーションの初期段階においてはそれが難しい。実際、不確実性の高いアイデア段階にベンチャーキャピタリストが投資を行うことは稀であるといわれている。革新的アイデアの探索を支援するのはエンジェルファンドやすでに成功した企業家であることが多く（Auerswald and Branscomb［2003］）、資源動員には、属人性や主観的判断が大きく関わってくるという議論がある。そこではわれわれが描いた創造的正当化プロセスが重要な役割を果たすと考えられる。

ただし、日本の大企業で機能する正当化の過程と米国のスタートアップ企業で機能する正当化の過程には違いがあるかもしれない。さらに、資源動員の正当化のあり方がイノベーション・システムの国別の相違の重要な要因になっている可能性もある。今後、資源動員の正当化の過程についての国際比較を行うことによって、ナショナル・イノベーション・システムのマクロ的特徴のミクロ的な基礎を明らかにできるかもしれない。

イノベーションのタイプによる違いについての検討がないことも、本書が残した課題である。これまでのイノベーション研究の一つの成果は、イノベーションのタイプによって、その実現プロセスや競争へのインパクトが異なることを明らかにしてきたことだった（一橋大学イノベーション研究センター［2001］；延岡［2006］；Utterback［1994］）。その代表例の一つが、本書でも何度か触れたクリステンセンの「破壊的イノベーション」の議論である（Christensen［1997］）。クリステンセンは、イノベーションのタイプの一つとして「破壊的イノベーション」というものがあり、破壊的イノベーションにおいて既存の企業組織の中で資源動員が難しくなる要因を明らかにし、それを克服して、事業成果を実現していくための方策（どのような相手にどのような理由で訴えていけば支持を獲得し、成功を収めることができるのか）を示唆した。われわれは、イノベーションの実現過程における資源動員の問題を探るものとしては、クリステンセンの議論は範囲が限定されていると指摘したが、一方でわれわれは、イノベーションのタイプの違いを明示的に扱うことなく、イノベーションの実現過程における資源動員の問題を粗く束ねたまま分析してしまったきらいがある。

どのようなイノベーションでは、どのような資源動員の壁に遭遇し、どのようなルートでそれを切り抜けて事業成果に結びつけることが可能になるのか。創造的正当化への理解を深めていくには、イノベーションのタイプの違いを明示的に考慮した分析が重要になるだろう。

3　イノベーション・プロセスの統合的理解に向けて

本書でわれわれは、資源動員プロセスに注目することによって、革新的な技術が創造され、それが事業化に至る過程の説明を試みた。しかし革新的な技術の事業化だけではイノベーションは完結しない。再三述べている通り、イノベーションを「経済成果をもたらす革新」とするならば（一橋大学イノベーション研究センター［2001］）、事業化に続いて、革新的な技術や商品が広く顧客に受け入れられることが必要となる。事業化までたどり着いても、社会の人びとがそれを広く受容しなければ、イノベーションとして認知されることなく、人びとの記憶にも残らない。さらに、イノベーションを創出する企業の立場からすれば、イノベーションが広く受け入れられても、まだ不十分である。革新的製品や技術の登場に顧客が大喜びしても、それを生み出した企業がなんら利益を得ることがなければ、企業内部でそれは意味あるイノベーションとして評価されないかもしれない。

前者の社会的受容は、「イノベーションの普及」という研究テーマのもと、社会学、経済学、技術経営などさまざまな学問領域において研究されてきたテーマである（Rogers［1983］；David［1986］；Freeman and Soete［1997］；Wejnert［2002］）。一方、後者の「イノベーションの収益化」もしくは「事業成果の実現」、「経済的便益の内部化」、「価値の獲得」の問題は、経済学、戦略論、技術経営などで多くの研究が蓄積されてきた（Porter［1985］；Teece［1986］；榊原［2005］；延岡［2006］）。

イノベーション・プロセスの全体像を解明するには、「普及」と「収益化」というこれら二つの側面に触れざるをえないのであるが、本書では、資源動員における創造的正当化というわれわれの視点を明確にするために、あえて明示的には触れなかった。普及や収益化に関してはすでに十分な研究蓄積があるので、本書の焦点を広げてまで、これらに言及する必要はないと考えたこともある。

同様に、イノベーション活動における資源動員プロセスの重要性を強調することから、われわれは知識創造プロセスを明示的に分析することも避けてきた。推進者が支持者の獲得を目指す上でその出発点となる革新的なアイデアや技術が、そもそもどのようにして生み出されたのか、については関心を向けなかった。イノベーション活動において知識創造プロセスが鍵となることは明らかだが、すでに研究蓄積のある知識創造プロセスに関する中途半端な分析を行うことは本書の目指すところではなかったからだ。

本書におけるこのような力点の置き方は、普及、収益化、知識創造、資源動員というイノベーション・プロセスを構成する各側面が、それぞれ独立に扱えるものである限りにおいては、十分な妥当性をもつであろう。本書は、これまで手薄となっていた資源動員プロセスに光をあてて、その重要性を示すとともに、資源動員を可能にする具体的な正当化プロセスを明らかにしたのであり、我田引水をおそれずに好意的に解釈するなら、イノベーション・プロセスのパズルに新たな断片をはめこむことによって、その全体像の理解に一歩近づくことに貢献したことになる。

しかし、「正当化コスト」の議論によってすでに示唆されていたように、資源動員プロセスを、普及や収益化、知識創造と独立したプロセスと考えることは事実に反するだろう。また、そのように扱うことを前提としてイノベーション促進の指針を導き出すことには弊害すらあるだろう。例えば、純粋に技術者の知識創造を促すような施策が、技術者による創造的正当化プロセスの軽視につながり、資源動員の不足に起因したイノベーション活動の中止をもたらすかもしれない。また、事業化を可能にした巧妙な正当化プロセスが、汎用性の高いイノベーションの理由の獲得を遅らせ、市場における革新的アイデアの普及を妨げることになる可能性もある。社会におけるイノベーションを適切に促すには、普及、収益化、知識創造、資源動員の間に存在するこうした相互関係を含むイノベーション・プロセスの理解とともに、将来的には、その理解に基づく統合的理論が必要となるはずである。そうした理論の構築には、異なる専門領域の研究から得られるさまざまな知見を横断的に再解釈するとともに、それらの境界領域に属する研究を新たに始動させるような膨大な作業が必要となると考えられる。

そのような作業は本書の守備範囲を大きく越えているが、以下、そうした壮大なテーマに向けた試論として、普及、収益化、知識創造、資源動員というイノベーションの異なるプロセスにまたがる境界領域における今後の研究の可能性をいくつか示すこととしたい。

3・1　資源動員プロセスとしての普及

イノベーションの普及に関する既存研究の多くは、すでに実現されたイノベーションが社会の人びとに伝達される過程として普及をとらえている（Rogers［1983］）。それゆえ、自然と、イノベーションの創造過程（技術開発と事業化）と普及過程は別々の専門領域で研究される傾向があり（前者は心理学・社会心理学や経営学、後者は主として社会学や経済学）、研究者も異なるコミュニティを形成しているのが現状である。

しかし、本書における資源動員プロセスの記述を振り返ると、それが、イノベーションの普及過程と多くの点で共通していることがわかる。イノベーションの普及とは、革新的技術を体現した製品やサービスに対して、多様な個人的価値をもつ顧客が主観的に正当性を付与するプロセスだということができる。そこでは、顧客とは、イノベーションの支持者であり、購入という行為を通じて、さらなるイノベーションの前進に対して資源を提供する役割を果たしている。したがって、普及とは、単に完成したイノベーションが伝達される過程なのではなく、イノベーションの理由もしくは価値が継続的に発見、創造され、より汎用的な理由が獲得されていくプロセスであり、イノベーションの普及主体からすれば、それは創造的正当化プロセスそのものなのである。

このように考えるなら、「潜在的支持者の発掘」、「多様な理由の共存状態の創造」、「新たな固有の理由の創造」といった、第4章で提示した創造的正当化のルートは、実は普及のメカニズムとしても考えることができる。同章で議論の出発点として示した図表1の横軸に、製品化・実用化と事業化だけでなく普及（そして事業成果）までも含まれているのは、——明示的に説明しなかったが——こうした考えを先取りしたものであった。事業化の当初から、いきなり大規模な普及が実現する例もないわけではないが、多くの場合、普及は漸進的なプロセスである。事業化された多くの新製品や新サービスが、企業の当初の想定とは異なった顧客に受け入れられることが普及を促進するといった現象もしばしば観察される。松下電器産業のＩＨクッキングヒーターにおける炊飯ジャー市場や北海道の高気密・高断熱の住宅向け市場、三菱電機のポキポキモータにおけるＦＡ機器市場やエレベーター市場、オリンパス光学工業の超音波内視鏡における胃壁の五層構造の抽出市場、セイコーエプソンの自動巻発電クォーツウォッチにおけるドイツ市場、東北パイオニア／パイオニアの有機ＥＬディスプレイにおけるカーオーディオ市場や携帯電話端末市場、日清ファルマのコエンザイムＱ10におけるサプリメント市場、東京電力／日本ガイシのＮＡＳ電池における分散型発電用設備市場、東レの液晶ディスプレイ用カラーフィルターにおける中小型ディスプレイ用市場——どれもが、当初想定していなかった市場や用途を見出すことによって、事業化、あるいは事業化後のさらなる発展が可能になっている。

また、影響力のあるオピニオンリーダーの採用が普及を後押しすることもこれまで指摘されてきたところである（Rogers［1983］）。技術開発から事業化に至る過程でイノベーションがより汎用的な理由を獲得するのと同様に、事業化後の普及過程もイノベーションの理由のさらなる汎用性と経済合理性を追求するプロセスだと考えることができる。

われわれが提示した資源動員プロセスの記述が普及プロセスに対しても一定の示唆を与えるように、逆に、普及プロセスの研究から得られる知見が技術開発から事業化に至る段階における資源動員プロセスに重要な示唆を与える可能性がある。双方の研究の再解釈と相互浸透は一つの理論的可能性を秘めている。

3・2　資源動員プロセスが普及と収益化に与える影響

イノベーション活動の正当化プロセスのあり方が、事業化に至るまでの資源動員に影響を与えるだけではなく、その後の普及や収益化にも影響を与える可能性があるならば、具体的にどのような条件下でどのような影響を与えるのかを整理することが今後の当面の研究課題となる。その一つが、先ほども指摘した、創造的正当化が理由の汎用化を妨げるメカニズムと対応策について体系的に分析していくという課題であるが、そのための切り口として、例えば、イノベーションの淘汰プロセスという観点からの検討が可能だろう。

イノベーションは、企業内部での淘汰プロセスをくぐり抜けて事業化され、その後外部の市場において再び淘汰圧力にさらされる。市場を無視した内輪の論理でイノベーション活動が正当化され続けるようなら、それは、外に出た途端に消える運命にある。だから、市場の選択基準を、どこかの時点で、組織内部の淘汰プロセスに適切に反映させることが必要となる。

インテルによるDRAMからマイクロプロセッサへの事業転換を詳細に分析したバーゲルマンが指摘したのはまさにこの点である。DRAM事業に執着する人びとが多数存在する中で、マイクロプロセッサ事業が首尾よく立ち上がった背景には，外部の市場情報が組織内に適切に流れ込んでいたことがあったと，バーゲルマンは記述している（Burgelman［2002］）。

確かに，外部市場の淘汰基準に対して組織が敏感であることは重要である。しかし，その一方で，顕在化している市場の論理だけを適用していては，多くのイノベーション活動が，内部の淘汰プロセスの中で，息絶えてしまう。だからこそ，外部の基準に頼らない，創造的正当化が必要になる。しかし，創造的正当化ゆえに，市場ニーズから乖離した事業化の暴走が生じる危険性も否定できない。要は，バランスをとることが必要になるのだが，そのためにも，これら内部と外部の二つの淘汰プロセスの間の相互関係を明らかにしてイノベーション・プロセスの成否のメカニズムや事後的な事業成果に結びつきやすい創造的正当化のあり方を理解することが重要になると思われる。

また，事業化後の普及，収益化への創造的正当化の影響として，ここまではマイナスの側面を検討することが課題であると論じてきたが，一方で，プラスの側面についてもさらなる研究の余地が残されているだろう。

その一つが，創造的正当化と先行者の優位との関係である。イノベーションから誰が収益を獲得するのかという問題を考える時，一つの焦点は先行者の優位にある（Teece［1986］）。もし先行者の優位が獲得されるのであれば，イノベーションで先駆けた企業が利益を獲得することが可能になる。では，どのようにしたら先行者になれるのか。実は，創造的正当化とは，先行者になるための重要な方策に他ならない。

先行者の優位を論じたリーバーマン＝モンゴメリーは，先行者になれるかどうかは，先見性か幸運が鍵になると述べている（Lieberman and Montgomery［1988］）。つまり，天才か幸運の女神に好かれた者が先行者になるという指摘である。しかし，本書の議論は，先行者になるためのもう一つの有効な方策として――あるいは、結果として先見性と幸運を得るための有効な方策として──「創造的正当化」があることを示している。誰もが納得する客観的な経済合理性のない革新的なアイデアに、多様な相手、理由、ルートを駆使して、創造的に資源動員を正当化することによって、普通の平均的な企業であれば手を出さないような企てを先行して事業化できるのである。そしてこのことが、先行者の優位を経て収益の持続的な獲得につながれば、それは創造的正当化が最終的には企業の収益にまで貢献することになる。こうした創造的正当化と収益化のプラスのメカニズムについて検討することも、興味深い研究テーマとなるはずだ。

3・3　資源動員プロセスと知識創造プロセスとの関係

イノベーション・プロセスにおいて新たな知識を創造するためには、ヒト、モノ、カネ、情報といった資源が必要となる。このことは自明であるゆえに、知識創造プロセスに注目した従来の研究の多くは資源動員プロセスそのものには必ずしも十分な注意を払ってこなかったように思われる。それに対して、本書は、資源動員プロセスの重要性を強調するためにも、それを一旦、知識創造プロセスからは切り離して、一つの独立したプロセスとして分析してきた。

しかし、そもそも、知識創造と資源動員は切り離せるものではない。それらはイノベーション・プロセスを推し進める両輪として、相互に影響を与え合いながら、常に共存しているものである。そして、この相互影響のあり方が、イノベーション・プロセスの前進に関わっている。[2]

しかしながら知識創造と資源動員の相互関係を明示的に扱った研究はほとんどない。資源動員プロセスが、単に、知識創造に必要とされる資源を供給するという点においてのみ関係しているのであれば、あるいは、一旦創造された知識に資源を付与するという点においてのみ関係しているのであれば、知識創造と資源動員の相互関係を特別に取り上げる必要はないかもしれない。だが、両者にはそれ以上の関係がある。

　創造的正当化プロセスは、通常では支持を得られないような状況下で、なんとかしてイノベーション活動に対する人びとの同意をとりつけようとする漸進的なプロセスである。その中心にあるのは、高い不確実性のもとで資源を動員しようと試みる「矛盾解消活動」である。この矛盾を解消しようとする過程で、さまざまな知識が創造されることになる。

　資源動員を妨げているのが高い不確実性なのだから、イノベーションの推進者は、資源動員のために常に不確実性を減らそうと努力するはずである。既述のようにイノベーション活動に伴う不確実性には「自然の不確実性」と「意図の不確実性」の二つがある。前者の「自然の不確実性」を削減することは、新たな技術的知識を創造することに他ならない。つまり、知識創造のために資源が動員されると同時に、資源動員のために知識が創造されるのである。

　一方、「意図の不確実性」を削減する一つの方法は、革新的技術の応用分野を開拓することである。これは、革新的技術の経済的な価値の発見であり、これ自体が知識創造になるわけだが、それは同時に新しい事業の創造も意味する。創造的正当化プロセスを通じて、革新的技術はさまざまな応用分野との新たなつながりを獲得していく。ＩＨ技術が電子炊飯器への応用で生き延びたように、当初は想定しなかった応用分野で技術が花開くことは少なくない。新たな応用が開拓されれば、技術開発の方向性も変化する。そして新たな技術フロンティアの探索、つまり新たな知識創造活動が始まる。つまり知識創造活動は、新たな知識を創造するためだけに行われるのではない。それは、資源動員を可能にするようなイノベーションの理由を創造するためにも進められる。知識創造と資源動員は相互に影響を与えながら進化していくのである。

　日本のイノベーション研究は、知識創造の組織的プロセスの分析で顕著な貢献を果たしてきたが、その成果を受け止めつつ、知識創造と資源動員の相互作用について分析を進めることがさらなる貢献へとつながっていくだろう。

1　金井［1984］は、既存研究を丹念に振り返りながら、革新的な挑戦を目指す組織におけるコミットメントの功罪を多角的に検討している。両者のバランスをとることの難しさを指摘しつつ、執拗性（不確実性が高く、結果が出ない中でも成果を信じてコミットメントを続けること）と柔軟性（エスカレーションを逃れ、臨機応変に多様な可能性を探ること）の同時追求を可能にする戦略、組織のあり方を示唆している。そこでは、例えば、コミットメントをして失敗をした人間をどう扱うか、という問題も検討されなくてはならない。こうした議論を踏まえながら、創造的正当化の功罪のメカニズムを解明していくことが重要になるだろう。その作業では、本書が明らかにしたコミットメントがプラスに働くメカニズムを手がかりにして、マイナスの側面との関係を分析していくことが一つの鍵になるかもしれない。

2　実際に、知識創造の理論は、正当化プロセスを知識創造の一側面として扱っている（Nonaka and Takeuchi［1995］; Nonaka and Toyama［2002］)。野中らは、創造される知識を「Justified True Belief」（正当化された真の信念）と定義し、知識創造は正当化のプロセスを必要とする、と述べている。特に、彼らが注目している組織知とは、組織によって正当性が付与された知識であり、それは、経営者らの主観的な評価基準を反映したものとなる。その意味で、本書が注目する資源動員の正当化プロセスは、彼らが提示する知識創造プロセスに内包されているといえるかもしれない。しかし、知識創造理論は、資源動員プロセスを明示的に扱ってはいない。それゆえ、資源動員という観点から正当化プロセスに注目する本書の視点は、既存の知識創造理論と密接に関係しながらも、補完的な関係にあるといえる。

補論　既存の先行研究との関係

イノベーションの実現プロセスを資源動員の正当化過程として捉えるという本書の立場は、二つの主要な既存研究群から得られた知見に立脚したものである。一つが、大企業を念頭に置いて組織内部の「資源動員」プロセスに注目した研究群であり、もう一つがスタートアップ企業を念頭に置いて組織外部に向けた組織の「正当化」プロセスに注目した研究群である。本書の冒頭で述べたように、「資源動員」と「正当化」という二つの鍵概念を援用することによって、イノベーション過程を統一的に説明する枠組みの提示が可能になるというのが本書の主張である。

資源動員プロセス

資源動員を鍵概念として企業内部の資源配分や資源動員に注目する議論は、古くはBower［1970］による資源配分を通じた戦略形成過程を検討した先駆的研究にさかのぼることができる。その後、社内企業家の役割を論じたバーゲルマンの一連の研究（Burgelman［1983, 1985］；Burgelman and Rosenbloom［1989］）を契機に、資源配分の組織化という観点から新製品や新規事業の創出を検討した研究が数多く出現した（Bower and Gilbert［2005］；Christensen and Bower［1996］；Dougherty［1990, 1992］；Dougherty and Hardy［1996］；Dougherty and Heller［1994］）。これらの研究の特徴は、大企業内部の新製品開発や新規事業の立ち上げ過程の解明を目的とし、その原因として資源配分の意思決定に関わるトップ、ミドル、ロワー間の垂直的な相互作用に注目する点にある。特に強調されるのが、ミドル階層が果たす役割（Burgelman［1983］）であり、資源配分過程を牽引する推進者（champion）の役割である（Day［1994］；Howell and Higgins［1990］；Maidique［1980］；Markham［2000］；Schon［1963］）。最近では、そのような組織内部の資源配分に関わる意思決定が、外部の利害関係者の意向に制約されることが強調される（Christensen and Bower［1996］）。本書は、新製品や新規事業の創出プロセスとイノベーションの実現プロセスを同型の現象として捉え、資源配分過程を牽引するミドル階層の推進者に注目するという点で、これらの研究領域の知見に依拠している。

正当性の確立プロセス

本書はまた、正当性を鍵概念としてその確立過程を検討する企業家研究と呼ばれる一連の研究にも依拠している（Aldrich and Fiol［1994］；Delmar and Shane［2004］；Starr and MacMillan［1990］；山田［2006］；Zimmerman and Zeitz［2002］）。スタートアップ企業の創業とその後の成長に関心を寄せるこれらの研究群の特徴は、経済的資源の獲得のみならず、名声や信頼や人脈などの社会的資源の獲得を通じた正当性の確立過程に注目することにある。創業時の社会的信用や役割期待の小ささ、経済的・社会的関係の脆弱性に特に注目し、経済的・社会的資源の獲得が正当性の確立につながり、さらに正当性の確立がさらなる成長資源の獲得につながる、というダイナミックな関係が提示される。これらの研究群が示唆する知見とは、そもそも市場取引が存在せず、市場を創るという仕事を担ったスタートアップ企業が市場経済において自らの生存領域を見出しためには、信用や名声や人脈といった社会的資源の他者からの獲得が不可欠である、というものである。

資源動員の正当化という視点

このように、本書が提示する視点は、二つの研究群が明らかにしてきた知見に大きく依存しているものの、いくつかの点で既存研究では必ずしも明示的には検討してこなかった新たな研究課題の解明を試みようとするものである。具体的には、資源動員に注目してきた研究群は、内部組織の問題に注力する経営学の性格を反映して、資源動員の問題を企業内部の問題として捉えてきた。その結果、経済主体間の資源動員の問題は市場取引の問題として捉えるにとどまり、必ずしも明示的には検討してこなかったのではないだろうか。また、正当化に注目してきた研究群は、外部環境に向けた正当化の確立について主たる関心を払い、内部組織における正当化の確立について必ずしも明示的には検討してこなかったのではないだろうか。

イノベーションの実現プロセスとは本来、組織内部の一個人のささやかな企てから出発し、結果的に組織の枠を越え、組織内外のさまざまな主体を社会レベルで巻き込むプロセスである。それは、内から外へ、内部組織から社会システムへ、多様な主体からの資源動員を必要とし、また組織内外の主体からの正当性の獲得が必要となるプロセスである。イノベーションの推進者は、組織内外の多様な主体から資源提供と真っ当な理由の獲得なしにはその実現をなしえない。資源動員の正当化に注目してイノベーションの実現プロセスを説明しようとする本書の意図は、まさにこの点にこそ求められるのである。

事例篇

事例1　花王：アタックの開発，事業化

事例2　富士写真フイルム：デジタルX線画像診断システムの開発，事業化

事例3　オリンパス光学工業：超音波内視鏡の開発，事業化

事例4　三菱電機：ポキポキモータの開発，事業化

事例5　セイコーエプソン：自動巻発電クオーツウォッチの開発，事業化

事例6　松下電子工業：GaAsパワーモジュールの開発，事業化

事例7　東北パイオニア／パイオニア：有機ELの開発，事業化

事例8　荏原製作所：内部循環型流動層炉の開発，事業化

事例1　花王：アタックの開発、事業化

はじめに

一九八七年四月、花王が酵素入り小型濃縮洗剤「アタック」を発売した。「アタック」とは、少量できれいに洗濯できる合成洗剤である。かつて失敗した合成洗剤の小型濃縮化に再挑戦し、さらなる小型濃縮化を可能にする転動造粒技術と、洗浄力を高める酵素（アルカリセルラーゼ）の発酵生産技術（バイオテクノロジー）を結集して実現したものであった。

「スプーン一杯で驚きの白さ」と銘打たれたこの新商品は、当時の日本の合成洗剤市場をめぐる勢力図を塗り替える、画期的なものであった。花王のシェアはそれまでの三〇％台半ばから、翌年には五〇％台に達する。長年にわたって数パーセント・ポイントの僅差で首位争いを繰り広げていた好敵手、ライオンを大きく引き離し、単独トップに躍り出る。売上げの拡大をもたらすとともに、利益率も向上し、花王のその後のさらなる飛躍の礎ともなっていく。

「アタック」は衣料用合成洗剤市場のどのような流れの中で商品化されていったのだろうか。どのような

プロセスを経て開発、事業化されていったのだろうか。[1]

1　「アタック」とは

1・1　合成洗剤業界と「アタック」の登場

現在、国内衣料用洗剤市場の主流は、合成洗剤である。合成洗剤とは、洗浄成分である界面活性剤を合成的に生成して作り出される洗剤のことである。もともとドイツで最初に広まった合成洗剤は、一九三七年に日本でも家庭用として発売されるようになった。

合成洗剤が一気に普及して市場が拡大するようになったのは、電気洗濯機が一般家庭に浸透し始めた一九五〇年代以降である。六三年には、合成洗剤が石鹼の生産量を上回ることとなった。その衣料用合成洗剤市場も、やがて成熟していく。市場規模の推移をみればわかるように（図表1）、「アタック」発売前年である八六年の国内販売量は、前年比で一・七％増の一四七〇億円にとどまっている（インフレ調整後の実質ベースでは前年比〇・二％増）。典型的な成熟市場といわれていたころである。

合成洗剤業界には多数の企業が参入していたが、市場シェアを激しく争っていた中心的な存在は、花王とライオンだった。両社は、洗濯石鹼から合成洗剤への転換にいち早く乗り出し、大規模な設備投資を行うことによって、合成洗剤市場におけるシェア争いを激化していった。

合成洗剤市場における両社のシェアの推移を示したのが図表2である。一九七〇年代から八〇年代半ばにかけて花王とライオンが激しいシェア争いをくりひろげていたことがわかる。当時の両社のシェアは、数パーセント・ポイントあるかないかという僅差で推移していた。

図表１　家庭用合成洗剤（粉末）の販売金額の推移

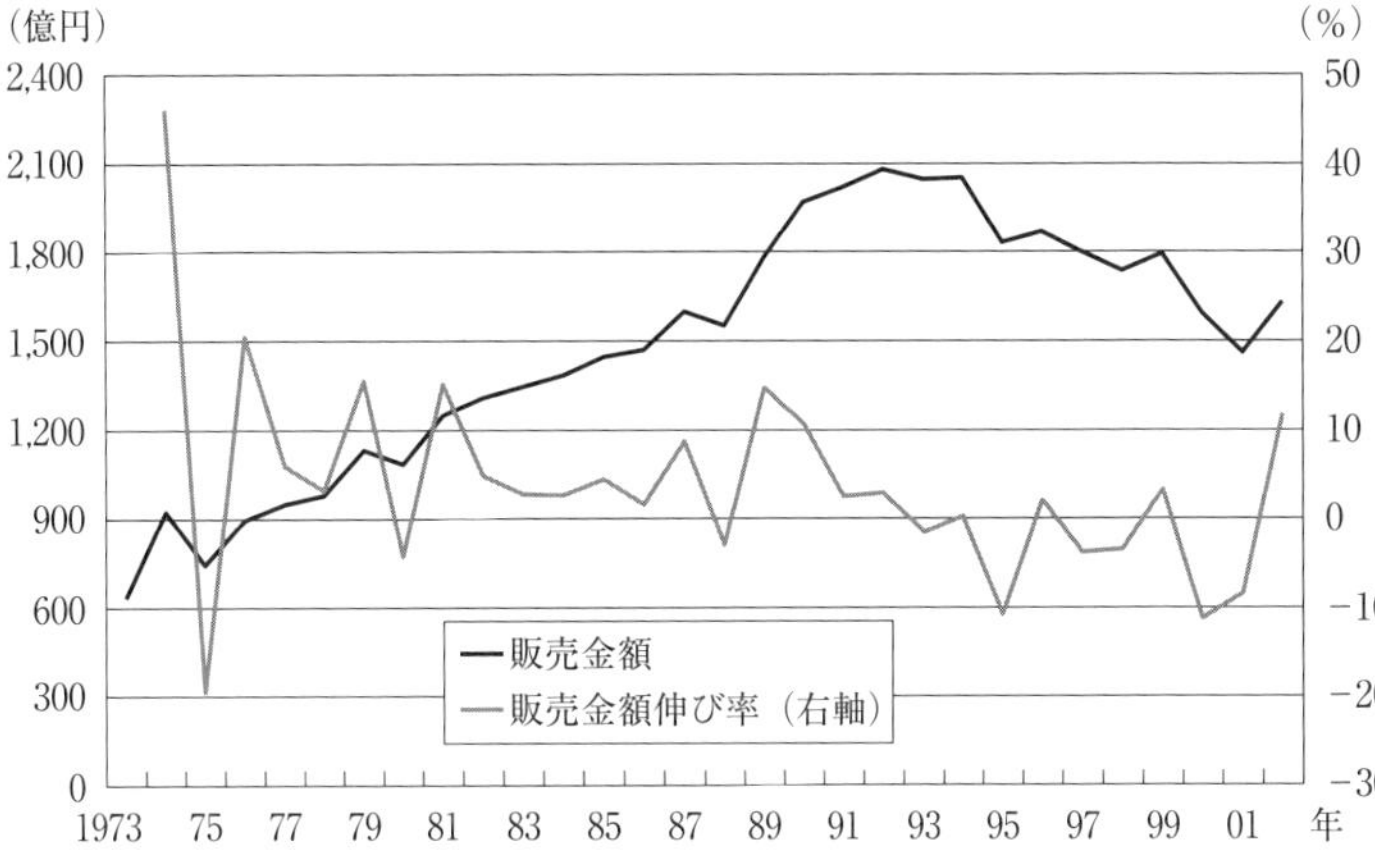

出所：『化学工業統計年報』各年版より作成。

そんな激しいつばぜり合いを続けていた両社の競争関係を大きく変えたのが、一九八七年の花王の「アタック」投入であった。それは、「花王の衣料用洗剤の歴史のなかでも記録的な成功」（花王［1993］）をもたらした。それまで三〇％台半ばであった花王のシェアは同年中に四〇％に達し、翌年には五〇％を超える。装置産業にとって、こうしたシェアの大変動は大きな意味を持つ。販売量が伸び悩み、さらには縮小するようなことになれば、たちまち固定費負担が重くのしかかってくるし、売上げが伸びれば、巨額の固定費負担をまかなってあまりある利益が生み出される。

「アタック」はまた、成熟市場といわれていた合成洗剤市場を再び成長させていく原動力にもなった。一九八八年に市場規模が一度低下しているものの、八九年からは市場規模が大きくなっている。「アタック」は、花王のシェア拡大、業績向上を可能にした商品であったと同時に、成熟していた市場の再活性化にも寄与した商品であった。

図表２　合成洗剤市場シェアの推移

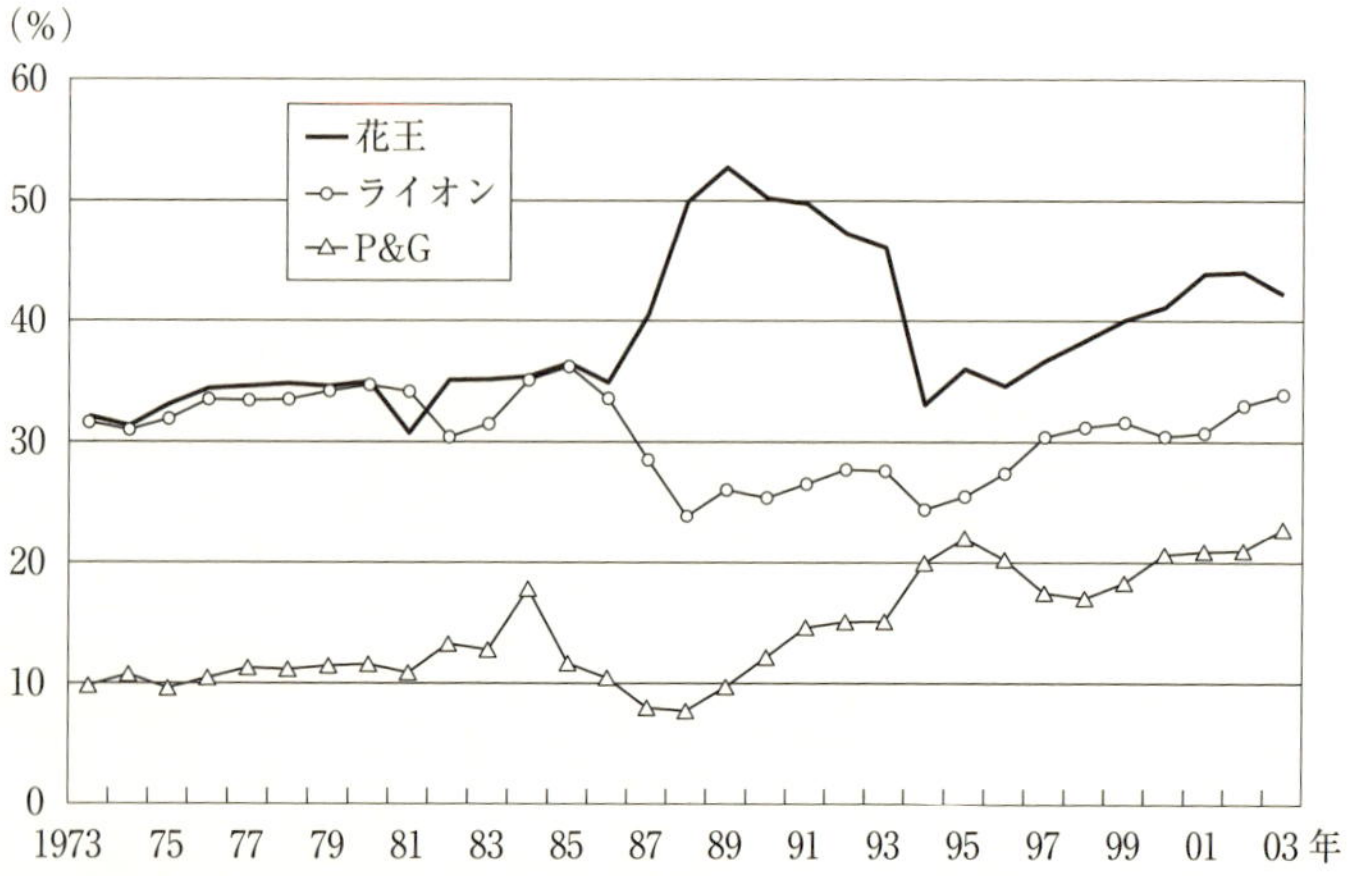

注：1. 金額ベースのシェア。

2. 本図表は下記の２つの資料より作成したものである。両資料のデータにくい違いがあり，またそれぞれの資料で，データが欠けている時期や，シェアの推移がいささか不自然な時期，単位が異なる時期があり，単独の資料で長期推移を一貫して見ることはできない。本図表は，２つの資料で金額ベースのデータが利用できる年は両資料で示されているシェアの平均，いずれか１つの資料しか利用できない年については当該資料で示されているシェアを用いている。したがって，本図表は，３社のシェアの推移を正確に示すものではなく，シェアの変化の大まかなパターンをとらえたものである。

3. それぞれの資料で金額ベースのシェア・データが利用可能な時期は以下の通り：矢野経済研究所『日本マーケットシェア事典』1973～2001年，日経産業新聞『市場占有率』1981～83年，1986～2003年。

4. なお，花王［1993］に，1975年から88年にかけての衣料用洗剤における花王の市場シェア（各年上期）が以下の通り示されている：31.3%（1975年），34.1（76年），33.2（77年），35.7（78年），32.4（79年），27.8（80年），31.5（81年），35.2（82年），34.0（83年），29.8（84年），29.1（85年），32.6（86年），39.9（87年），46.8（88年）。このデータの動きはおおむね本図表の動きに近いが，1980，84，85年にシェアが３割をきっているという点で異なっている。

出所：矢野経済研究所『日本マーケットシェア事典』，日経産業新聞『市場占有率』より作成。

1・2 「アタック」とは

「アタック」は、ひとことでいえば、少量できれいに洗濯できる洗剤である。それまで大きなサイズの箱に入って売られていた合成洗剤の世界に、使いやすく、置き場所もとらず、持ち運びも楽にできる小さな箱に入れられて、わずか「スプーン一杯」の分量（従来品の四分の一の容量）で「驚きの白さ」が出せる洗剤を投入し、消費者の幅広い支持を獲得することに成功したのである。

「アタック」は、主に二つの新しい技術の開発によって実現した。一つは従来の合成洗剤を小型濃縮化するために確立された転動造粒技術であり、もう一つが従来の合成洗剤の洗浄力を飛躍的に向上させたアルカリセルラーゼという酵素の発酵生産技術であった。どのような経緯でこれらの技術が開発され、そしてどのような過程を経て「アタック」の事業化が進められていったのか。そのいきさつを理解するための準備作業として、少し時間をさかのぼって、一九六〇年代末からの合成洗剤市場、業界の動きを見ていくことにしよう。

2 前史：一九六〇年代末からの三つの潮流

2・1 酵素配合への動き

国内の合成洗剤市場で一九六〇年代末から起き始めた変化は、酵素配合への動きであった。すでに海外では、一九六三年に、オランダでタンパク質を分解する酵素を配合した合成洗剤が発売され、普及し始めていた。

海外における酵素配合の流れに敏感に反応した国内メーカーは、市場シェアではマイナーな企業だった。

一九六八年一月、第一工業製薬が日本初の酵素入り洗剤「モノゲンオール」を発売すると、その二カ月後には日本油脂が「バリ」を、翌六九年三月には旭電化が「ニューアデカソフト」を、といったように、次々と酵素入り洗剤が発売された。

これに対し花王が酵素配合の研究開発を始めたのは、「モノゲンオール」発売直前の一九六七年末頃からであった。花王が最初に検討したのは、プロテアーゼの一種であるアルカラーゼだった。花王は、デンマークのノボインダストリーのアルカラーゼを用いて酵素洗剤の開発を検討していく。その後、花王はプロテアーゼ酵素の独自開発に乗り出していったものの、その開発は思うようには進まなかった。独自に開発した酵素「高単位酵素ＫＺ」入りの合成洗剤「スーパーザブコーソ」を花王が発売したのは、「モノゲンオール」から二年も遅れた七〇年三月のことであった。

ようやく出た「スーパーザブコーソ」の滑り出しは好調だった。初年度の生産計画三三億円に対し、実績値は四五億九一〇〇万円に達した。しかしながら翌年、海外で酵素入り洗剤の安全性を問題視する声が高まると、花王は「スーパーザブコーソ」の生産・販売を中止せざるをえなくなる。その後、安全宣言が出されたことで、花王は一九七三年三月に「ザブＸＫ」を発売した。このときにはプロテアーゼに加えて、デンプンを分解するアミラーゼも配合されていた。それでも安全性に対する消費者の疑念は拭いきれず、結局、酵素入り洗剤はしだいにその姿を消すこととなってしまう。

一方でライオンは、酵素配合の動きにそもそも反応しなかった。その主たる理由は、酵素配合による洗浄力の向上が疑問視されていたからである[2]。ヨーロッパには、温水での洗濯やつけ置き洗いの習慣があり、酵素が機能を発揮しやすい環境にあった。だから酵素入り洗剤は普及した。しかし日本の洗濯慣習では、基本的に冷水を利用するし、つけ置きもしない。したがって酵素配合の意義はあまり大きくない、と考えられていたのである。一九七〇年代初期にライオンから酵素入り洗剤が発売されることはなかった。日本の洗濯環境との適合性については花王でも検討され、その意義が疑問視され、開発は慎重に進められていた。そのせいもあって、「スーパーザブコーソ」の発売が二年も遅れたのであった。慎重な判断の上に、時間をかけて開発したものの、結果的には、花王の酵素入り洗剤は消費者からの持続的な支持を受けることなく、市場からその姿を消すことになったのであった。

2・2　小型濃縮化への動き

一九七〇年代を通して徐々に成熟化していった合成洗剤市場において最も強調された競争次元は、「御徳用」を目指した商品の大型化であった。よりサイズの大きい箱に入れた合成洗剤を低価格で提供することで、顧客に割安感を与え、市場シェアを獲得していくやり方である。花王、ライオン、P&G各社はともに、七〇年代半ばにかけて激しい「御徳用合戦」を繰り広げていった。

大型化に向けた同質的競争から抜け出すために最初に新機軸をしかけたのは、花王であった。御徳用にともなう大型化と低価格化は、花王の合成洗剤事業の収益性を苦しめていた。この苦しい状況の打開をねらって、花王は、一九六九年頃から取り組んでいた洗剤粒子の小型濃縮化に向けた開発を推進していったのであった。

小型濃縮化に成功した花王は、一九七五年七月に小型濃縮洗剤として「新ザブ」「新ニュービーズ」を市場に投入する。小型濃縮化の程度は、従来の洗剤粒子の二分の一だった。価格は従来よりも実質的に九〇円安く、ともに一・六六kg入りで六〇〇円に設定された。さらに花王は、四カ月後の十一月になると、小型濃縮洗剤「新ホワイトワンダフル」「新ポピンズ」を投入していった。

これに対してライオンもいち早く追随する。花王から「新ポピンズ」が発売されたのと同じ十一月に、小型濃縮化された合成洗剤「スパーク25」を発売する。翌一九七六年にはさらに、「ピンキー25」および「ブルーチャイム25」を発売していく。

洗剤トップ二社の相次ぐ小型濃縮洗剤の投入により、洗濯用合成洗剤市場は御徳用大型化に向けた競争から小型濃縮化に向けた競争へと転換するかのような様相を見せた[3]。小型濃縮化の取組みはオイルショックを契機に起きていた省資源化の時流にも適するはずのものであった。ライオンの小林宏社長は、「業界全体がコンパクト化の洗剤になれば、資源面で年間四〇億円から四五億円も節約できる」と言及している[4]。

しかし、一九七〇年代における小型濃縮洗剤は、結局、消費者からほとんど支持を得られなかった。一つの理由として考えられたのは、消費者に計量の習慣がないことだった。それまで一回に使用する洗剤の量を計らずに目分量で洗濯機へ流し込んでいた消費者は、小型濃縮洗剤もついつい入れすぎてしまい、すぐに使い切ってしまいがちだった。消費者からすれば、小型濃縮洗剤は割高な商品だったのである。

結局、酵素入り洗剤に引き続いて小型濃縮洗剤もまた、しだいにその姿を消していってしまう。花王から発売された「新ザブ」「新ニュービーズ」は、発売から二年後の一九七七年に販売中止となる。P&Gも生産を中止し、ライオンは七九年になると小型濃縮洗剤の生産を基本的に中止する方針を固める。

2・3　無リン化への動きに伴う酵素入り洗剤の復活

第三の動きは、合成洗剤の低リン化および無リン化である。そもそもリンとは、主として洗剤粒子のビルダー（助剤）としての役割を果たすと同時に、洗浄力の一端を担う役割も果たしていた。そのリンが、赤潮[5]を発生させる主要な原因物質だと問題視され始めたのである。洗剤メーカーは無リン化に向けた開発を迫られることになった。

赤潮問題を受け、いち早く低リン化に取り組み始めたのは、ライオンであった。ライオンは一九七〇年代初頭から低リン化に向けた活動を進め、七三年秋には業界初の無リン洗剤「せせらぎ」を発売する。しかしながら「せせらぎ」は、洗浄力が落ちてしまっていたために消費者から支持されず、発売後わずか数カ月で生産中止に追い込まれていった。

それでもライオンは、低リン化への取組みを継続した。そして一九七五年に「スパーク25」を発売して低リン化を再び推し進め、七七年には小型濃縮洗剤の低リン化を完了させていく。ライオンでは、低リン化を推進する際に、リンの代わりにゼオライトを非リン系ビルダーとして代用していた。しかしゼオライトでは洗浄力を高める機能が十分ではないため、その洗浄力回復が次なる開発の主なテーマになっていった。

一方、低リン化に対する花王の出足は鈍かった。洗浄力の一端を担うリンを配合しなければ洗浄力が低下してしまう、というのがその主たる理由であった。事実、花王が主張していたとおり、リンの削減によって洗浄力は低下してしまっていた。

低リン化に伴う洗浄力の低下という問題に対してライオンがとった打開策は、酵素の配合によって洗浄力を回復させていくというものであった。ライオンは、一九六〇年代末以降に起きた酵素配合の第一波には乗らなかったものの、低リン化にともなう洗浄力低下を打開するために、酵素の配合を企図し始めた。

ライオンが最初に選択した酵素は、先述のアルカラーゼだった。ライオンもまた、タンパク質分解酵素に眼をつけ、ノボインダストリーに酵素開発を依存していた。アルカラーゼの配合によって、ライオンは、リンを減らしながらも洗浄力を従来の一一〇%に高めることに成功する。そうして開発された新商品が、「トップ」であった。

一九七九年三月八日、ライオンはアルカラーゼを配合した新しい酵素入り洗剤「トップ」を発売する。「トップ」はたちまちのうちに消費者から高い支持を獲得し、ライオンの全社売上高の四〇％を占めるようになる。さらに「トップ」は翌八〇年に無リン化され、その人気を確固たるものに築き上げていった。

低リン化の出足が遅れていた花王もまた、無リン化への動きに従わざるをえなくなる。一九七九年に、合成洗剤追放条例といわれる「滋賀県琵琶湖の富栄養化の防止に関する条例」が滋賀県で定められたからである。[6] もともと低リン化に遅れていた花王は、これを機に、無リン洗剤の発売に関してはライオンよりも先んじることをねらう。そして八〇年三月、無リン洗剤「ジャスト粉末」を発売する。これは、上記の「無りんトップ」（以下、「トップ」）発売（十月）よりも半年早い出来事であった。

しかし「ジャスト粉末」は、酵素を配合していたもののゼオライトは配合しておらず、洗浄力は「トップ」よりも劣っていた。そのため花王は一九八一年八月、酵素とゼオライトを配合した「無りんザブ酵素」を発売して「トップ」に追随する。しかしながら「トップ」の力は強く、なかなかその牙城を崩すことはできなかった。花王はさらに、「ニュービーズ」なども無リン化していった。

これに対しライオンも、一九八二年に「ブルーダイヤ」を無リン化したり、翌八三年には無リン洗剤「ピンキー」を新発売するなどして反撃する。こうした合成洗剤の無リン化に向けた激しい競争の結果、業界全体で合成洗剤の無リン化が進んでいった。

3　アタックの開発

3・1　過去の教訓

「アタック」の開発に取り組んでいた花王がその当時おかれていた状況のあらましは、以上のようなものだった。酵素配合、小型濃縮化、無リン化という一九六〇年代末以降の合成洗剤業界における三つの潮流の中で、花王は試行錯誤を重ねながら、ライオンとともに業界トップの地位を維持し続けた。だが、その間の経験は決して納得のいくものではなかった。無リン化には取り組めたものの、酵素入り洗剤と小型濃縮洗剤ではいずれも苦杯をなめている。

こうした経験をめぐって花王社内では、何がまずかったのかが議論される。その議論から得られた基本的な判断の一つは、小型濃縮洗剤とは言っても小型濃縮化の程度が従来商品の二分の一ではまだまだ不十分ではないだろうか、ということであった。したがって、今後もさらなる小型濃縮化を目指さなければならないとされ、その研究開発が重点化されることとなった。

またこのとき、東京研究所で洗剤の商品開発に携わっていた村田守康主任研究員は、もう一つの教訓を感じていた。それは、小型濃縮洗剤を購入しても消費者に損したと思わせないように、わずかな量でも驚くほど高い洗浄力を実現する必要がある、ということであった。そのためには、画期的な洗浄力を発揮する酵素を投入しなければならない、と考えるようになっていった。

これらの教訓が、アタックを構成する二つの主な技術革新、①洗剤粒子のさらなる小型濃縮化技術と、②アルカリセルラーゼという酵素の発酵生産技術の開発へとつながっていく。以下、それぞれの技術が開発されるまでの道程をたどっていこう。

３・２　洗剤粒子の造粒工程

洗剤粒子の小型濃縮化に向けた新たな取組みは、おもに和歌山研究所で進められていた。和歌山研究所の

図表3　洗剤粒子の造粒工程

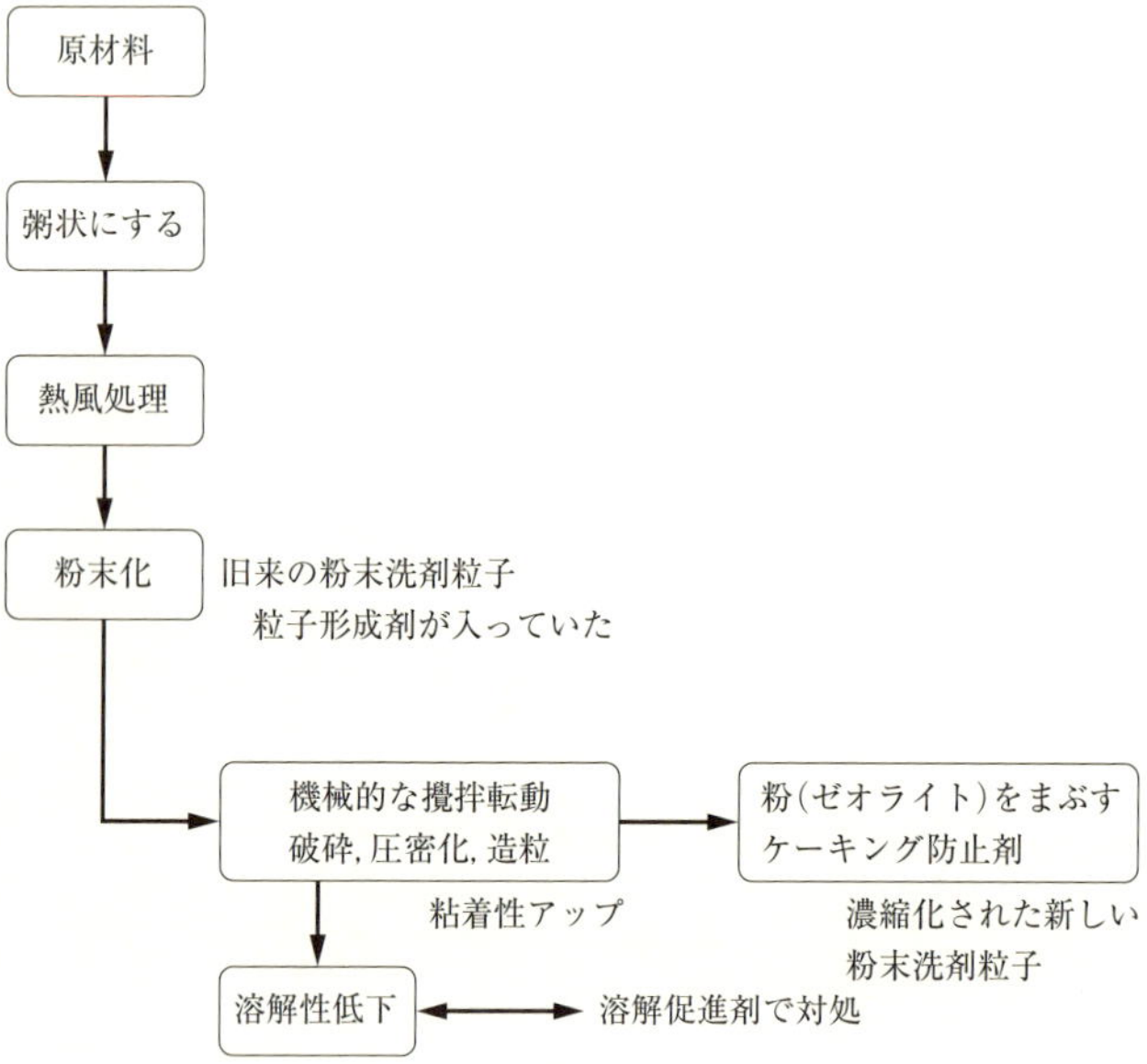

技術開発部員たちは、各種プロセスを検討した結果、従来の技術アプローチではより抜本的な小型濃縮化が実現できないと感じていた。そこで彼らは、新たなアプローチを模索し始めた。

その際に彼らは、設備リスク、規模拡大へのスピード、配合組成上の柔軟性などを前提として、既存技術、既存設備を最大限に応用展開できる技術開発を考案していった。彼らが行き着いたのは、中空構造をもっていた従来の洗剤粒子を機械的に押しつぶして圧密化することで、高嵩密度化し小型濃縮化するというやり方であった。この抜本的に新しい洗剤製造技術の開発が始まったのは、一九八三年のことだった。

ここで、小型濃縮化した洗剤粒子の製造プロセスを簡単に確認しておこう。図表3は、洗剤粒子の造粒工程の概略図で、左上から順に工程が流れている。洗剤粒子の製造工程はまず、原材料をドロドロの粥状にする工程から始まる。それを熱風処理して、粉末洗剤へのプロセスをたどっていくことになる。熱風処理とは、粥状になったものがプラントの上部から霧状に落下していき、そこに高温の熱風を吹き付けることによって乾燥、粒子化させていくプロセスのことである。これが、噴霧乾燥技術のやり方である。

このとき、熱風を吹き付けられた粥状の物質は、ポップコーンが弾けるようにして膨らみながら乾燥し、粒子化されていく。そのため、噴霧乾燥された洗剤粒子の断面図をみると、中は空っぽの中空構造をしている。中空構造をしていれば、洗濯時にも水に溶けやすい。ここまでで粉末洗剤として商品化されていたのが、従来の粉末洗剤であった。

ただし、想像すればすぐにでもわかるように、中空構造の採用は洗剤粒子そのものの大型化を引き起こしている。その中空構造をもつ洗剤粒子を機械的に圧密化するようにしてできあがるのが、「アタック」で実現される小型濃縮化された洗剤粒子である。

3・3　トナー事業からの技術転用による小型濃縮化

和歌山研究所の技術開発部員たちは、その中空構造をした粒子を機械的に押しつぶして圧密化する方法を試みていった。この方法を提案した技術開発部員には、入社ほどなくしてプリンター、コピー機用のトナー製造プロセス開発で数年間を過ごしていた経験があった。その経験が活かされたのである。

そもそもトナー事業は、花王が洗剤事業で蓄積した粉体技術が活かせる事業分野の一つだったが、トナー製造技術の開発に取り組むにつれて、粉体技術が独自の進化を遂げていた。トナーに要求される粒子の大きさが粉末洗剤に要求されるレベルとは比較にならないほど小さかったからである。競合他社との競争を続けていく中で、粉体加工技術、製剤化技術がトナー事業で蓄積されていた。このことから、トナー事業で数年間を過ごした技術開発部員にとって見れば、洗剤粒子の小型濃縮化にもトナー用の粉体を処理する際に用いていた粉体加工技術を応用すれば、攪拌転動力により粉体が破砕、圧密化され高嵩密度粒子に造粒できる（以下、攪拌転動造粒という）と思われたのである。

その意見をもとに和歌山研究所では、粉体加工技術の転用を進めていった。しかしながら、ここで新たな問題が起きる。熱風処理された洗剤粉末に攪拌転動造粒技術を用いて圧密化すると、確かに小型濃縮化される。けれども、今度は中空構造がなくなるために溶解性が低下してしまうのである。これでは洗濯水に入れても溶けず、そもそも圧密化技術を転用する意味がなくなってしまう。この問題は、溶解性促進剤を混ぜ込めることで解決された。

さらにもう一つ問題が生じた。熱風処理された粉末は攪拌転動で圧密化されながら球状粒子に造粒されていくのだが、これではできあがった造粒洗剤粒子の表面は粘着性が高まってしまい、このままの物性では、粉末洗剤が箱詰めされた後で粒子同士がくっついてブロック状になってしまうのである。

この技術的課題は、先述の、無リン化圧力によって配合されるようになったゼオライトをうまく活用することで解決された。ゼオライトには洗剤粒子同士の粘着を防止する役割があったのである。ただし、従来のように単に洗剤粒子の中にゼオライトを配合するやり方では駄目だった。花王の技術者たちは、洗剤粒子同士の結合を防ぐケーキング防止剤として、正月の餅つきで用いる取り粉のようにゼオライトを洗剤粒子の外側に塗したのである。ゼオライトを、洗剤粒子の中への配合ではなく、外から塗すようにして使う、という方向転換によって、転動造粒技術の転用を通じた洗剤粒子の小型濃縮化がもたらした技術的課題は解決されていったのであった。

新たに開発された洗剤粒子は、従来の洗剤粒子と比べると容積基準で約四分の一にまで小型濃縮化された。一九七五年に失敗してしまっていた小型濃縮洗剤粒子と比べれば、二倍高嵩密度化された洗剤粒子の開発に成功したのであった。この新しい洗剤製造技術は八六年に量産化しうるレベルまで仕上げられ、既存の洗剤プラントへの展開が可能になった。

3・4　アルカリセルラーゼの探索

こうした小型濃縮化のための技術開発と並行して進められたのが、洗浄力向上のための新たな技術の開発であった。洗剤の商品開発を東京研究所で担っていた村田にとっては、和歌山で進められていた小型濃縮化だけでは不安であった。一九七五年の小型濃縮洗剤の失敗がトラウマとして残っていたからである。洗剤粒子の小型濃縮化だけでは商品としてはどうしても未完成なものに感じられた。再び消費者に割高感を感じさせてしまうのではないか。そうならないようにするにはどうすればよいのか。そう考えていた村田は、小型濃縮化と同時に、洗剤の洗浄力もまた何とかしてでも高めなければならない、という思いをつのらせていた。

村田が直面していたのは、小型濃縮化のみでは商品として不十分だという不安だけではなかった。社会の趨勢として進んでいた洗剤の無リン化に伴う洗浄力の低下をどうやってカバーするか、という課題にも直面していた。そこで一九七八年、村田は洗浄力回復と向上に向けた手がかりを追い求め、さまざまな酵素やその他何か役立ちそうな物質を手当り次第に洗剤とともに洗濯機に入れて実験するなど、東京研究所で試行錯誤を始めた。

なかなか良い材料が見つからず、苦しんでいたある日、村田がセルラーゼという酵素を洗剤に混ぜて洗濯してみたところ、見事な洗い上がりに驚くこととなった。そこで村田は、新しく部下となっていた入社間もない鈴木哲に、セルラーゼの配合と洗剤としての実用性に関する研究を行うよう指示した。

セルラーゼは繊維素（セルロース）を分解する酵素である。[7] したがって、セルラーゼを配合すれば木綿などセルロース系繊維の衣服はボロボロになってしまう、と危険視して回避するのが「常識」ある技術者の判断であったろう。しかし村田はこの「常識」に挑戦することを決める。それは、見事な洗い上がりの背後にある洗浄メカニズムを把握していたからではなく、とにかく洗ってみたら奇麗になったという理由だけからであった。

村田の指示を受けてセルラーゼの検証を始めた鈴木はまず、セルラーゼがどのように汚れに作用するかを探っていった。すると、セルラーゼは繊維のごくごく表面の薄皮を剝《は》ぐように作用しているように見受けられた。つまり、汚れの種類にかかわらず繊維質ごと洗い流されていたために、真っ白な洗い上がりが実現されるのであり、いわば、セルラーゼによる洗浄とは「泥ネギの薄皮をむくような」やり方と推定された。

ここで同時に新たな課題も見つかった。通常のセルラーゼは、弱アルカリ性を示す洗剤溶液（洗濯水）の中では、二〜五％程度しか機能しないのである。[8] そこで一九七九年、アルカリ性を示す洗濯水の中でも失効しないセルラーゼ（以下、アルカリセルラーゼ）の探索に開発の焦点は移っていった。

そのアルカリセルラーゼの探索から「アタック」開発に関わり始めたのが、村田と同じ東京研究所に勤務していた井上恵雄であった。井上は、入社数年後に天然有機化学関連技術を習得するために国内留学した経験をもつ研究員である。留学を終えて東京研究所に戻ってきた井上は、バイオ技術に近い天然物化学に習熟していることから、新しく勃興してきたバイオ関連の研究に携わることになり、その応用先を、合成洗剤をはじめとする花王の基幹技術分野に求めていた。何か貢献できないかと村田と情報交換をしていたところ、村田がアルカリ水中においても機能するセルラーゼの探索に四苦八苦していたことがわかったのであった。

ちょうどこのころ花王は、バイオテクノロジーの開発基盤を確立すべく、東京大学教授の駒形和男からの指導を受けていた。駒形による指導は、花王にとってバイオテクノロジーを専門とする教授たちへの人脈形成という点でも効果的であった。井上らは、駒形教授が専門外とする知識を習得したいときには、駒形の紹介を仰いでいった。東京大学の大岳望、別府輝彦、蓑田泰二、斉藤日向、矢野圭司、永井史郎、京都大学の福井三郎、田中渥夫など、第一線のバイオテクノロジー研究者たちとの交流の輪もこうしてしだいに広がっていった。

それでも花王には、酵素関連の知識が十分に蓄積されていなかった[9]。さらに先述のように、一般的にセルラーゼは酸性から中性下で機能するものであるから、アルカリ性下で働くセルラーゼが存在するかどうかもほとんど知られていなかった。そこで井上は、とりあえず図書館でセルラーゼ関連の書籍を漁《あさ》り始める。すると、理化学研究所の堀越弘毅主任研究員が取得していた特許の中にアルカリセルラーゼを産生する菌株の記載があることがわかった。

すぐさま村田と井上は理化学研究所へ出向き、アルカリセルラーゼとその生産菌株を譲り受ける。そして東京研究所に戻って洗浄実験を行ったところ、弱アルカリ性の洗濯液中では中・酸性の酵素を用いるよりも高い洗浄能力が認められ、アルカリセルラーゼの方が有利であることが確認された。こうして一九八〇年、洗剤粒子を超小型濃縮化すると同時に新酵素アルカリセルラーゼも配合した洗剤開発という構想が具体化した。ところが、ここで次なる問題が発生する。

3・5　アルカリセルラーゼの発酵生産技術の確立

その問題とは、この菌株が工業生産を想定したものではなかったため、菌株が菌体外に分泌するアルカリセルラーゼの量が極めて少なかったことである。洗濯用洗剤は日用品である。だから、アルカリセルラーゼを低コストでしかも安定的に大量生産する技術と工業生産体制を構築しなければならない。そのためには、合成洗剤との適合性を有し、かつ、経済的に見合う生産コストでアルカリセルラーゼという酵素だけを短時間で大量に菌体外に分泌生産（つまり発酵）してくれる微生物酵素生産技術を、ゼロから開発する必要があった。

これを機に、開発を企画している洗剤に適合的なアルカリセルラーゼを分泌生産する菌株を自然界から探索分離スクリーニングし、その中から有力候補菌株を評価して絞り込み、突然変異育種技術と培養技術を主体として酵素生産性を向上させていく取組みを井上たちが担い、村田や鈴木は井上から渡されたアルカリセルラーゼの洗浄力評価を行う、という開発の分業体制が整えられた。

アルカリセルラーゼを大量発酵してくれる菌をどのようにして培養していくか。この課題に対し、井上たちは、まずアルカリセルラーゼを発酵する他の菌を探索し始める。セルラーゼはセルロースを分解するわけだから、植物のセルロース分が多く存在する土壌などの自然環境にその生産菌が多く生きているはずだという考えのもと、落葉やわらくずが堆積した全国の山中や田畑を中心に探索が行われた。

その結果、花王の栃木研究所付近の土壌から有望な生産菌株が分離された。この生産菌は弱アルカリ性下でも機能するうえ、ここから発酵生産されるアルカリセルラーゼは、木綿繊維を構成する結晶性のセルロースには作用せず、非結晶の分子状のセルロース高分子のみに作用する、いわゆるＣＭＣ系セルラーゼ酵素に属し、木綿繊維を傷つけないタイプだった。そのためこの酵素は、高い洗浄能力を持ちながら繊維を傷めることがなく、理想的なセルラーゼと考えられた。この菌株は、KSM635と名づけられた。

次の開発課題は、その生産性向上に向けた変異育種の取組みだった。KSM635が分泌生産する酵素の量を増やし，生産性を高めるための実験は，人工的に突然変異させられたKSM635の変異株の酵素生産能力を評価するスクリーニング手法の工夫と，膨大なルーチンワークを伴うものであった。通常のKSM635では，日用品としての合成洗剤に配合できるだけのアルカリセルラーゼを大量生産してくれなかったからである。アルカリセルラーゼだけを大量発酵するように，KSM635に対してさまざまな変異をかけて，その高生産変異株の出現が待ち続けられた。

そのころ井上は栃木研究所へ異動していた。東京研究所が手狭になったことを受け，発酵研究グループが新設された栃木研究所へ移ったのである。しかし合成洗剤の商品開発グループは東京研究所に残る。そのため，発酵生産技術の向上に向けた開発は栃木研究所，栃木研究所で発酵されたアルカリセルラーゼを洗浄力という観点から商品評価テストしていくのは東京研究所，という開発体制がとられることとなった。地理的に離れてしまった二つの研究所の研究員は，開発を進めるためにお互いの研究所を行ったり来たりしなければならない。このため，一九八二年頃の開発はペースダウンしてしまう。

そうした問題もあって，一九八三年頃，東京研究所にいた洗剤の商品開発グループが栃木研究所へ異動することが決まる。栃木研究所に開発スタッフが集中した洗剤開発は再びスピードアップしていく。

同時に，このころには鈴木たちによってセルラーゼの洗浄メカニズムがほとんど解明されていた。セルラーゼは，泥ネギをむくようにして繊維を削いで汚れを落とすわけではなく，繊維分子の乱れた部分（非晶質）に作用して汚れを繊維から離脱しやすくするものであることがわかってきた。そのため，従来の洗剤やプロテアーゼなどの酵素では入り込めないような繊維内部の汚れにも作用することが明らかとなった[10]。だからこそ，従来の洗剤では残ってしまっていた洗濯後の黄ばみが生じず，真っ白な仕上がりが実現されていたのである。

3・6　工業生産へ

KSM635の変異育種がすすみ、アルカリセルラーゼの洗浄メカニズムも明らかになってくると、今度は発酵生産の工業化に向けた取組みが本格化していくこととなった。

しかしここでまた大きな問題に直面する。それは、発酵設備の工業的規模がもたらす問題であった。これまで栃木でやっていたことはせいぜいビーカーやフラスコレベルでの発酵実験であった。これに対して、工業生産となれば、ジャーレベル、あるいはプラントレベルでの発酵が要求される。

安定的な発酵生産を行うには、発酵する設備の温度や供給する空気（酸素）の攪拌効率の均一性などの管理技術の構築と、自然環境からの雑菌の発酵タンク内への混入防止運転技術が極めて重要となる。これができないと、生産の効率性や安定性が損なわれて工業生産の体をなさないし、雑菌のコンタミネーション（混交）によって生産菌が淘汰され、死滅してしまう。

発酵する設備の温度、空気の供給やその攪拌効率は、発酵を行う設備の形状や体積などによって大きく影響を受け、その最適条件は試行錯誤の経験則によって見出さなくてはならなかった。ビーカーやフラスコレベルでうまく発酵できても、その環境条件のままプラントに応用することができないのである。

発酵生産の工業化に向けた取組みの中で、当初は和歌山研究所に発酵生産プラントが導入された。だが、花王が発注したプラントメーカーには発酵生産に関する知識が乏しく、納入されたプラントで発酵生産を試みたところ、即座にコンタミネーションを起こして生産菌は死滅してしまった。プラントレベルでの発酵生産がいかに困難なものであったかが窺い知れる。

花王には工業的な発酵生産を実現していくために必要なノウハウが蓄積されていなかった。そのため、プラントレベルでの発酵生産は、社外への委託の道も検討された。だが、研究開発本部長を務めていた常盤文克と副本部長だった中川弘美は、自社生産の道を選択する。「発酵生産を外部に委託したら花王のバイオは育たない」というのがその理由であった。

発酵生産の拠点は、茨城県の鹿島工場が選ばれた。ここに専用プラントが建設され、アルカリセルラーゼを大量かつ安定的に発酵生産する体制の確立へ向けての努力が始められた。鹿島工場で大量発酵生産を任されたのは石井茂雄（鹿島研究所発酵工学研究室長）だった。これにあわせて、井上も栃木から鹿島へ移り、この二人を中心として工業化に向けた取組みが進められていった。

上記のように、工業的な発酵生産技術が確立されていない花王では、安定した量産体制の構築に向けての作業は混乱と繁忙をきわめた。最繁忙期には、通常の工場勤務体制を崩し、三五名前後が発酵プラント運転技術の確立に関わった。それでも温度分布の均一性や攪拌ノウハウ、雑菌混入防止運転技術などが不足していたことから、雑菌のコンタミネーションを起こしてしまうなど、発酵生産の工業化の安定技術の構築はなかなか進まなかった。そうこうしているうちに、洗剤粒子の圧密化技術は順調に確立され、その量産体制構築にも目処が立ってきた。残すは発酵生産体制の確立だけという状況になっていった。

発酵生産に関わる社員たちにとって心理的緊張は高まるばかりだった。大型の発酵生産技術はそもそも出口となる事業領域が当時はさほど多くなく、花王の主力事業である洗剤事業への応用は千載一遇のチャンスであった。ここで乗り遅れて、悔いを残すわけにはいかなかった。プレッシャーが高まる中、ようやく発酵生産体制が整備されたのは、一九八五年の終わり頃のことであった。これでアタック事業化のための技術が出そろった。

「アタック」の開発はこうして次々と登場したさまざまな技術課題を一つひとつ解決しながら進められていったのである。「アタック」の技術開発プロセスを通じて申請された特許数は、高密度粒子の製造技術で一九件、バイオ成分関連で三六件を数えた。

4　事業化とその後の攻勢

4・1　事業化：丸田のリーダーシップ

一九八六年春、両技術を融合した新商品「アタック」の発売をめぐり、花王社内ではその設備投資の是非について議論が交わされた。これまではパイロットレベルであったから、小型濃縮化および発酵生産に関わる投資金額もまだ小さく済んでいた。しかし二つの技術を融合する新商品を発売するには、小型濃縮化を実現する生産設備と酵素を作り出す発酵生産設備とをこれまで以上の規模で用意しなければならない。もし両方に投資すれば、その投資金額は大きなものとなる。

市場は成熟化しており、合成洗剤事業はもはや高利益を期待できるビジネスではなくなっているという見方も強かった。実際、花王における合成洗剤事業の収支はトントンであった。主力事業であり、トップレベルのシェアを確保していたから売上げの規模は大きかったが、一方で必要な固定費も膨大であった。そんな状況で合成洗剤事業に新たな大規模投資を行っても回収できないのではないか、という意見がマーケティング担当者や経理担当者からあがる。一九七〇年代における二つの失敗を考慮すれば、このような投資はそもそも無謀ではないか、といった意見も出ていた。二つの新技術を融合したからといって、成熟しきったはずの市場でシェアを伸ばし、売上げを拡大できるという事前の保証はもちろんあるはずもなかった。

議論が紛糾する中、二つの技術に対して同時に設備投資することを決断するのが、一九七一年に就任して以来一五年ちかく社長を務めてきた丸田芳郎であった。この決断には、丸田自身が一九七〇年代に研究開発本部長を四年間にわたって兼任していた経験が影響していた。

話はやや遡るが，一九七六年七月，丸田は社長でありながら研究開発本部長を以後四年間にわたって兼任する。それまでの花王の研究開発体制を大幅に改革しようとしたからである。丸田の指揮の下，七八年にバイオを含め生物科学関連の研究開発を目的とした栃木研究所を設立したのを皮切りに，次々と研究所が新設された他，いくつかの新たな方策が実施されていった。

既存の研究フロアは大部屋方式へと改められていった。その目的は，風通しのよい研究開発体制の確立であった。井上が村田と出会えたのも，こうした風通しのよい組織事情がその背景にある。また花王には，ある開発者がなんらかの必要を感じた場合に，その必要な相手を指名すれば，その相手がどの研究所でどのような立場にあれ会合に出席するということが習慣化されていた。これによって，研究開発者たちが既存の社内組織の壁を越えた柔軟な情報交換ができる（あるいはせざるをえない）ようになっていた。「アタック」の開発に際しても，この指名制による情報交換の仕組みが重要な役割を果たしている。

丸田はまた，東京の研究開発本部や各研究所の現場でR＆D会議を年に七～八回開催するようにした。そこでは丸田以下の役員に加え，各研究所の所員が自由に参加して研究活動の情報を交換することができるようになった。「アタック」開発メンバーたちは，このR＆D会議の場を積極的に利用し，その開発の正当性を確保していったという。特に，発酵生産技術の開発メンバーたちにとっては，出口としての商品が合成洗剤であることの意義を説く非常に重要な場であった。彼らの発表回数は他の研究テーマよりもはるかに多かったという。

その結果，合成洗剤の小型濃縮化および発酵生産技術の確立に向けた開発が，研究開発本部長を兼任していた丸田社長によって後押しされていくこととなったのである。両技術の融合に向けた投資が丸田によって決断された背後には、こうした歴史が作用していた。

他にも追い風は吹いていた。一九八〇年代半ばは、丸田主導によって花王が企業レベルで大規模な設備投資行動に乗り出していた時期でもあった。花王は、一九八二年から減価償却費と内部留保を足し合わせたキャッシュフローを大幅に上回る設備投資を続け、八六年には六〇〇億円を企業全体で投資していた。プラザ合意以降の円高を受けて財テクに乗り出し始めた企業もあったが、丸田はこうした動きには見向きもせず、事業への投資を続けていった。合成洗剤事業への投資もこの流れに乗ったものだった。

とはいえ、酵素入り小型濃縮洗剤が合成洗剤市場全体の中でどの程度くい込むことができるのかという見通しに関して、事前の期待は決して高いとはいえなかった。うまくいったとしても、発売次年度で既存の洗剤の一〇%強を代替する程度だろうというのがそのときの判断だった。実際にはほぼ全面的に代替することになるわけだが、それに比べればはるかに控えめな見通しだった。その予測に従い、発酵生産技術を担う鹿島工場には、約三五億円が投じられた[11]。

一九八七年三月三日、花王は画期的な合成洗剤を開発したことを発表する。この発表に際して丸田は、「われわれでさえ技術革新がないとあきらめかけていた分野で、努力したらまだ技術革新があった。大変な興奮を覚える[12]」と述べている。新商品の価格は、〇・七五kg入りが四五〇円、一・五kg入りが八七〇円に設定された。初年度の販売目標は、当時の市場規模の一割強にあたる二〇〇億円に据えられた。

4・2　事業化後の攻勢とライオンの反応

発表から一ヵ月後の四月二〇日、「アタック」が首都圏および東海地区で発売される。すると、地域限定販売であったにもかかわらず、その人気は急激に高まり始める。翌月の五月には二九・七%の商品別シェアを獲得、同月一八日から二四日までの一週間では四一・〇%を記録するほどであった。発売直後にして、花王は「年間二〇〇億円の予想を上回る滑り出しで、生産が追いつかない」[13]品薄状態に見舞われた。コンパクトで置き場所をとらず、買い物も楽にでき、従来の四分の一の量で「驚きの白さ」が出せる「アタック」は多くの消費者に喜ばれたのである。

「アタック」はまた、流通業者や小売店からも喜ばれた。商品の小型濃縮化によって、輸送や陳列の効率性が高まったからである。とくに、在庫スペースが狭いコンビニエンスストアにおける取扱量が増加していった。

六月末、顧客と小売店から高い支持を受けた花王は、「アタック」の全国発売に踏み切る。これに伴い花王は、販売計画を三五〇億円に上方修正していった。その一方で、ライオンの主力商品「トップ」およびP&Gの「チアーエース」のシェアは後退していく。これに対してライオンは、九月に「トップ」を中心とする各商品の大幅値下げで対抗する。その結果、九月の企業別シェアは一時的にライオンが盛り返すこととなった。

だが、ライオンの対抗策の効果は長続きしなかった。十月になると「アタック」の商品別シェアは五〇・四%にまで上昇し、三大都市圏のスーパーにおける企業別シェアは、花王の七七・〇%に対してライオンは一五・八%という状態になっていった。その商品力の強さは価格推移にも反映された。八七〇円で売り出された一・五kg入りの「アタック」は、発売から十月に至るまでほとんど値引きされず、およそ八三〇円前後で推移していった。十一月にライオンが再び特売攻勢をかけることで、ようやく値を下げる、という状態であった。

「アタック」の全国発売とともに、製造拠点も一気に増強されていった。通常、小型濃縮化への切替投資は一工場で数十億円もの費用がかかり、発注してから装置が完成するまでは半年も要する。したがって、需要見込みに確信がもてるまで慎重に判断を重ねるべき性質の投資であった。発酵プラントに関しても同じであった。にもかかわらず丸田は、小型濃縮化への一斉切替えおよび発酵プラントの増設を即座に指示する。このときの意思決定は、完全なトップダウンだったという。井上は、以下のように振り返っている。

「(丸田社長が)『自分の長年のこの分野の経験ではアタックのような、このような市場反応は初めてであり、思い切った決断が必要だと思った……』ということで[14]」。

それまで和歌山工場一カ所であった小型洗剤粒子の生産体制は、川崎工場や九州工場、酒田工場を加えた四工場体制へと一気に拡充されていった。同様に、発酵プラントも増設される。花王が発酵生産技術を自社開発してきたことが、各工場での速やかなプラント建設および発酵生産体制の拡大を可能にした。

結局、発売初年度の「アタック」の販売額は、上方修正された計画通り、三五〇億円前後を記録することとなった。これによって、花王の合成洗剤事業は黒字化に向かう。望月迪憲取締役ハウスホールド事業本部長は、「合成洗剤は三年前(一九八四年)は原油高などで完全に赤字の状態だったが『アタック』で息を吹き返した」と述べている[15]。

翌一九八八年二月、花王は小型濃縮洗剤の第二弾商品として「バイオニュービーズ」を発売する。さらに、「アタック」を中心とする酵素配合の合成洗剤向けに一一〇億円の設備投資を決定し、二年目の販売目標を四八〇億円に据えていった。

同じ一九八八年二月、ライバルのライオンは酵素入り小型濃縮洗剤「ハイトップ」を四月二〇日より順次

図表４　花王対ライオン：コンセプト別にみた主な商品投入史

年	花　王	ライオン	コンセプト
1960	ザブ（3月）	ニュートップ（3月）	洗浄力
61			
62		ハイトップ（4月）	制泡型
63	ニュービーズ（2月）		
64			
65		ブルーダイヤ（3月）	カラー粒子
66	ニューワンダフル（2月）		
67		ダッシュ（2月）	洗浄力
68	スーパーザブ（2月）		
69		スパーク（2月）	600円洗剤
70	ホワイトワンダフル(10月)		
71		ブルーチャイム（2月）	
72		ピンキー（2月）	
73	ポピンズ（2月）		
74			
75	新ザブ，新ニュービーズ(7月)	スパーク25，ブルーダイヤ25（11月）	小型濃縮化
76			
77			
78			
79			
80	ジャスト粉末（3月）	無りんトップ（10月）	無リン・酵素配合
81	無りんザブ酵素（8月）		
82			
83			
84			
85			
86			
87	アタック（4月）		酵素配合小型濃縮
88		ハイトップ（4月）	

出所：近藤［1973］，花王［1993］より作成。

発売することを発表する。同商品は、「トップ」初のコンパクト型洗剤であり、脂質分解酵素アルカリリパーゼも配合されていた。価格は、一・五kg入りで八七〇円。まさに、「アタック」の対抗商品として投入されたものだったが、これはアタック発売から一年後のできごとであった。[16]

製品投入に時間をかけたライオンの行動は、結果的には同社に大きなコストを課するものとなる。有力な競合商品が出ないうちに、「アタック」はコンパクト洗剤を代表するトップ・ブランドの地位を獲得する。指名買いをする消費者の根強い人気を武器に、花王は小売店に対しても有利な条件で取引を行うことが可能になる一方、商品投入が遅くなったライオンは苦しい商売を強いられていった。一旦引き離されたシェアの差を縮めるのに、その後ライオンは多くの年月を要さなくてはならなかった。

図表4に示すように、日本の合成洗剤市場において花王とライオンは長年にわたって新しいコンセプトの商品開発にしのぎを削ってきた。全体を通してみれば、ライオンの方が新しいコンセプトの商品投入により積極的な姿勢がうかがえる。この図表に示されている八つの新しいコンセプトの内、五つにおいてライオンが先手を打っていた。だが、「アタック」は、ライオンが後手に回った三件の内の一つであり、しかも対抗商品の投入に一年という長い時間を費やしたただ一つのケースであった。この例外的な出遅れがライオンにとって後々まで響く痛手となった。

5　イノベーションの理由

花王が「アタック」を開発、事業化していったプロセスをもう一度振り返ってみよう。

この事例は、かつて失敗に終わった小型濃縮化に技術者たちが再挑戦し、転動造粒技術とアルカリセルラーゼの発酵生産技術という二つの技術の開発に成功したことが土台となっている。これらの革新的技術なくして「アタック」は存在しえなかった。しかし商品としての「アタック」がこの世に誕生する上でこの事例のハイライトとなったのは事業化の投資決定の場面である。それは、丸田社長の強いリーダーシップが発揮された場面であった。

小型濃縮化と洗剤力向上を実現する優れた技術が開発されたにもかかわらず、過去の小型濃縮化の失敗や市場成熟化を理由に、社内では事業化への抵抗が根強かった。市場が伸び悩んでいる状況で、かつて失敗した小型濃縮化のために今一度投資をしても無駄に終わる可能性が高い、という見方であった。ライバルのライオンでも、同じように小型濃縮化を検討したことがあり、さらに花王から「アタック」が出た後も対抗商品の投入を検討したが、いずれにおいても過去の小型濃縮化の失敗がライオンに商品投入を控えさせる理由の一つとなった[17]。

こうした反対や不安を押し切って事業化を決断したのが丸田社長であった。客観的な——つまり経営層の多くが納得できるような——成功の見通しがない中で、丸田が自らの判断を下し、社長の権限によって資源動員を正当化した。丸田のリーダーとしての決断は、事業化後速やかに設備の一斉切替えによる増産に踏み切った際にも決定的な役割を果たした。これが事業の成果を大きくした。「とりあえず投入して様子を見る」という限定的な投資でなかったことが、一年のリードタイムの間に「コンパクト洗剤といえばアタック」というブランドを消費者の間に確立することを可能にした。以前の小型濃縮化の時に、当初の反応のよさから大型の投資をしたあげくに失敗に終わったことを考えると、なおさら勇気ある決断であったといえるだろう。

これはいかにもドラマチックなトップのリーダーシップの物語であり、丸田の経営者としての有能さを示すエピソードである。しかし、別の角度から眺めるならば、この事例が示しているのは、「アタック」のような事後的には花王にとって「記録的な成功」となるようなイノベーションであっても、事前には丸田社長という特別な人物の特別な決断が必要だった、ということである。長年のライバルのライオンを引き離して短期間のうちに一気にシェアを拡大していったような大きな成功を収める商品が、直前の事業化の段階で普通の人が普通に決断できるほどの客観的な経済合理性を備えておらず、特別な人間の特別な判断なくしては事業化のための資源の動員はかなわなかったのである。

後から振り返れば、洗浄力に優れた小型濃縮洗剤を初めて実現した「アタック」の成功はごく当然のできごとだったように思えるかもしれない。しかし、事前にその成功を見通せた人間は少なく、特別な人間の特別な決断による資源動員が、結果としての「想定外の大成功」を可能にしたのである。

1　本事例は、藤原・武石［2005］を要約し、加筆修正したものであり、特に断りのない限り、二〇〇五年時点での情報に基づいて書かれている。なお、花王は、一九八五年に社名を花王石鹼から花王に変更しているが、本事例での表記は花王で統一する。また、本事例で登場するライオンは、ライオン油脂とライオン歯磨が一九八〇年に合併してライオンとなり、P&Gは、八四年に社名変更する前はP&Gサンホームであったが、特記しない限り、それぞれライオン、P&Gに表記を統一する。

2　近藤［1973］八六頁。

3　『日本経済新聞』一九七五年一〇月三〇日。

4　『日本洗剤新報』一九七五年一一月一〇日。

5　プランクトンの異常発生のため、水の色が変わって見える現象。富栄養化した湖や内湾に多く発生し、しばしば魚介類に被害を与える。

6　琵琶湖の富栄養化に対しては、合成洗剤もさることながら工場廃水も大きな影響を与えていた。しかしながら、工場に対してはその排水規制でとどまっていたのに対し、この琵琶湖条例によって、合成洗剤は商品そのものの売買・贈与・譲渡が禁じられるという極めて厳しい事態に追い込まれた。これほどまでに合成洗剤が厳しく規制されたのは、当時全国最年少の四〇歳で滋賀県知事になっていた武村正義が、主に合成洗剤の追放を目標とした草の根運動をその支持基盤としていたことが一つの背景にあった。

7　「繊維」は繊維状のものをいい、「繊維素」は木綿繊維を構成するセルロース分子のことをいう。ここでは、「繊維」と「繊維素」とを使い分けて言及している。

8　『日経産業新聞』一九八八年二月五日。

9　たしかに一九七〇年代に酵素を配合しているが、この時は、ほとんどノボインダストリーの技術に依存していたのである。

10　開発陣が描いた仮説的な洗浄メカニズムと実際に実現された洗浄メカニズムの比較は、村田［2010］を参照されたい。

11　『日経産業新聞』一九八七年三月一三日。

12　『週刊東洋経済』一九八七年三月二八日。

13　『日経産業新聞』一九八七年六月二〇日。

14　井上恵雄氏講演会、二〇〇四年五月七日。

15　『日経金融新聞』一九八七年一〇月一九日。

16　P&Gも「レモンチアー」（二月）や「アリエール」（七月）を投入し、「アタック」に対抗しようとしている。とくに「アリエール」は一九八九年に入ると、「アタック」の有力な競合商品になっていった。なお、生協（日本生活協同組合連合会）も追随している。

17　ライオン側の事情については、藤原・武石［2005］参照。

事例2 富士写真フイルム：デジタルX線画像診断システムの開発、事業化

はじめに

一九八三年、富士写真フイルム（現、富士フイルム、以下富士フイルム）はデジタル式のX線画像診断システム、FCR（Fuji Computed Radiography）を発売した。

X線画像診断システムとは、健康診断などでなじみのある、いわゆるレントゲン画像撮影装置のことである。従来のシステムでは人体を透過したX線情報をフィルムに感光させてアナログのレントゲン写真にする。これに対してデジタル式は、X線情報をセンサーとコンピュータによってデジタル情報に変換し、写真フィルムや液晶モニターなどに画像を表示する。

デジタル式は、画像処理をほどこすことによって、診断目的にあわせた画像情報が提供できるところに一つの特長がある。加えて、高感度のセンサーと入力画像認識処理によってX線撮影で失敗するリスクを減らし、受診者の被曝線量を最小限に抑えることもできる。また、画像データを効率的に保存し、伝達し、管理することも可能になる。こうした長所を備えたデジタル式のシステムはX線画像診断のさまざまな領域で広

く浸透し、世界中の医療機関で利用され、医療の質の向上、高度化、効率化に貢献している。

FCRは、X線画像情報のデジタル化に世界に先駆けて成功した画期的な技術革新であった。レントゲンフィルムの大手だった富士フイルムは、FCRで医療診断機器システム事業に本格的に参入し、現在、デジタルX線画像診断システムで世界トップの座を占めている。

富士フイルムはどのようにして世界初のデジタルX線画像診断システムを開発、事業化していったのだろうか。[1]

1 FCRとは

1・1 FCRの概要

X線は、物質に対する透過力を持つ波長の短い電磁波である。真空のガラス管の中で高電圧下にて陰極から出た電子が陽極の焦点に衝突して発生する。放射線の一種で、一八九五年にドイツのレントゲン博士によって発見されたことからレントゲン線ともいわれる。X線の透過性は物質の原子構造や厚みによって変化する。この透過性の違いを利用して医療診断に用いるのが、X線画像診断システムである。

従来のシステムはX線像を感光する写真フィルムに記録する。体内でX線が多く透過した部分は黒く、透過しにくかった部分は白く写ることで、人体内部の画像情報が得られる。骨や肺の病変を描き出したり、X線を通さない造影剤（バリウムなど）を使って消化管や血管の様子を抽出したりできる。一般の写真フィルムと違って写真感光層がフィルムベースの両側にある特殊な写真フィルムであり、通常、レントゲンフィルムと呼ばれる。

図表1　FCRの基本構成とイメージング・プレートの原理

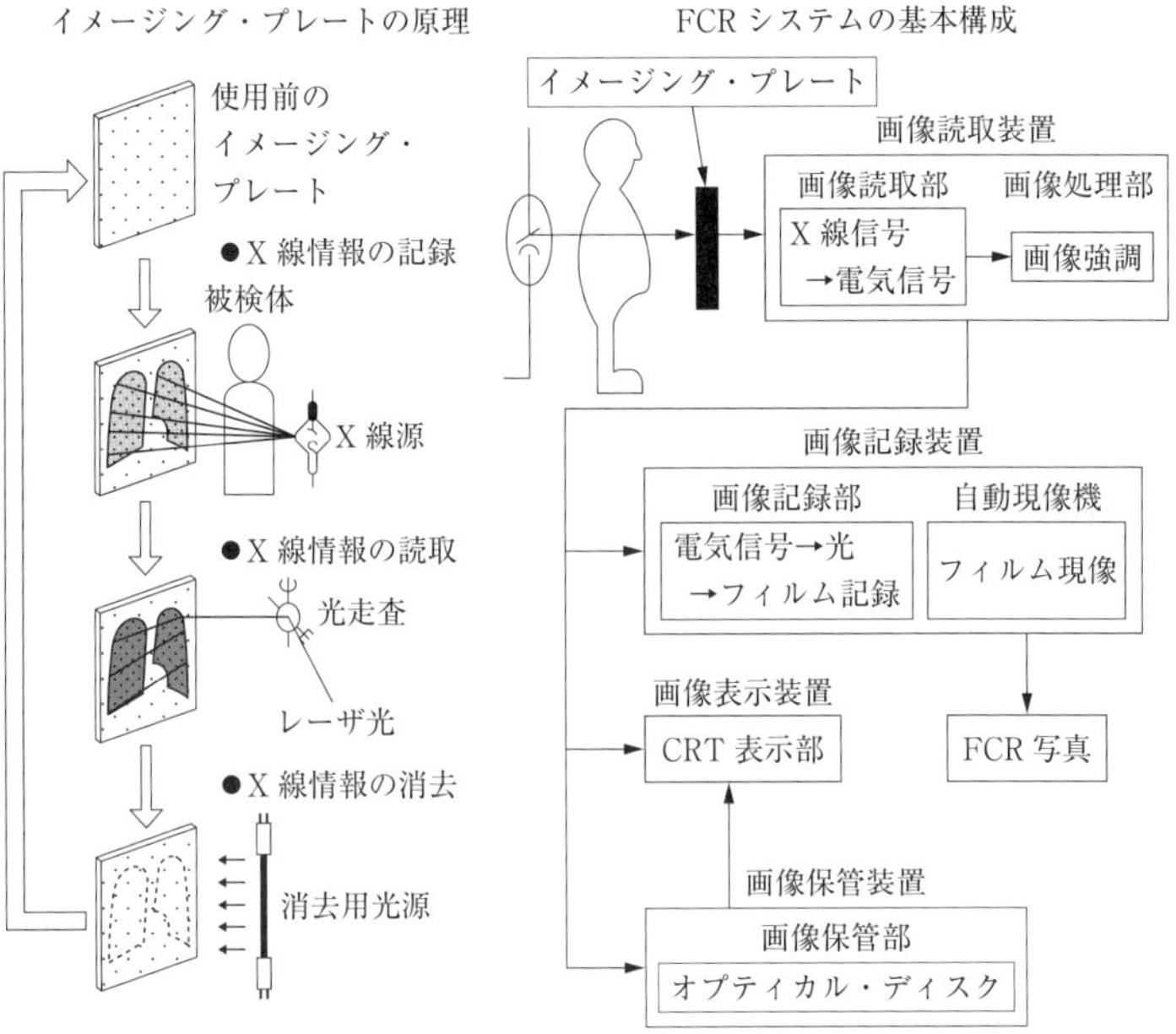

出所：富士フイルム。

これに対して、デジタル化されたＸ線画像診断システムであるＦＣＲは、Ｘ線の撮影自体は従来の方法をそのまま用いながら、Ｘ線情報を、写真フィルムではなく、高感度のセンサー（イメージング・プレート）に記録し、これをレーザー光線で励起発光させて電気信号に変換し、コンピュータで画像処理して、写真フィルム、液晶モニターなどに表示する。従来のシステムでは写真フィルム自身がＸ線像の記録・表示・保存の三つの機能を兼ねている。ＦＣＲではこれらの機能を分離し、それぞれ最適な媒体、デバイスに分担させ、コンピュータ技術を活用し、全体をシステム化している。その基本的なプロセスと技術はおおよそ次のようになっている（図表1）。

まず、センサーである「イメージン

グ・プレート」にX線像を記録する。イメージング・プレートは、輝尽発光現象を示す特殊な蛍光体の結晶粒子を高密度に塗布したフレキシブルな画像センサーで、X線像の記録デバイスである。この結晶は原子空孔（結晶中の原子が存在しない場所）をもっており、X線の刺激によって結晶中に生じた電子はその原子空孔に捕獲される。この状態で赤色のレーザー（He-Neレーザーや半導体レーザー）を照射すると、捕獲されていた電子が解放され、最初のX線の刺激に比例した強い青紫の光を発する。

イメージング・プレートに記録されたX線情報は専用の高精度光学スキャナーで読み取られる。イメージング・プレートを精密搬送しながらその上に赤色のレーザービームを照射し、蛍光体の結晶に記録されたX線情報を光（ルミネッサンス）に変換し、高効率集光ガイドを用いてこれを集め、電気信号として取り出す。

読み取られた電気信号は、対数変換後にアナログ／デジタル変換され、コンピュータのアルゴリズムにより目的に応じたデジタル画像処理がなされ、診断、解析しやすいX線画像として再生される。表示は、写真フィルム、液晶モニターなど、目的に応じて異なる方法が利用できる。スキャナーによって画像を読み取られたイメージング・プレートは、さらに均一な光によって残像が消去され、記録可能な最初の状態に戻り、繰り返し使用できる。

1・2　FCRの特長

FCRは従来のアナログ写真のシステムと比べて二つの特長をもっている。

一つには、画像情報がデジタル信号化され、アナログ情報に比べてノイズに強く、シンプルであることから、複雑な処理が可能になる。もう一つには、センサーとして用いるイメージング・プレートは、図表2に示すように、レントゲンフィルムに比べて、放射線感度が高く、ダイナミックレンジ（感度の応答域）が広

図表２　イメージング・プレートの特性曲線

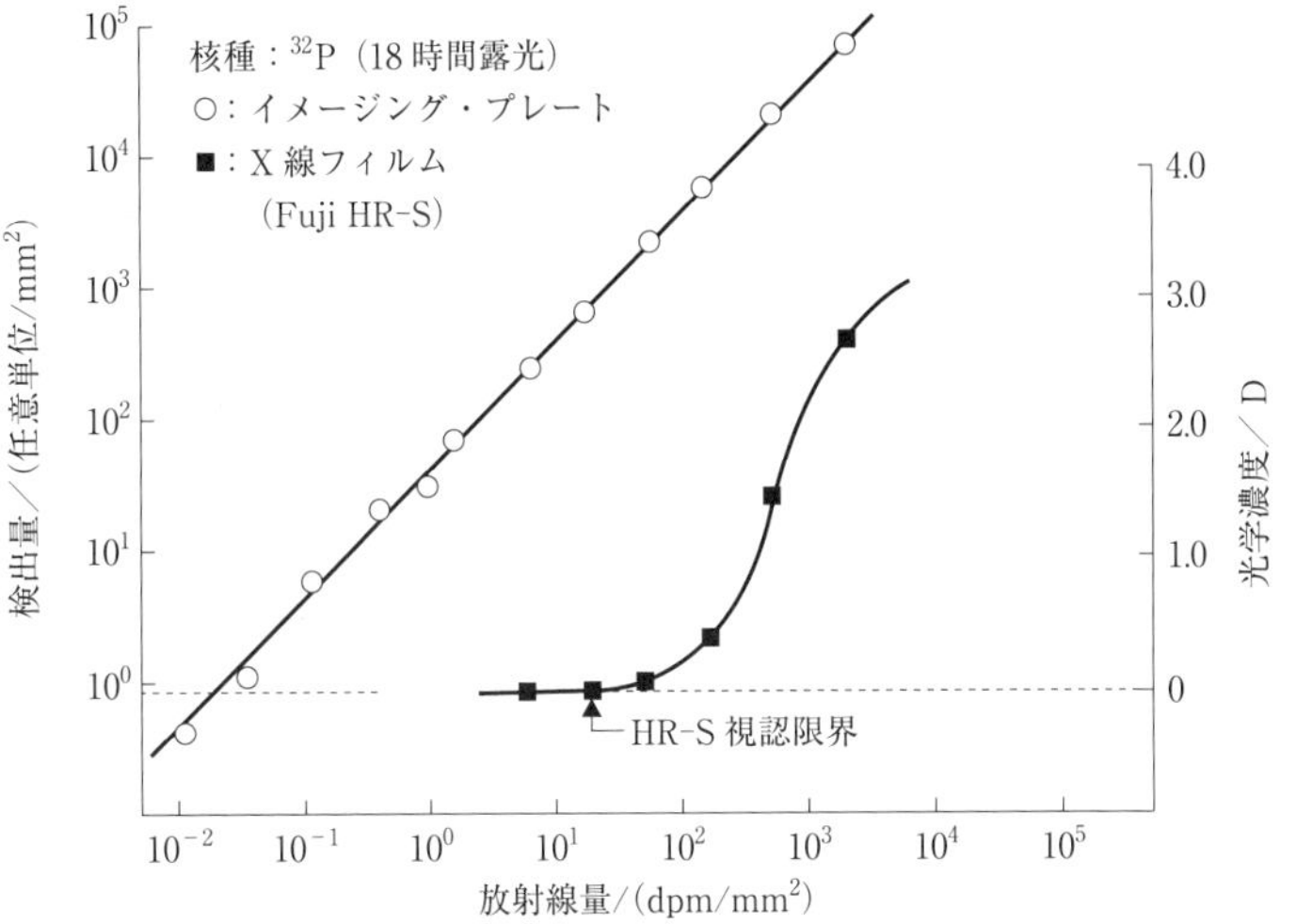

出所：宮原［1999］。

く、応答の直線性がよいという特性を備えている。
つまりＦＣＲは、より豊かで良好な画像情報をより高度で多様な形で利用できるのである。このことから次のような技術的、経済的メリットが実現される。

まず第一に、精度の高い読影、診断が可能になった。Ｘ線画像診断は、撮影の部位や受診者の体型によって望ましい画像特性や撮影条件が異なる。このため、従来は、部位ごとに異なるフィルムを用意し、レントゲン技師（診療放射線技師）がその つど微調整しながら撮影を行っていた。レントゲン技師の経験と技に依存するところもあり、画質にバラツキがあった。これに対してＦＣＲは、Ｘ線画像情報を高感度で取得し、従来よりも微量のＸ線でも撮影が可能となり、しかも多様な部位、撮影条件に合わせて最適な画像処理を加えることができる。撮影条件の範囲を広げ、レントゲン技師の技に左右されることなく、画像診断の水準を全般的に高め、医療の質的向上に貢献した。

第二に、Ｘ線撮影の失敗を減らすことで受診者の被曝線量の抑制につながった。レントゲン技師の経験と技に依存する従来の撮影では、望ましい画像情報が得られず、結果的に再撮影を余儀なくされることがある。[3]これに対してＦＣＲは、高感度で画像情報を取得して最適な画像処理ができる上に、スキャナーで画像情報を読み取る際に先読みと本読みという二段階をもうけることで失敗するリスクをさらに押さえている。

第三に、デジタル情報のさまざまな演算処理により、従来のレントゲン写真では抽出できなかった画像情報を示し、新しい画像診断方法も可能にした。ＦＣＲが初期に実現した成果の例をあげると、図表3(1)に示すように、血管造影剤の注入前後の二枚の画像を電子的に差し引きすることで簡単に血管造影写真が得られるようになった。しかも動脈ではなく静脈から造影剤を注入する方式が可能になった。イメージング・プレートの感度が高いおかげで静脈から心臓を経由して動脈に流れていって薄まった造影剤でも捉えることができるからである。入院を必要とする動脈からの注入に比べて、静脈注入は入院を必要としないため患者の負担が軽減された。[4]この他、エネルギーの違いや経時的な変化を演算処理して、効果的な診断画像情報を迅速に描出することができるようになった（図表3(2)、(3)）。

第四に、得られた画像情報の保存、伝達、管理が効率的に行えるようになり、診断業務や事務管理業務のコスト削減やスピードアップに寄与する。デジタル情報であることから、繰り返しの記録再生でデータが劣化しないし、画像圧縮処理で画像保管を効率的に行える。ファイリングや検索も容易になり、画像情報を送信することで遠隔地での診断も可能になる。[5]文字情報（診断情報、カルテ、照射録、会計情報など）とリンクすることも可能になる。進行しつつある医療・病院経営の情報化、ネットワーク化の一翼を担う技術となっている。

いいことずくめではない。デジタル化とはアナログ情報をあるレベルで切り取って、それ以下の情報を捨

図表３　FCRによる画像処理の例

(1)　血管造影写真（時間差サブトラクション）

動脈(静脈)に造影剤を注入する前と後の２枚の画像を差分処理して，変化分だけを画像化する。

造影剤注入前　造影剤注入後　血管造影写真

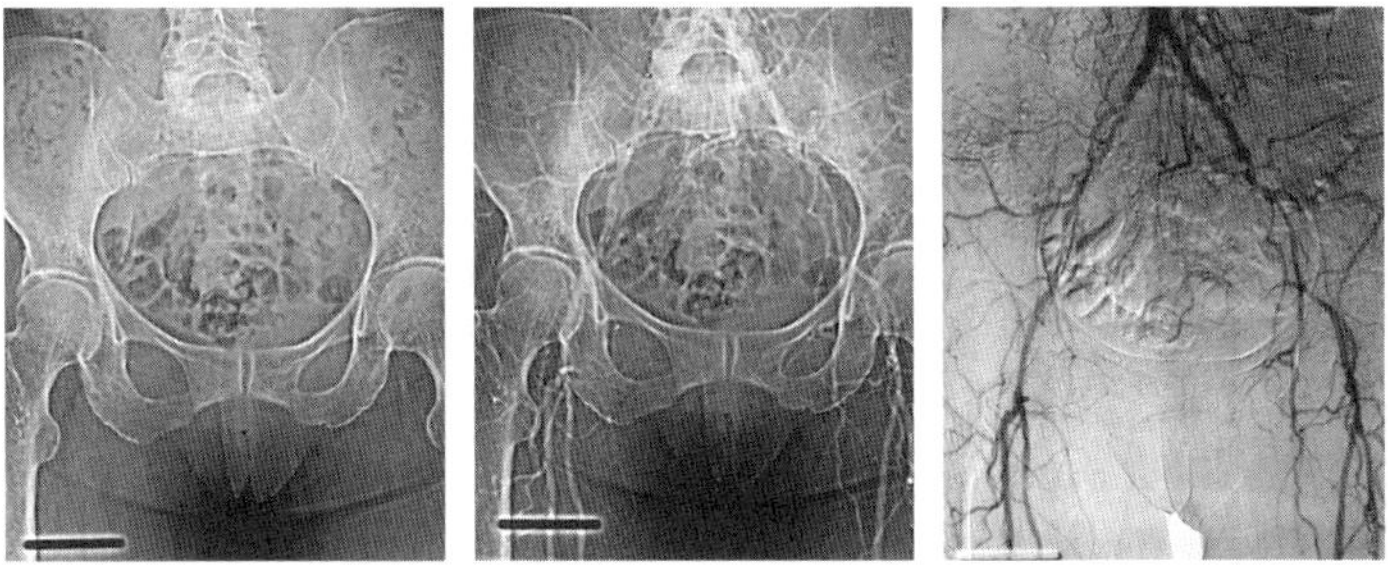

(2)　エネルギーサブトラクション

エネルギーサブトラクション撮影によって得られた軟部組織画像や骨部画像を読影に利用することにより，肋骨などの重なった腫瘍陰影を見つけやすくする。また異常陰影にカルシウム成分がふくまれているかどうかといった陰影の鑑別がしやすくなる。

単純Ｘ線画像　軟部組織画像　骨部画像

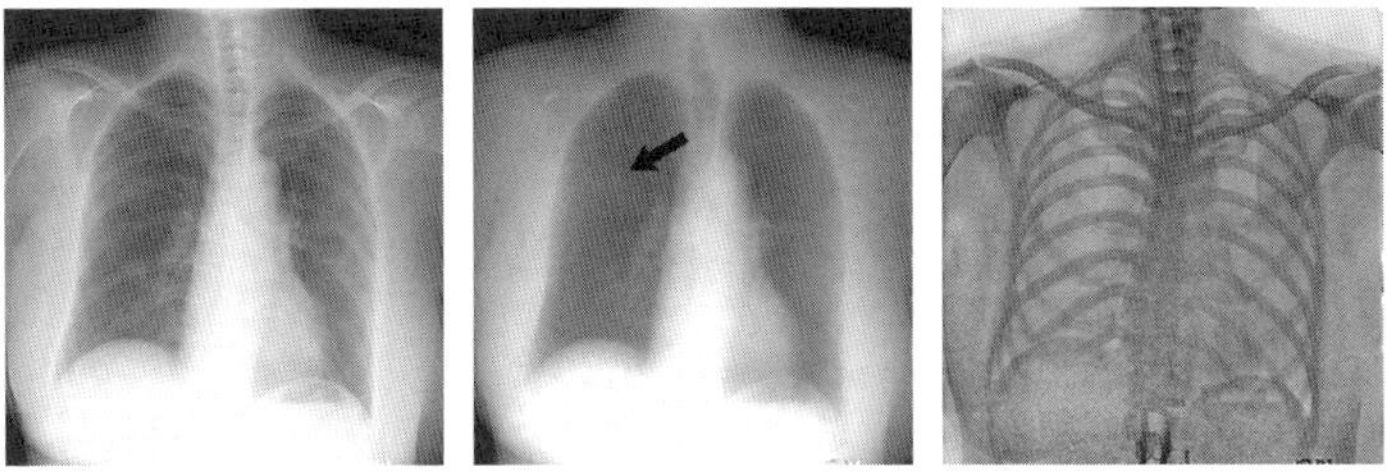

(3)　経時サブトラクション

過去に撮影された画像との差分画像を作成することにより，経時的な変化が描出され，肺がんなどの異常陰影が早期に発見しやすくなる。また日々刻々変化する肺炎などのびまん性病変の経時的な変化の観察に効果的。

今回撮影された画像　前回撮影された画像　経時サブトラクション

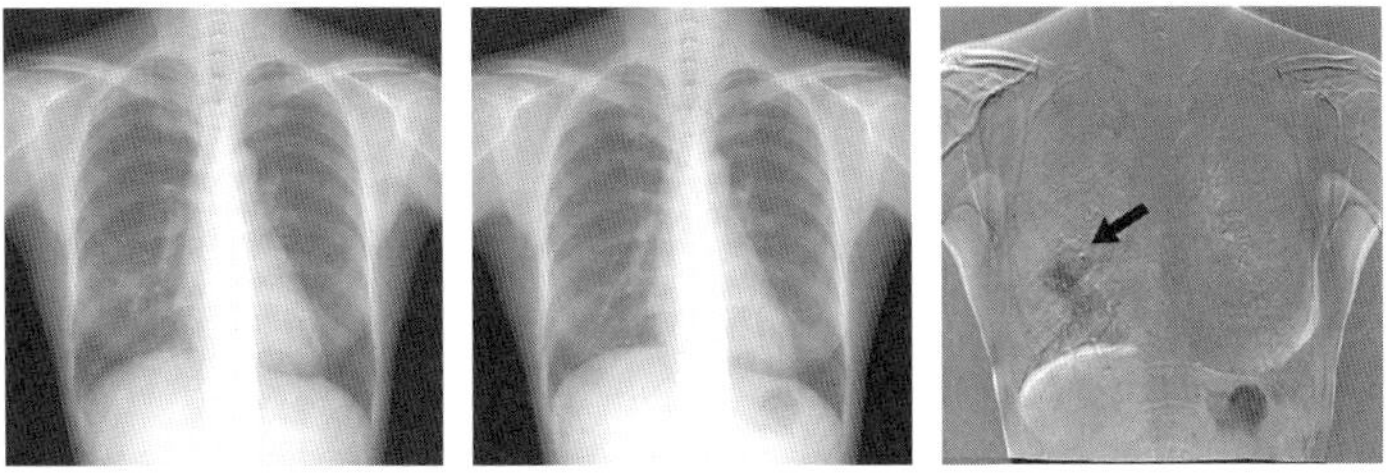

出所：富士フイルム。

て去ることに他ならない。新たにシステムを購入するための費用も発生する。しかし、情報通信技術が急速に進歩する中で、よりきめ細かいデジタル画像情報をより低コストで提供することを実現し、ＦＣＲはこれらのハンディキャップを克服していった。[6]

以下、ＦＣＲが開発、事業化されていった経緯をたどっていくことにしよう（図表4に主な出来事の年表を示す）。[7]

2　ＦＣＲの開発

2・1　発端と背景

富士フイルムの足柄研究所でレントゲンフィルムを含む白黒写真フィルムの研究部門を率いていた園田實がＦＣＲの原点となる構想を何人かの部下の技術者に持ちかけたのは、一九七四年の暮れのことだった。[8]

一九五四年に入社して以来富士フイルムで長年感光材料の研究に携わってきた園田は、その数年前から新しいＸ線画像診断システムの開発の必要性を感じていた。同社はレントゲンフィルム事業で長い歴史を持ち、国内トップの地位を確立していたが、レントゲン写真に用いるハロゲン化銀結晶自体の感度の限界、そしてそれが塗布されたフィルムとしての感度と定量測定の限界から従来のレントゲン写真の技術的限界を感じていたからである。[9]

園田は、レントゲンフィルム研究の責任者として、すでに一九七一年にのちのＦＣＲの原点となるようなアイデアを長期研究計画の重要テーマとして提案していた。だが実際に開発に着手することはなかった。レントゲンフィルムの改良の仕事に追われて余裕がなかったのと、構想を実現するための具体的な技術が思い浮かばなかったからだ。

その園田が三年後の一九七四年の暮れになって再び構想を持ち出したのには理由があった。一つは、銀価格の急騰である。七三年の第一次石油ショックによって銀の価格も跳ね上がった。写真のフィルムは大量の銀を使用する。特にレントゲンフィルムはサイズが大きく、その銀の消費量は写真業界が使用する銀量の三分の一を占めるほどだった。銀価格の高騰とともに富士フイルムのレントゲンフィルム事業は収益が悪化し、打開策が求められていた[10]。

もう一つ、一九七〇年代に入ってからMRI（七一年）、X線CT（七二年）など医療画像診断分野においてエレクトロニクスを利用した画期的な技術が立て続けに誕生していたことも刺激になった。X線画像診断システムは長年の歴史によって医療診断法として確固たる地位を確立していたし、レントゲン写真は他の画像診断システムに比べて画像情報量が桁違いに大きく、原理がシンプルで、使いやすく、コストも安かった。新しい診断装置が出てきても、その地位が大きく揺らぐことはなかった。だが、レントゲン写真法はエレクトロニクス化されていない唯一の画像診断法として取り残されていった。

園田がかつての構想を三年ぶりに持ち出したのには、さらにもう一つ、富士フイルム組織内部の事情が絡んでいた。それは、一九七四年の後半になって足柄研究所の白黒写真フィルムの研究部門に関して組織再編の方針が打ち出されたことであった。富士フイルムの事業の柱であったカラー写真用フィルムの開発体制を強化するため一部の技術者はカラー部門に異動し、レントゲンフィルムの応用開発のメンバーは同フィルムを製造している富士宮工場の第四製造技術課が引き継ぐことになったのである。石油ショックと銀価格高騰によるレントゲンフィルム事業の採算悪化への対応策でもあった。

問題は、園田の配下にいた何人かの技術者たちをどう処遇するかであった。これまでレントゲンフィルム

図表 4　富士フイルム FCR の開発，事業化の経緯

年	FCR の開発・事業化をめぐる経緯
1965	富士機器販売設立
1967	富士機器販売から富士エックスレイへ社名変更
1971	園田，長期研究計画提出（8）
1974	足柄研究所白黒フィルム部門の組織再編の方針確定（10）
1975	第一回「New X-ray System 検討会」にて園田，高野，宮原，加藤，松下，高橋，福岡が「X 線を光に変え，画像処理をし，画像再生して診断を行うシステム」の検討（4）/園田，副社長へ開発計画説明し，3 年間の期限付きで研究を認めてもらう（6）/中央研究所への異動辞令（園田，宮原，加藤，高橋他），高野は富士宮工場と兼務（8）/園田，中央研究所長に研究計画の概要説明（10）/園田，常務会で「ミニ X レイイメージングシステムの研究計画」提案し，承認される（11）/社長通達で正式に「NDX（New Diagnostic X-Ray）開発推進チーム」発足（11）
1976	診断画質研究会発足（春）/開発メンバー，足柄研究所へ異動（6）/三チーム（放射線画像センサー，画像読み取りシステム，画像診断アルゴリズム）KJ 法を使って問題，心配事などをまとめる（9）
1977	3 つの要素技術をつなげて，最初の画像化の実験をおこなう（12）
1978	高野，富士宮工場兼務を解かれ，NDX 専属に（春）/輝尽発光体の基本組成選択（6）/人体撮影（9）
1979	3 つの要素技術（センサー，読取り，アルゴリズム）出揃う（4）/「NDX プロジェクト」を研究プロジェクトから事業化プロジェクトへ移行することを提案（4）/「F プロジェクト」発足（7）
1980	園田，富士宮工場長就任，高野，プロジェクト・リーダーに（夏）
1981	試作機完成（3）/国立がんセンターで臨床実験開始（4）/Fuji Intelligent Diagnostic X-RAY SYSTEM を発表（6）/第 15 回国際放射線学会で世界に公表，展示 2 日目にフィリップスのアンガス博士から提携の打診（6）/宮台技術開発センター設立，メンバーは足柄から宮台へ（11）/北米放射線医学学会にて発表（12）
1982	富士 X レイ，富士メディカルシステムに社名変更（12）
1983	「FCR101」発売（7）/「FCR101」一号機を鹿児島大学医学部へ納入（11）
1984	東芝と業務提携（3）/フィリップスと提携（11）

1985	厚生省診療報酬改定（デジタル装置を使った診療の保険点数加算承認（3）/東芝と共同でCR201開発，「FCR201」発売（4）/「FCR501，FCR502」（ビルトインタイプ）発売
1986	「FCR901」発売（10）
1987	理科学分野画像診断システム発売
1988	シーメンスと提携（3）/「FCR7000」発売（3）/"Imaging Plate Iluminates Many Fields"と題する論文を*Nature*誌に掲載
1989	「FCR産業用」発売（10）/FCR AC-1発売（11）/北海道大学でFCRを中心とする医療用画像情報ネットワーク（PACS）を実用化（12）
1991	「FCR7000M」，「FCR7501S」発売（2）/「FCR AC-1プラス」発売（4）
1992	GEと提携（4）
1993	「FCR9000」発売（3）/「FCR AC-3」発売（8）/「FCR9501」発売（10）/NECと共同で，病院内の医療画像を一括管理する「大規模情報システム」を3つの病院から受注（11）
1994	「FCR9502」発売（11）
1995	「FCR DX-A」発売（6）
1997	「FCR3000」発売（3）
1999	北米にて「SYNAPSE」発売（8）/「FCR5000」発売（10）
2000	富士メディカルシステム，富士フイルムメディカルに社名変更，資本金3億円に増資/「FCR5501D」（立位装置），「FCR5502D」（臥位装置）発売（2）
2001	FCRドライプリントシステム「FCR Pico SYSTEM」発売（2）/「FCR5000 plusシリーズ 」発売（9）/「FCR・ピコVシリーズ」発売（11）
2003	「FCR Speedia CS」発売（10）/「FCR PROFECT CS」発売（10）
2004	富士フイルムメディカル，千代田メディカルを吸収合併し，新会社誕生（資本金12億円，売上高1000億円，人員1000名）（4）/「SYNAPSE EX」「SYNAPSE PLUS」「SYNAPSE EXKS」発売（10）
2005	「富士メディカルドライレーザーイメージャDRYPIX 4000」発売/病院と診療所を結ぶ専用ネットワークを構築し，病診連携を支援するシステム「カルナ」開発（4）

注：（ ）内の数字は月。

の開発で実績を重ねてきた園田にはいくつかの選択肢があったが、組織再編、人事異動をそのまま受け入れるのではなく、まったく新しい発想によって自分たちで生きる道を切り開いていけないだろうかと彼らに提案したのである。

園田のところには、画期的な技術の開発に関心を抱くような異分子が集まっていた。後にＦＣＲの開発・商品化で活躍することになる高野正雄、宮原諄二、加藤久豊の三人は、それぞれクセのある経歴の持ち主だった。

高野は新聞社の印刷工を経験した後、大学で物理を学び、富士フイルムの足柄研究所に入社した。医療画像研究で実績を残したものの、上司と意見が合わず、園田のところにきていた。宮原は大学で金属学を学び、別の会社で原子炉用核燃料被覆管材料開発に関わった後、富士フイルムに転職してきた。オフセット印刷材料部に配属されたものの、たまたま実習で訪れた園田の研究室に自ら希望してそのまま残った。加藤は大学で応用物理を学んだ後、富士フイルムに入社した。生産技術部に配属されたが、興味が持てず、社内の制度で米国のスタンフォード大学へ留学し、会社の仕事とは関係のない画像処理の研究に取り組んだ。留学からもどって帰る場所がなかったのを、高野が目をつけて園田の研究室に引っ張ってきた。

化学系の技術者が主流を占める富士フイルムにあって、いずれも傍流の技術者たちであった。傍流であったから行き場を失いかけたわけだが、傍流であったからこそ「背水の陣」で画期的な技術に挑戦することに心ひかれた。そもそも高野や加藤は、自らの経験を通じて新たな画像診断システムの可能性を感じていた。主流の技術者たちを見返したいという思いを抱いていた者もいた。園田は彼らがいなければ新しいシステムの開発を提案していなかったとのちに振り返っている[11]。

２・２　基本構想と開発着手

園田から持ちかけられた構想に賛同したメンバーは、議論を重ねていった。一九七五年の天皇誕生日（当時、四月二九日）、基本構想を固めるため一日を費やして「第一回 New X-Ray System 検討会」と名付けられた会議が開かれた。

この会議で園田を含む七人のメンバーが導き出した構想は、「Ｘ線情報をなんらかの材料で受け、それをレーザー光線で読み取ってデジタル信号化し、コンピュータで画像処理を行う」というものだった。のちに実現するＦＣＲの基本的なコンセプトがこの時点で示された。そして、このコンセプトを実現するための技術開発課題として、①Ｘ線情報を蓄積する新素材探し、②その素材から情報を読み取る精密な平面スキャニング技術の開発、③デジタル信号に変換された画像情報を診断に有効な画像に再構成するコンピュータのアルゴリズム、という三つの開発テーマが確認された。

その後何回か重ねた検討会を通じて、新しいＸ線画像診断システムはあらゆる特性においてアナログのレントゲン写真システムに劣ってはならないというのが開発の基本方針となった。新しいシステムの目標として、従来のシステムに比べて、診断画質、撮影感度（被曝線量）、撮影処理能力、撮影コスト、撮影の自由度において同等以上でなければならないこと、既存のＸ線撮影装置、撮影技術が使えること、そして既存のＸ線画像診断学体系に急激な変化を生ぜしめないことが設定された。後述するように、最初の段階で設定したこの方針がＦＣＲの成功にとって重要な意味を持つことになる。

構想と方針を固めるかたわらで、園田は開発プロジェクトの承認を求めて社内に働きかけていった。六月に研究開発担当常務や技術開発総括責任者であった副社長に話しを持っていき、了解を得た。三年で見込みをつけることと、開発拠点を足柄研究所（神奈川県南足柄市）から中央研究所（埼玉県朝霞市）に移すことが条件だった。中央研究所への移動は、既存のレントゲンフィルムの開発部隊から距離をおいた方がいいという判断と医療機器関係の研究開発は中央研究所の所管になっていたという事情からであった。経営陣に開発構想の内容やねらいが必ずしも十分に理解されたとは思えなかったが、先の見えないプロジェクトに対して常務と副社長の支持を得られた背景には、創立以来技術を重視してきた富士フイルムの伝統や、写真フィルム中心の企業から総合映像情報企業への転換を目指すという同社の新たな経営方針があった。園田が研究者としてそれまで実績をあげており、経営層に信頼されていたことも重要だった。

八月にメンバーの中央研究所への異動辞令が出た。この時に園田が示したスケジュールは、一九七九年四月までに要素技術をまとめて試験機検討会を行い、もしさらに先に進めることになれば、八一年四月に試作品検討会を行って市場導入テストを行うというものだった。[12] 十月に園田らメンバーが赴任した中央研究所のスペースは五人分の机がやっと入る部屋と倉庫を整理した実験室という手狭なものだったが、ともかくここから新しいX線画像診断システムの研究開発が本格的にスタートした。

プロジェクトが正式に経営トップの承認を得たのはその後の十一月のことだった。園田が常務会で説明し、最後に社長の平田九州男が承認した。新たに「NDX（New Diagnostic X-Ray）開発推進チーム」と名付けられ、同月に社長通達によって正式に発足した。ついた予算は、三年間で約九億円だった。[13] 同月末には中央研究所で電子写真方式によるX線イメージングシステムの研究を進めていた松本誠二のグループ六名が加わった。

チームはいきなり出鼻をくじかれる。十二月に富士宮工場のレントゲンフィルムの製造工程で故障が頻発し、工場長の要請を受けた副社長の命令で園田が製造部長として富士宮工場へ異動することになってしまう。経営陣にとっては見通しのない新しいシステムの開発より現業の問題を解決する方が大切だった。園田の下でサブリーダーをしていた高野はすでに八月から富士宮工場の第四製造部（レントゲンフィルムの製造担当）の検査課長を主務としており、リーダーとサブリーダーがスタート早々チームを離れてしまうという多難の幕開けであった。

園田は、プロジェクトのリーダーを兼務することと、研究の場所とメンバーの所属を足柄研究所に戻すことを認めてもらう。同研究所は富士宮工場に近く、画像処理に必要な大型のコンピュータもあった。一九七六年六月、メンバーは元の足柄研究所に再び移った。兼務とはいえ園田にも高野にも実際にはチームの面倒をみる余裕はなかった。宮原が放射線画像センサー、松本が画像読み取りシステム、加藤が画像診断アルゴリズムの開発担当責任者となり、九人のメンバーでこれら三つの要素技術を三年後に実現することを目指して開発に取り組んでいった。

2・3　三つの要素技術の探索、開発

画像センサー

放射線画像センサーには、具体的に次の三つの条件が求められた。①大サイズであること、②メモリー機能を持つこと、③高速で読み出しができること。検討を重ね、これらの条件を満たす技術として、光によってセンサー表面を走査する方法が選ばれ、光読み出し可能な情報蓄積型の輝尽発光現象を示す材料探しが目標となった。富士フイルムには蛍光体に関する技術はなかった。材料探しのために、まずは測定装置を手作りすることから仕事が始まった[14]。

候補となる化合物は無数にあったが、宮原らは輝尽蛍光体が結晶中にエネルギーを蓄えるためになんらか

の結晶欠陥のある「きたない結晶」であることに注目した。テレビや蛍光灯など普通の実用蛍光体は励起された時に瞬時に発光するため、完全結晶に近い単結晶、つまり「きれいな結晶」を目指して作られている。したがって、求める「きたない結晶」は「きれいな結晶」の実用蛍光体開発の過程で捨てられていった材料の中にあるはずだと予測をたてた。とはいえ、捨てられていった材料は公表されることもないので、この発想は具体的な作業の指針を示しているわけではなかった。

一年、二年と探索を続けたが、要件を満たす材料は見つからなかった。材料が見つからなければ新しいシステムは成立しない。期限までに残された時間が一年余りとなって焦りがつのる中、宮原たちは実用として使われたことのある膨大な数のX線用蛍光体を改めて見直した。すると、アルカリ土類ハロゲン化合物の一種であるバリウムフロロクロライドに二価のユーロピウムイオンをドープしたものがそれまでの材料とは一味違う筋のよい輝尽発光特性を示した。

調べてみると、かつてこの蛍光体はフィリップスやデュポンによりX線蛍光スクリーンとして検討されたものの実用には至らず、輝尽発光特性があることに両社の研究者は気づいていなかったことがわかった。捨てられていった材料の中に目的の材料はあるはずだとの最初の予測は正しかった。その後材料を改良し、最終的な基本組成（$BaFBr: Eu^{2+}$）が決まったのは、プロジェクトのスタートから二年半余り経った一九七八年六月のことだった[15]。

画像読み取りシステム

画像読み取りシステムは、放射線画像情報が蓄積されたイメージング・プレートにレーザーをあて、その時に生じる輝尽発光を電気信号として取り出す技術である。当時、画像情報を読み取るスキャナーは円筒のドラムを用いるドラムスキャナーが一般的であったが、高速処理のためには平面型スキャナーが必要だった。

平面型スキャナーを開発する上でとくに問題になったのが、イメージング・プレートからの輝尽発光をできるだけもれなく集めることだった。蛍光というのは完全拡散しやすい。レンズで集光しようとすると、全空間に放射される発光の数％しか集められない。従来のレントゲンフィルムと同じ感度にするには拡散した輝尽発光のうち八〇％を集める必要があった。

この難題は、プラスチック（アクリル）を加熱して折り曲げ、ちりとりのような形にした集光ガイドを作ることで解決された。アクリル板の端面からその内部に光をいれ、全反射によって光電子増倍管に光を導くのである。形と機能から「光のちりとり」とよばれた。後から見れば単純な技術だったが、このブレークスルーによってイメージング・プレートに読み込んだ放射線画像を電気信号として取り出す要素技術ができあがった。[16]

画像診断アルゴリズム

イメージング・プレートで記録し、スキャナーで読み取った電気信号を、コンピュータで処理して診断用の画像情報に転換するためのアルゴリズムを開発するのが三つ目の課題だった。

当時のコンピュータの処理能力はごく限られたものであり、膨大な画像情報を短時間で処理するにはおのずと限界があった。[17] 将来の処理速度の向上を前提に開発に取り組んだものの、できるだけ計算処理の負担を軽くしながら、しかし放射線医、臨床医が抵抗なく受け入れる診断画像をいかに実現するかが焦点となった。多様な処理が可能になるのが新システムの売り物となるはずだったが、はたしてどのような処理が可能で望ましいのかチームのメンバーには皆目見当がつかなかった。

ここで大切な役割を果たしたのが「診断画質研究会」だった。放射線診断医に画像処理した写真の評価をしてもらうために園田が仕掛けた研究会だった。四人の若手の優秀な専門医を集め[18]、一九七六年の春先から月一回のペースで実施していった。本当の目的は伏せたまま研究会を重ね、累計一〇〇〇枚を超えるテスト画像が評価検討された。

従来のレントゲン写真の画像と同じになるように処理することから始めた。当初はセンサーもスキャナーもまだできていなかったから、従来のレントゲン写真をドラムスキャナーでデジタル画像情報に変換し、これを大型コンピュータで画像処理して専門医に見せた。問題は画素をどのくらいにするかであった。画素を細かくすれば画像はきれいになる。しかし処理時間がかかり、コストが上がってしまう。繰り返し実験するうち、どの程度デジタル化をすればいいのかわかるようになり、半年弱で従来のレントゲン写真と同じ画像が再現できるようになった。

だが、従来の画像と同じなだけでは画像処理の意味がない。何か画像処理によって診断の向上に貢献できるようなことがないかとさまざまな処理を試しては評価を仰いだ。奇妙な画像も多く、いつしか「診画研」はめずらしいレントゲン写真を評価する「珍画研」と呼ばれるようになった。

研究会での検討を繰り返すうちにしだいにいろいろなことが明らかになっていった。ぼんやりと写っている部分のコントラストを上げると、医師がよい反応を示すことがわかった。さらに調べると、X線画像はぼんやりと大きく写っている領域に診断に必要な情報を多くもつことがわかった。一般的に、写真は、細かい画像ほどぼけやすく、この部分のコントラストを上げシャープにすると人は写真を見やすいと判断する。だが、レントゲン写真においてはまったく反対のことが重要であることがわかり[19]、これがのちに富士フイルムの重要な特許につながった。

医師は、画像として現れている部分だけではなく、解剖学的に予測される見えない部分も考慮に入れて診断していることも明らかになった。ようやく開発されたイメージング・プレートによってはじめて撮影した胸部写真を黙って見せたところ、医師たちはたちどころにそれを見破った。心臓の裏側の肺の画像が鮮明に描写されていたからである。医師たちはこの時初めて「診断画質研究会」の本当の目的を知らされた。それはまた、かつて見たことのない画像に驚く医師たちを目の当たりにして、開発メンバーが新しいシステムに大きな可能性があることを実感した瞬間でもあった。

加藤らは診断画質研究会での医師たちとの直接のやりとりを通じて理解を深め、しだいにレントゲン写真を〝読める〟ようになっていった。多岐にわたる撮影方式、診断部位、診断方法に応じて蓄積していった診断ノウハウを取り込みながら、画像処理アルゴリズムはさまざまな診断目的にあわせてより効率的で効果的なものへと熟成されていった。

2・4　要素技術開発から先行機開発へ

開発チームは、最終的には以上の三つの要素技術の開発に成功したわけだが、それは先の見えない苦しい作業が続いた末に期限ぎりぎりで実現したものだった。

開発をスタートしたものの、これはという成果があらわれないまま二年が経過した一九七七年の暮れ[20]、その時点でたどり着いていた技術を集めてプラスチック製の手の模型を使った実験が行われた。一定の成果は確認できたものの、画像の感度も精度も処理速度も目標にはほど遠かった。開発計画で要素技術を確立することになっていた七九年四月までに残されていた時間はもう一年強しかなかった。

一九七八年の春先、サブリーダーとしてチームを引っ張るためにNDXプロジェクト専任として富士宮工場からもどってきた高野は、このままでは計画を達成することは難しいと考え、重点課題に開発努力を集中するよう指示を出した。迫ってくる期限に追い立てられる厳しい状況の中で一層の開発努力が続けられ、ようやく先述の感度の優れた材料が発見され、レーザー・スキャナーの集光器が開発されたのが七八年の半ばのことだった。より簡素化され、診断に適した画像処理のプログラムが加わり、七八年の九月にはじめての人体撮影が行われた。被写体は宮原だった。放射線量は通常の一〇倍、画像読み取りは一時間、画像処理に一昼夜かかった。わかったのは、システムとしてまだ一〇倍のレベルアップが必要だということだった。期限はおよそ半年後に迫っていた。各グループに改善目標が割り当てられ、目前に迫る期限に向けてそれぞれの開発努力がさらに加速された。

三つの要素技術がようやく初期の目標を実現したのは、ちょうど計画で目標期限としていた一九七九年の四月のことだった。

ここからプロジェクトは三つの要素技術をつなぎあわせた先行試作機を作る段階へと移っていく。富士宮工場製造部長などを兼ねながらリーダーを続けてきた園田とサブリーダーの高野は、会社にNDXプロジェクトを研究プロジェクトから実用化プロジェクトへ格上げするように提案した。会社はこれを認めた。必要な技術の開発を実現したことに加え、折しも銀価格の高騰がさらに激しさを増していたことも後押しとなった。

七月にNDXプロジェクトは事業化を目指す社長直属の「Fプロジェクト」と名称を変え、二五人のメンバーが配属された。翌一九八〇年の夏には、園田が富士宮工場長に就いたことからプロジェクト・リーダーは正式に高野に変わり、開発の内容も進め方もそれまでの画期的な技術を創造するためのものから実用システムを効率的に実現するためのものへと変わっていった。

新たな段階に移ってからも苦労は続いた。設備も含めて先行試作機を開発するために認められた予算は限られ、足柄研究所内に建てた開発拠点はプレハブの安普請だった。トイレは隣接の建物を利用し、空調はなかった。

装置を作るには電気機械系のエンジニアが必要だった。集められたのは機械装置の設計開発に少し関わったことがある程度の社内の技術者たちだった。工場の機械設備を担当していた者も駆り出されたが、自社の工場用の大型の機械装置をつくるのと医療現場向けの機器を設計、製造するのは似て非なる仕事だった。

経験の乏しい人間が集まり、三つの要素技術をつなげて先行機を開発する試行錯誤の作業が続いた後、当初の計画より二カ月遅れの一九八一年三月、ようやく試作機ができあがった。

3　ＦＣＲの事業化

３・１　臨床試験、学会発表

先行機が開発されると、次に急いだのが医療現場での臨床試験であった。一九八一年四月、協力先の国立がんセンターと関東逓信病院で臨床試験がスタートした。どちらも診断画質研究会のメンバーであった放射線医の所属する医療機関であった。

この時期に臨床試験をとくに急いだのには理由があった。四年に一度開かれる国際放射線学会がちょうど同年六月にベルギーのブリュッセルで開催されることになっており、メンバーはそこで新システムの技術発表をしたいと考えていた。未知の分野へ出ていくことへの抵抗や疑念が根強かった社内の経営層を説得するためにも、また医療の世界での認知を広めるためにも、新しい診断技術に対して関心の強い欧米でまず認めてもらおうというねらいであった。なんとしても臨床試験を終え、がんセンターのお墨付きをもらった上で、海外で発表をしたかった。

国立がんセンターで臨床試験が始まると、開発メンバーは近くのホテルを借り切った。寝泊まりしながら、昼は臨床試験をしてもらい、夜はその結果を受けて見張りを置きながら密《ひそ》かに装置を修理した。競合他社に新システムを開発していることを知られてはならなかった。診断画質研究会ですでに検討していたものの、実際に臨床で使用してみると新たな問題が見つかった。メンバーたちは問題点に一つひとつ対応し、画像処理のプログラムを見直し、画質を改良していった。これを三カ月続けた。がんセンターの医師らはしだいに新しいシステムの持つ技術的可能性を高く評価するようになっていった。

メンバーはこの結果を受けて富士フイルムの経営会議で国際放射線学会への技術発表を認めてもらおうとした。だが展示内容の決定に難航した。本当に価値のあるものなのか。事業としてはどのくらいの利益がでるのか。見通しが不確かな中で、新システムの内容を公表するという案に経営会議でゴーサインがでなかったのである。確実に製品として発売する見通しが立っていなければ発表すべきではないというのが富士フイルムの常識だった。写真フィルム業界の巨人、コダックと長年にわたって競争し、痛い目にあってきた経験から、試作品ができたばかりで事業化の見通しも立っていないものを発表するというのは、同社では受け入れ難かった。

高野はなんとかして経営会議で認めてもらおうと説得をしたが、決まらない。新システムの価値に対して経営陣は確信を持てなかった。国際放射線学会の開催日が近づき、先発した加藤はブリュッセルの会場で二通りの展示資料を用意して待機した。一つは新システムの基本的なコンセプトを説明する資料、もう一つは（イメージング・プレートの説明は除いて）画像処理の部分に説明を限った資料であった。高野の「新システムの真価を海外の専門家やトップ企業に評価してもらいたい、反響がなければ商品化をあきらめる」という説得によって前者の資料で新システムを説明する展示が役員会で認められたのは、学会の前日だった。午前中に開かれた役員会で認められると、高野はそのまま経団連で新システムの概要を発表し、夕方の便で学会が開かれるベルギーへ飛んだ。

ようやく展示にこぎ着けたものの、展示初日の反応は芳しくなかった。展示スペースの前を来場者が通り過ぎていくだけだった。富士フイルムの目の前に展示スペースを構えていたコダックからも何の反応もなかった。

だが、不安を抱えて迎えた展示二日目、思わぬ反応があった。オランダのフィリップスの技術担当副社長のウィリアム・アンガス博士が部下を連れて訪れてきた。アンガスはシステムについて詳しい説明を求めた後、優れた技術であるからぜひわが社に導入したいとその場で申し入れてきたのである。世界に名だたる医療機器メーカーのフィリップスのいきなりの反応は大きな驚きであった[21]。評判は会場に広がり、しだいに見学者が増えていった。

この出会いから始まった富士フイルムとフィリップスの関係は現在まで続き、富士フイルムからフィリップスへFCRのOEM供給が行われている。なにより、国立がんセンターの臨床試験で好評価を得ていたとはいえ、その真価に確信をもてなかった社内の上層部への説得材料として、海外での評価は最大級の成果となった。いきなり世界的な医療機器メーカーから価値を認めてもらったことが、FCRの事業化を後押しする決定打となった。

プロジェクトはいよいよ商品化、事業化の段階に入る。一九八一年七月から商品化へ向けて試作機の開発が始まった。

3・2　商品化、事業化

機械を人に売るというビジネスがどういうものなのかノウハウがない富士フイルムにとって、商品化は慣れないことの連続だった。多くのことを学んだのが商品開発と並行して進めたフィリップスとのOEM交渉だった。同社のアンガスは慣れない富士フイルムに基本から教えてくれた。保証やメンテナンスの必要性もアンガスから習ったことだった。フィルム商売に専念し、自社の生産設備用の機械しか作ったことがなかった富士フイルムは、そもそも保証やメンテナンスのなんたるかも理解していなかった。

一九八二年七月に試作機の開発を終えると、商品化のために再び臨床試験に取りかかった。並行して新しいデジタルX線画像診断システムの販売生産体制が整えられた。八二年十二月、レントゲンフイルム販売部門として従来からあった富士Xレイを富士メディカルシステム（現、富士フイルムメディカル）として再編成した。同じ医療分野での販売とはいえ、レントゲンフィルムと画像診断機器では世界がまるで違う。消耗品であるフィルムは代理店を通じて販売していたが、高額な機器は医療機関に直接売り込んで上層部の理解と支持を得なくてはならない。医療機器システム向けの新しい販売、サービス、メンテナンスの体制を整えるため、富士メディカルシステムが設立された。製造は自動現像機などを作っていた関連会社の富士機器工業が担当することになった[22]。

富士フイルムはデジタルX線画像診断システムの事業に自ら乗り出していくという選択肢をとったわけだが、第三者からみると、これは思い切った決断であった。なれない医療機器の事業には手を出さず、化学会社としてノウハウを活かせるイメージング・プレートだけを販売し、残りは他社に任せるという選択肢もありえた。だが、「いつまでもフイルム会社のままでいたくなかった。今後エレクトロニクスの時代、デジタルの時代が来ると予測される中で、自らが開発したデジタルX線画像診断の技術を他社には渡したくない。自分たちでやりたい。自分たちで作ったものを自分たちで証明したい」というのがメンバーの思いであった。会社も、慎重な姿勢を崩さなかったが、これをサポートした。

4　事業化後の展開と成果

4・1　FCR発売、提携

一九八三年六月、開発したデジタルX線画像診断システムの薬事法認可がおりた。翌月、FCR一〇一として発売される。

幅一〇mに及ぶ大型のシステムで、価格は一億七〇〇〇万円だった。CR（Computed Radiography）という名称には、EMIが開発したX線CTのように、コンピュータを用いた放射線画像診断法を意味する一般的な言葉として社会に普及してほしいという開発メンバーの思いが込められていた。一九八三年十一月、第一号機が鹿児島大学医学部に納入された。FCR一〇一は最終的に六〇台程売れた。だが最初の商品であり、サイズが大きく、処理能力も遅く、さらなる改良が必要だった。

一九八五年四月、第二世代機としてFCR二〇一が発表された。これは、富士フイルムが一年前に東芝と結んだ業務提携に基づき共同開発で商品化したものだった。富士フイルムが画像処理、光学、材料技術を、東芝がコンピュータ・システム技術をそれぞれ担当し、統合したものを富士フイルムはFCR二〇一、東芝はTCR二〇一として、ダブルブランドで発売した。FCR一〇一より処理能力を上げ、設置面積を小さくし、価格は一億五〇〇〇万円だった。FCR二〇一とTCR二〇一を合わせて、約一五〇台売れた。

東芝との提携は、富士フイルムの上層部が持ちかけたものだった。FCR一〇一をより高速、高精度で診断できるよう改良し、医療機器事業で長い歴史と優れた業績を持つ東芝と組んで、共同でCR市場を広げることをねらったものだった。

だが現場では一貫して自主独立路線でいきたいという気持ちが強かった。このためFCR二〇一/TCR二〇一の開発と並行して現場では別のシステムの開発が進められ、一九八五年から八六年にかけてFCR五〇一、五〇二、九〇一の三機種が富士フイルム単独の商品として発売された。いずれも機能を最小限に抑えたもので、価格は九〇〇〇万円だった。医療現場の評価は高く、売上げは好調だった。富士フイルムの独自システムの売れ行きがよく、また画像処理に関するノウハウを備えた富士フイルムのサポートが優れていたこともあって、東芝側の事業成果は期待を下回り、結局両社の提携はFCR二〇一/TCR二〇一だけで解消された。

海外では、OEMあるいは技術供与という形でいくつかの企業と協力関係を築いた。三年に及ぶ契約交渉の末、一九八四年十一月にはフィリップスとOEM供給で正式に提携した。八八年三月にはシーメンスとOEM供給で提携し、九二年四月にはGEへのOEM供給を開始するとともに、共同開発を行うことにも合意した。これらの提携によってFCRの国際的な普及が進んだ。

4・2　デジタル加算承認、新製品投入

FCRの事業拡大にとってもう一つ重要だったのは、日本でデジタル装置を使った診療の保険点数が認められたことだった。

ＦＣＲがどんなにすばらしい技術でも，ＦＣＲで撮影することが従来のレントゲンフィルムで撮影するより費用がかかるだけで，それに応じた報酬が得られないのであれば，需要の拡大は見込めない。早期の保険点数化を目指した高野は，ＦＣＲ一〇一を発売する前から関係者に働きかけていった。支払側の代表として保険点数制度に関わっていた合成化学産業労働組合連合（合化労連）の立花銀三委員長，診療側の代表として日本医師会の武見太郎会長らに直接面会して理解と支持を得ながら，担当官庁の厚生省（当時）保健課長に保険点数化を訴えた[23]。デジタル装置を使った診療は国民の健康の向上につながり，長期的に医療費抑制に結びつくという理由から保険点数の加算が認められたのは，一九八五年三月のことであった。通常，保険点数化には四～五年以上の実績を必要とする。しかしこの時はＦＣＲ発売から一年半余りしか経っていなかった。早くから関係者に働きかけた努力が実り，異例ともいえる短い期間でデジタル加算が認められ，ＦＣＲの普及にはずみがついた[24]。

ただし，ついた保険点数は決して高いものではなかった。当時の通常のＸ線画像診断では四つ切りのフィルム一枚あたり二四〇円の点数が認められていた。ＦＣＲに認められたデジタル加算は四〇円だった[25]。これでは，当時一億円以上したＦＣＲで医療機関が投資を回収するのに一〇年から一五年を要することを意味する。保険点数が認められたとはいえ，これでは普及は限られてしまう。富士フイルムは性能を高めつつ価格を下げる努力を続けた。

先ほどのＦＣＲ五〇一，五〇二はその先駆けだった。一九八八年に出したＦＣＲ七〇〇〇で価格は七九八〇万円となり，続くＦＣＲＡＣ-1では二八〇〇万円まで価格を落とした[26]。システムのサイズも二m以下まで小型化し，スペースをとらなくてすむようになった（図表5）。また，これらの新シリーズは，当時立ち上がり始めた画像診断領域におけるシステム化への対応を意図した分散処理型のシステムであった。この二つ

図表5　FCR シリーズの比較

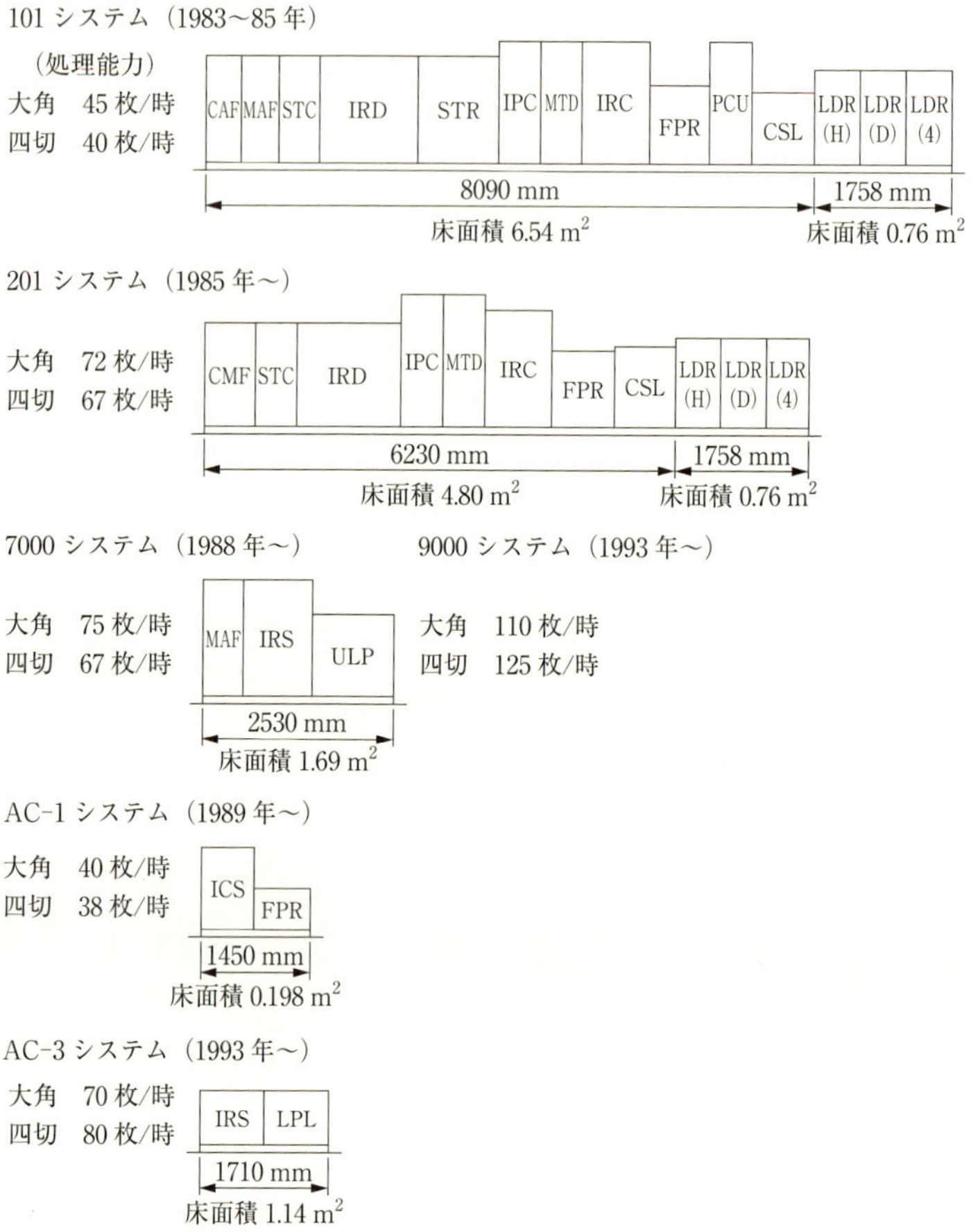
101 システム（1983～85 年）
（処理能力）
大角　45 枚/時
四切　40 枚/時
CAF
MAF
STC
IRD
STR
IPC
MTD
IRC
FPR
PCU
CSL
LDR (H)
LDR (D)
LDR (4)
8090 mm
床面積 6.54 m2
1758 mm
床面積 0.76 m2
201 システム（1985 年～）
大角　72 枚/時
四切　67 枚/時
CMF
STC
IRD
IPC
MTD
IRC
FPR
CSL
LDR (H)
LDR (D)
LDR (4)
6230 mm
床面積 4.80 m2
1758 mm
床面積 0.76 m2
7000 システム（1988 年～）
大角　75 枚/時
四切　67 枚/時
MAF
IRS
ULP
2530 mm
床面積 1.69 m2
9000 システム（1993 年～）
大角　110 枚/時
四切　125 枚/時
AC-1 システム（1989 年～）
大角　40 枚/時
四切　38 枚/時
ICS
FPR
1450 mm
床面積 0.198 m2
AC-3 システム（1993 年～）
大角　70 枚/時
四切　80 枚/時
IRS
LPL
1710 mm
床面積 1.14 m2

出所：加藤・鈴木・高橋・中島・阿賀野〔1995〕。

の新製品の投入により、普及が加速し、はじめて事業決算が黒字となった。

４・３　事業成果

新製品の投入はその後も続き[27]、ＦＣＲは内外で普及していった。当初は不具合が多くてメンテナンスの費用がかさんでいたが、設計を見直すことで改善し、生産体制も効率化し、サービス体制も強化されていった[28]。ＦＣＲ用に用意されたデジタル画像のプリンターやフィルムの販売も収益に貢献し、ＦＣＲは一九九〇年代に入ってから富士フイルムの収益に貢献する重要な事業の一つとなった。園田が最初の構想を描いてから約二〇年の歳月を費やした末の成果であった。

今やデジタルＸ線画像診断システムは医療の世界で高く評価され、これまで世界で累計約一〇万台（他社製を含む）が大手の医療機関を中心に導入されている。最近では小型化、低価格化が進み、開業医など小規模の医療機関にも浸透しつつある。

先鞭をつけた富士フイルムは国内では約七割、海外では約五割のシェアを占め、デジタルＸ線画像診断システムで世界トップの地位を築いている。ＦＣＲは発売以来売上げ拡大を続け、医療機器システム事業は富士フイルムの重要な収益の柱となった。同社の創業以来の主力事業であった写真フィルム事業が厳しい状況に追いやられる中で、ＦＣＲを軸とする医療機器システム事業の重要性は増していった。

５　イノベーションの理由

富士フイルムがデジタルＸ線画像診断システムを開発、事業化していったプロセスをもういちど振り返っ

図表 6　医療用デジタル X 線イメージングシステムの開発競争

メーカー システム名称 発　表	富士写真フイルム （日本） FCR 1981 年	DIGIRAD （米国） SYSTEM ONE 1983 年	ADAC （米国） PDX-4800 1982 年	PICKER （米国） DIGITAL CHEST 1981 年	XONICS （米国） DR-2000 1983 年	AS & E （米国） MICRO-DOSE 1979 年
X 線照射システム ・X 線ビーム形状 ・最小照射時間（s）	錐ビーム 1/100 以下	錐ビーム 1/100 以下	錐ビーム 1/100 以下	扇ビーム 4	扇ビーム 1.5	点ビーム 5
X 線像検出システム ・原理 ・検出器形状	PSL 2 次元	PSL 2 次元	PC 2 次元	PL 1 次元	PL 1 次元	PL 点
・像検出方法	輝尽性蛍光プレート （BaFBr：Eu） ↓ レーザ光走査 ↓ PMT	輝尽性蛍光プレート （　　　） ↓ レーザ光走査 ↓	光導電性プレート （α-Se） ↓ マイクロエレクトロメータ走査	1 次元蛍光プレート （Gd_2O_2S：Tb） ↓ PD アレイ	シンチレータアレイ （CsI） ↓ II ↓ PD アレイ	シンチレータ （NaI） ↓ PMT
・画素数/ライン ・画素密度（画素/mm） ・検出分解能（ビット） ・像読取り時間（s）	2510～1760 5～10 10 35～55	2048 6 12 30	1024 3～5 12 90	1024 2 12 4	2048 4 12 1.5	1024 2.5～6 10 5
画像表示システム ・表示方法 ・総画素数 ・濃度分解能（ビット）	フィルム （レーザ画像記録） Max.2510×2000 10	CRT 512×512 (6)	CRT 1024×1024 (6)	CRT 512×512 (6)	CRT 1024×1024 (6)	CRT 640×512 (6)
備　考	市販中	発表のみ	発表のみ	市販中	開発中止	臨床テスト中

注：FCR（Fuji Computed Radiography），PSL（Photo-Stimulated Luminescence：輝尽蛍光），PC（Photo-Conduction：光伝導），PL（Photo-Luminescence：蛍光），PMT（Photo-Multiplier Tube：光電子増倍管），PD（Photo-Diode：フォトダイオード），II（Image Intensifyer：イメージインテンシファイア）。
出所：宮原［1999］。

てみよう。

はじまりは，傍流の技術者たちが直面した組織再編の危機だった。傍流に位置した技術者たちが「ダメモト」で思い切ったことをやろうという発想が生まれた。写真フィルムメーカーでありながら，医療診断装置を開発し，しかもアナログ式にあらゆる特性で劣らないものを開発するというのは，いかにも困難な目標であったが，彼らが置かれた状況が果敢な挑戦をさせた。

ちなみに，図表６は，ＦＣＲと同様のねらいをもって開発された競合システムを一覧したものである。Ｘ線画像診断装置のデジタル化に多くの企業と技術者が挑戦したことがわかる。さまざまな技術の選択肢があったが，ＦＣＲはこの中で唯一従来のＸ線診断システムの秩序を尊重したシステムであった。他はいずれもエレクトロニクス化，デジタル化の特長を活かすことを優先し，既存の診断システムの一部を犠牲にするところがあった。ＦＣＲは，この犠牲をよしとせず，厳しい目標を設定したからこそ医療現場で受容されたのである。

そうした果敢な挑戦に対して，早い段階から本社の支持はあった。スタート時点では，技術者たちが独自に構想を作り上げていったが，その後，基本構想が固まるとまもなく，経営トップの承認も得て，社内の正式プロジェクトとなった。プロジェクトを提案したリーダーの園田への信頼がその背景にあった。ただ，会社の支持は常に慎重で限定的なものだった。開始早々にリーダーの園田，そしてサブリーダーの高野を担当から外してしまったし，試作品ができても経営陣は公表を渋った。長年フィルム事業に専念してきた経営陣に，畑違いの，しかも画期的な医療診断機器の技術に対する積極的な評価を期待するのは無理があったのかもしれない。

風向きを変えたのが，欧州の学会で得たフィリップスの評価だった。これによって経営陣も納得して，事業化に向かって前進する。無理をして欧州での発表にこだわった背後には、「日本に比べて欧米では診断医の発言力が臨床医と対等で、新しいものに対してもよりオープンなので、ここを攻めよう」という考えがあったとメンバーの一人は振り返っている。このねらいが的中した。先行機を開発してまだまもない段階で、その価値や意義を認めてくれる可能性が高い場所にあえて無理をして出て行って、公表に踏み切ることによって見事に支持を獲得した、ということになる。そもそも、開発に着手した当初から、外部の利用者（医師、X線技師）に正当性を認めてもらうことを重視していた。既存の診断体系を一切乱さないことを基本目標にしながら、デジタル式の正当性を確保していった。

事業化後も、経営陣の支持は限定的だった。現場の意向を無視して、経営陣は東芝との提携を決めてしまった。しかし、独自路線を歩みたかった現場は、実績を作る（独自製品の投入、単独での成功）ことで提携を解消に追い込んだ。事業化後でもう一つ重要だったのが、早期にデジタル加算を認めさせたことだった。デジタル加算は、その後の事業の拡大と収益性の向上を可能にし、社内の批判を退ける力となった。これも早くから技術者たち自身が日本医師会や厚生省など外部の関係者に働きかけていった結果であった。日本医師会への働きかけは、まだ試作品の開発に取り組んでいる段階から始まっている。さらに、生産体制の合理化投資などを通じて、商品の品質、コストを改善し、売上げが拡大し、ついに事業が黒字化したのは、一九九〇年代に入ってから、つまり、始めの着想から二〇年後のことだった。赤字が続いた時期には、依然として社内の目は冷たく、批判が続いたという。

ＦＣＲはやがて富士フイルムの収益の新たな柱に育っていったが、その開発から事業化に至る過程において、そして事業化後も黒字化するまで、社内の支持は限定的で懐疑的なものであった。決して積極的な支持を得ていたわけではなかった。事業化に至る過程でも、また事業化後のさらなる発展を実現していく上でも、みずから外部（医師、海外の学会、海外メーカー、日本医師会、厚生省など）に積極的に働きかけて支持者を獲得し、資源を動員し、事後的に結果を出すことで、会社内の懐疑的な見方を払拭していったのである。

1　本事例は、武石・宮原・三木［2008］を要約し、加筆修正したものであり、特に断りのない限り、二〇〇八年までの情報に基づいて書かれている。なお、以下の記述は会社名が富士写真フイルムであった時期も対象としているが（同社は、二〇〇六年に、富士フイルムホールディングス傘下の事業会社富士フイルムに変更された）、本事例での表記は富士フイルムで統一する。

2　輝尽発光（きじんはっこう：Photo-Stimulated Luminescence, PSL）現象とは、光や放射線などの最初の刺激を終了した後に、発光波長よりも長い第二の光（輝尽励起）によって最初の刺激の強さに応じた蛍光（輝尽発光）を発する現象を指す。最初の光や放射線などの情報が記録され、その情報を光で読み出すことができる現象である。

3　その比率は五～八％程度あったともいわれている。

4　この方法はＦＣＲによってはじめて実現したものだが、現在ではＤＳＡ（Digital Subtraction Angiography）に置き換わっている。

5　Ｘ線画像情報は、病院内で最もデータ量が多く、取扱いが困難であり、その保管の効率化の価値は大きい。

6　とくにＦＣＲの開発当初は情報処理能力が限られていた。標本化原理に従ってデジタル化によっても医療診断に可能な限り影響を及ぼさないよう最大限の開発努力が求められた。しかしその後の情報処理能力の急速な進歩により、今では人間の識別能力の限界を超えた記録密度と分解能を実現している。

7　本ケースではＦＣＲという医療画像診断システムの開発と事業化に分析の焦点を当てるが、富士フイルムが開発したＸ線画像のデジタル化技術は、医療分野にとどまらず、科学の分野でも重要な貢献を果たしている。イメージング・プレートは、Ｘ線だけでなく、ほとんどの種類の放射線を検出することができる。このため従来検出できなかったものが検出できるようになり、放射線強度とその分布をディスプレイ上で定量解析することが可能になった（宮原［1999］）。

8　当時の足柄研究所の写真フィルム研究部門は、大きく、カラー写真フィルム部門と白黒写真フィルム部門の二つに分かれていた。園田は後者の責任者で、乳剤基礎研究室長も兼任していた。

9　感度を上げると画質が劣化し、感度を下げなければ画質が向上しないという技術の壁があった（詳細は宮原［1999］）。

10　石油ショックや銀価格の高騰が始まる前に、ローマクラブは『成長の限界』を発表して（一九七二年）、資源の有限性について大きな警告を投げかけた。園田はこれを読んで、省銀に取り組む必要性を感じていた。以前に一kg一万円だった銀価格は、七四年三月には五・七万円、八〇年一月には三四・六万円を記録し、レントゲンフィルムを買って塗布されている銀を取り出して売った方が儲かるという事態にまで陥る。

11　もう一人、富士フイルムではじめての応用物理の博士課程出身者であった松下正も園田の下でFCRの構想作りに加わったが、開発のスタート直前に大学にもどった。

12　以下で見ていくように、FCRの開発プロジェクトはほぼこのスケジュール通りで進んでいく。実現の見通しのない時点で園田が立てたスケジュールは、結果的に、精度の高いものであった。

13　当面二年間の設備予算二・七億円、試験材料費・雑費の年間予算が二億円。この予算には技術者などの人件費は含まれていない。

14　園田は未知の材料探しのための共同研究の相手先として、蛍光体のトップメーカーであり、従来から富士フイルム・ブランドの蛍光増感スクリーン供給元でもあった大日本塗料を選んだ。しかし共同研究は長くは続かなかった。共同相手である大日本塗料の小田原工場が富士フイルムのライバル企業グループに買収されてしまったためである。

15　画像センサーの開発については宮原［1999, 2001］に詳しい記述がある。

16　この技術は、FCRをめぐる富士フイルムの有力な特許の一つとなった。平面型スキャナーの開発には、この他、精密なモーター技術、制御コンピューター技術、光学技術が必要だった。できあがった試験機（後述）には、精度が要求される副走査用モーターとして米国メーカー製の一台二〇〇万円もする直流モーターを採用し、その後自社でオリジナルのモーターを開発している。

17　開発に取りかかった当初、足柄研究所にあった大型汎用コンピュータで一枚のレントゲン写真の画像処理計算をするのにたっぷり一晩を要した。

18　四人はレントゲンフィルムの営業部隊である富士Xレイの助けを借りて選ばれた。それぞれ胸部診断、骨部診断、がん診断、乳がん診断を専門とし、勤務先も出身大学も異なるメンバーが集められた。

19　象徴的なエピソードとして、責任者の加藤は次のように語っている。「手のX線写真を、画像処理できれいにシャキッと見えるように作ったんです。〈いいできだな〉と思ってみてもらうと、先生曰く、『加藤君ネ、ボケてるものはボケてるようにみせてくれないと困るんだ。元の写真を見ればわかるように、骨と皮膚の境目が、少しボケかかっている。骨に病気があるんだ。ところが、加藤君の写真だと、骨がシャキッと出ていて、病気がないように見える。これでは使い物にならんよ』。その骨の異常は、体のどこかの病気を反映しているんで、病気の診断の決め手となる大事な症状だというんですね。われわれ技術屋には、理解しにくかったことがいろいろありました」（柳田［1988］二五六頁）。

20　成果が出ないＮＤＸチームを「何にも（Ｎ）・できない（Ｄ）・Ｘレイ（Ｘ）」チームと揶揄する声もあった。

21　加藤は当時を振り返り、「こっちはもうびっくりしちゃって。富士フイルムは一フィルムメーカー、フィリップスといえば世界に冠たる総合電機メーカーですからね。提携といわれても何をしていいのかさっぱりわからなかった。われわれの展示パネルも不出来で、自分たちでもわかるように説明しているとは思えなかった。アンガスさんはそれをいきなり評価してくれました」と述べている（加藤久豊氏インタビュー、二〇〇五年一〇月七日）。

22　当時検討された事業体制の選択肢としては、この他に、製造も開発も販売も一つの会社として独立した組織にする、あるいは開発製造の会社と販売の会社を設立するという案もあった。最終的に、開発設計は富士フイルム、製造は富士機器工業、販売は富士メディカルシステムという体制がとられた。

23　高野たちが武見日本医師会会長にはじめて面談したのは一九八一年一二月のことだった。プロジェクトチームが商品化に向け、試作機の開発に取り組んでいたころである。

24　同種の制度はフランスにある。ＧＥが別の装置の普及をねらって働きかけた結果認められたもので、ＦＣＲの普及にもプラスに働いた。米国は民間の保険会社の方針で決まる。

25　四つ切りとはレントゲンフィルムの基本的なサイズで、一〇インチ×一二インチ。ＦＣＲで撮影した場合、一枚目が四〇円、次が半額で、四枚までデジタル加算点数が認められた。

26　二〇億円ほどの投資により生産体制を大きく見直した成果であった。

27　事業化後の製品開発については加藤他［1995］により詳しい記述がある。

28　例えば、ＦＣＲ七〇〇〇は、コンセプトはよかったが、品質問題を抱えた。売上げが伸びたものの、安定した供給ができず、売れば売るほど修理が増え、経費がかさんでいった。設計を含めて品質管理体制を見直し、その後、一九九三年にはＦＣＲ九〇〇〇、九九年にはＦＣＲ五〇〇〇が出され、新しい機種が出るたびに品質は改善され、メンテナンスの経費は軽減されていった。

事例3　オリンパス光学工業：超音波内視鏡の開発、事業化

はじめに

超音波内視鏡とはその名前が示すように、光学式の内視鏡と超音波診断装置を一体化した医療用診断装置である。開発当初専門医による臨床研究という形で限定的に利用されていた超音波内視鏡は、現在では標準的な診断機器の一つとして認知され、日本国内のみならず米国や欧州においても広く普及してきている。超音波内視鏡によって、組織の表面の状態を観察するだけの従来の光学式内視鏡では不可能だった、粘膜の層構造や組織内部の様子といった深さ方向の観察が可能となった。リンパ節転移の有無やがんの浸潤状況を把握するといった深達度診断が可能となったのも超音波内視鏡がもたらした貢献の一例である。

オリンパスがこの超音波内視鏡の開発に着手したのは一九七八年にさかのぼる。二年後の八〇年には国内初の試作機の完成にこぎ着けた。八八年に発売されるGF-UM3/EU-M3（試作機から数えて第五号機）は、その後の超音波内視鏡の標準機として普及し、超音波内視鏡の国内市場シェアは約八割（一九九七年）に達している。世界全体で約二八〇〇億円ともいわれる内視鏡市場におけるシェアが約七割を超えるオリンパスは、

超音波内視鏡においてもまた圧倒的な市場地位を確立している。二〇〇四年三月期の超音波内視鏡事業の売上げは約八〇億円にまで成長し、一〇〇〇件を超える臨床研究発表によって、超音波内視鏡は消化器系の臨床研究の進歩を刺激することともなっている。

オリンパスはどのようにして超音波内視鏡を開発、事業化していったのだろうか。[1]

1　超音波内視鏡開発の背景

1・1　超音波と超音波診断

医療技術の進歩は著しい。特に、画像診断という臨床医学の一領域は、医療診断機器とエレクトロニクスやコンピュータに代表される要素技術の進歩に支えられて目覚ましく発展を遂げた領域である。わずか三〇年間で、従来の単純X線撮影に加えてX線CT（Computed Tomography）が登場し、磁気共鳴診断装置（MRI：Magnetic Resonance Imaging）、SPECT、PETと数多くの新しい診断モダリティが誕生・普及し、医療技術の進歩に貢献してきた。超音波診断機器もまた人体の各臓器・組織を画像化し、画像診断を牽引してきた診断モダリティの一つであり、日本を発祥の地とする診断機器である。ガスや骨などの影響を受けやすいため肺や腸のような空気を含む臓器や骨は検査の対象になりにくく検査部位に制限があること、画像の再現性が劣るなどの短所があるものの、放射線と違って被曝の問題がないため安全性が高く、装置が小型で他のモダリティと比較して相対的に安価で、また動画像を得られるという長所を有し、国内外で広く普及してきた。

超音波とは、人間の耳には聞こえない音と言われる。正確には、人間が聞き取れる可聴音と呼ばれる音域を超える、二〇KHz以上の周波数の高い音が超音波と呼ばれる。可聴音と呼ばれる人間の耳が聞き取れる範囲は、一般的に三〇Hz〜二〇KHz（一Hzとは一秒間に一回の振動数）である。音波は、水と空気のように密度の異なる「もの」（一般的には「媒質」と呼ばれる）が接する境界面に達すると、一部は反射し、残りは他方の媒質の中へ透過する。反射と透過の割合は異なる媒質の音響インピーダンス（音の伝わりやすさ）の差で決まり、その差が大きいほど強く反射する。超音波画像とは、異なる媒質の音響インピーダンスの違いが反射と透過の割合を規定するという性質を利用して、反射箇所と反射の強さを画像化したものである。[2]

超音波は生体内で散乱や拡散し、また吸収されるため、距離に応じて減衰するという特徴を持つ。また、周波数が高くなると波長が短くなるため、「距離分解能」（深さ方向の物体の判別能力）は向上するものの超音波の減衰も大きくなる。距離分解能と診断距離とはトレードオフの関係にあるのである。具体的には、周波数を上げると距離分解能は向上するものの、減衰が大きくなるため体表から奥深くまで超音波を到達させるのが難しくなる。他方で、体表から奥深くまで超音波を到達させるには周波数を下げることが必要となるが、それでは分解能が低下するという問題が発生する。そのため、生体深部の状態をより鮮明に画像化するには、見たい臓器の近くに超音波振動子を位置付けて、可能な限り周波数を高くすることが必要となる。

１・２　超音波内視鏡とは何か

超音波内視鏡（EUS：Endoscopic Ultrasonography）とは、従来の光学式内視鏡の先端部に小型の超音波振動子を装着することで、内視鏡と超音波診断装置を一体化した医用診断装置である。医療現場では、食道、胃、十二指腸、大腸などの消化管、胆道や膵臓などの深部の状態を観察するのに用いられている。それまでの光学式内視鏡では、体腔壁表層の観察に止まっており、粘膜下組織層の病変の浸潤状態を観察することは困難であった。したがって、がんの状態や進行度の把握は、表面の性状・色・凹凸などの組織表面の観察による医師の経験的な判断に依存していた。しかし、この超音波内視鏡の登場によって、専門的には「深達度診断」と呼ばれる臓器の表面を観察するのみならず、臓器内部の粘膜の層構造や組織内部といった深さ方向の観察が可能となった。

超音波内視鏡は一般的に、スコープ本体と光源装置、観測装置、観察モニターや画像記録装置などから構成される。図表1は超音波内視鏡の試作一号機のスコープ本体と観測装置の写真であり、図表2はスコープ本体の基本構造を図示したものである。スコープ本体は超音波振動子とレンズを取り付けた先端部と、回転駆動部や信号伝達部を内蔵する副操作部、そして先端部と副操作部をつなぐチューブから構成されている。回転チューブは回転を伝えるシャフトを内包しており、その中に信号を伝達するケーブルが通っている。副操作部内にある小型モーターの回転力がシャフトを通じて先端部の超音波振動子に伝達することで振動子が回転し、振動子から超音波が送受信される。スコープ内部の詳細な構造は図表3に示されている。

先端部につく圧電振動子は、超音波の発生と検出を行い、いわば声帯と鼓膜の二つの役割を同時に担っている。具体的には、①パルス電圧が加えられると振動子は超音波を発生し、②その超音波は体内で音響インピーダンスの異なる組織の境界面において、一部の超音波は反射してエコーとして戻ってくる。③その超音波を再び振動子で検出して電気信号に変換し、④電気信号の振幅に応じて輝度変換する。さらに、⑤超音波振動子は超音波の送受を繰り返しながら振動子自体が回転し、⑥回転に応じて位置検出を実施し画像を形成する。画像化の基本原理は、胎児の状態を観察するのによく知られた体外エコーに代表される超音波診断装置と同じである。ただし、体腔内に挿入するという内視鏡特有の制約から、体外エコーと違って超音波振動子の小型化とともに、超音波振動子の回転の安定性、さらには回転シャフトやケーブルの耐久性が特に要求

図表１　超音波内視鏡のスコープ本体と観測装置（試作一号機，1980 年）

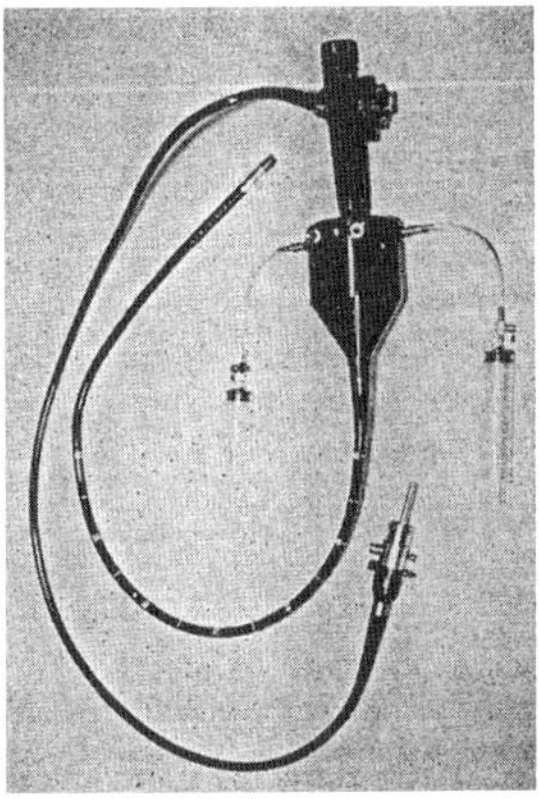

試作一号機スコープ

試作一号機観測装置

出所：福田守道「ラジアル式超音波内視鏡開発と原理」竹本忠良・川井啓市・山中桓夫編『超音波内視鏡の実際』医学図書出版，1987 年，27 頁。

図表２　超音波内視鏡のスコープ本体の基本構造（試作二号機，1981 年）

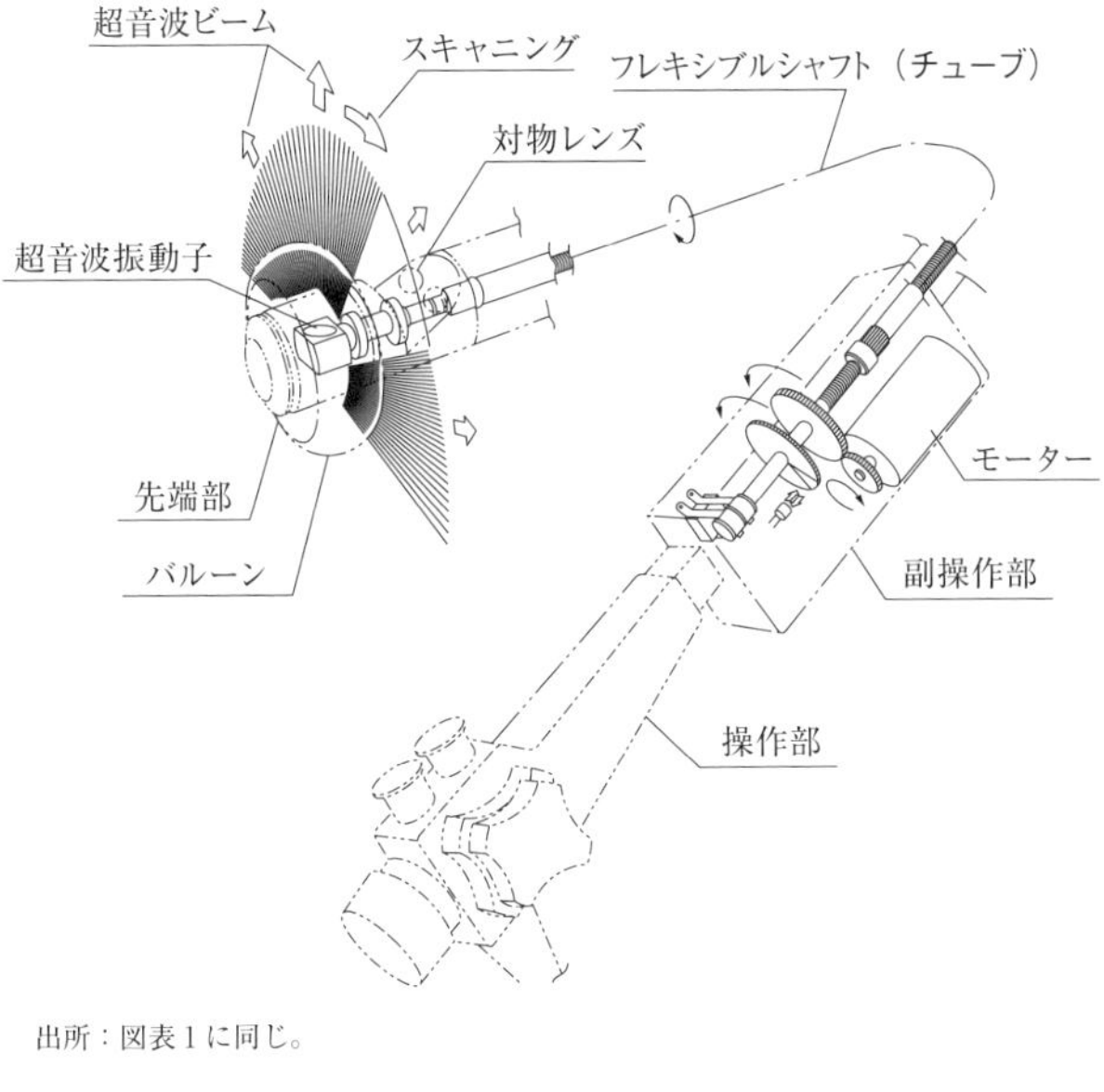

出所：図表１に同じ。

図表3　スコープの内部構造（GF-UM200, 1993年）

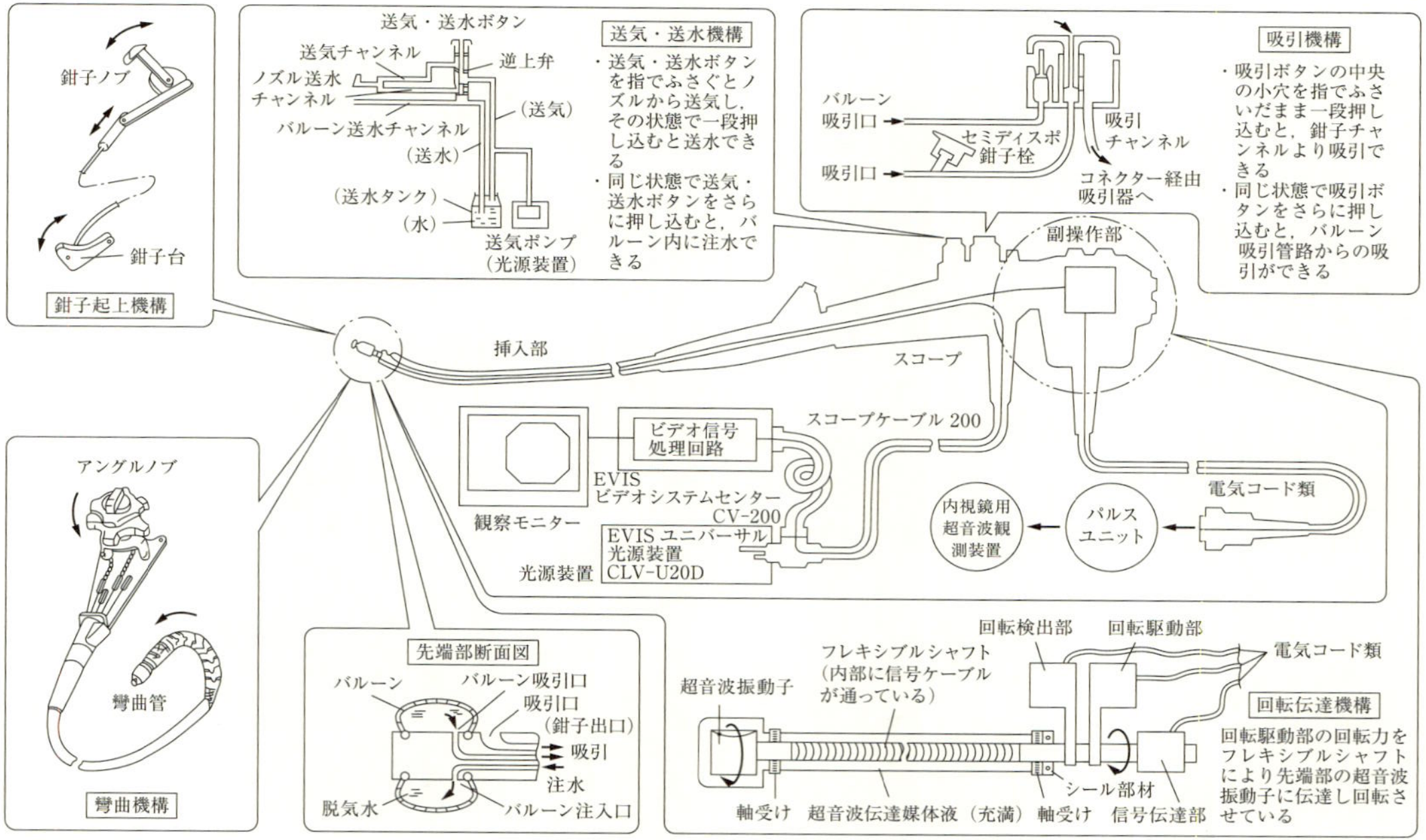

鉗子ノブ
鉗子台
鉗子起上機構
送気・送水ボタン
送気チャンネル
ノズル送水チャンネル
逆上弁
バルーン送水チャンネル
（送気）
（送水）
（送水タンク）
（水）
送気ポンプ（光源装置）
送気・送水機構
・送気・送水ボタンを指でふさぐとノズルから送気し，その状態で一段押し込むと送水できる
・同じ状態で送気・送水ボタンをさらに押し込むと，バルーン内に注水できる
バルーン吸引口
吸引口
セミディスポ鉗子栓
吸引チャンネル
コネクター経由吸引器へ
吸引機構
・吸引ボタンの中央の小穴を指でふさいだまま一段押し込むと，鉗子チャンネルより吸引できる
・同じ状態で吸引ボタンをさらに押し込むと，バルーン吸引管路からの吸引ができる
副操作部
挿入部
スコープ
スコープケーブル 200
ビデオ信号処理回路
EVIS ビデオシステムセンター CV-200
観察モニター
EVIS ユニバーサル光源装置 CLV-U20D
光源装置
電気コード類
内視鏡用超音波観測装置
パルスユニット
アングルノブ
彎曲管
彎曲機構
先端部断面図
バルーン
バルーン吸引口
吸引口（鉗子出口）
吸引
注水
脱気水
バルーン注入口
回転検出部
回転駆動部
電気コード類
フレキシブルシャフト（内部に信号ケーブルが通っている）
超音波振動子
回転伝達機構
回転駆動部の回転力をフレキシブルシャフトにより先端部の超音波振動子に伝達し回転させている
シール部材
軸受け
超音波伝達媒体液（充満）
軸受け
信号伝達部

出所：奥嶋・乾［1997］37頁。

図表４　超音波内視鏡の走査方式

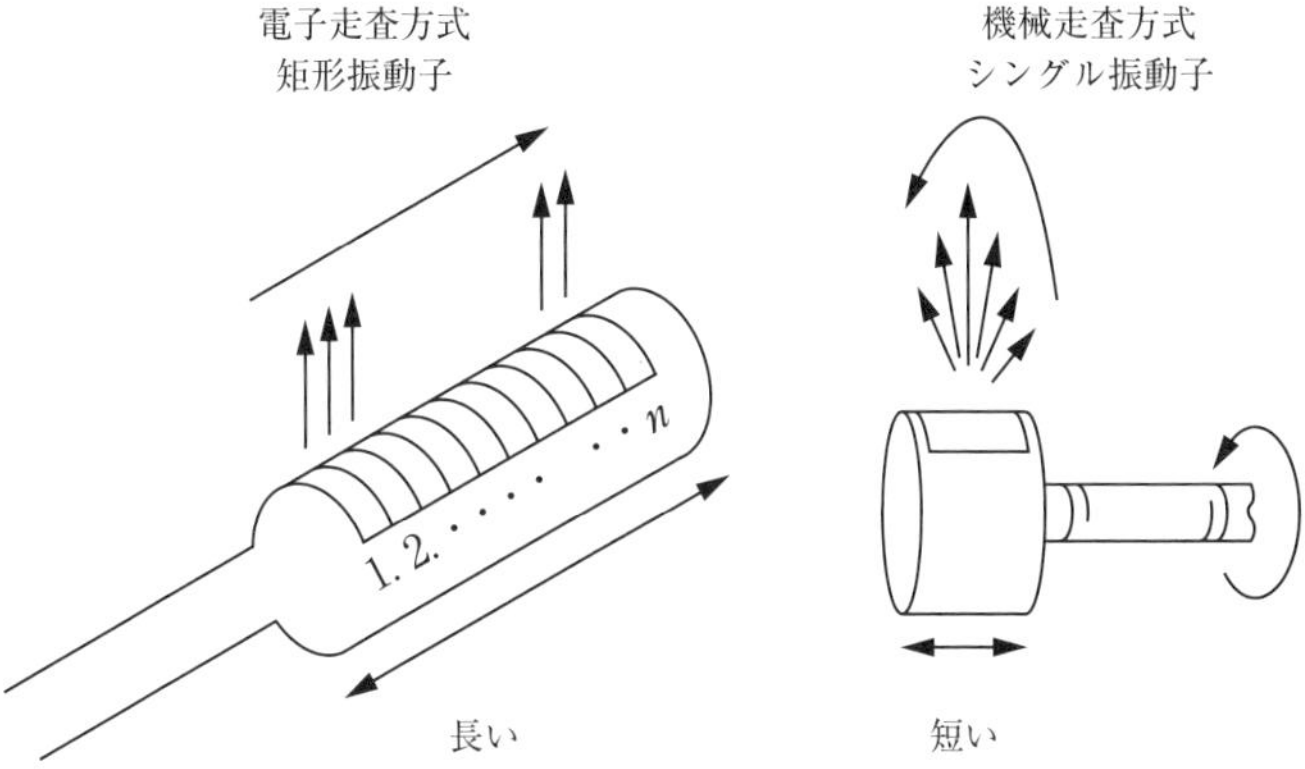

出所：宇津木［1997］13頁。

される。

図表4に示されるように、超音波内視鏡は走査方式の違いによって大別して二つのタイプがある。一つはメカニカル（機械）走査方式であり、もう一つは電子走査方式である。メカニカル走査方式は、さらにメカニカルラジアル走査とメカニカルリニア走査に分けられる。電子走査方式もまた、電子ラジアル走査、電子リニア走査、電子コンベックス走査、電子セクタ走査、３Ｄ走査に分けられる。

メカニカル走査方式はモーターの駆動によって一個（あるいは複数個）の振動子を動かすことで超音波の走査をする方式である。メカニカル走査方式の一つであるメカニカルラジアル走査方式は、超音波振動子の部分が小さく操作性が良く、三六〇度にわたって観察可能なため、どこを観察しているかという位置関係がわかりやすいという長所がある。これに対して、電子走査方式には、鮮明な画像が得られ、血液の流れをカラー表示するカラー・ドプラ機能を有するという長所がある。ただし、操作性が悪く、視野が狭く、観察部位の位置関係がわかりにくいなどの短所がある。

1・3　開発前史：胃鏡から胃カメラ、ファイバースコープへ

内視鏡によって光学的に体中を観察するという試みには、二〇〇年近い歴史がある。消化器内視鏡の技術進歩は、硬性胃鏡から軟性胃鏡へ、そして胃カメラ（一九五〇年〜）からファイバースコープ（一九五七年〜）へと発展し、さらに電子スコープ（一九八三年〜）へと発展を遂げている。[3] ただし、医用診断機器としての内視鏡が本格的に実用化し普及するには、胃カメラの誕生を待たねばならなかった。

現在の内視鏡の原型は、一八〇五年ボッツィーニ（P. Bozzini）による Lichtleiter（導光器）と呼ばれるろうそくを光源とする喉頭・尿道・膣等を観察したスコープに遡ることができる。ただし、光源とレンズ技術に代表される光学系の要素技術がボトルネックとなって、実用化にはほど遠いものであった。消化器用の内視鏡は当時胃鏡と呼ばれ、曲がらない金属管を使用するため患者の大きな苦痛を伴い、生命の危険とも隣り合わせであった。その後、一九三二年にシンドラー（R. Schindler）は光学者のウォルフ（G. Wolf）との協力によって、多数のレンズの屈折を利用することで管の屈曲を可能とするその後の軟性胃鏡の発展を切り開いた。しかし、それもまた内視鏡を扱う医師と患者の双方に大きな負担を強いるものであった。

「シンドラーの胃鏡は、一部は軟いですけれども大部分は硬い。冗談にステッキなんていっていましたが、もちろん先端を自由に動かすということもできないわけでございます。……私の始めの経験ですけれども無事に胃鏡が喉を通りますとほっと一安心すると、それから入れて見ていると患者は苦しがる、そうでなくても手を合わせてやめてくれと拝む……患者はもちろんですけれども、私なんか一検査終わりますとくたくたになって次の検査に移れないというようなわけでございました」（近藤台五郎医師による一九三五年当時の回想）[4]。

大きな転機となったのは、内視鏡の母とも呼ばれる胃カメラの誕生であった。胃カメラとは、挿入管の先端部に小型カメラを装着し胃内を撮影する機器である。胃カメラの開発は一九四九年に当時オリンパスの顕微鏡納入先であった東京大学医学部附属病院小石川分院の医師宇治達郎からの「患者の胃の中を撮影できるカメラを作れないか」という打診がきっかけではじめられた。翌五〇年には、消化管の中を通るチューブの先にレンズとフィルムと豆ランプを取り付けた胃カメラ「ガストロカメラ」がオリンパスによって開発され、実用化としては世界初となる試作一号機が誕生した。二年後の五二年にはガストロカメラⅠ型が市販された。

しかし、ガストロカメラⅠ型では、目的通りに胃粘膜を撮影するのが容易ではなく、故障が頻発したため、医療現場での普及は当初予想されたほど進まなかった。どのような技術進歩もそれを補完する技術進歩が伴ってはじめて社会的・経済的に意義を持つようになる。胃カメラの場合もそうであった。胃カメラが本格的に普及するには、胃カメラのユーザーである医師の側で胃カメラの撮影条件、撮影技法、読影技法についての技術が確立され、臨床的知見が十分に蓄積される必要があった。そこで一九五五年には東京大学医学部内科の田坂教授を会長とし、各地から医師・研究者が約六〇人集まり第一回「胃カメラ研究会」が開催された。四年後の五九年には「胃カメラ学会」へ、さらに六一年には「日本胃カメラ学会」（日本消化器内視鏡学界の前身）へと改名し、この活動を通じて胃カメラの有効性は多くの医師に認められるようになった。五八年に胃カメラに対して健康保険が適用されるようになったことも胃カメラ普及の追い風となった。

オリンパスはその後継続的な製品改良を重ね、一九五二年にⅡ型を、五六年にはⅢ型を、六〇年には大幅な設計変更を施したＶ型を発表し、六〇年にはオリンパス製胃カメラ（ＧＴシリーズ）の年間販売本数は一〇〇〇〇本を超えることとなった。また、六五年には集団検診用ガストロカメラＰ型を発表し、六六年のピーク時には年二九〇〇〇本販売され、累計販売本数は一万本を超えた。[5] オリンパスは、ガストロカメラＧＴシリ

図表５　オリンパス超音波内視鏡事業の歴史

年	オリンパス医療関連事業	超音波内視鏡事業	内視鏡関連の他社・業界動向
1975	医療用硬性内視鏡分野に進出		
1977			PENTAX：ファイバースコープで医療機器分野に参入
1978		超音波内視鏡開発提案書の提出	
1979		アロカ社を退社した馬場氏がオリンパス入社	久永：内視鏡を用いて超音波振動子を消化管内に挿入し，膵臓，脾臓，腎臓などの描出に成功 Green：電子リニア走査型の EUS 試作（SRI・電子リニア走査型）
1980		臨床研究会発足 試作一号機（2 月　ミラー反射式）	Dimango：Green の SRI 型電子リニア操作方式 EUS を発表 Strohm：オリンパス・アロカ製のラジアル走査型 EUS の使用経験を発表
1981		試作二号機（4 月） 試作三号機（10 月）	町田製作所，東芝メディカル：電子リニア走査型 EUS 試作 1 号機
1982		超音波スコープ GF-UM1・観測装置 EU-M1 発売	町田製作所，東芝メディカル：電子リニア走査型 EUS 試作 2，3 号機 Green：SRI 型電子リニア走査式 2 号機
1983	ファイバースコープ「OES シリーズ」発表		町田製作所，東芝メディカル：電子リニア走査型 EUS 試作 4，5 号機，米ウェルチ・アリン社：ビデオスコープ発売 フジノン，ATL：電子リニア走査式超音波内視鏡 1 号機
1984		試作四号機（3 月） 超音波スコープ GF-UM2・観測装置 EU-M2 発売	相部：超音波内視鏡による消化管壁の層構造の論文発表
1985	内視鏡ビデオ情報システム「EVIS-1」発表		
1987			PENTAX：ビデオスコープ開発
1988		9 月馬場氏オリンパス退社 試作五号機（3 月） 超音波用ガストロファイバースコープ GF-UM3・観測装置 EU-M3 発売	
1989	OES 膀胱ファイバースコープ「CYF-2」発売	細径超音波プローブ開発 超音波用大腸ファイバースコープ CF-UM3	Silverstein によるリニア型超音波プローブ
1990	内視鏡ビデオ情報システム「EVIS200 シリーズ」発表	超音波用十二指腸ファイバースコープ JF-UM3 内視鏡用超音波プローブ UM-1W	ペンタックス，日立：コンベックス走査型 EUS
1991	ハイパーサーミア装置「エンドレディオサーム 100A」発売	内視鏡用超音波観測装置 EU-M20	フジノン：ソノプローブ（リニア走査型）

1992 1993		超音波用ガストロファイバースコープ GF-UM20 超音波用十二指腸ファイバースコープ JF-UM20 超音波用大腸ファイバースコープ CF-UM20 内視鏡超音波プローブ UM-2R/UM-3R 超音波内視鏡のビデオスコープ化 超音波用ガストロファイバースコープ GF-UM20O 超音波用十二指腸ファイバースコープ JF-UM20O 超音波用大腸ファイバースコープ CF-UM20O	
1994	内視鏡ビデオ情報システム「EVIS230 シリーズ」発表 前立腺肥大症用加温装置「エンドサーム UMW」発売		アロカ：超音波プローブによる 3D 表示
1995		3D 超音波画像処理装置 食道用超音波プローブ MH-908	
1996		内視鏡用超音波観測装置 EU-M3O	
1997	内視鏡事業部を 4 ビジネスユニット化 内視鏡ビデオ情報システム「EVIS240 シリーズ」発表 手術用顕微鏡「OME-8000」シリーズ発売 泌尿器用硬性鏡シリーズ「OES4000」発売	超音波ガストロビデオスコープ GF-UMQ200 超音波 3 次元画像処理ユニット EU-IP 超音波ガストロファイバースコープ GF-UM30P 内視鏡超音波プローブ UM-4R	
1998	消化器内視鏡外科推進連絡会発足 ダイオメッド（英）と提携し，医用半導体レーザー装置の販売開始	超音波ガストロビデオスコープ GF-UMP230 超音波大腸ビデオスコープ CF-UMQ230	
1999	骨補填剤事業に参入，「オスフェリン」を発売 動物用内視鏡販売開始	内視鏡用超音波プローブ UM-G20-29R/UM-S20-20R 超音波ガストロビデオスコープ GF-UM240/GF-UMQ240 内視鏡用超音波プローブ UM-BS20-26R/UM-S30-25R 超音波画像処理ユニット EU-IP2	
2000	内視鏡ビデオ情報システム「EVIS EXETRA」を欧米市場に導入		
2001	オリンパス販売，オリンパスプロマーケティングに社名変更 内視鏡挿入形状観測装置「UPD」発売 内視鏡洗滌消毒装置「OER-2」発売 超音波内視鏡システム「EndoEcho」発売 Intuitive Surgical（米）向けに超音波手術システムを開発		PENTAX：上部消化管用電子ラジアル走査式超音波ビデオスコープ開発
2002	再生医療事業に参入 内視鏡手術・検査用統合ビデオシステム「VISERA」発売 超音波手術システム「SonoSurg」発売 世界初のハイビジョン内視鏡「EVIS LUCERA」発売		
2003	オリンパスプロマーケティングを統合 世界初の脳神経内視鏡システム「EndoArm」発売 Intuitive Surgical（米）のロボット内視鏡手術システム「da Vinci Surgical System」向けに「3D／2D 映像システム」開発		

出所：『50 年の歩み』オリンパス光学工業，1969 年。各種公刊資料，オリンパスホームページ。

ーズの成功によって、胃用の軟性内視鏡分野をほぼ独占することとなったのである。

ちょうどその時期、米国では内視鏡分野において新たな技術革新が起きていた。ヒルシュヴィッツ（B. Hirschowitz）が一九五七年に発表し、ＡＣＭＩ（American Cystoscopic Makers Inc.）によって六一年に世界で初めて商品化されたファイバースコープ（Hirschowitz Scope）である。

胃カメラは胃の中に小型カメラを装備したチューブを挿入し、現像後はじめて適切に撮影されているかどうかが確認できるいわば「手探りで撮影する」医療機器であり、また硬性内視鏡は、複数の短焦点レンズによって画像を伝達するため、屈曲に限界があった。これに対して、グラスファイバーを用いて画像を伝達するファイバースコープは、屈曲にも優れ医師がスコープを覗《のぞ》き込むことで胃の中をリアルタイムに観察することができる。ファイバースコープの登場によって、病変の発見がリアルタイムで行われ、生検鉗子によって疑いのある部分の組織を採取することができるようになり、小さなポリープであれば切除することも可能となった。検査だけでなく治療等の医学的な処置が可能となり、医療の発展に大きく貢献する革新であった。内視鏡の第二世代の幕開けである。

日本でも一九六二年にＡＣＭＩの製品が輸入許可となったことを契機として、当時内視鏡専業メーカーであった町田製作所とオリンパスのファイバースコープの開発競争が始まった。町田製作所は六三年三月の日本内視鏡学会での亀谷晋の発表に協力する形で試作発表を行った。当時国産のグラスファイバーはなく、アメリカン・オプティカルのものが使われた。同社は、六三年十月にＦＧＳ（fiber gastroscope）Ａ１型の試作に成功し、六四年九月にHirschowitz Scopeの性能を上回る新Ａ型ＦＧＳを開発したことで、日本初のファイバースコープ開発に成功した。[6]

一方、オリンパスでは一九六〇年に発表されるガストロカメラＶ型の開発と並行する形でファイバースコープの開発が進められ、同年グラスファイバーの紡糸にも着手した。しかしグラスファイバーの「束ね方」やコーティングにおいてさまざまな技術課題を克服し、最初のファイバースコープ付ガストロカメラ「GTF」を発表したのはその四年後の六四年三月であった。この製品は、現在医療システムカンパニーの研究・開発拠点である八王子事業場から出荷された初めての製品であった。

試作品の発表と製品出荷には出遅れたものの、オリンパス製のイメージファイバーを用いた内視鏡は医師の間でも「くっきり見える」と高く評価され、内視鏡におけるオリンパスのシェア拡大に大いに貢献した。[7]その後の市場が拡大するとともにオリンパスはファイバースコープにおいても圧倒的な支持を得て、製品化で先行した町田製作所を瞬く間に追い越し、一九七〇年代中頃には軟性内視鏡分野で世界トップメーカーとしての市場地位を確立することとなった。

以下、超音波内視鏡が開発、事業化されていった経緯をたどっていくことにしよう。

2　超音波内視鏡の開発

2・1　一枚の提案資料：超音波内視鏡の構想

オリンパスによる超音波内視鏡開発に向けた活動のきっかけは、一九七八年に提出された一枚の提案資料まで遡ることができる。その提案資料で想定された機器の開発目標は、膵臓がんの早期発見というものであった。膵臓がんは胃がんや肺がんと比較して罹患率こそ低いものの、「がん疾患のチベット」とも呼ばれるように発見も根治も難しいがんである。国立がんセンターによる『がんの統計10'』によれば、胃がんの五年相対生存率は六二・一％であるのに対して膵臓がんは六・七％であり、部位別で見ると最も生存率が低い。

膵臓がん患者一〇〇人のうち，治療開始から五年間で生存していたのはわずか六人程度ということになる。胃の裏側に位置する膵臓において二cm以下の微小な病変を検出することは，当時普及しつつあったCTやその後出てくるMRIなど当時の最先端の診断機器でさえも難しかった。

体腔内の超音波診断装置の開発が提案・承認された一九七八年九月の常務会の三カ月後には，具体的な開発提案として研究企画部内の会議に資料が提出され，社内で正式な開発プロジェクトとして動き始めることとなった。七八年十二月に研究企画会議に提出された一枚の手書きの提案資料は，詳細なデータに基づいて検討された「分厚い」企画提案書ではなく，開発目的や基本的考え方，そして研究の進め方や日程が簡潔に記されたものであった。そこには次のようなことが記されていた。

①オリンパスの内視鏡分野での地位を維持発展させることを開発目的とし，具体的には難易度の高い膵臓がんをターゲットとする。
②外部技術・ノウハウを活用し，市場性を早期に見極める。
③既存の内視鏡開発グループと共同開発を進める。
④医師が使用可能な機器の開発を優先させる。
⑤自社開発を必要とするテーマと他社開発が有利なテーマを線引きし，効率的な研究を推進する。
⑥超音波装置でトップメーカーであるアロカを提携先とする。
⑦ニーズ調査の結果に基づいて，順次開発を推進し，当面消化器内視鏡の試作を行う。

オリンパスは当時すでに米国のACMIや日本の町田製作所と並んで世界三大内視鏡メーカーとして数え

られていたが、当時の経営陣は内視鏡分野でのさらなる市場地位の向上を目指していた。そのために有効と考えられたのが超音波内視鏡の開発・事業化であった。超音波内視鏡を内視鏡分野の技術における頂点に位置するフラッグシップとして位置づけることで、内視鏡トップメーカーとしての技術力を世界にアピールすることができると考えたのである。罹患率から見ればニッチな分野であるものの、X線CTやMRIに代表される当時最先端の診断モダリティでさえも発見の難しい膵臓がんが開発目標のターゲットとして選ばれた理由もそこにあった。

ただし、超音波内視鏡そのもののアイデアはオリンパス社内で独自に作り上げられたものではなかった。そもそも体腔内から超音波画像を得ようとする試みはすでに古くから行われていた。例えば、一九五七年に米国のワイルド（J. Wild）らは体腔内用探触子を回転させて撮影することで下腹部臓器の断層像を得ることに成功している。

その後、一九七〇年代後半になって、超音波内視鏡の開発が本格化する。日本では七九年に久永光造が内視鏡を用いて超音波振動子を消化管内に挿入し、膵臓、脾臓、腎臓などの描出に成功した。また、米国でもほぼ同時期にグリーン（P. S. Green）らによって超音波内視鏡が試作され、翌八〇年にディマーノ（E. P. DiMagno）らによって発表された。医師が自ら試作機を開発し、それに基づく臨床研究の学会発表を行う。そういうことが日米でそれぞれ起きつつあった。そのような学会における研究発表の動向に後押しされるように、超音波内視鏡の開発プロジェクトがオリンパス社内で生まれたのであった。

２・２　開発にあたっての技術的課題

内視鏡と超音波診断装置を一体化した装置の開発にあたって開発プロジェクトが取り組むべき技術的課題

は、大きく分けて三つあった。第一に、超音波診断装置の先端部が消化管内に挿入可能な程度に十分小型化すること。第二に、体腔内挿入に伴う患者の苦痛に見合うだけの、高精度の超音波診断情報が得られるようにすること。第三に、通常の内視鏡の基本的機能を極力損なうことなく保持し、しかも体腔内という走査の困難性を考慮して、少しでも操作性を向上させることである。

内視鏡の先端部で高品質の超音波画像を形成するには、超音波振動子の小型化とその回転の安定性が必要である。また、回転する振動子が受波した超音波を体腔内で曲がりくねった状態で正確に伝えるシャフトやケーブルの性能や耐久性も重要な要素であった。具体的に設定された基本仕様は、①広い診断範囲が得られるようにリニア走査ではなくラジアル走査にすること、②体腔内での操作性を良好に確保するために、内視鏡の基本機能はしっかり保有させること、③小型化・高分解能を達成するために、シングル振動子を用いたメカニカル走査方式にすること、であった。[8] ただし、当時のオリンパス社内には超音波診断に必要となる基本的な要素技術は一切なく、開発プロジェクトの推進には超音波診断に関して知見を有する外部の企業との提携が必要であった。

そのような中で、一九七八年九月に東京農工大学の伊藤健一教授を通じて超音波診断装置では技術的に定評のあったアロカからオリンパスに共同開発の申し出があり、それをオリンパス経営陣が受け入れたことが本格的な開発への取組みの一つの契機となった。両社の役員によるトップ交渉を経て十二月には共同開発を進めることとなり、その後二カ月に一回程度のペースで役員クラスの会合が定期的に持たれることとなった。超音波診断装置と内視鏡とを組み合わせた新しい機器の開発にあたって、各装置のトップメーカーである両社が共同開発という形で手を組んだことは、それを紹介する当時の新聞記事でも好意的に受け止められている。[9]

開発のもう一つの契機は、一九七九年五月にアロカから転職した機械技術者の馬場和雄の中途入社であり、その後同じくアロカから転職した長崎達夫の入社であった。長崎はアロカで馬場と同期であり、馬場は開発において超音波に精通した電気技術者を必要としていた。馬場とその部下の横井武司、そして長崎の三名で超音波内視鏡の試作機の開発チームが形成された。その後、腹部超音波診断を専門とする札幌医科大学の医師福田守道らが研究に参加することとなった。機器の基本設計・仕様は馬場を主体とするオリンパス側が担当し、画質や操作方法そして表示法の改良は福田を主体とする医師らが担当するという体制が取られた。七九年十月には初めての打合せが行われ、米国製超音波振動子（一〇 MHz）を用いてブタの肝臓・腎臓の断層像の観察に成功している[10]。

２・３　ゼロからの出発：試作一号機の開発（一九八〇年）

ただし、試作一号機の完成にこぎ着けるのは容易ではなかった。そもそも、内視鏡と超音波診断装置を一体化することによって技術的にどの程度のレベルの診断装置が作れるのか、当時の開発陣にもわからなかったし、また、その診断装置による臨床的有用性についてもどれ程あるのか臨床研究者もわからなかったのである。双方にとってまさにゼロからの出発であった。また、当時の国産超音波振動子は五 MHz と、米国製と比較して力不足であり、アロカから提供される超音波装置も新たに超音波内視鏡用に開発されたものではなく、振動子回転式の前立腺検査用装置に一部手を加えたものだった。

その中でも、内視鏡の先端部に取り付けられる超音波振動子の小型化とそれに伴う走査方式の選択は、大きな問題であった。超音波診断装置はすでに述べたように、多数の振動子を電子的に切り替えることにより順次超音波の走査を行う電子リニア走査方式と、単一の振動子を機械的に動かすメカニカルラジアル走査方式との二通りがあり、体外エコーと呼ばれる体表から内部を観察する通常の超音波診断装置では電子リニア走査方式が一般的であった。しかし試作一号機では電子リニア走査方式ではなくメカニカルラジアル走査方式とし、また振動子は固定したまま反射ミラーを回転させて走査するミラー回転式が採用されることとなった。小型の先端部に高周波数化が可能である口径の大きな振動子を組み込むには先端部の断面にあわせて配置するラジアル走査方式が有利であったこと、さらに振動子そのものを回転させる方式では、振動子への信号を伝達するための電気接点を設ける必要があり、構造が複雑化するというのがその理由であった[11]。これと相前後する時期に、一部の研究者やオリンパス以外の競合企業によって電子リニア走査方式を採用した超音波内視鏡の試作機の開発も試みられていたが、実用に耐えうる臨床画像が得られるようになるには、その後の電子リニア走査用超音波振動子の性能向上を待たねばならなかった。結果的にメカニカルラジアル走査方式という技術選択がオリンパスの先行を可能にしたことになる。

オリンパス製の内視鏡GF‐B3の挿入部にアロカの前立腺走査用の円板型振動子をOEMベースで組み込んだ試作一号機は一九八〇年二月に完成し、同年三月上旬より臨床研究に供されることとなった。ただし、試作一号機は多くの問題点を抱えていた。体腔内診断には五 MHz では明らかに力不足であり、超音波断層像の分解能が低く、また先端部分の外径が一三㎜、硬性部分の長さが六五㎜と長く体腔内での操作性が悪かった。また、画像表示範囲が九〇度と狭いため、周辺臓器のオリエンテーションがつきにくく、近距離ではごく狭い範囲の断層しか得られないなどの問題があった。(図表6参照)。

2・4　医師との二人三脚：臨床研究会

多くの製品開発において、技術者は製品の設計者であると同時にその使用者や評価者でもある。しかし、医療機器の製品開発において、機器を実際に使用し評価するのは医師である。メーカー側では医師免許なしには臨床検討による機器の評価を行うことができない。したがって、医療機器の開発には、実際の使用者であり臨床検討を行うことができる医師との連携が不可欠であり、通常の製品開発以上に医師の使用経験や改善要求といった顧客のフィードバックが重要となる。

初期の胃カメラや光学式内視鏡開発において、オリンパスはさまざまな大学医学部・病院の数々の研究者との共同研究を通じて内視鏡医との幅広い世代を超えた人脈を形成し、多様な顧客ニーズを取り込んできた。「胃カメラ懇談会」や「ガストロカメラ懇談会」は、オリンパスと内視鏡医とが内視鏡の問題点とその将来像をやりとりする場として機能し、オリンパスが消化器系内視鏡分野での地位を確立するのに大きな役割を担った。超音波内視鏡開発においても、試作機の開発と連携する形で超音波内視鏡装置を使った臨床検討が推し進められ、その中心的役割を果たしたのが一九八〇年から始められた臨床研究会であった。

第一回臨床研究会は、一九八〇年二月に東京丸の内ホテルにて開催された。出席者は、内視鏡や超音波診断、さらには消化器等をそれぞれの専門とする、川井啓市（京都府立医科大学）、中島正継（京都第二赤十字病院）、中澤三郎（名古屋大学）、木本英三（名城病院）、福田守道（札幌医科大学）、平田健一郎（札幌医科大学）らの研究者と馬場をはじめとするオリンパスの開発陣であった。その臨床研究会のもとで、国内一二施設、国外一施設が選定され、八〇年三月より順次それらの各施設がオリンパスとの装置貸与契約に基づき臨床検討を行うこととなった。また、八〇年十一月の消化器内視鏡学会まで発表を行わないとの取決めが試作機の貸与を受けた研究者の間でなされた[12]。新しい診断装置を用いた研究は新たな医学的成果を確立する可能性を大いに有している。製品の試作開発段階から関与することは、学会発表用の臨床データを収集することが可能になるという点で研究者らにとっても魅力的な機会であった。

スペックの変遷

走査角度	フレーム数	表示器	観測装置
90度	8フレーム/sec	残光性CRT	Aloka/OEM
180度	10フレーム/sec	残光性CRT	Aloka/OEM
180度	10フレーム/sec 表示30フレーム	高速XYモニタ	Olympus仕様
360度	10フレーム /sec 表示30フレーム	TVモニタ	Olympus仕様
360度	10フレーム/sec	TVモニタ	Olympus仕様

新しい装置に対する研究者らの期待は高かったが、実際の使用において臨床上意味のある画像を得るには困難を極めた。例えば、振動子を駆動させるためのモーターの駆動力不足に起因して回転速度が一定ではないため、わずかな屈曲でもモーターが停止するといったトラブルや振動子配線の断線が頻発し、交換までに二〜三カ月を要する等の問題が続発することとなった[13]。

臨床検討の様子について、試作一号機の開発にも携わり、臨床研究会の中心的存在であった札幌医科大学の福田守道は「超音波内視鏡開発の歴史」という論文の中で以下のように記している。

「装置が使いにくく、かつ故障が頻発したため、実際に効果的に利用しえた施設はごく少数にとどまった。……画像劣化と振動子配線の断線はいずれも修理を必要とし、そのたびに研究を中断せざるをえず、効果的な治験の継続は容易ではなかった。したがって、初期の研究は現在からみれば単に装置を使用して画像が得られたという程度のものが少なくなく、苦労の多いわりに具体的

図表６　試作機の

機　種	完成日時	周波数	走査方式
試作一号機	1980 年 2 月	5 MHz，5 mm	Mirror-radial（超音波ミラー回転式走査法）
試作二号機	1981 年 4 月	7.5 MHz，7 mm	Radial-disc（振動子直接回転方式）
試作三号機（GF-UM1/EU-M1）	1981 年 10 月 →商品化は 82 年	7.5 MHz，7 mm 10 MHz，7 mm	Radial-disc DSC 搭載，VTR
試作四号機（GF-UM2/EU-M2）	1984 年 3 月	7.5 MHz，7 mm 10 MHz，7 mm	Radial-disc DSC 搭載，VTR
試作五号機（GF-UM3/EU-M3）	1988 年 3 月	Dual-disc 7.5/12 MHz	DSC 搭載，VTR

出所：福田［1999］531 頁。一部改変。

な成果を上げるのに苦しんだのを忘れえない」[14]。

分解能の低さから初期の試作機に対しては実用性を危ぶむ声も少なくなかった。また，初期の試作機は良くても数症例で故障するというレベルで，耐久性に深刻な問題を抱えていた[15]。ある施設へ届けると別の施設から故障の連絡が入るという状況だった。試作機の企画立案から実用化まで全面的に担当し，現場責任者であった馬場でさえも月の三分の二は出張している状態であり[16]，部下も金曜日に修理依頼の電話を受け土日をかけて修理して顧客に送り返すという状態が続いた。その後五号機の GF-UM3/EU-M3 が完成する一九八八年まで，約八年近く開発メンバーは通常の設計・開発業務に加えて，頻発する故障の修理に奔走することとなった。

継続的に試作機の改良努力を続けたオリンパスの技術者。そして多くの故障に直面しながらも臨床検討に試作機を使い続けた臨床研究者。両者の二人三脚がその後の試作機の性能向上と故障率の低下を実現させることとなる。

2・5　画質と操作性の向上：試作二号機・三号機の開発（一九八一年）

試作二号機は試作一号機の問題点の改良が目標であった。特に分解能の向上、先端部の小型化および断層範囲の広角化によるオリエンテーションを含めた操作性の向上を通じて、臨床上診断価値のある情報を得ることが目標とされた。主な改良点として、分解能向上のために超音波振動子の周波数が五MHzから一ランク上の七・五MHzに引き上げられた。これによって解像度が向上し、膵疾患の実用的な診断にも耐えうる装置となった。また、小型化のために反射ミラー方式から振動子そのものを回転させる方式へと変更し、先端部を六五㎜から四五㎜へと短縮化した。このことにより胃内での操作性向上はもちろん、十二指腸下行脚にも挿入可能なものとなった。また、走査角度も一八〇度と広角化され、広い範囲の断層像が得られるようになっただけでなく、近距離においても十分広く診断できるようになった。ただし、振動子自体が回転する方式を採用したために電気信号の伝達構造はより複雑となった。この試作二号機は一九八一年四月に完成したものの、試作一号機と同様に残光性ブラウン管を使用した観測装置であったために画像を観察しにくいという問題が残されていた。

試作三号機は、試作二号機の問題点である画質の向上、記録性の向上、副操作部の小型化および軽量化等を目的として改良された。試作二号機と同様の振動子回転方式を採用したため先端部の大きさは変わらなかったが、モーターの力不足による回転不良を改善するため回転力の大きなモーターが採用された。また、副操作部内の各部品を小型化し、配列を工夫することで副操作部の大きさを二分の一に小型化し、デジタルスキャンコンバータと高速X-Yモニターの採用により、より高分解能で階調性のある超音波像が得られるようになった。さらに、これまでポラロイド社製インスタントカメラか三五㎜カメラでしか断層像の記録ができなかったが、三号機ではVTR記録が可能になった。

この試作三号機は一九八一年十月に完成し、GF-UMI/EU-MIとして八二年に初めて市販された。

２・６　意図せざる発見：胃壁の五層構造の可視化

試作二号機、試作三号機と改良が進み、五MHzから七・五MHzさらには一〇MHzへと高周波数化によって解像度が向上したことは、それまで他の診断機器でも判別できなかった一～二㎝の小膵臓がんが発見できるようになっただけでなく、医学的にもエポックメイキングとも呼ぶべき発見を生んだ。胃壁の層構造の可視化である。それまで胃壁の構造は顕微鏡検査によって粘膜層、粘膜筋層、粘膜下層、固有筋層、漿膜層（S）という五層からなっていることは知られていたが、体外からの超音波診断装置で描出できるのは三層までであった。それが超音波内視鏡によって五層まで可視化された。このことは、超音波内視鏡の有用性の点でも、また医学的見地からも大きな出来事であった。

山口大学医学部の相部剛によって報告されたこの発見は実は二つの偶然が結びつくことで生まれた。一つは当初臨床研究会のメンバーではなかった山口大学医学部の竹本忠良と相部剛が試作機の貸与を受けメンバーとして参加したという偶然である。彼らが臨床研究会のメンバーに加わった契機は、国内の研究者と同様にオリンパスの試作機の貸与を受けていたドイツのクラッセン（M. Classen）が超音波内視鏡による臨床結果を世界で初めて発表したことに端を発する。そもそも、国内の研究者の間では一九八〇年十一月の学会まで試作一号機に基づく臨床研究の学会発表を行わないとされていた。しかし、八〇年五月にハンブルクで開催された第四回欧州消化器内視鏡学会で当時の学会長でもあったクラッセンが学会発表を行った。それに対して、山口大学医学部の竹本忠良が「日本が開発した装置を外国施設に最初に発表させるとは何事か」と遺憾の意を示したのであった。このことを契機に、八〇年十二月に竹本忠良を介して相部剛はオリンパスの試作機の貸与を受け、竹本とともに臨床研究会のメンバーとなったのであった。[17]

もう一つの偶然は、そのようなきっかけで超音波内視鏡の試作機の貸与を受けた相部が胃がんと診断された症例にたまたま超音波検査を試みたという偶然である。そもそも超音波内視鏡の当初の開発目標は膵臓がんの早期発見であり、臨床研究会においても膵臓や胆嚢《たんのう》の画像化と評価に関する研究が行われていた。相部自身も当初は膵胆道疾患を対象に臨床研究を進めていた。しかし、一九八一年後半に深い目的もなく早期胃がんとして診断された症例に対して超音波内視鏡検査を試みた際に、偶然にも胃壁が五層構造として描出されていることに気づいたのであった。[18]

これらの二つの偶然が結びつくことで生まれた発見は、医学的に意義ある知見をもたらしただけでなく、超音波内視鏡の事業としての可能性も切り開くものとなった。臨床研究会で相部による報告がなされると、臨床研究会では特に胃疾患を専門とする研究者らによって胃壁の層構造解明に関する研究も熱心に行われるようになった。その結果、胃の腫瘍がどの層にまで浸潤しているかによって治療方法を判断する深達度診断の可能性が生まれ、超音波内視鏡の有用性を世間に広く示すこととなったのである。当初膵臓を対象に使用目的を狭く限定していた超音波内視鏡は、胃がんの深達度診断という新しい用途にも利用可能であることが示唆されたことで汎用性が高まり、急速に普及することとなった。こうした契機は研究者らの有機的な結びつきによって生まれたものであり、それも臨床研究会の成果であった。

胃がんの深達度診断の可能性は、諸外国に比べて胃疾患が非常に多く、それゆえに胃疾患に関する臨床研究が発達している日本特有の状況において大きな意義をもって受け止められた。こうして超音波内視鏡は、膵臓や胆嚢のみならず、胃をはじめとした一般消化器の診断への利用が模索されるようになった。

このように、画質が大きく改善したことで臨床的知見の有用性が見出され始めた超音波内視鏡であったが、装置自体の精度の問題、特に十二指腸下行脚への挿入ではうまく超音波画像を抽出できないという問題点が残されていた。

2・7　耐久性問題の克服：試作四号機（一九八四年）・試作五号機（一九八八年）の開発

超音波振動子の小型化と高周波数化、信号処理・画像処理技術の改良を通じた分解能の向上や高感度化、さらにはアンプの高帯域化による画像の階調性の向上。試作機の改良を通じて開発チームは数多くの技術的課題に直面した。その中でも、開発技術者を悩ませたのがフレキシブルシャフトに起因する超音波内視鏡の性能の安定性であり、耐久性という問題であった。メカニカルラジアル走査方式では、スコープの先端部に設置した超音波振動子を滑らかに安定して回転させるだけでなく、操作部に設置したエンコーダーで検出されるシャフトの回転とぶれることなくまったく同様に回転させることが必須である。また、超音波内視鏡を患者にとって飲みやすいものとするためにはシャフトは細くしなやかでなければならず、それでいて内視鏡が体内でループした状態であっても、回転トルクが正確に伝達されなければならない。しかし実際にはシャフトがねじれで撓《たわ》むと、回転むらが大きくなるだけでなく、長さが縮んで中の電気信号のケーブルにねじり圧縮を加え、破断に至らせることも少なくなかった。当時の設計担当者の一人であった斉藤吉毅は、次のように語っている。

「（耐久性を保証するために行われた加速試験の中で）ケーブルは切れるわ、シャフトは切れるわ、ガイドチューブは（屈曲で）穴開いちゃうわ、（チューブとシャフトの間の）油は漏れるわ、四すくみなんですね。何かひとつ直しても他がまたダメなんですよ。全部のバランスをとるってことが必要で」。

これらの問題は、電子走査と違ってモーターの回転力がフレキシブルシャフトを通じてスコープ先端部の超音波振動子に伝達されることで振動子が物理的に回転するというメカニカル走査に固有のものであり、また、体内用だけに一・五ｍというフレキシブルシャフトの長さに起因した問題であった。フレキシブルシャフトを長くするとこのような問題が生じることは、開発部からこの問題の解決を依頼された研究所内部においても当初は十分に認識されていなかった。

さまざまな試行錯誤の過程を通じて、シャフトの回転時にシャフトの内側が広がり、逆に外側が締まる二重巻金属コイル構造を採用することでシャフトの変形を防ぐことに成功し、五条巻きにすることでトルク伝達力の向上がはかられた。このようなフレキシブルシャフトを効率的に製造するために、ステンレスの素線にニッケルクロムメッキを施すことで巻き上げる際のすべりをよくする工夫がなされ、超音波信号を損なうことなく曲げながらの回転に耐えうる構造と材質を探索した結果、銅系の材料を利用したケーブルが採用されることとなった。また、チューブ自体の保護のためにチューブの外部に保護剤として金属フレックスを巻きつける構造が採用された。

さらに、真空吸引を利用して超音波振動子を有するスコープの先端部からフレキシブルシャフトの根本までを比較的粘度の高い流動パラフィンで隙間なく充満させることにより、超音波の効率的な伝達を損なうことなく回転シャフトの安定性やチューブの耐久性を向上させることに成功した。

試作四号機は、二号機や三号機共通の問題点であった内視鏡の耐久性、特に振動子を作動させる信号ケーブルの耐久性を向上させること、そして画質をさらに向上させ、ＶＴＲ記録した断層像の記録を通常のＴＶモニタで再生可能にすることで商品化に結びつけることが目標とされた。四号機も二号機や三号機と同様に振動子回転方式であったが、先端部分をさらに四二㎜にまで短縮化し、胃内での操作性および十二指腸下行脚への挿入性がさらに向上した。また、観測装置においては、高解像度ＴＶモニタおよび高性能デジタルスキャンコンバータを採用することで画質を向上させ、ＴＶモニタで観察できるようにした。表示範囲も三六〇度となり、さらに広い範囲の断層像が得られるようになった。

試作四号機がGF-UM2/EU-M2として商品化された一九八四年以降は、医学界でも胃壁を含めた消化管壁の層構造の組織構築に対して一定のコンセンサスが得られ始め、それに伴って消化管の癌深達度診断や粘膜下腫瘍の診断、内視鏡的治療への応用に関する報告が活発になりつつあった。それまで消化器がんの進行度合いを診断するには手術による開腹を行い、採取した組織を顕微鏡で見る生体検査を行わなければならなかった。それが超音波内視鏡によって開腹することなく消化管壁のどの層にまでがんが進行しているかの深達診断が可能となったのである。医学界において超音波内視鏡は胃を含めたがんの深達診断には不可欠なものとして広く認知されるようになり、技術的には耐久性が確保されたGF-UM2/EU-M2は、汎用機として急速に普及することになった。

さらに試作五号機では、振動子を二つ搭載し周波数一二MHzと周波数七・五MHzとの切替えを可能とした。超音波は周波数が高い方が分解能は高いが、深い観察深達度を得るには周波数は低いほうがよい。このため胃壁など観察距離の近い対象は高周波で、膵臓など遠いものは低周波で観察することが望ましい。二素子化による切替えが可能になったことで汎用性はさらに増した。また、挿入性、超音波機能および耐久性においてさらに性能が安定し、二㎜の鉗子チャンネルがつけられた。この五号機は、GF-UM3/EU-M3として発表され、標準型検査機器としてConventional EUSの名前で現在も世界中で利用されている。

3　超音波内視鏡の事業化

3・1　発想の転換：Action Plan36

GF-UM3/EU-M3が完成する一九八七年までの超音波内視鏡の開発体制は、生産ラインを組まず開発部門の数名の技術者が開発設計から修理・アフターサービスまですべてを担当する特別生産体制がとられていた。しかし、胃壁の層構造の発見によって対象が膵臓から胃に広がったことで、超音波内視鏡の年間販売本数も五〇本を超え[19]、そのような体制では対応できない状態となっていた。特別生産体制から本格商品化に向けて開発・販売体制を再編することが必要とされていた。当時の開発担当者は、現行機の修理・メンテナンスと同時に次なる試作機の設計・開発に取り組む、という「自転車操業」の状態にあり、増える一方の注文がさらにその状態を逼迫させていった。

開発者が設計・開発にまとまった時間を割けないため、超音波内視鏡の性能はなかなか安定しない。頻繁に手直しが必要だから事後的に発生する修理・メンテナンスコストも含めた正確な原価の把握もままならず、工場や修理・メンテナンス部門は超音波内視鏡の生産やアフターサービスを引き受けたがらない。結局、開発部門が設計から生産・アフターサービスまでをすべて担当し続けるという悪循環が起きていた。それを打開するには、製造や修理・メンテナンスをそれぞれの部門が担う会社の通常の生産ラインに乗せ、手直しやメンテナンスに煩わされることなく開発・設計に専念できる開発人員を確保する必要があった。

超音波内視鏡の性能の安定性や耐久性の克服という課題は、技術的に解決すべき課題であったと同時に、開発戦略と開発体制の再編を通じて組織戦略的に解決すべき課題でもあったのである。当時課長だった降籏氏は次のように語っている。

「これだけ先生方からの要望が強くて、待っている患者さんも沢山いる、それなのに正式に販売できないのはおかしいではないか、と。特別生産体制ではなく通常の商品化で対応できるようにしなければならない」。

しかし、それには販売後の品質不安定リスクに対応できる体制を新たに構築しなければならなかった。「性能が落ちるから作れない」から「性能が安定しなくても作れる」体制への転換であった。それは超音波内視鏡の本格事業化に向けて工場やメンテナンス部門を巻き込むために必要な発想の転換であった。

そこで考えられたのが Action Plan36（ＡＰ36）である。ＡＰ36とは、あらかじめ不安定な品質から発生するリスクをコストとして組み込むことで、のちのメンテナンス要請に対応できる体制を整える仕組みである。具体的には、それまで開発部門で担っていた開発行為をパターン化し、医療機器としての安全性を十分に確保した上で、工場における品質保証レベルを設定した。また、何時間、何症例でどこがどういう形で性能が落ちるのか、またその修理に必要となるコストを事前に予測し、自動車の定期点検整備書をヒントに、販売後起きうるあらゆる品質問題とその発生率、処理費用を一覧にまとめたものだった。

このAction Plan36 の導入により、より実態に沿った原価を計算することが可能となった。その結果、超音波内視鏡の生産を工場が担当し、修理とメンテナンスは通常製品を扱うアフターサービス部門が担当することが可能となり、超音波内視鏡はオリンパス社内において特注体制から通常の商品扱いとなった。生産ラインによる量産体制が整ったことで開発者が開発・設計に専念できるようになっただけでなく、注文の増加にも対応できるようになり、超音波内視鏡の売上本数は大きく伸びた。

ただし、一九九〇年代初頭までの約一〇年間は、事業として採算がとれない状態が続いたこともあって、本プロジェクトに対する社内評価も決して高いものではなかった。

3・2　商品化に伴う開発体制の変化とラインアップの拡充

試作一号機（一九八〇年二月）から五代目となるGF-UM3/EU-M3（一九八八年三月）までは、試作一号機から開発に関与し、企画立案と実質的な機器設計を委ねられた馬場を中心に、数名程度のごく少人数の開発メンバーによる開発が進められていた。開発メンバーが設計・品質責任・納入・修理をすべてこなしながら、他方で試作機のバージョンアップを繰り返すといういわば特注体制であった。しかし、従来の光学式内視鏡と同じように近い将来、超音波内視鏡を一般商品として事業展開するには、本格的な商品化とラインアップ拡充と高機能化に向けて開発体制を変更する必要があった。超音波内視鏡の急速な需要の高まりもそれを後押ししていた。

そこで、一九八七年に超音波内視鏡の開発に大きな貢献を果たした馬場が退社したのを機に、社内で改めて本格的な商品化へ向けた正式な開発組織体制が編成された。八七年には斉藤を中心とするスコープの開発・設計を担当するメカ設計のグループとは別に、アロカとの窓口となって振動子の開発や電気系統の開発を担当する塚谷を中心とする電気系統設計のグループが作られ、商品ラインアップの拡充とともに開発グループの人員拡充が行われた。九一年には開発チームは超音波診断事業の一層の拡充を意図して超音波内視鏡開発の専任グループとなり、九七年以降は超音波事業推進部という一つのビジネスユニットとなっている。

このような開発体制の組織再編を契機に、一九八七年以降は部位別対応という形でラインアップの拡充とシリーズ化が図られ、さらなる高周波化や細径化そしてビデオスコープ化という形で超音波内視鏡の高機能化が進められた。図表５に示されるように、八八年からＵＭ３シリーズが、九一年からＵＭ20シリーズが、九三年からUM200シリーズが、九八年からUM230シリーズが展開されている。

例えば、ＵＭ３シリーズでは、一九八九年に大腸用専用機器のCF-UM3が発売され、九〇年には十二指腸用専用機器JF-UM3が発売され、部位別対応がはかられた。ＵＭ20シリーズでは、防水対応で周波数20 MHzによる診断が可能となり、UM200シリーズでは超音波内視鏡のビデオスコープ化がなされた。また、超音波振動子の周波数は開発当初の五MHzから三〇MHzにまで高周波数化され、九七年に発表された画像処理ユニットＥＵ-ＩＰでは、従来困難であった超音波画像の三次元立体表示も可能となり、より微小な病変の観察も可能となっている。

超音波内視鏡は放射線や電磁波を被曝しないという点で非侵襲であるものの、光学式内視鏡と同じくスコープを体に入れるという点で患者の苦痛という侵襲性が生じる。それゆえ、超音波内視鏡の開発は、スコープの細径化による低侵襲性の実現の歴史でもあった。一九八〇年の試作一号機のスコープ挿入部外径は一四㎜だったが、九九年に発表されたGF-UM240では一〇・五㎜となり、通常の光学式内視鏡と同等の細径化を実現している。また、九〇年には膵・胆管に挿入可能で、細径管腔疾患に対する超音波診断を可能とする超音波プローブUM-1W（先端部外径三・四㎜）が開発された。超音波プローブとは、いわば超音波内視鏡の先端部を三分の一～四分の一程度に細径化したもので、従来の光学式内視鏡の鉗子チャンネルから超音波プローブを挿通することで超音波診断を可能とするものである。

シリーズ化と高機能化を受けて、超音波内視鏡の販売本数も急激に伸びていくこととなった。組織体制再編の翌年の一九八八年に超音波内視鏡の販売本数は一〇〇本を超え、八九年には二〇〇本を、九二年には三〇〇本を超えた。九七年には年間販売本数は四六〇本に達し、市場の累計出荷本数も一六〇〇〇本となった[20]。

4　事業化後の展開と成果

4・1　競合他社の動向

オリンパスによる超音波内視鏡の開発と事業化に対して、競合他社はまったく静観していたわけではない。オリンパスとほぼ同時期に電子リニア走査方式超音波内視鏡を発表した米国ＳＲＩの他に、町田製作所・東芝メディカル、フジノン、日立メディコ、ペンタックス等の企業によってその後順次超音波内視鏡が発表されることとなった（図表5・図表7参照）。例えば、町田製作所と東芝は、一九八一年から八三年に電子リニア走査方式超音波内視鏡を試作し、八四年からEPB-503FLとEPB-503FSという二機種を発表している。また、フジノンとＡＴＬは八四年に電子リニア走査方式超音波内視鏡を発表した。さらに九一年には、七七年に医療分野に本格参入し内視鏡分野で後発メーカーであったペンタックスが日立メディコとの技術提携で電子コンベックス走査方式の超音波内視鏡を発表している。また、超音波プローブにおいても、九一年から九三年にかけてフジノン、東芝各社がオリンパスに追従する形で製品を投入し、この市場にも参入している。後発の競合他社はいずれも電子リニア走査方式を基軸に製品展開してきたが、現在でも硬性部の小型化や視野角の広さ、高周波数化においてオリンパスのメカニカルラジアル走査方式が優勢である。

図表8は、二〇〇二年時点での各社の超音波内視鏡の製品ラインアップを比較したものである。オリンパスは製品ラインアップ数、部位別対応、高機能化のいずれにおいても競合他社を圧倒している。限られた製品ラインをもってオリンパスに対抗せざるをえないことから、競合他社は価格対応を中心とした苦しい競争

図表７　競合企業の超音波内視鏡

製作	SRI	SRI	町田-東芝	オリンパス-アロカ	オリンパス-アロカ
振動子	10 MHz	10 MHz	5 MHz	7.5，10 MHz	7.5 MHz
走査	リニア電子走査 (64 素子) 音響レンズ	リニア電子走査 (64 素子) 音響レンズ	リニア電子走査 (32 素子) 凸型レンズ	ラジアル走査	ラジアル走査
内視鏡外径	13 mm	13 mm	12 mm	13 mm	13 mm
硬性部	80 mm	35 mm	40 mm	45 mm	42 mm
屈曲性			U.D.130° R.L.90°	U.D.130° R.L.90°	U.D.130° R.L.90°
視野等	ACMIFX5 測視	ACMIFX5 前方視	前方斜視 60° 画角 60°	前方斜視 70° 画角 80°	前方斜視 70° 画角 80°
走査方式	リニア電子スキャン	リニア電子スキャン	リニア電子スキャン	XY モニター EUM-1（DSC） 180° ± 45°	標準ビデオ方式 EUM-2（DSC） 360°，180°

出所：福田守道「ラジアル式超音波内視鏡開発と原理」竹本忠良・川井啓市・山中桓夫編『超音波内視鏡の実際』医学図書出版，1987 年，11 頁。

図表8　競合他社との超音波内視鏡・超音波プローブラインアップ比較

オリンパス　超音波内視鏡製品

品　名	略　号
超音波ガストロビデオスコープ	OLYMPUS GF TYPE UC240P-AL5
	OLYMPUS GF TYPE UTC240P-AL5
	OLYMPUS GF TYPE UM240
	OLYMPUS GF TYPE UMQ240
	OLYMPUS GF TYPE UMP230
超音波十二指腸ビデオスコープ	OLYMPUS GF TYPE UM200-7.5/12
超音波大腸ビデオスコープ	OLYMPUS CF TYPE UMQ230
	OLYMPUS CF TYPE UM200-12
内視鏡用超音波観測装置	EU-M2000
超音波画像処理システム	EU-IP2
内視鏡用超音波プローブセット	MH-247
内視鏡用超音波プローブ	UM-2R
	UM-3R
	UM-4R
	UM-S30-25R
	UM-BS20-26R
	UM-G20-29R
	UM-S20-20R
	UM-S30-20R
超音波プローブ	RU-75M-R1
	RU-12M-R1
プローブ駆動ユニット	MH-240
プローブ用超音波観測装置	EU-M30S
3D プローブ用駆動ユニット	MAJ-355
3次元走査用超音波プローブ	UM-3D2R
	UM3D3R

フジノン東芝　超音波内視鏡製品

品　名	略　号
ソノプローブシステム	SP-701
プローブ	PL1726-20 他 18 種類

ペンタックス　超音波内視鏡製品

品　名	略　号
ビデオ超音波内視鏡	EG-3630U（コンベックス方式）
	EG-3630UR（ラジアル方式）
超音波上部消化管ファイバスコープ	FG-34UX
	FG-36UX
	FG-38UX

出所：矢野経済研究所『2002～2003 年版機能別 ME 機器市場の中期予測とメーカーシェア』。

を強いられていることが予想される。

4・2　内視鏡事業を取り巻く事業環境

当初膵臓がんの早期発見を目的に光学式内視鏡のフラッグシップとして開発された超音波内視鏡は、現在では消化器を中心としたさまざまな病変の観察・診断に用いられるようになっている。図表9に示されるように、超音波内視鏡の適応部位は膵臓から胆嚢、食道、胃、大腸へと大きく広がっている。また、超音波内視鏡を用いた学会発表も多く、臨床研究発表は一〇〇〇件を超え、超音波内視鏡は消化器系の臨床研究の進歩を刺激・牽引することともなっている。二〇〇四年三月期には連結売上げが約八〇億円にまで成長し、大学病院を中心とする大病院ではほぼどの病院にも採用されるまでに普及している。超音波内視鏡での市場シェアは約八割。内視鏡事業全体でも約七割の市場シェアをオリンパスは握っている。その圧倒的な市場地位も今のところ揺らぐ気配はない。

ただし、超音波内視鏡、あるいは内視鏡事業全体を取り巻く環境にまったく変化が見られないわけではない。一つが国民医療費の高騰に伴う政府の医療費抑制政策である。一九六一年に国民皆保険制度が実施されてから、二〇〇〇年には国民医療費は総額で三〇兆円の大台に乗った。このような医療費の高騰に伴って、政府は医療費の抑制政策を積極的に押し進めている。その一つが、診療報酬の引下げである。診療報酬とは、医療機関が患者を診断・治療した際に、公的医療保険制度から医療機関に支払われる治療代である。保険者から見れば医療費とはなるものの、保険医からすれば診療報酬となる。日本では、医療行為ごとに細かい単価が一律に厚生労働省によって決定される。薬価差益という言葉が有名なように、病院の仕入単価と規制単価との差額が病院の差益となる。保険医に対する出来高払いの性格が強い制度となっている。

図表9　超音波内視鏡の診断部位

[EUSの代表的な適応例]

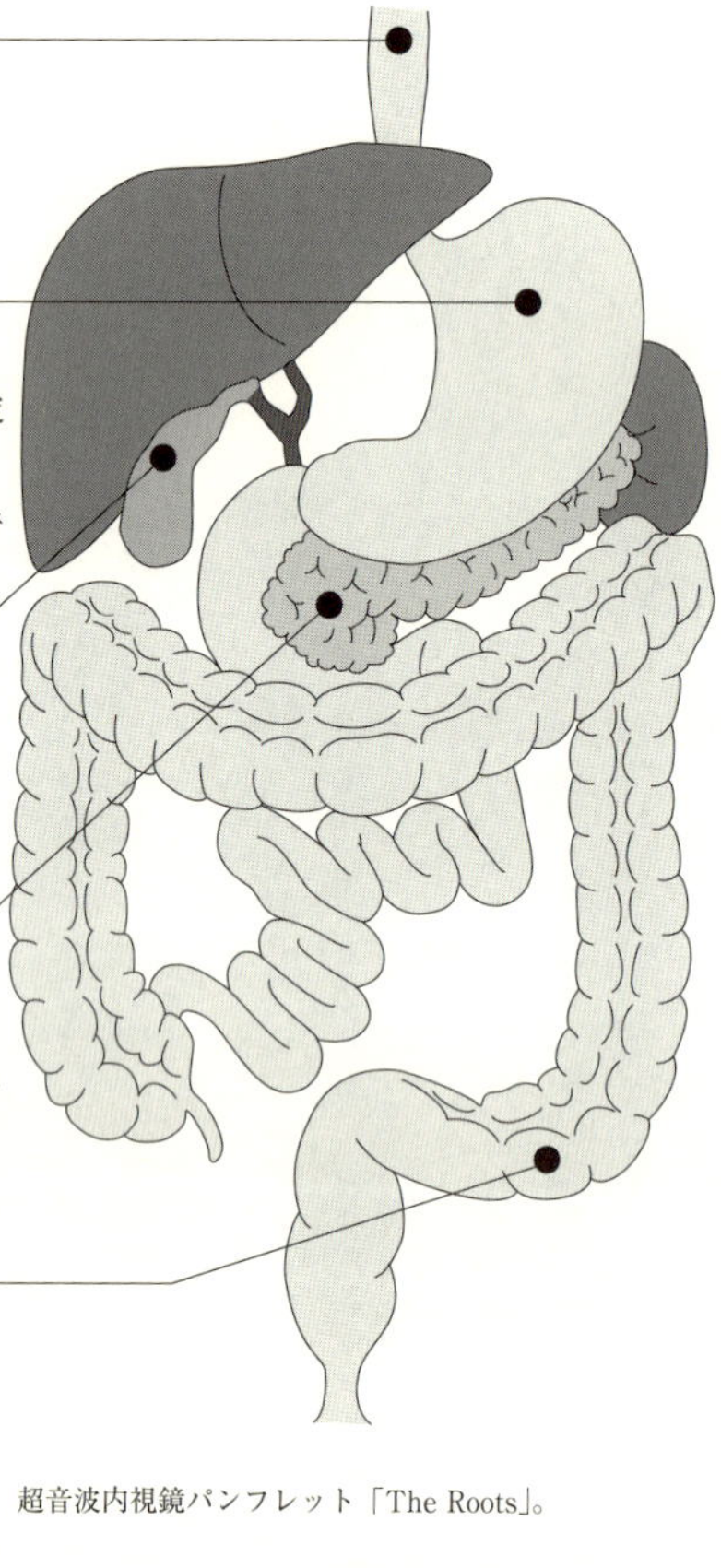

出所：オリンパス販売株式会社，超音波内視鏡パンフレット「The Roots」。

　診療報酬は医療機関の収支に大きな影響を与えるというこの業界特有の特徴を踏まえれば、診療報酬の引下げは、新しい医療用診断機器の各医療機関による採用において、診断・処置機器（モダリティ）同士の競争が今後さらに激しくなることを意味している。それは、診断機器が単なる技術的スペックにおいて高性能であるのみならず、そのような機器を使った診断行為が経済効率的でもあることが必要とされつつあることを意味する。これまで、超音波内視鏡はオリンパス社内で内視鏡事業の最先端の技術力をアピールするフラッグシップ製品として位置づけられ、専門医の間でも消化器を中心とした最先端の臨床研究を進めるために不可欠の機器であった。しかし、今後予想されるさらなる医療費の抑制によって診断の社会経済的コストの抑制がより強く求められるようになれば、単に最先端の技術力をアピールするだけでは、超音波内視鏡の存在意義を見出すことは難しくなるであろう。

もう一つは、カプセル内視鏡という内視鏡分野における新技術の出現である。カプセル内視鏡とは、直径一㎝程度のカプセル内にＣＭＯＳチップ、光源となるＬＥＤ、酸化銀電池、アンテナが搭載され、体腔内を撮影した画像を無線で体腔外へ送信・診断するというものである。イスラエルのギブン・イメージングが二〇〇〇年に世界で初めてカプセル内視鏡を発表し、二〇〇一年には欧州と米国で薬事認可を受け、二〇〇二年五月には医薬品総合商社の最大手スズケンと丸紅との共同出資で日本の総代理店設立を発表している。[21]プレスリリースによれば、低侵襲性と低価格をアピールすることで、大手病院のみならず中小病院・診療所にも展開していくとされている。今のところ、適応部位が小腸に限定されており、既存の内視鏡に代替するほどの画質を実現するには至っていないが、オリンパスは独自のカプセル内視鏡の開発を進めている。

４・３　内視鏡事業の競争力の源泉と今後の展開

オリンパスの内視鏡事業が強みとする医師との密接な関係は、自然とできあがったものでは決してない。むしろ、オリンパスが密接な連携を通じて医師のニーズを製品開発に取り込む努力を意識的に行ってきたからこそできあがったものであった。振り返ってみれば超音波内視鏡の開発・事業化の歴史もまた、胃カメラと同じく医師との二人三脚によって開発された製品であり、その必要性から医師に背中を押される形で事業化された製品であった。古くは一九五五年に内科医を中心として全国組織化された「胃カメラ研究会」をはじめとし、五七年から現在に至るまで、毎年、全国の内視鏡医とオリンパスが意見交換できる産学連携の場を設けているのは、オリンパスが医師とのニーズを新たな製品化に活かす場を意識的に構築してきた一例である。また、内視鏡医学研究振興財団に協賛し、海外の内視鏡後進地域からの若手医師を研修生として受け入れ、国内医師に対しても内視鏡に基づく先端的研究に対して研究助成活動も行っている。

このような医師との密接な関係は、単に営業上の人的なつながりをこえて、開発においても他社に圧倒的な差をつける源泉となっている。胃カメラから超音波内視鏡に至る製品開発と事業化過程で医師との二人三脚によって築き上げられたオリンパスの内視鏡製品には、医師にとって診断しやすい画像形成や評価あるいは診断の際の操作性に関する暗黙的ノウハウが凝縮されている。競合企業がオリンパスの市場地位を切り崩すためには、単に技術的に高スペックの新製品を投入するだけでは十分ではない。

東芝の普及型ビデオスコープはその一例である。東芝は一九八九年に電機メーカーとしての特徴を出すために、当時の担当者の言葉を借りれば「CCDの力で消化器内部の色を忠実に再現しテレビ工学的には最高の画像を実現した」普及型ビデオスコープを投入したものの、その製品には医師からは不満が寄せられたという[22]。というのも、医師が必要としていたのは「色を忠実に再現した画像」ではなく、医師からみて「診断しやすい画像」にあったからである。類似のことは他でも起きている。富士写真光機は、二〇〇〇年五月に八五万画素の業界最高クラスの高精細スコープを投入し初年度で一〇〇〇台の販売を目指したものの、発売後三年で目標の三分の一にも届かず二〇〇三年春に生産の打切りを決定している[23]。病院は診断・治療行為の生産工場である。そこで求められるのは患者負担の軽減であり、医師による診断・治療行為の質と効率の向上なのである。

消化器系臓器の診断を中心とした超音波内視鏡事業は、今後どのように展開すべきだろうか。超音波体腔内診断を基点として、さらに心臓などの循環器系へ展開すべきだろうか。それとも超音波内視鏡を従来のように診断機器としてのみ位置づけるのではなく手術機器としても位置づけることで、外科への展開を図るべきであろうか。

また、国内と比較して海外の未開拓市場をどのように展開していくべきだろうか。疾病構造、医療制度・政策、医師の分業形態のどれをとっても国や地域ごとにおいて異なっており、さらに、急速に変化しつつある。オリンパスの強みである医師との密接なつながりを保ちながら、激しい環境変化にすばやく対応していく必要があろう。

医療費の抑制によって診断モダリティ間の競争は従来にも増して激しくなることが予想される。競合相手はGE、シーメンス、フィリップスなどの複数の診断モダリティを社内に抱える大手医療機器メーカーである。また、カプセル内視鏡のようにベンチャー企業の動向にも注意を払う必要がある。検討すべき課題は数多く残されている。

5　イノベーションの理由

オリンパスが超音波内視鏡を開発、事業化していったプロセスをもういちど振り返ってみよう。

はじまりは、膵臓がんの早期発見を目標として超音波内視鏡の開発を進める、という経営トップ層による決定だった。決定の背景には、内視鏡事業の旗艦技術として最も発見が難しい膵臓がんの診断技術の開発に挑戦したいという技術重視の考え方があった。膵臓がんは、罹患率から見ればニッチな分野であった。ニッチな分野であるが故に、大きな市場規模が事前に予測されていたわけではない。それゆえ、事業としての経済的正当性の確立には多くの不確実性とリスクが予測されたはずである。しかも、膵臓がんは、X線CTやMRIに代表される当時最先端の診断モダリティでさえも発見が難しかった。そのような挑戦的目標の実現を直接的に後押ししたのが、超音波内視鏡を内視鏡分野技術の旗艦として位置づけ、内視鏡トップメーカーとしての技術力を世界にアピールするというオリンパスの全社的な「想い」である。それを裏付けるかのように、経営上層部主導でアロカとの提携がまず進められ、その後社内で開発プロジェクトが本格的に推進されることとなった。そこには、盲目的な技術重視ではない、内視鏡技術の進化を通じて医師と患者に貢献するという同社に固有の価値観がある。

また、そのような挑戦目標の実現の背景に、開発プロジェクトの当初から、本社・経営トップ層の支持が存在していた。さらに、当時さまざまな新しい診断モダリティが出現し、光学内視鏡トップメーカーとしてのオリンパスへの医師などの期待が大きくなっていたことも、プロジェクトの推進を外部から間接的に後押ししていた。

しかしながら、潜在的支持者の期待という間接的な支持だけでプロジェクトが自動的に前進していくわけではない。技術的課題と経済的課題の克服を通じて、支持者を増やし、正当性をより広範囲に獲得していくことが必要である。

超音波装置の専門メーカーや医師の協力を得ながら、一九八〇年に完成した試作一号機は、臨床試験に供されたものの、分解能が低く、また故障しやすい等の問題を抱えていた。その後、技術的課題の克服に向けた改良が続けられ、八一年に完成した試作三号機では当初の開発目標であった小さな膵臓がんの発見が可能となった。ただし、本格的な事業化には至らず、開発部門主体の取組みが続くという事業化に向けた資源動員の壁に直面することとなる。

そのような資源動員の壁を打破する重要な契機となったのが、胃壁の五層構造の抽出が可能になるという発見だった。当初から開発に協力していた医師ではなく、後になって試作機の貸与を受けた医師が、偶然にも早期胃がんと診断された症例に超音波内視鏡検査を試みて、見出された発見であった。胃疾患の多い日本で、この発見は関心を呼び、胃がんの深達度診断という新たな用途が拓け、事業化に向けた資源動員の大きな契機となったのである。それはより広範に外部の支持者を獲得する契機ともなった。

当初のねらいであった膵臓がんの早期発見のための診断装置という理由ではなかなか本格的事業化にたどり着けなかったものが、偶然が重なって見つかった新たな診断領域（胃壁の五層構造の可視化）の発見によって新たに有力な用途（理由）が確立し、付け加わることで、事業化に向けた資源動員が可能となったのである。

事業化後も、商品価値の向上やコスト削減に向けて、さらなる技術開発や生産体制の合理化を必要とする。特別生産体制から通常の商品生産体制への転換を目指したＡＰ36という生産体制の再編は、採算を大幅に改善することを可能とし、経済的正当性の確立を通じて、その後のさらなる普及に弾みがつく契機となった。製品ラインアップの拡充もまた、より多くの内外の支持者の獲得に貢献することとなった。その結果、消化器を中心にさまざまな観察・診断に用いられる標準的な診断機器として欧米にも広く浸透し、消化器系の臨床研究の進歩にも貢献していった。超音波内視鏡における同社のシェアは約八割に達している。

本事例の特徴は、製品の使用者であり開発者でもある医師・臨床研究者への積極的な支援と組織化を通じて、製品の診断価値を確立していったという点に求められる。医療機器の世界では医師や臨床研究者は、単に新しい画像診断機器の使い手であるだけでなく、新しい機器の普及を促す画像形成方法や評価方法、診断手順を自ら開発・改善する担い手でもある。そのため、医師や臨床研究者との二人三脚という関係構築なくして、医師や臨床研究者の支持は得られない。既存の光学内視鏡で得られた暗黙知的なノウハウや医師の人的ネットワークは、超音波内視鏡の正当性確立においても活かされることとなった。そのような医師との密接な関係によって、結果として普及を加速する胃壁の五層構造の発見という意図せざる発見もつかむこととなった。この発見は、結果として深達度診断という機器の汎用性を高め、社会的な存在意義を高めることにつながったのであった。

1　本事例は、軽部・井守［2004］を要約し、加筆修正したものであり、特に断りのない限り、二〇〇四年時点での情報に基づいて書かれている。なお、以下の記述は会社名がオリンパス光学工業であった時期も対象としているが（同社は、二〇〇三年に、オリンパスに変更された）、本事例での表記はオリンパスで統一する。

2　音響インピーダンス（Pa･s/m）とは、音響抵抗とも呼ばれるように、音の伝わりやすさを表し、媒質の密度と媒質中の音速の積によって表される。例えば音速は、空気中で三三〇 m/s、軟部組織中で一五四〇 m/s、頭蓋骨で四〇八〇 m/s である。また、音響インピーダンスは、空気中で〇・〇〇〇四（10^6×kg/m^2･s）、水や軟部組織で一・五（10^6×kg/m^2･s）、頭蓋骨や一部の結石で七・八（10^6× kg/m^2･s）である。生体内の軟部組織と比較した場合、空気や骨（あるいは結石）の音響インピーダンスは大きく異なり、超音波はその境界面においてほとんど反射し音波が透過しないため、超音波による生体深部の観察は難しくなる。

3　丹羽［1997］。

4　長廻［2001］一五頁。

5　長廻［2001］三〇頁および『五〇年の歩み』［1969］。

6　長廻［2001］四六頁。

7　『日経産業新聞』二〇〇三年一二月一七日。

8　馬場和雄による回想（長廻［2001］一一四頁）。

9　『日経産業新聞』一九八〇年一一月一四日。

10　福田［1999］五三〇頁。

11　オリンパス光学工業第三開発部［1987］二六-二七頁。

12　福田［1999］五三一頁。

13　長廻［2001］一一二-一一三頁。

14　福田［1999］五三一頁。

15　長廻［2001］一一四頁。

16　長廻［2001］一一五頁。

17　長廻［2001］一一七頁。

18　長廻［2001］一三一頁。

19　宇津木［1997］。

20　宇津木［1997］。

21　http://www.givenimaging.com/given/ftp/About_Marubeni_and_Suzuken.pdf. 日本でもＲＦがカプセル型内視鏡カメラ「ＮＯＲＩＫＡ」の開発・生産を発表している。

22　『日経ビジネス』一九九三年一〇月四日号、四五-四七頁。

23　『日経産業新聞』二〇〇三年九月三日。

事例4　三菱電機：ポキポキモータの開発、事業化

はじめに

工場や鉄道の動力から家電・ＡＶ製品や自動車機器、情報機器に至るまで、われわれの生活はモーターに支えられている。モーターは電気エネルギーを機械エネルギーに変換する代表的な変換機器である。実に、日本の電力消費量九七八二億kW（二〇〇〇年度）の約五〇％は、モーターによるものである。[1]モーターのエネルギー変換効率を高めることは、省エネに大きく寄与する。[2]例えば、モーターの効率を一％向上することで、年間一八〇万トンのCO_2削減に寄与することができると言われている（図表1）。

ファラデー（M. Faraday）による電磁誘導の法則の発見を契機にして、モーターの基本原理が発明された。その基本原理は、十九世紀初頭以来現在も変わっていない。技術的には成熟していると思われたこのモーター分野において、新型鉄心構造と高速高密度巻線による高性能モーター製造法の開発が認められ、一九九八年に第四四回大河内記念賞（平成九年度）を受賞したのが、三菱電機の新型鉄心構造をもつモーター（通称、ポキポキモータ）である。ポキポキモータ関連の同社の生産額は二〇〇〇億円を超えており、技術的成果も少

図表1　電力の用途別消費率

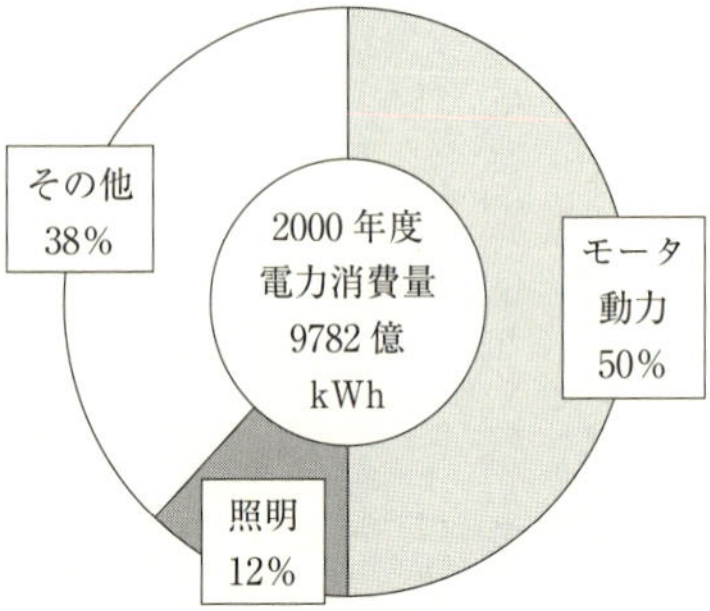

出所：三菱電機生産技術センター資料より。原資料は，（財）省エネルギーセンターHP，電気事業連合会「電気事業便覧」，（財）日本エネルギー経済研究所「エネルギー・経済統計要覧」，（社）照明器具工業会HP他。

なくない。国内では八五件の関連特許を出願し、これまでに二〇件が登録されている。[3] その他にも、「第一一回日経BP技術賞部門賞」を、平成一四年度「機械振興協会賞」を、平成一五年度「日本機械学会賞（技術）」と平成一六年度「近畿地方発明表彰（日本弁理士会会長奨励賞）」を受賞している。[4]

三菱電機はどのようにしてポキポキモータを開発、事業化していったのだろうか。[5]

1　ポキポキモータとは何か

ポキポキモータとは、三菱電機独自のステータ構造（新型の分割鉄心構造）をもつモーターの総称である。鉄心構造と巻線方法に着目して製品設計を根本的に見直すことにより、設計と製造の双方にメリットをもつのがこのモーターの特徴である。分割されているものの相互に連結した鉄心を直線状または逆反り状に展開した状態で巻線し、丸めることで製造される。ポキポキとは、鉄心を開いた状態でコイルを巻き上げ、最後にそれを〈ポキポキ〉と折り曲げて円形にするという製造方法に由来している。

最初のポキポキモータは、一九九三年にＦＤＤ（フレキシブル・ディスク・ドライブ）向けモーター開発プロジェクトの過程で誕生した。ブロック薄肉連結型ポキポキモータと呼ばれるこのモーター開発を契機にして、最終製品の用途に応じてさまざまなタイプのポキポキモータが開発された。例えば、九四年に薄肉連結型、九五年に逆反り型、九八年に関節型、九九年に関節円弧型、二〇〇一年には提灯型が開発され、モーターの省エネ高効率化、省資源化、軽薄短小化、高性能化のニーズに応えることとなっている（図表2）。

ポキポキモータが組み込まれる最終製品も当初のＦＤＤから、薄肉連結型はＦＡ機器や家電機器用として展開され、逆反り型はエアコンのファンモーターとして、関節型はエアコンの圧縮機モーターとして、関節円弧型はエレベーター用薄形巻上機の大口径ＤＤ（ダイレクト・ドライブ）モーターとして、提灯型はＡＶ機器向けモーターとして展開されている。さまざまな分野で使われるのも、モーター設計者のみならず最終製品の設計者にもたらすメリットが大きいからである。

モーターは、ロータ（回転子）とステータ（固定子）の間に生じる磁力によってロータが回転する。モーターの回転力は、ロータとステータとの間で発生する磁力の大きさによって規定され、磁力の大きさは、ロータやステータに巻かれる銅線コイルの密度によって規定される。つまり、高密度に巻線が可能であれば、小型で高効率なモーターを製造することが可能となる。

ブロック薄肉連結型ポキポキモータの開発以前には、コイルの整列性や巻線速度を改善するための手法として一体型鉄心を分割する方式があった。この手法は、ステータ鉄心をバラバラにすることで巻線が容易になるため、コイルの整列性や巻線速度を向上させるメリットがあった。しかし他方で、鉄心を完全にバラバラにすることは、部品点数の増大やコイル終端線の接続数が増える等の生産性低下をもたらすという新たな課題を生んでいた。

図表２　ポキポキモータのラインアップ

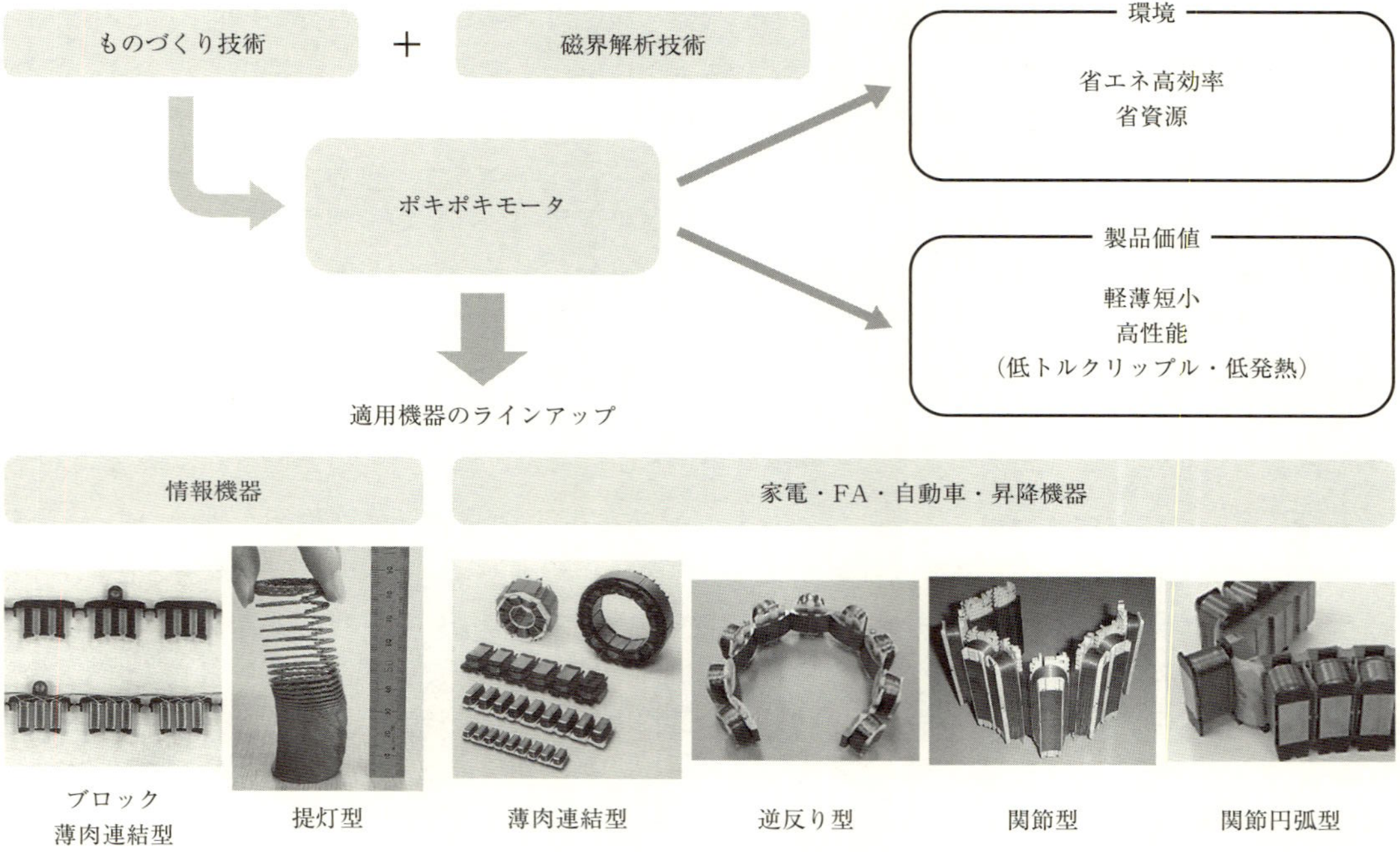

出所：三菱電機資料。

図表３　ポキポキモータの製造プロセス

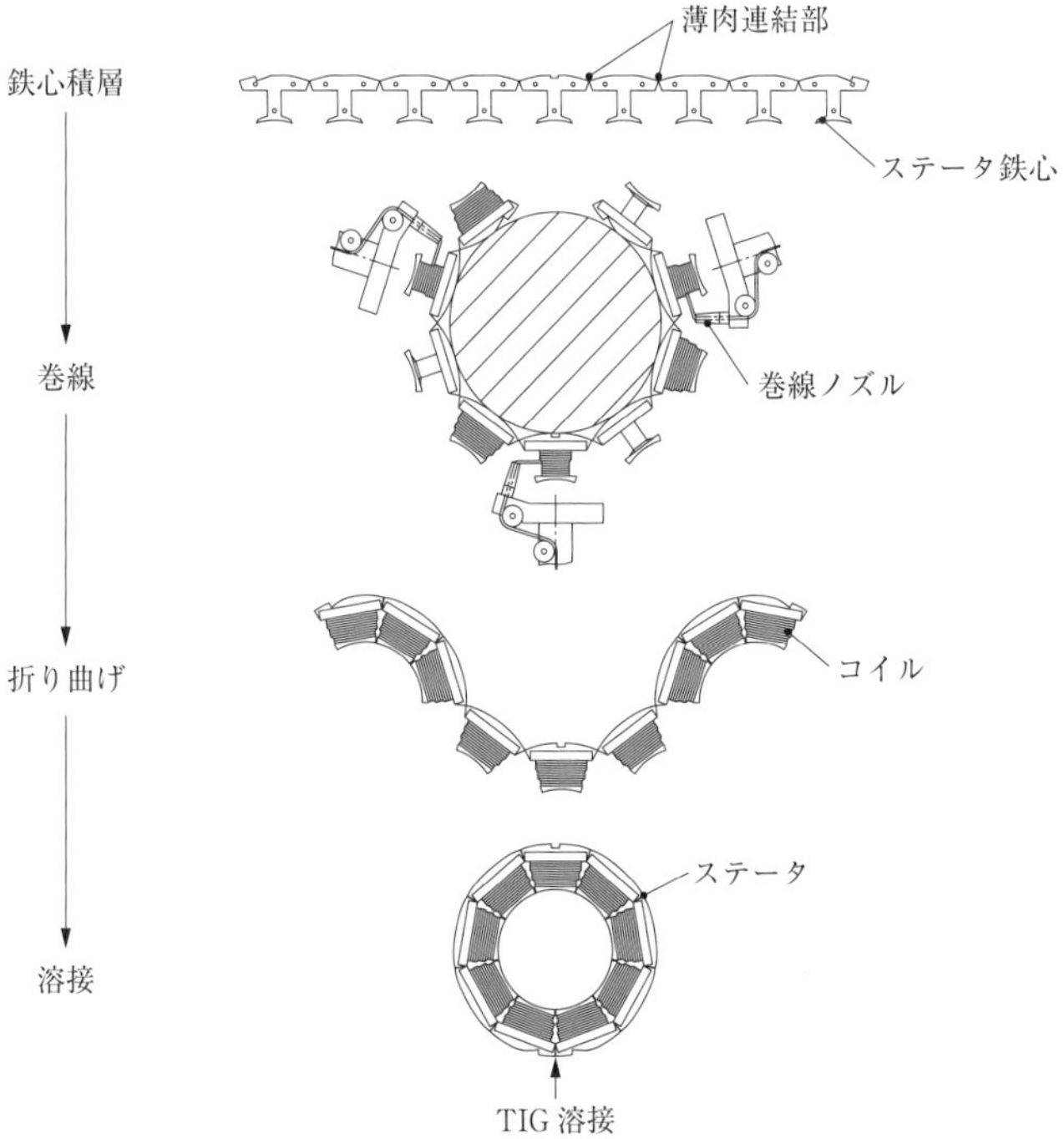

出所：三菱電機資料。

三菱電機では，ポキポキモータというステータ鉄心を完全にバラバラにせず，完全に連結した形で巻線を可能とした新たなステータ構造が発案された。分割鉄心構造を採用しつつも，ステータ鉄心が相互にバラバラではないところに，新型鉄心構造と呼ばれる理由がある（図表3）。新型分割鉄心構造を採用することで，巻線性が改善し，生産性向上も可能となった。また，コイルの整列性と高密度化によって，モーター特性の改善も実現したのである。モーターの製造効率とモーター特性の同時追求は，「巻いてからポキポキ折り曲げる」という新たな発想によって初めて可能となった。

2　ポキポキモータの開発前史

2・1　中津川製作所飯田工場の要請

ポキポキモータとそれに伴う新しいモーター製造法の開発は、三菱電機生産技術研究所（現、生産技術センター、尼崎市）の中原裕治を中心に進められた。中原のポキポキモータを着想するきっかけは、一九九〇年代初頭の三菱電機中津川製作所での経験に端を発している。その後九三年に三菱電機郡山製作所でのFDD用スピンドルモーターの開発過程で花開くこととなる。

大学院で生産機械工学を専攻し金属切削を研究していた中原は、一九八一年に大学院を修了し、八八年まで造船メーカーの技術研究所で溶接ロボットの開発に従事し、同八八年に三菱電機生産技術研究所に転職した技術者である。中原はモーター設計・製造に無縁の技術者であった。モーターに関わるきっかけとなったのは、八九年の三菱電機中津川製作所から三菱電機生産システム技術センター（現、生産技術センター）への依頼であった。それは、換気扇用新型モーター開発に伴う生産設計および製造工程の自動化の支援要請であった。

三菱電機中津川製作所は、後述するFDD生産拠点となる郡山製作所と同じく、一九四三年に名古屋製作所の疎開工場として操業を開始し、換気扇や扇風機やモーターの生産拠点として成長してきた事業所である。四五年から換気扇の生産を始め、五〇年以上モーターの改良を続けてきた。現在では、業界最大手のジェットタオルの生産拠点でもあり、九八年からは太陽電池の生産拠点でもある。中津川製作所所轄の飯田工場は、換気扇の生産拠点として七四年に設立され、換気扇需要の約三分の一強を生産する国内でも有数の工場であ

図表４　コイル巻落し・インサート方式による巻線

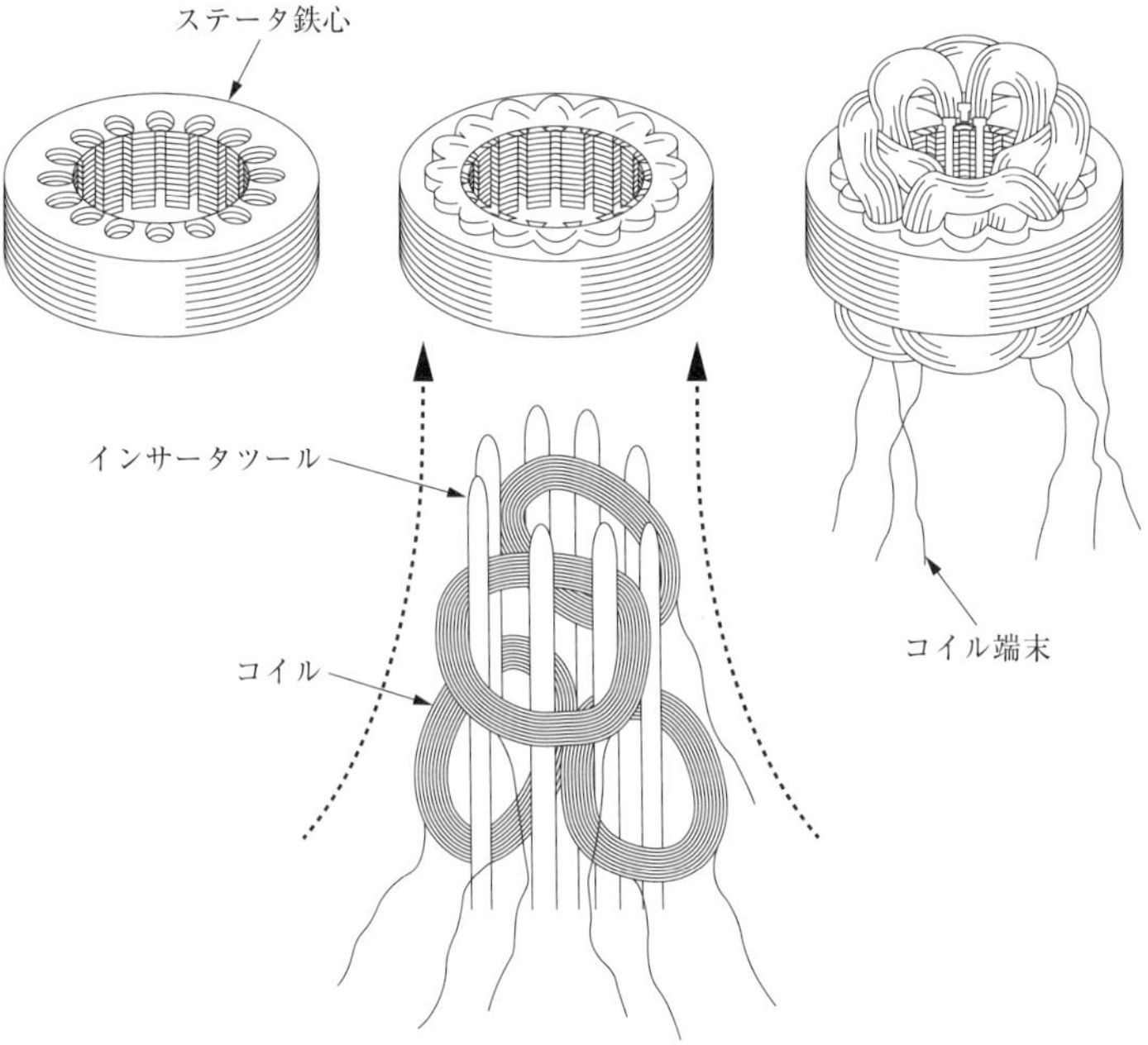

出所：三菱電機資料。

る。[6]

この飯田工場では、取付場所や取付状態の違いによって多様な種類の換気扇用単相モーターが数多く作られており、[7] 図表4に示されるように一体型ステータ鉄心にコイル巻落し・インサート方式による巻線が行われていた。あらかじめ巻かれたコイルを一体型鉄心のスロットに自動挿入することによって自動化・省力化が可能となったものの、バラバラになったコイル端末線は手作業で外部リード線と半田接続することで結線処理されていた。[8] 当時このコイル端末線の結線処理には、多くの人手を要し、完全自動化のボトルネックとなっていた。この労働集約的な工程の海外シフトも考えられたが、多数の機種揃えと短納期が求められる換気扇市場では、国内生産での自動化を志

図表５　内外輪分割鉄心とロータ巻込み巻線法

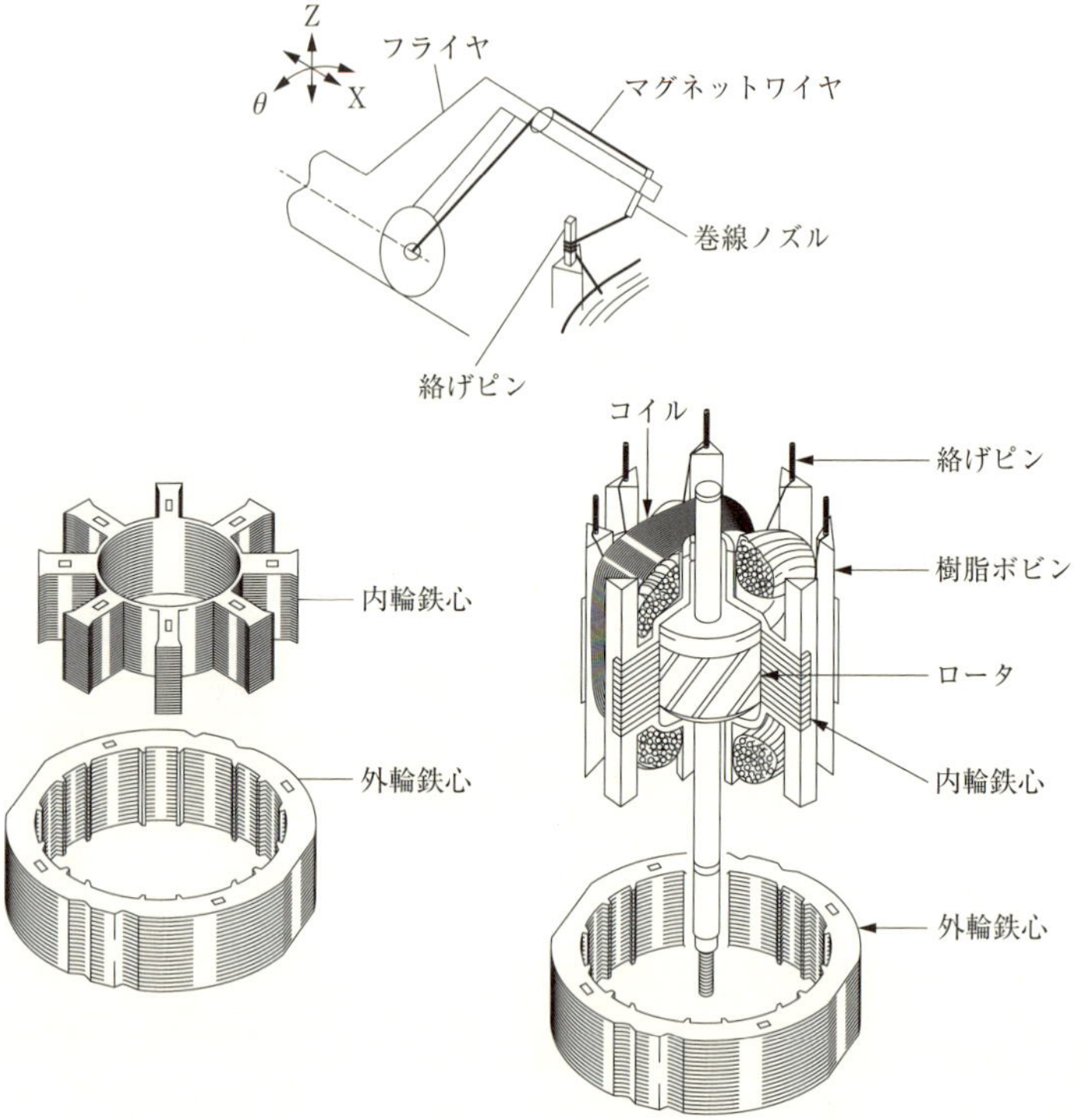

出所：三菱電機資料。

向する必要があった。[9]

２・２　「常識」への挑戦

「何と人が多いラインかと、最初はびっくりした」。一九八九年当時飯田工場を訪れた中原の最初の印象であった。飯田工場のモーター製造ラインの光景は、当時の中津川製作所製造管理部長の言葉を借りれば「まるで電線のかたまりと格闘する人間の群れ」であった。[10] 内側に仕切りがあるドーナツ状の鉄心に、コイルの束を力任せに押し込む作業は自動化できたものの、ボサボサの髪の毛のようにコイルから飛び出した端末線をつまみ出し、一つひとつリード線につなげる作業は人間にしかできなかった。

中津川製作所主体に開発プロジェクトが発足し、図表５に示される従来の一体型鉄心を外輪鉄心と内輪鉄心とに分割した内外輪分割鉄心によるモーター製造法が考えだされた。その後、一九八九年に中津川製作所、中央研究所（現、先端技術総合研究所）、材料研究所（現、先端技術総合研究所）、生産技術研究所の一大プロジェクトが発足し、研究者と設計者と生産技術者が連携できる体制ができた。

生産技術研究所から参加したのが、生産システム部第二グループマネジャーである東健一（現、常務執行役、生産システム本部長）とその部下の春日芳夫（現、生産技術センター工機部長）と中原であった。東もまた大学では機械工学を専攻し、中央研究所から生産技術研究所に一九七〇年の創設と同時に異動し、一貫して生産技術畑を歩んできた技術者であった。

東は、生産技術者の立場から「全自動化」と「徹底した直材ミニマム」を前提にした生産設計が重要であることを主張し、「進展がなくても月一回のミーティングを開催する」ことを貫いた。ミーティングでは、モーター設計者が製品知識の先生役を果たし、生産技術者が新規な（珍奇な）アイデアを提案するなど、専門分野や職場の階層にとらわれない自由な討議で生産設計アイデアが盛り込まれていった。

モーター設計者は、モーターの性能向上を追求して設計する。生産技術者は、設計者が描いた図面を前提に生産効率を追求する。結線工程における自動化の困難さは、既存のモーター製造法の延長で生産性向上を目指す生産現場と、モーター製造法の根本的な改革まで立ち入ることのないモーター設計者の双方に原因があった。しかし、このプロジェクトでは、「モーター作りには人手がかかるのが当然」という工場の「常識」を払拭し、開発初期の段階からモーター設計者と生産技術者が互いの制約を理解し、作りやすさを念頭において製品構造の根本を見直すことができた。それは、モーター設計・製造の常識への挑戦であった。

プロジェクトの成果により、鉄心を内輪と外輪に分割することで、巻線は内輪鉄心の外側からフライヤ巻方式により高速（五〇〇〇rpm）に巻線でき、しかも、巻線機のフライヤノズル先端をNC駆動することで、コイル始終端を絡《から》げピンに自動接続することが可能となった。

また、ロータを内輪鉄心に収めた状態でコイルが最短経路となるように巻線することで、コイルに使用する銅材を従来比約五〇％減らすことが可能となった。つまり、鉄心を分割することに加え、ロータ巻込みにすることで、モーターの基本構造ががらりと変わり、モーター特性を飛躍的に向上させることができたのであった。[11]プレス機による鉄心を打ち出し工程から、巻線工程、鉄心の圧入組立、コイル端末とリード線の接合まで、すべての工程の自動化が実現することとなり、生産性が約六倍に向上した。春日と中原は、コンデンサをモーター内の端子台プレートに配置する構造に基づいて、コイル端末が絡げられたピンとコンデンサやリード線を自動接続する配結線自動ライン（全長二〇m）を開発し、飯田工場に導入した。

内外輪分割方式を採用した単相誘導モーターは、一九九〇年五月より飯田工場で生産が開始され、九二年にサイズ・出力の大きいモーターに機種拡大しており、飯田工場で生産される多種多様の換気扇に対応して、年間二〇〇万台以上が生産されることとなった。[12]鉄心を分割してモーターの生産効率とモーター特性を向上させる内外輪分割鉄心構造は、のちのポキポキモータと新たなモーター製造法確立の発想が生まれる下地となった。

中原にとってここで得た数々の経験の意義は大きかった。あるプロジェクト会議の時、モーター設計者から換気扇のファンがロックするとコイルが異常発熱するという説明がなされた。東はその場で換気扇にボールペンを突っ込んでファンを人為的にロックさせるという実験を行った。しかしながら、異常発熱という現象は実際には観察されなかった。実験結果を信じ、ベテラン設計者の言葉を鵜呑みにしないという中原の信条は、常識に挑戦し原理に立ち返って問題を検討することで培《つちか》われた。飯田工場でのモーター製造の自動化の経験は、それから三年後の一九九三年にポキポキモータ誕生の土台となる。きっかけは郡山製作所におけるＦＤＤ事業であった。

２・３　郡山製作所におけるＦＤＤ事業

三菱電機郡山製作所は、戦時中の一九四三年に軍需増大と疎開目的で操業を開始し、高度経済成長期にはダイヤトーン（ＤＩＡＴＯＮＥ）の名で知られたスピーカーに代表される音響機器の生産を中心に成長してきた事業所であった。この事業所に訪れた最初の転機は、八〇年代初頭のオーディオ不況であった。八二年には当時約九〇〇名いた従業員の約三割にあたる二六〇名を、三菱電機鎌倉製作所（鎌倉市）、計算機製作所（同）、通信機製作所（尼崎市）、北伊丹製作所（伊丹市）の四工場に配置転換した。[13] 八三年春には当時需要が拡大していたＦＤＤの量産工場として、計算機製作所からＦＤＤ事業が移管されたのであった。

三菱電機の事業所の中でも、郡山製作所のように事業内容を大きく変えながら存続してきた事業所はあまりない。当時、郡山製作所には、ＦＤＤ事業以外には年間数十億円の売上規模のスピーカー事業しか残っておらず、そのスピーカー事業もラジカセの台頭などにより、縮小傾向にあった。郡山製作所を発展させるためには、ＦＤＤ事業の展開に期待するしかなかった。当時のＦＤＤのディスクサイズは、大型コンピュータ用として多く使われる八インチおよびＯＡ機器向けの五・二五インチが主流の時代であり、パソコン向けの三・五インチが出始めた時代であった。郡山製作所でＦＤＤの量産を開始した当時は、五・二五インチＦＤＤのユニット価格が約三万五〇〇〇円もした。

一九八五年春にはこの郡山製作所のＦＤＤの月間生産量が一五万台に達し、コンピュータ向けＦＤＤの世界的な生産拠点となり、[14]八六年には従業員九六〇人のうち八割がＦＤＤに配置されていた。[15]このＦＤＤの生産移管によって、郡山製作所は名実ともに音響機器からＦＤＤの生産拠点として転換をはかることとなったのである。[16]八八年には、八七年から五・二五インチのパソコン用ＦＤＤの生産を始めたタイ工場（タイ、メルコマニュファクチュリング）[17]と合わせて、世界シェア七％[18]となり、最盛期の八九年には郡山製作所のＦＤＤは月産四〇万台[19]にまで成長した。

比較的市場参入が早かった郡山製作所のＦＤＤ事業は、八インチから五・二五インチの時代には三菱電機と提携関係にあったスペリー社とのＦＤＤ生産をきっかけに、三・五インチを主体とするパソコン用ＦＤＤでは、米国コンピュータメーカー数社を主要な納品先として成長していった。主要な納品先であった米国コンピュータメーカーは、早いうちから720 KB/1.44 MB共用（二モード）のＦＤＤを求めており、それに迅速に答えたのが三菱電機であったところから、信頼関係ができていった。

磁気ヘッドや小型モーターなどの部品を社内の他の事業所や社外メーカーから調達し、それらを組み立てるところからＦＤＤの量産を開始した郡山製作所は、コスト削減を推し進め、部品の共通化を手始めに、筐《きょう》体《たい》もアルミダイキャスト製から板金加工へ変更するなどコスト削減に取り組み、また磁気ヘッドなどの主要部品の内製化に取り組んでいった（図表6）。

しかしながら、ＦＤＤ市場で激しい競争に起因した急激な価格低下によって、コスト削減の方策は徐々に行き詰まっていった。三・五インチのＦＤＤを例にとると、一九九二年時点の材料費を九四年に二五％削減したところで、ほぼ手を尽くした感があった。特に、ＦＤＤを駆動させるスピンドルモーターは、八六年時点で直接材料費の約二〇％を占めていたが、九四年には三〇％を占めるようになり、コスト削減のボトルネックとなっていた（図表7）。

図表６　板金フレーム化されたFDDの構造

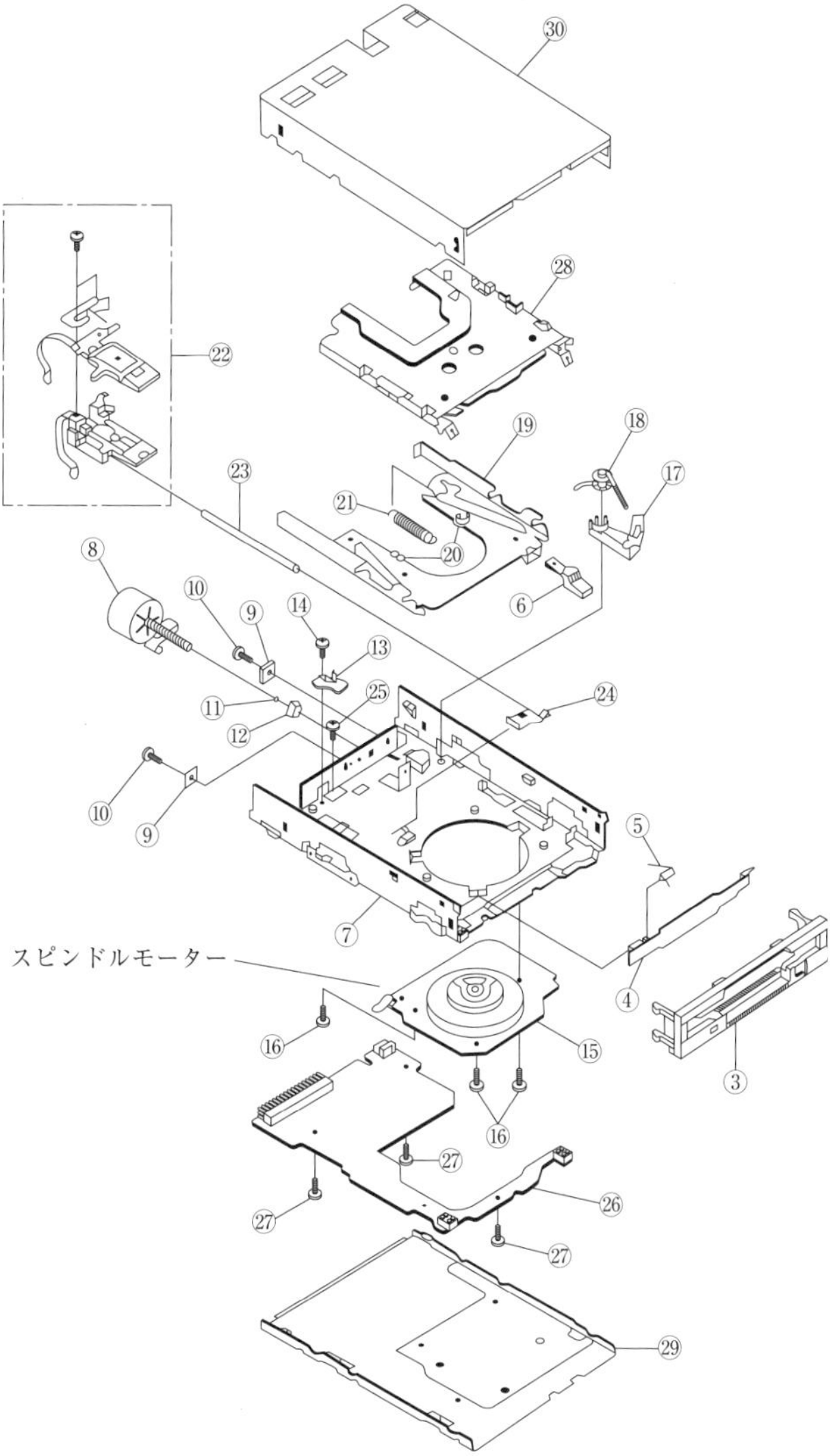

出所：三菱電機資料。

図表7　FDDの材料費推移

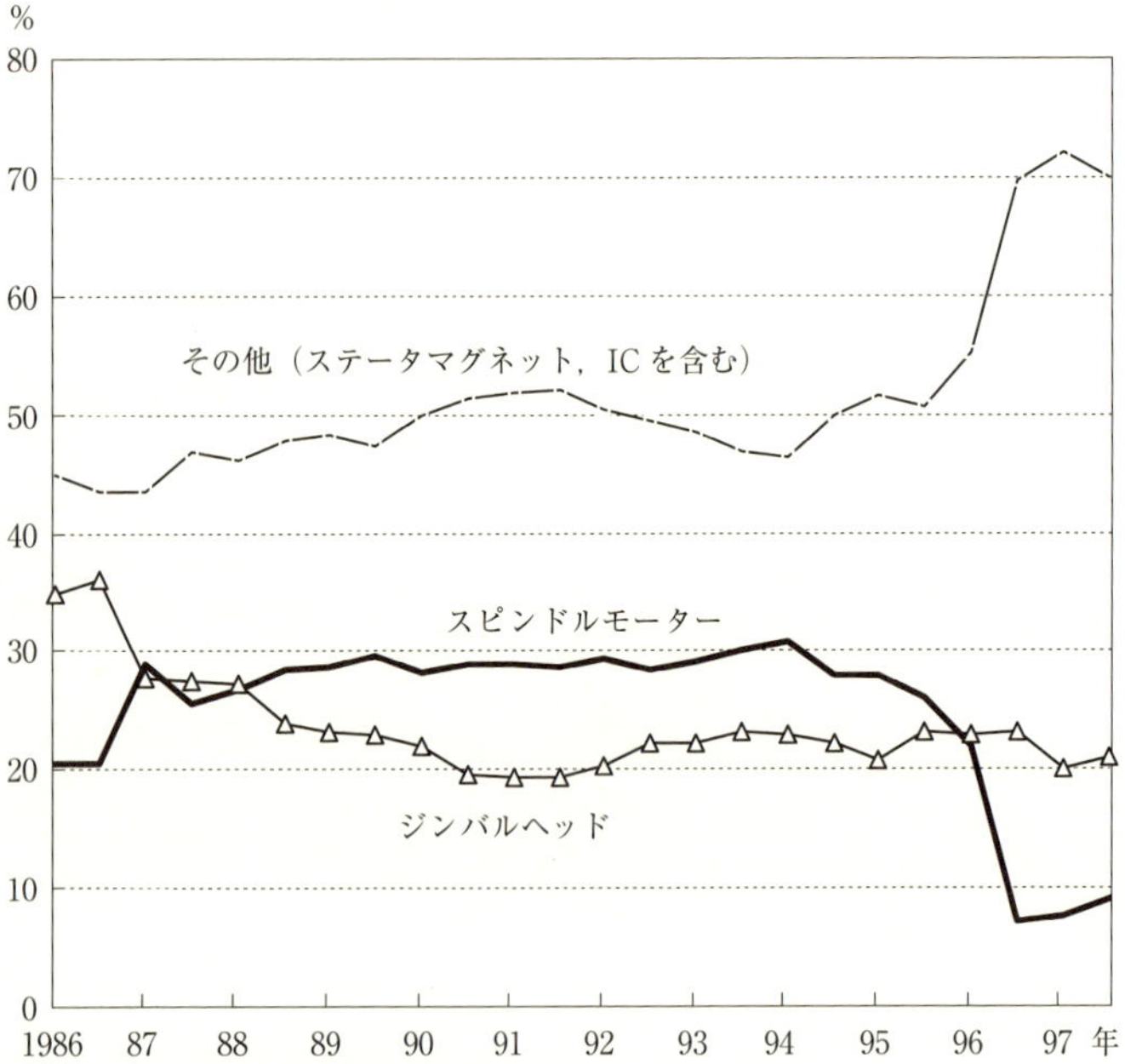

注：三菱電機製 2 MB FDD 直接材料費に占めるモーターの構成比。各年 9 月。
出所：三菱電機郡山製作所。

また、パソコンの小型化やノートパソコンの登場により、ＦＤＤも薄型化が求められるようになっていった。三・五インチＦＤＤでは、三菱電機は一九八七年に従来製品で厚さ三二ミリだったものを二五・四ミリまで圧縮、重量も五五〇グラムから四五〇グラムまで減らした新製品を発売した[20]。その後、九一年には厚さ一四・八ミリの製品を投入、競合するティアックも一二・七ミリの製品を、またセイコーエプソンが一五ミリの製品を投入[21]するなど、薄型化競争が激化していった。

2・4　もう一つの転機

オーディオ不況を契機に主力製品を音響機器から情報機器への転換を図ったのが最初の転機であったとす

れば、もう一つの転機は一九九二年に訪れた。それは、中津川製作所のＦＤＤ用専用小型モーターの生産からの撤退であった。当時中津川製作所では、郡山製作所に向けて薄型ＦＤＤに組み込むことを前提としてステータの磁気ヘッド動作空間を切り欠いた専用設計のインナーロータ型モーターを量産していた。

ＦＤＤのスピンドルに使われるブラシレスＤＣモーターは、その構造からアウターロータ型、インナーロータ型、および面対向型の三つのタイプがある。最もポピュラーで構造が簡単なアウターロータ型は、日本電産や三協精機などモーター専業メーカーが得意としており、海外生産も進んでいる。また、面対向型はソニーや日本ビクターなどＡＶ機器メーカーが得意としている（図表８）。

一般に、ＦＤＤ用スピンドルモーターとしてはアウターロータ型が主流であった。しかしながら、ＦＤＤの薄型化に対応するためには、インナーロータ型が最も適した構造である。なぜなら、ロータ外周と磁気ヘッドとの干渉を避けるために、ロータ外径は制約を受ける。アウターロータ型と面対向型の場合、ステータ外径も制約を受けるが、インナーロータ型であれば、磁気ヘッド動作空間を切り欠けばステータ外径を制約なしに大きくできる。よって、インナーロータ型であれば、同トルクにおいて安価な磁石が利用でき、直材費を抑制できるというメリットがある。しかし、インナーロータ型ステータにコイルを巻線するには、ステータ内側の狭隘なスペースから巻線ノズルをスロット開口部に通過させて磁極歯周りに駆動する必要があり、コイルの整列性や巻線速度に限界があった[22]。

郡山製作所で当時ＦＤＤ用磁気ヘッド設計課長だった三瓶利正（現、三菱電機ライフサービス郡山支店長）は、生産設備を中津川製作所から引き取って、小型モーターの量産を継続したいと考えていた。当時のＦＤＤは薄型化の要求が年を追うごとに強くなり、スピンドルモーター・メーカーもモーターの薄型化に注力していた。他社に先駆けてＦＤＤの薄型化を実現するには、競合ＦＤＤメーカーも使えるような汎用品ではなく、

図表8　FDD用スピンドルモーターの形態

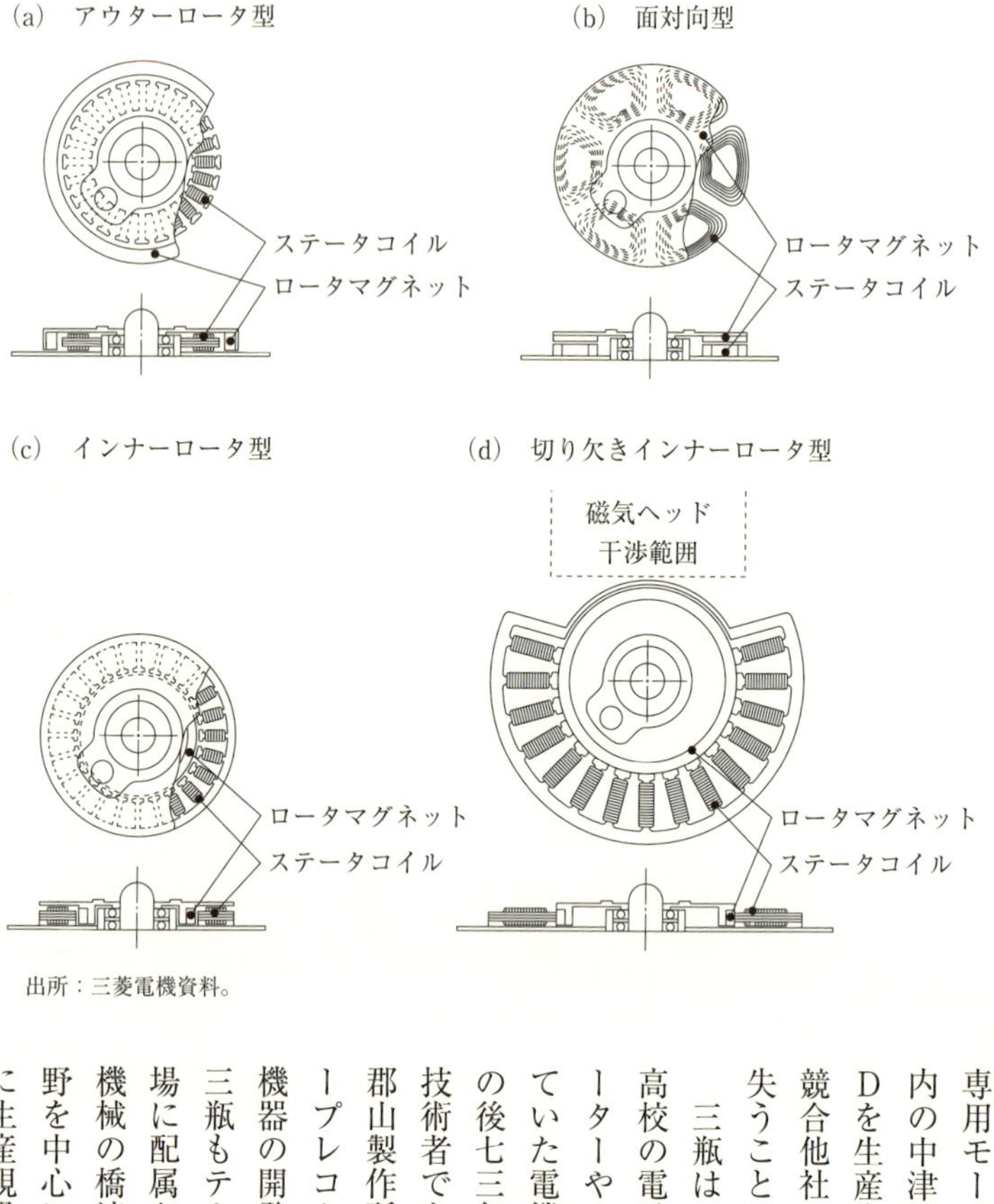

出所：三菱電機資料。

専用モーターが必要であった。社内の中津川製作所の撤退は、FDDを生産する郡山製作所にとって、競合他社への大きな差別化武器を失うことにも等しかった。

三瓶は一九六六年に郡山の工業高校の電子科を卒業し、群馬でモーターやオーディオ機器を製造していた電機メーカーに就職し、その後七三年に三菱電機に転職した技術者である。当時、三菱電機の郡山製作所では、スピーカーやテープレコーダーなどのオーディオ機器の開発・製造を行っており、三瓶もテープレコーダーの生産現場に配属された。三瓶は、電気と機械の橋渡しを担う制御工学の分野を中心に、生産の自動化など主に生産現場を歩んできた。モーターの量産を引き取る意義について，三瓶は次のように述べている。

「この頃，ＦＤＤの製造コストのうちでモーターが占める割合が大きくなっていました。まるで，モーターを売るためにＦＤＤを売っているようなものであり，顧客の価値に基づく対価になっていないとの思いがありました。また，われわれは，コンピュータメーカーから求められたＦＤＤのスピンドルモーターの仕様を，そのまま中津川製作所や他のモーターメーカーに提示して部品調達しており，モーターの理解が不十分なままで，コスト削減への取組みも十分にできていませんでした。キーデバイスとしてモーターを内製化することで，主体性をもってコスト削減や設計の簡素化，過剰品質の防止などに取り組むことが必要な時期に来ていたのです[23]」。

社外のモーターメーカーの対応が保守的だった点も三瓶には不満であった。例えば，当時あるモーターメーカーに対して，一つのモーターに二つ組み込まれている軸受け（比較的高価なボールベアリングが使用されていた）の許容誤差をある程度緩和して安価なオイレスベアリングに変更しても，モーター全体としての軸のブレは許容誤差以内に収まるのではないかと提案したことがあった。

しかし，モーターメーカー側としては世界中に出荷しているモーターで品質問題を起こすことは，世界規模の回収や問題解決が求められるため，危険なコスト低減案であるとして応じなかった。三菱電機だけが納品受入れ後に自主的に軸のブレが許容誤差以内であることを全数検査するにしても，他社もそれに応じなければ足並みが揃わないということもあった。三瓶は再三の説得を続け，ようやくモーターメーカーに試作をさせて，問題がないことを確認できた。その後，モーターメーカーは三菱電機だけではなく，他社に対しても同じコスト低減措置を展開するようになっていった。

郡山製作所でモーターを内製したいとする三瓶の主張に対して、社内では、中津川製作所がすでに撤退を決めた小型モーターの生産をそのまま郡山製作所に移しただけで成功するとは考えられず、郡山製作所への事業移管は理解が得られなかった。

3　ポキポキモータの開発

3・1　モーター内製化の提案

三瓶は郡山製作所でのモーター内製化をきっかけに、「組立作業以外」のキーデバイス技術を郡山製作所の中に育てたいと考えていた。そうでなければ、郡山製作所は将来有利な事業展開が困難となる。一九九三年一月に、困り果てた三瓶は、モーターの構造を大きく変更し「FDD用モーター」ではなく「FDD用アクチュエータ」と表現も改め、新たな事業という形で郡山製作所への生産ラインの導入計画を書き上げ、経営上層部に提出した。

その内容は、中津川製作所からモーター事業を引き取るのではなく、新たにアクチュエータ事業を郡山製作所で興すというストーリーであった。ただし、その実現方式は中津川製作所が最後に生産していたような通常のインナーロータ型ではなく、生産設備投資を抑えるためのアイデアとして、市販のチップコイルを基板上に面実装することでステータとし、チップコイルの両端をロータマグネットで囲む方法を考え出した。このアイデアは事後的に振り返ると未熟なものであり、プロジェクト承認後技術的な問題に直面することとなった（図表9）。

丸の内の本社で行われた設備導入計画の審議会では、三瓶自らが情報通信システム事業本部長の遠藤裕男（当時）に事業化の内容を説明した。遠藤の周りには、技術に精通した技術者や関係本社スタッフが二〇人も座っていた。ここで技術的に細かな点を突かれると説明がつかない。三瓶はＦＤＤ事業に賭ける意気込みと熱意、それから成功への信念だけを繰り返し訴え続けた。

話を聞いた遠藤は、中津川製作所の開発部長、精密小型モーター製造部長として小型モーターの開発を立ち上げた功労者である山崎宣典によく相談するようにと条件をつけた上で、郡山製作所でのモーター事業化にＯＫを出した。遠藤の指示は、まったくモーターの技術者を持たない郡山製作所がモーターを事業化することに対し、副社長という立場で三菱電機のモーター関係者を集め、郡山製作所を支援させる配慮であり、実に遠藤の親心であった。これにより、設備導入計画が承認された。山崎はその頃、すでにエアコンなどを生産する静岡製作所の所長に転じていたが、社内に分散しているモーター開発の経験者に声をかけ、技術的な相談に乗るように指示してくれた。また、郡山製作所の人事担当に対しては、人材の集中投入を進言してもくれた。山崎は、自らが立ち上げた小型モーター事業の郡山製作所での存続を喜んだ。

３・２　生産技術センターの参加

郡山製作所のモーター内製化のプロジェクト・メンバーは、総勢二〇名にもなった。量産技術についてはは生産技術センターに、機構・回路設計についてはパーソナル情報機器研究所（現、情報技術総合研究所）に研究依頼をした。三瓶から当初依頼された内容は、図表９に示されるチップコイルの表面実装方式の研究であった。棒状の鉄心にコイルを巻いた市販のチップコイルをプリント基板の上に円形に並べて、そのまま炉に入れて接着するという量産工程の設計依頼であった。市販のチップコイルを使用することで、量産コストを

図表９　チップコイルの表面実装によるモーター製造法：三瓶案

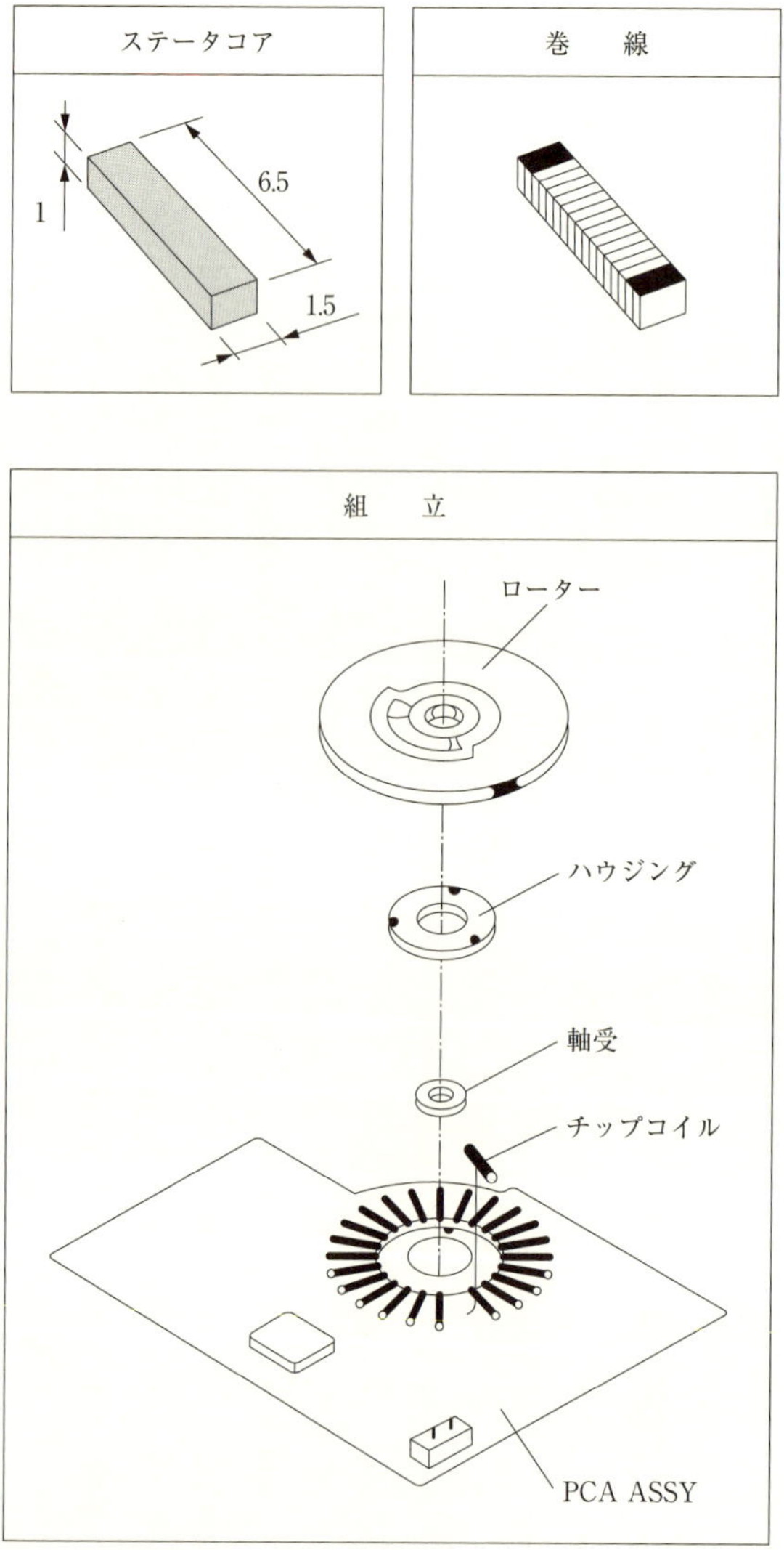

出所：三菱電機資料。

抑制するところにねらいがあった。

生産技術センターは、一九七〇年に設立された生産技術研究所から九四年に改組された全社的な研究開発組織である。このセンターの使命は、現行のモノ作りの方法に縛られない新しい製造技術の開発である。全国に分散する工場を対象に、製品開発における生産設計、自動機開発や生産ライン立上げ支援、製造に関わる要素技術開発や試作支援、半導体プロセスの改善、ＪＩＴ活動推進や品質・良品率向上支援、さらにはキーパーツの開発を主たる業務としている。

工場側の設計技術者の主眼は品質の確保にあり、その観点で製品を開発する。また、他社動向を踏まえた製品企画も工場側の設計技術者が主体となる。すなわち、市場に近く、顧客に近いのが工場側の設計技術者である。これに対して、生産技術センターは要素技術をもって製品設計や量産ラインの立上げを支援する。工場側には事業責任があり、どうしても保守的になる。これに対して、生産技術センター側はその存在価値をアピールするためにも、製品機能の本質に迫ったアイデアや革新的なアイデアを打ち出すような場面がある[24]。

当初、郡山製作所から生産技術センターへの研究依頼の計画工数は〇・一人分という、プロジェクト参加の理由付けだけのものであった。三瓶も最初は、どのような支援が受けられるのか、またどのような研究成果が期待できるのか、よくわからなかったのである（しかし、その後二〜三年間で数億円の予算規模になっていく）。

3・3　トルク計算の誤りとひらめき

一方、郡山製作所の内部でも、ＦＤＤ事業に従事していた技術者らを再編成して、モーターの内製化に対応した。三瓶のもとで磁気ヘッドの設計を担当していた阿久津悟（現、姫路製作所）もその一人で、同じ「磁気」ということで急遽モーターの技術者に仕立て上げられていた。

ＦＤＤ用モーターを内製するプロジェクトを立ち上げた当初から三瓶の頭にあったのは、アウターロータ型モーターのステータの代わりに、チップコイルを基板に表面実装する方法であった。この方法について、計算してみたところでは、チップコイルによる方式はモーターとしてうまく回り、十分なトルク（回転力）も得られる見通しが得られた。三瓶らは、プロジェクト会議を重ね、実現方式を検討していった。

一九九三年七月のプロジェクト会議の前日、三瓶らはかねてから検討してきたチップコイルによる方法で実際に試作をしてみた。プロジェクト会議で、試作品が回るところを皆に見せたかったのである。ところが、回してみるとどうしても試算通りのトルクが出ない。棒状のチップコイルを円形に並べただけという構造上、磁束が乱れてしまっていたのである。そこであらためて机上で検算をしてみると、以前の計算は一ケタ計算間違いをしていたことが判明した。実際には当初の計算結果の一〇分の一のトルクしか出なかった。

しかし、プロジェクト会議は翌日に迫っている。そこで、三瓶はとっさのひらめきで、そのモーターのチップコイルの鉄心をＵＶＷ相の三本一組ごとに分割し、その一組だけでもモーターとして回るかどうかだけ、急遽実験してみることにした。三瓶は「恐らく回るはず」と考えた。実際、三本一組のチップコイルだけでもモーターが回ることは確認できた。ＤＣブラシレスモーターは、Ｕ相、Ｖ相、およびＷ相と呼ばれる三つの磁極が順番にロータのマグネットを引き付けていくことで、回転力を発生させる。原理的には、ＵＶＷ相が最低一組あれば回転力は発生するのである。もし、ＵＶＷ相の組が複数あれば、それだけ回転力が倍増されることになる。

翌日のプロジェクト会議では、部長級の人間も含めて全社から二〇人以上が集まった中で、三瓶はとりあえず無難にことを進めた。あくまでこの時点ではチップコイルによる方式であるとして，それをインナーロータ型とするかアウターロータ型とするかをその場の主題とし，インナーロータ型の方が薄型化に適するという結論をもってプロジェクト会議を終えた。それまで検討を重ねてきた方式が，今さら駄目だとは言い出せなかったのである。チップコイルによる方式を前提として，その周辺的課題の検討を中心にして会議を乗り切ったのであった。

プロジェクト会議の後，郡山市街で懇親会が行われた。その席で，三瓶は中原だけに計算間違いを打ち明けた。「チップコイルを使用した方式ではモーターは回らない。もう一度相談に乗って欲しい」。中原は，翌日は静岡に移動する予定であったが，郡山製作所で午前中を過ごすことにした。この頃，実は中原の方でも逆提案の機会をうかがっていたのである。中原は次のように言う。

「プロジェクト会議に先立って，バラバラのチップコイルを組み立てる方法は，生産設計としては下手なやり方であり，気に入りませんでした。チップコイルごとに二つ出る終端線をすべて半田付けせねばならないのも，生産性を悪くするものでした。生産技術の観点では，この方法は部品点数を増やし，作業工数を増やすものとして，上手な設計とはいえなかったのです。それに，もともとの研究依頼の内容は，チップコイルの表面実装方式の研究だったのですが，自分は表面実装の専門家でもなかった。だから，せめてチップコイル間の渡り線だけでも切らずに連結した薄肉連結チップコイル方式（図表10）を逆提案しようと考えていました。表面実装の技術は苦手だったので，代案を出して逃げようとしたのです[25]」。

翌日の午前中，中原は三瓶の席を訪ね，二人だけの相談が始まった。中原がステータの一部が切り欠かれ

図表10　薄肉連結チップコイルによるモーター製造法：中原案

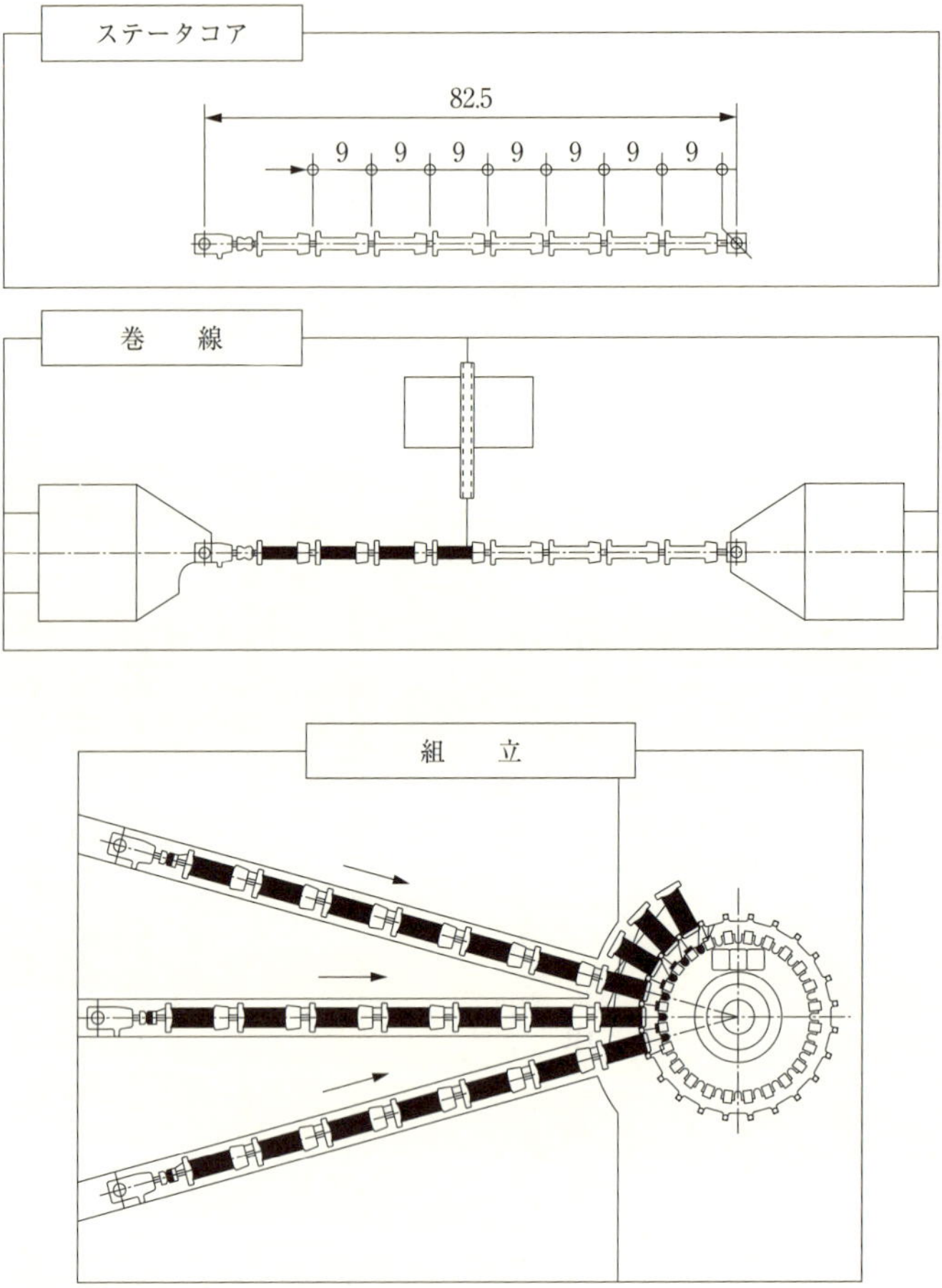

出所：三菱電機資料。

てもモーターは回るのか、と尋ねたところ、三瓶はＵＶＷ相三本一組の鉄心だけでもモーターが回ることを中原に教え、三本一組の鉄心を円形に配置する方法を提案した。ところが、三本一組の鉄心を円形に配置する方法においても、バラバラの鉄心を組み立てるのはうまいやり方ではない。それぞれの鉄心に巻いたコイルの終端を結線する作業も煩雑になる。なんとか最初から一つにつなげられないか。――「それでは、三本一組の鉄心を一ブロックとして、ブロック同士を薄肉でつなぐ方式ではどうか。それなら巻線も容易になる」と中原が言い出した。

　これが、ポキポキモータのアイデアが生まれた瞬間であった。ブロック同士は薄肉で連結した一体のものとしておき、各ブロックごとに巻いたコイルも切らずにブロック間を渡していく、そして最後に薄肉部をポキポキと折り曲げるというアイデアである。これなら、部品点数を抑え、またコイルの結線作業も最小限にできる（図表11）。ステータコアを直線上に展開可能という点でバラバラのようで、完全にはバラバラではないというブロック薄肉連結型というアイデアは、まったく思いつきで生まれたものではなかった。それは、特許検索で遭遇したチップ型インダクタに関する他社特許にヒントを得たものであった。それは、一本のコアに連続的に巻線してから複数のインダクタに分離することにより、インダクタの生産性を向上させる製造法であった。インダクタ（inductor）というモーターとは異なる分野にモーター製造技術があったのだった。それは、中原自身が鍵となる他社特許に常に目配せし、自らが「パラパラ」と呼ぶアイデア創出法（常日頃からパラパラ漫画のように特許資料をめくっておくの意）による地道な努力と準備の賜物でもあった。

　しかし三瓶は、それまでにモーターメーカー等と交渉してきた経験などから、この生産方式ではモーターとして重要な真円度が出せないのではないかという不安を持った。鉄心を円形に折り曲げる際に歪みが生じたり、その加工誤差が大きかったりすると、モーターの回転ムラの原因になるのである。一方、チップコイ

図表11　ポキポキモータのアイデア発想プロセス

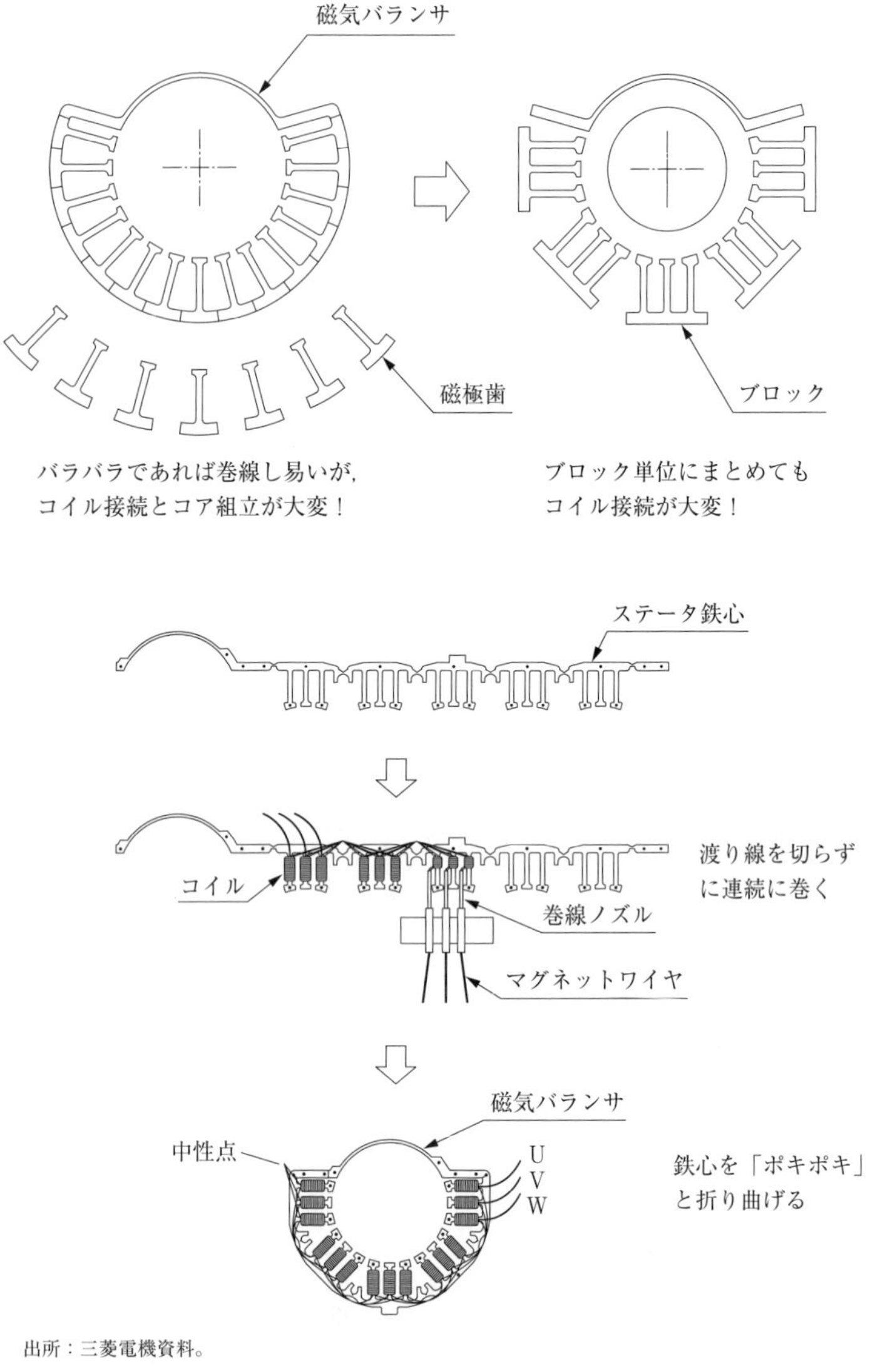

出所：三菱電機資料。

ルによる方式が駄目とわかった今となっては、三瓶は何にでもすがりたい心境でもあった。どうせ他にアイデアはなく、この方法にかけてみようと思った。

三瓶は、部下にインナーロータ型ステータを糸鋸で三本一ブロックとなるように分断することを指示し、実測によってモーターがその影響を受けずに回ることを実証した。時を同じくして、中央研究所（現、先端技術総合研究所）のグループマネジャー阪部茂一（現、先端技術総合研究所主管技師長）によって、バックヨークの寸法を確保することでＵＶＷ三本を一ブロックとすることがモーターの特性に影響を及ぼさないことを磁界解析で確認した。

パーソナル情報機器研究所の橋本昭（現、生産技術センター）は、早速に試作を繰り返し、モーターの特性評価とＦＤＤ本体へのビルトイン構造の検討を進めていった。その中で、鉄心の薄肉部のスプリングバック（復元力により外側に開こうとすること）が作用する範囲内で樹脂製プレートの枠内に押し込める方法により、当時求められていた誤差〇・二㎜以内の真円度に収めることができた。

一九九三年九月、郡山製作所のＦＤＤ用モーター内製プロジェクトは、ポキポキモータの量産ライン構築に向けて動き出した。ポキポキモータにより巻線の困難さを解消することで、量産にかかるコストを抑制できる見通しが立ち、さらにコイルの整列巻きが可能となるため、高いトルクとエネルギー効率も同時に実現できる見通しが立った。

さらに幸いなことに、インナーロータ型のポキポキモータは、磁気回路が過不足なく形成できるという理由で、社内でモーター磁界解析の権威者であった阪部の支持を得ることができた。社内での阪部の説得力は大きく、当初のチップコイルによる方式からの軌道修正は速やかに行われた。三瓶は、昼間は仕事仲間に囲まれて慌ただしく過ごすものの、夜八時になり周囲に誰も居なくなると、体中にじんま疹ができたと言う。

そのような時には、職場近くのゴルフ練習場で一時間ほど打ちっぱなしをして気分転換し、残る技術課題の対策やモーター量産ライン立上げまでのプレッシャーに耐えた。

3・4　巻線機の自社開発

郡山製作所のＦＤＤ事業は、一九九五年頃には米国大手のコンピュータメーカー数社から大量の受注を獲得するまでに拡大していた。そして、九六年三月に出荷する新型ＦＤＤ（MF355F-2）から、ポキポキモータを採用することが決まった。

従来、鉄心にコイルを巻くための巻線機は専門の巻線機メーカーから購入していた。競合他社も含めモーターメーカーは皆、同じ巻線機メーカーから巻線機を購入しており、それがモーターメーカーの差別化の障壁になっていた。同じ巻線機を使用している限りは、生産効率においても、また巻線精度（品質）においても、他社との差はつけられない。さらに、それまでモーターメーカーは独自の製品を開発しても、巻線機メーカーを通じて技術が陰に陽に競合他社に流出していた。巻線機メーカーは、あるモーターメーカーの新しい生産ラインの技術を、他のモーターメーカーにも紹介することで、自社の巻線機の販売を促進していた。業界内でモーターの生産ライン技術の情報が巻線機メーカーに集まる構図となっていたのである。

また、従来の鉄心製造技術に依拠した一体型鉄心は巻線が困難で、専門メーカーから購入した巻線機を使ってもきれいに巻けず、コイルの中は「すかすか」であった。原点に立ち返って巻線工程をシンプルにするには、新型の分割鉄心構造を採用すると同時に、専用の巻線機を自社開発する必要があった。単純で高速な巻線機は、従来は同時三本×毎分三〇〇回転だった巻線能力を、同時一二本×毎分一二〇〇回転まで引き上げることが可能となり、つまり巻線機一台あたりで一六倍の生産性を実現した。従来の巻線機メーカーは

図表 12　自社開発による巻線機

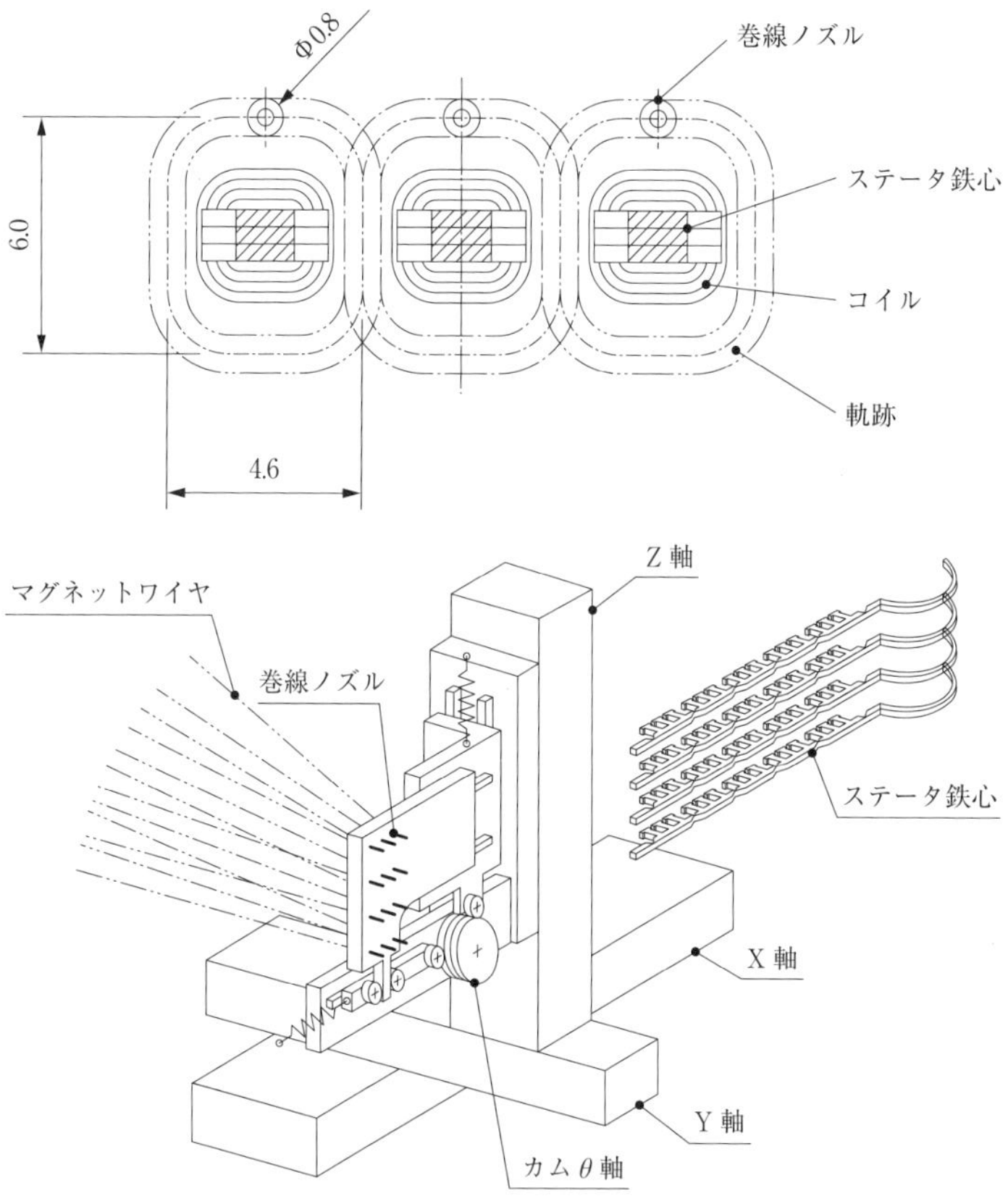

出所：三菱電機資料。

「製品設計を変えて、それに合った新型製造装置を作る」ことはできず、顧客であるモーターメーカーの製品設計に合わせて巻線機を作るしかなかった。三菱電機はモーターメーカーとして巻線機の自社開発に踏み込むことで、既存の巻線機による制約を解いたのである（図表12）。

中原らはもともと「装置開発屋」を自負しており、巻線機の自社開発は得意とするところであった。

しかし、生産技術センターが開発した巻線機はなかなかうまく動作しなかった。もともと鉄心の部材と巻線ノズルのクリアランスが七〇㎛（マイクロメートル）しかない設計だったために、数万円もするノズルが頻繁に折れる問題に悩まされたのである。その対策に、中原の部下である三宅展明、秋田裕之らは、巻線ノズルの軌跡を鉄心の断面形状に合わせて四方に丸みのある長方形（従来は円形）に変更して、鉄心とノズルのクリアランスを広げ、そのクリアランス値をもとに装置の各ユニットに公差配分を行い、安定して稼動する改良型の巻線機を開発した。

巻線機のトラブルへの対処や工夫は生産技術を洗練させ、技術者を育てた。巻線機のような装置は、個別設計・個別製造のいわゆる一品モノであり、なかなかうまく立ち上がらない。生産技術センターの技術者は、徹夜をしてでも量産ラインを期日までに立ち上げなければならない。この苦労が装置の改良だけでなく製品設計上の工夫にも踏み込んでいく動機につながる。これがもし、装置を自社開発していなければ、技術者は装置メーカーに電話をして督促をする「手配師」になるだけである。

また、巻線機は複数の巻線ノズルを一括駆動して、同時並行作業的に巻線を行うものであるが、その同時並行作業をする単位について三瓶が三本×五段（同時一五本）を要求したのに対して、中原は不慮のトラブルで巻線機が停止した場合の量産への影響度等を考慮し、三本×四段（同時一二本）に制約した。この辺りは、生産技術屋としての中原の直感であった。

この他にも、通常鉄心打抜きで発生するバリやカエリをなくし、ティース部にエッジ丸め加工を金型内で施す技術が実現したことで、コイル線の被覆を薄くすることができた。また、鉄心の電着塗装においては、本来数億円の加工設備が必要（電着塗装は自動車メーカーが主要顧客ゆえ、大規模な加工設備しか頭にない業界である）と言われながら、学校の理科室での実験のような水槽と電極を利用した数万円程度の設備で一〇万台規模の量産をこなしてもらった。これは当時ヘッド技術係長の大内博文（現、鎌倉製作所）が主体になって進めた。設備投資を抑えれば、それを製品の価格に上乗せしなくて済む。

駆動回路においては、モーター駆動用ＩＣと信号処理用ＩＣを一体化した。それまでは、モーター駆動には大電流が流れるため、微小信号を扱う信号回路に悪影響を及ぼすというのが通説であった。しかし、実際に大電流が流れるのはモーター起動時だけであり、その段階では信号処理は不要であることから、一体化は問題ないということがわかった。

これらの細かな、地道な改善もあって、三・五インチＦＤＤの大幅なコスト削減を実現した。最終的に量産に必要な五台の巻線機が完成したのは一九九五年一月一七日、つまり阪神大震災の日であった。尼崎にある生産技術センターで出荷直前の巻線機は奇跡的に無事であった。三瓶らは、ポキポキモータを使用した新型ＦＤＤ一〇万台を、米コンピュータ大手メーカーに向けて出荷した。新型ＦＤＤでは、モーターの厚さは僅か三・五㎜まで薄くすることができた。九六年度、全世界のＦＤＤ市場は約八三〇〇万台、年率約一〇％の成長を遂げた[26]。郡山製作所のＦＤＤの生産台数も、月産七五万台（ピーク時）に達した。

4　ポキポキモータの事業化とその後

4・1　特許と競合企業の追従

中原、橋本らが一九九三年十一月八日に出願したのを皮切りに、三菱電機がポキポキモータに関連して国内で出願した特許は八五件にのぼった。中原は、当時の心境を次のように振り返っている。

「モーターは鉄と銅と磁石を組み合わせただけの単純な仕組みでできています。この世界で特許を他社に奪われると、もはやモーターは作れなくなってしまう。ポキポキモータ方式を社内の各工場で安心して採用できるようにするために、早く特許を取得しておく意義は大きいのです。特許に安住の地はありません。登録までに時間がかかり、それを待っている間にも工場ではどんどん量産が進んでしまいます。登録になるまでの期間、技術者は不安になるのです。この不安解消の唯一の方法は、次々に特許を出願してゆくしかないのです。一種の保険のようなものです[27]」。

実際、ポキポキモータの特許が一九九六年一月一九日に公開になると、競合他社からも類似の特許が出願されることとなった。また、特許ではなくモーター鉄心構造の意匠出願という形で追従を試みる競合企業もあった。というのも、特許登録と違って、意匠登録は短期間で容易に取得できるからである。量産段階になってから他社特許の侵害が判明すると大変な損害ともなるため、特許出願や意匠出願は事業の事前防衛という点で重要である。

4・2　FDD事業からの撤退

ただし、ポキポキモータの開発の契機となった郡山製作所のFDD事業は、その後必ずしもうまくいかなかった。ポキポキモータを採用し、強力にコスト削減を進めてきたFDD事業は、売上高が頭打ちになり、ポキポキモータが量産に乗った以降は開発案件も少なくなった。そこで、郡山製作所は一二〇MBという大容量の新フォーマットFDDの製品化[28]に重点を移していった。

初期の一インチ厚の製品では、社外メーカーから部品を調達して郡山製作所で組立を行い、一九九六年十月に発売した。その後、ポキポキモータを使用した二分の一インチ厚の製品を自主開発して、九七年八月には自社で発売を開始した。当時はまだ二分の一インチ厚の製品は少なく、これなら高く売れるはずであった。しかし、光ディスクをはじめとする大容量の記録デバイスとの競争の中で、一二〇ＭＢＦＤＤのフォーマット自体が普及しなかった。しかも、一二〇ＭＢＦＤＤの量産に伴って、生産はタイの工場に移管することとなった。

郡山製作所のＦＤＤ事業は、一九九九年に撤退することとなり、九五年六月に郡山製作所の敷地内に独立した事業体として設立されたディスクドライブ統括事業部は、二〇〇〇年五月には終息することとなった。

郡山製作所は、現在では監視カメラシステム、映像通信システム、デジタル放送システムを生産する事業所となり[29]、一九八一年に一〇〇〇人近くいた従業員数も二〇〇四年三月時点で二三三人程度まで減少している[30]。監視カメラのチルト機構に名古屋製作所製の汎用モーターを組み込んでいるが、郡山製作所ではこれが唯一のポキポキモータの生き残りとなった。

実は、三菱電機は一九九二年春に情報通信機器の生産体制再編計画を発表している。計画によると、この時点で通信機製作所（尼崎市）から監視カメラやテレビ会議システムを郡山製作所に移管し、郡山製作所のＦＤＤはタイの工場に移すことは決まっていた[31]。ポキポキモータはＦＤＤ生産の海外移転が進められる中で開発され、国内生産の存続に一石を投じたものの、最後まで踏みとどまることはできなかった。

4・3　他の事業への横展開

ポキポキモータは、製造メリットだけでなく設計メリットを発揮した。すなわち、高い生産性だけではなく、コイルの巻線密度を高めて高効率や高トルクを実現したり、スロット開口幅を最適化する（巻線ノズル

図表13　ポキポキモータの製品展開

汎用ACサーボモーター

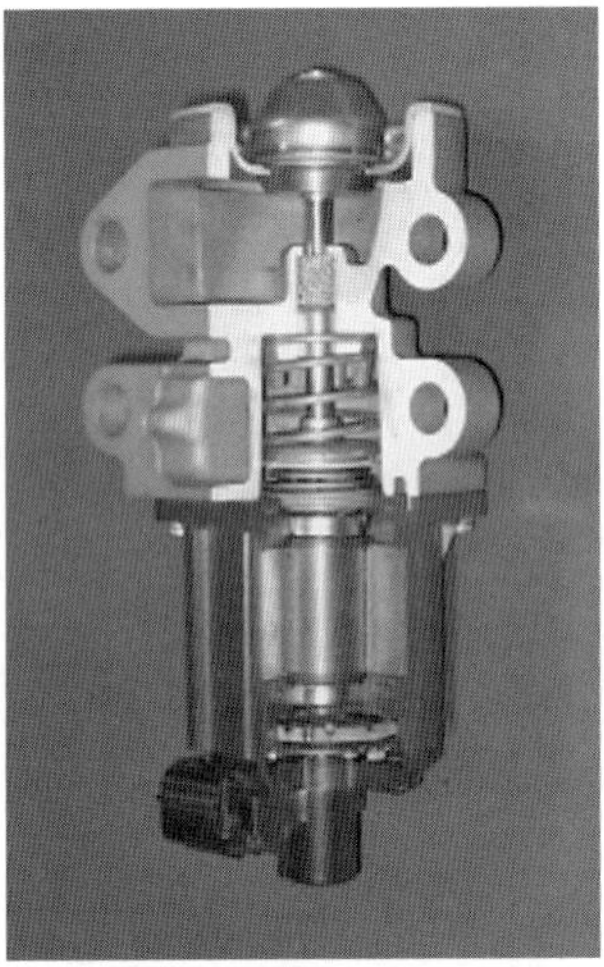

排ガス還流バルブ

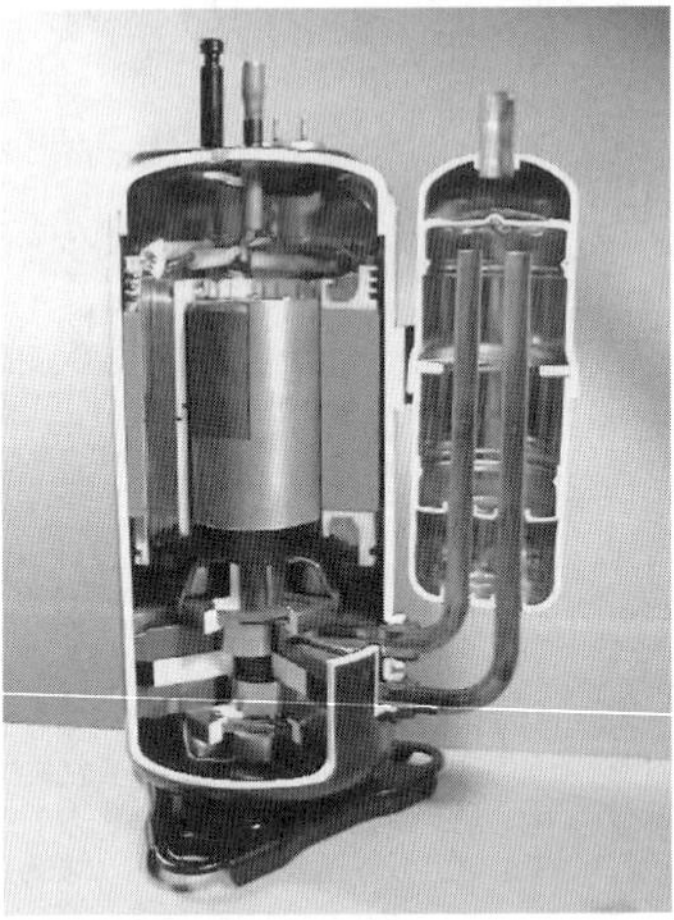

エアコン用圧縮機

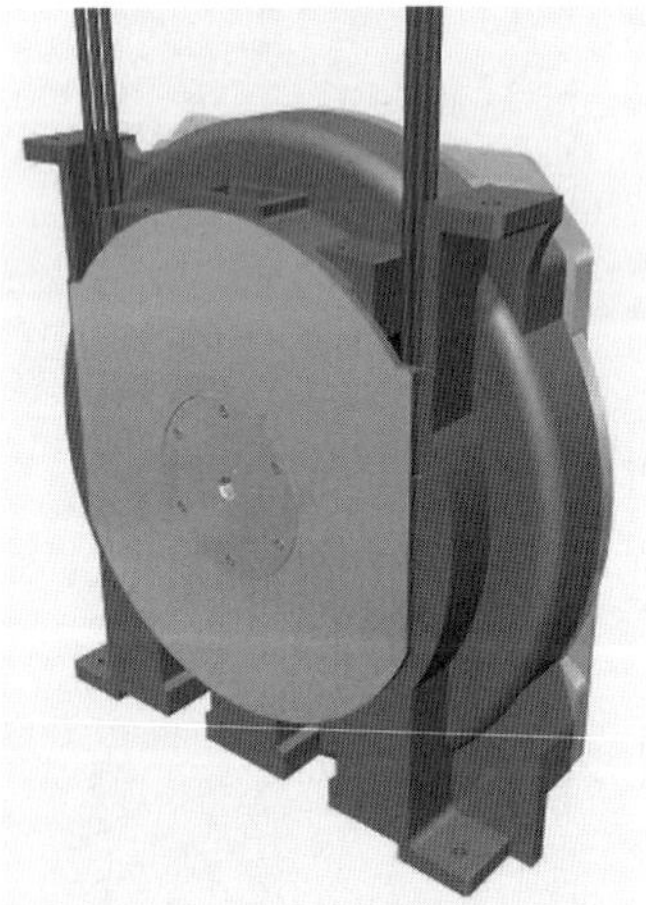

エレベーター用巻上機

出所：三菱電機資料。

の通り道の確保という製造都合による制約を排除して、設計上最も望ましい鉄心形状を実現）ことにより、コギングトルクやトルクリップルを抑えた高性能を実現できた。生産技術センターの中原、三宅、秋田らは、郡山製作所のＦＤＤ事業で蓄積した技術やノウハウをもって、積極的に他の事業所にもポキポキモータを展開していった。モーターの技術は比較的汎用性が高いため、他の事業にも転用はし易かった（図表13）。

名古屋製作所で生産する産業用ＡＣサーボモーター（ブラシレスＤＣモーターと機構的には同一であり、ポキポキモータを採用している）は、ファクトリオートメーション分野の需要増大に合わせて市場は好調であり、名古屋製作所のポキポキモータの量産ラインは盛況となっている。

ポキポキモータを採用したエレベーターでは、特に設計メリットが発揮された。稲沢製作所で製造している機械室レスエレベーター（屋上に巻上機を設置するための機械室がないタイプのエレベーター）「ELEPAQi」シリーズにおいては、ポキポキモータにより巻上機を約五分の一まで薄型化し、昇降路内に巻上機を配置することが可能となった。そして、ブレーキ機構をモーター内に直接組み込むなど、モーターをエレベーター巻上機に一体化して部品点数を削減した。これは、他社からモーターを部品として調達していては実現しえなかったものである。稲沢製作所では、ポキポキモータを差別化技術の鍵の一つと位置づけ、業界では珍しく巻上機用モーターのための工場を新設している。

姫路製作所や三田製作所で生産する自動車機器でもポキポキモータが生産されている。排出ガス規制の強化に伴い高効率化や小型軽量化が求められている自動車機器において、ポキポキモータはコイルの巻線密度を四〇％向上し、またモーターの質量・体積も二〇％減少させた[32]。三瓶の部下であった阿久津は、姫路製作所で電動パワーステアリング用ブラシレスＤＣモーター（ポキポキモータ）の開発に従事している。このほかにも二〇〇一年には三菱電機製ルームエアコン「霧ヶ峰」の省エネ高効率化のキーデバイスとして、圧縮機モーターとファンモーターにポキポキモータが採用されている。

二〇〇〇年七月、生産技術センターにはモータ製造技術推進部が設立され、各事業所への横展開とともに、ポキポキモータの技術革新が続けられている。開いた鉄心を折り曲げるところでは、鉄板をプレスで打ち抜いて、抜きかしめ法で（ピンを使用せずに）関節を実現するなど、鉄心加工の専門家にとっては無茶とも思える加工方法を次々に実用化している。

4・4　ポキポキモータの将来

ポキポキモータの開発で中心的な役割を果たした生産技術センターの中原も、郡山製作所の三瓶もまたモーターの設計者ではなかった。いわゆる「モーター屋」以外の人物が研究プロジェクトの主力メンバーにいたことが、モーター屋の間では非常識とも思われたアイデアへの取組みを可能とした。中津川製作所と郡山製作所でそれぞれ行われた取組みで共通するのは、巻線と結線工程での生産上のボトルネックに立ち返って、モーター設計の基本をモーターの構造から根本的に見直そうとする姿勢であった。

モーター設計者はモーターの性能向上を追求して設計し、生産技術者は設計者が描いた図面を前提に生産効率を追求する。開発の上流にいるモーター設計者は、しばしば自分のモーターを設計するのに精一杯になってしまい、巻線や結線などの後工程は生産現場の責任で勝手にやるものと考えてしまいがちである。しかし、実際に必要なのは、開発と製造との間に無用な壁を作らず、むしろ開発初期の段階でモーター設計者と生産技術者とが互いの制約を理解し、それらを打破することが必要なのである。事前に作りやすさを念頭に置いていたからこそ、上流の製品設計を根本的に見直すことが可能となり、ポキポキモータというまったく新しいモーターが誕生することとなった。それには、設計者が生産技術者の言葉や価値体系を理解し、生産技術者もまた設計者の言葉や価値体系を理解する必要がある。また，開発の上流か下流かに関わりなく，上流から下流に至る一連の開発生産工程において，どこがボトルネックなのかを考える全体観が必要となる。

もちろん，順調に受け入れられてきたかに見えるポキポキモータも，必ずしも社内の事業所から難なく受け入れられてきたわけではない。ポキポキモータには，特殊な鉄心金型や巻線機を導入する必要があり，量産立上げまでの費用面から，オーソドックスな生産方式に固執する意見が社内になかったわけではない。事業所の製品設計担当者から「ある大手専業メーカーのモーターでなければ使わない」と言われることもある。保守的な製品の設計技術者は，オーソドックスなモーターで十分と考える。海外生産による安いモーターの台頭もあり，外部調達可能であれば，わざわざ巻線機の購入のような新規投資の発生するモーター製造には乗り出さないのである。

すでに述べたように，ポキポキモータを同社内で最初に採用したＦＤＤ事業は撤退に追い込まれた。また，一日のうちの使用時間が短い家電製品などでは，省エネのメリットが出せずに試作レベルで終わったケースもある。

生産技術センターでモータ製造技術推進部長となった中原は，ポキポキモータでの成功体験を各事業所に広め，モノ作り革新の風土を広めることに努めるとともに，部内の若手に対しては「脱ポキポキ」，「脱モータ」を掲げ，枠をはめずに自由に発想することを奨励している。三瓶は三菱電機ライフサービスの支店長として，新規事業の立上げに奔走している。

二〇〇三年十二月には，生産技術センターは，これまでの社内向けに絞ったポキポキモータの展開から大きく舵を切っている。ポキポキモータ製造技術のライセンス供与である。自社の主力製品と直接競合しない分野からライセンス供与を行い，ライセンス収入によって研究開発費を回収し，知的財産権を積極的に活用するとのことである。[33] 今後、ポキポキモータは、どのように展開されるのだろうか。

5　イノベーションの理由

三菱電機がポキポキモータを開発、事業化していったプロセスをもういちど振り返ってみよう。

はじまりは、一九九二年に、ＦＤＤ（フロッピー・ディスク・ドライブ）を生産していた郡山製作所の技術者が小型モーターの内製をしたいと考えたことであった。それまでの調達先だった中津川製作所がＦＤＤ用専用小型モーターの生産から撤退することが決まったからである。そこには、事業所を存続したいという三瓶の切迫感があった。

しかし、別の製作所で撤退が決まった事業を単に移管するという提案は受け入れられなかった。そこで新構造の小型モーターを開発生産することを提案し、一九九三年一月に、これが専門技術者のアドバイスを受けることという条件付きで事業本部長に認められ、正規の開発プロジェクトが始動した。そこには、条件が課せられるものの、本社の一定の支持はあった。

ひとたびプロジェクトが始動すると、その後の事業化までの展開は、他の事例と比較しても、三年未満と早かった。順風満帆とも言うべき事例である。突破口となったのが、プロジェクトに加わっていた生産技術センターの技術者である中原から提案されたポキポキモータの原型となるコンセプトであった。新しいコンセプトは、生産技術センターの中原が以前に関わった他の製作所の換気扇用モーターの製造技術の開発での経験を手がかりにして生まれたものであった。事業化にたどり着く時間が短い背景には、こうした換気扇用モーターを念頭に置いた要素技術が事前に先行して開発され、社内で蓄積されていた、という事情がある。

中心的な役割を果たした中原も三瓶も，いわゆるモーターの設計者ではなかった。そのことが，「モーターは丸い鉄心から作る」というモーター設計者の常識の打破につながった。分業は生産性向上には不可欠である。分業は仕事を単純化し，注意の焦点を絞り，技能の向上を促す。しかし，高度に分業が進展することで，仕事のやり方は時として定型化し，当事者自身で日々の仕事の進め方の「常識」を見直すことは難しくなる。設計者は設計業務に，製造技術者は製造業務の改善に注力することが，短期的には合理的となるからである。その結果として設計者も製造技術者も根本的課題に取り組む機会を逸することとなる。本事例では，モーターの設計者でも製造技術者でもなかった中原と三瓶が推進主体となり，事後的にはモーター技術者の広範な支持・支援も受けることで，「常識」の克服に成功したのであった。

そこには，事前に練られた美しい事業計画や，明確なプロジェクト推進の理由が初めからあったわけではない。中原は，飯田工場での経験を基に，「電線のかたまりと格闘する製造現場を根本的に改善したい」と考えていた。三瓶は，「郡山製作所の存続のため」に奔走していた。イノベーション推進のそれぞれの理由が，ＦＤＤ用モーターの開発プロジェクトを通じて出会い一つの形となり，ポキポキモータのアイデアが誕生した。

アイデアが製品として実現する段階では，事業化に向けた資源動員が鍵を握る。本事例では，社内の経営層による承認と有力研究・開発リーダーによる支持が，プロジェクト推進に大きな役割を果たした。それは，設備導入計画の承認段階では，情報通信システム事業本部長の遠藤裕男による決断であり，社内の小型モーター開発の功労者である山崎宣典によるモーター開発経験者への呼びかけであり，モーター磁界解析の権威者であった阪部茂一による支持であった。イノベーションの実現プロセスは，推進主体による説得を通じて，新たに支持者を増やし，資源を動員していく活動である。遠藤裕男，山崎宣典，阪部茂一の支持を取り付けることは、有力な支持者を獲得し、プロジェクトの正当性を確立する上では不可欠であった。

新しいコンセプトが技術的に実現可能であるという確認がとれると、一九九三年九月から事業化に向けて生産設備も含めて開発が進められ、九六年には郡山製作所の新型ＦＤＤにポキポキモータが採用された。その後、郡山製作所はＦＤＤ事業から撤退したが、ポキポキモータは、ＦＡ機器、ＡＶ機器、エアコン、自動車機器、エレベーター用モーターへと応用範囲を広げていき、売上高は二〇〇億円を超えていった。

新しい技術は、製品という世の中への「出口」を見出して初めて社会的な価値を生み出す。ポキポキモータという技術も、ＦＤＤという製品でその出口を見出し、社会での技術的・経済的・社会的正当性を確立した。その後、ＦＤＤ製品の社会での存在意義は喪失したが、その代わりに、ＦＡ機器、エアコンや車載用機器、そしてエレベーターという新しい製品への展開を通じて、新たな存在意義を見出し、さらに磨かれることとなったのである。

1　ケース執筆後もその比率は大きく変わっていない。二〇〇五年の国内電力消費総量九九九六億kWhのうち、モーターの割合は五七・三％（五七三一億kWh）と試算されている（『電力使用機器の消費電力量に関する現状と近未来の動向調査』二〇〇九年三月、富士経済）。

2　大河内記念賞資料、一頁。

3　『日経産業新聞』二〇〇三年一二月一〇日（1面）。

4　「モーター巻線の占積率を上げられるコアの製法」（第一一回日経ＢＰ技術賞部門賞、日経ＢＰ社）「関節型連結コア適用による高効率圧縮機用モーターの開発」（平成一四年度「機械振興協会賞」財団法人機械振興協会）「スパイラル状連結鉄心によるモータ製造技術」（平成一五年度日本機械学会賞（技術）財団法人日本機械学会）「直線及び逆反り状鉄心によるモータ製造技術」（平成一六年度「近畿地方発明表彰」社団法人発明協会）。

5　本事例は、軽部・小林［2004］を要約し、加筆修正したものであり、特に断りのない限り、二〇〇四年時点での情報に基づいて書かれている。

6　「三菱電機（飯田工場）―換気扇生産をＣＩＭ化」『日経産業新聞』一九九二年一〇月七日（7面）。

7　中原・五十棲・三宅［2000］一四頁。

8　中原［2004］一頁。

9　中原［2000］一四頁。

10　「素人感覚で無人化を実現―モーター設計に革新」『日経産業新聞』一九九三年五月二四日（9面）。

11　中原［2004］一頁。

12　中原［2000］二四頁。

13　「三菱電、オーディオ不況で郡山工場の三割二六〇人を配転」『日本経済新聞』一九八二年六月五日（6面）。

14　「三菱電機郡山、効率化で生産増強―主要部品の内製化促進」『日本経済新聞』一九八五年三月一四日、地方経済面（東北Ａ）（2面）。

15　「三菱電郡山、六三年度生産五〇〇億円に―ＦＤＤ・スピーカー増産」『日本経済新聞』一九八六年八月一〇日、地方経済面（東北Ａ）（2面）。

16　雇用の配置転換による事業転換の例として、工場内クレーンを製造していた福岡製作所（福岡市）の半導体工場への転換、火力発電機の長崎製作所（長崎市）の大型映像装置の拠点としての転換などの例がある（「企業内構造調整（産業が変わる・第5部　エレクトロニクス：4）」『朝日新聞』一九八七年二月六日（8面）。

17　「三菱電、近く新会社五・二五インチのＦＤＤ生産―タイに全面移管」『日経産業新聞』一九八七年七月二三日（1面）。

18　「三菱電機、タイでＦＤＤ生産―来春に月産一五万台体制」『日経産業新聞』一九八八年八月二二日（2面）。

19　「三菱電・情報通信機器、生産体制を再編」『日本経済新聞』一九九二年三月二二日（5面）。

20　「三菱電機、小型軽量の三・五インチＦＤＤ」『日本経済新聞』一九八七年三月四日（8面）。

21　「三・五インチＦＤＤ薄さを競う、各社相次ぎ新製品」『日本経済新聞』一九九一年七月二二日（11面）。

22　『三菱電機技報』Vol. 76・No. 6・2002　http://www.mitsubishielectric.co.jp/giho/0206/0206113.pdf

23　二〇〇四年三月一六日、郡山製作所三瓶氏へのヒヤリングによる。

24　二〇〇四年二月三日、生産技術センター中原氏の講演による。
25　二〇〇四年二月三日、生産技術センター中原氏の講演による。
26　大河内記念賞資料、一頁。
27　二〇〇四年二月三日、生産技術センター中原氏の講演による。
28　「次世代フロッピー普及に弾み、三菱電機駆動装置生産へ」『日経産業新聞』一九九六年六月一九日（8面）。
29　http://www.mitsubishielectric.co.jp/keireki/pdf/2004/p8-13.pdf
30　http://www.mitsubishielectric.co.jp/keireki/pdf/2004/p14.pdf
31　「三菱電・情報通信機器、生産体制を再編」『日本経済新聞』一九九二年三月二二日（5面）。
32　三菱電機技報二〇〇〇／九月号特集論文「ポキポキモータの車載機への応用」。
33　「『ポキポキモータ』製造技術三菱電が社外供与」『日経産業新聞』二〇〇三年一二月一〇日（1面）。

事例5　セイコーエプソン：自動巻発電クオーツウォッチの開発、事業化

はじめに

一九八八年、セイコーエプソンは、世界に先駆けて自動巻発電クオーツ式腕時計（クオーツウォッチ）KINETICを商品化した。KINETICとは、機械式ウォッチで用いてきた自動巻機構を利用して発電し、内蔵された電池に充電し、これを動力源にして時計を駆動するクオーツウォッチのことをいう。

これは、電池が不要な自動巻機械式ウォッチと、時間精度の高いクオーツウォッチの良いところが組み合わされ、クオーツの正確さを持ちながら電池交換を必要としないものだった。ウォッチの世界に新しいエネルギーシステムを導入したという点で、画期的な技術革新であった。セイコー・グループの高い技術力を象徴するものとして、同グループの海外向けのウォッチ・カタログの先頭を飾る旗艦商品となった。[1]

セイコーエプソンはこの自動巻発電クオーツウォッチKINETICをどのように開発し、事業化していったのだろうか。

1　KINETICとは

1・1　機械式（手巻式と自動巻式）対クオーツ式

KINETICとはどのようなものか。まずは、そのベースになっている二つの種類の時計、機械式ウォッチとクオーツウォッチの機構を説明しよう（図表1）。

機械式ウォッチは巻き上げられたぜんまいのエネルギーを利用して針を動かす。ぜんまいがほどける力は、歯車列によって徐々に増速されながら、時針、分針、秒針に伝えられる。その速度を制御するものが、てんぷ、アンクル、がんぎ車からなる機構である。「てんぷ」とは、回転バネ（ひげぜんまい）がとりつけられたリング状の錘（輪）で、軸を中心として回転振動するようになっており、その振動の周期は振り子と同様、一定となる。「がんぎ車」はぜんまいのエネルギーを針に伝える歯車列の一部分を構成するもので、特殊な形状の歯を持っている。てんぷの動きに伴って往復運動をするアンクルががんぎ車にかみ合い、がんぎ車の動きを止めたり解放したりすることによって、てんぷが一往復する間にがんぎ車の歯一つ分しか歯車が回らないようにコントロールする。逆にてんぷの方は、アンクルを介してぜんまいのエネルギーを貰うことによって振動を続ける。このように機械式ウォッチでは、動力源はぜんまいのエネルギー、進み方をコントロールするのはてんぷの振動の周期である。

自動巻きの機械式ウォッチは、手巻ウォッチでは手で直接巻いていたぜんまいを、身につけた人の動きによって自動的に巻き上げる時計である。ウォッチの内部で自由に回転できるアンバランスな回転錘（おもり）が、人の腕の動きによって発生する加速度によって回転し、その力によってぜんまいを巻く。

図表１　機械式ウォッチとクオーツウォッチの機構

機械式時計とクオーツ時計の機構

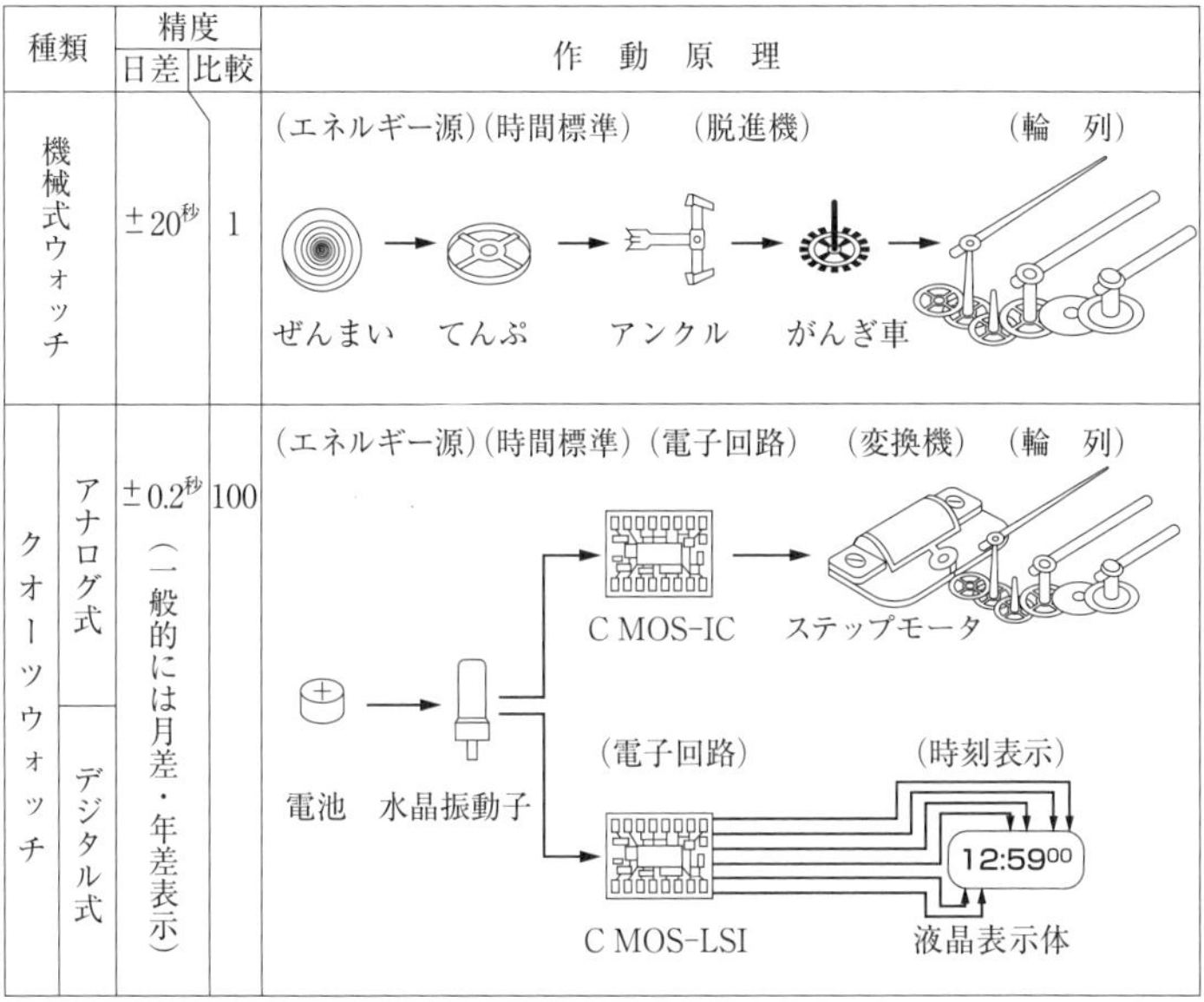

種類	精度		作　動　原　理
	日差	比較	
機械式ウォッチ	±20秒	1	(エネルギー源)(時間標準)(脱進機)　　(輪列) ぜんまい　てんぷ　アンクル　がんぎ車
クオーツウォッチ　アナログ式	±0.2秒	100	(エネルギー源)(時間標準)(電子回路)　(変換機)　(輪列) 電池　水晶振動子　　C MOS-IC　　ステップモータ
クオーツウォッチ　デジタル式	(一般的には月差・年差表示)		(電子回路)　　　(時刻表示) C MOS-LSI　　液晶表示体　12:59⁰⁰

出所：セイコーエプソン。

　クオーツウォッチは水晶振動子を用いる（図表1）。水晶振動子に電圧を加えると、一定の周期で発振する。その発振周期によって時計の進み方を制御するのがクオーツウォッチである。機械式と異なり、クオーツウォッチではエネルギー源は内蔵された電池であり、針の駆動もモーターによって行われる。機械式と比較して時刻の狂いが小さいのがクオーツの最も優れた点である。世界初のクオーツウォッチが出た当時、機械式ウォッチの日差は二〇秒程度（高精度品でも日差五秒程度）だった。これに対し、クオーツウォッチは日差±〇・二秒、月差±一五秒と、飛躍的に時間精度を高めることができたのである。

　しかし、クオーツウォッチには電池の交換が必要であるという欠点がある。その欠点を解消するために、太陽電池を装

図表2　KINETICと自動巻機械式，クオーツとの比較

	自動巻機械式	クオーツ	KINETIC
エネルギー源	腕の動き	一次電池	腕の動き
エネルギー貯蔵	ぜんまい	一次電池	二次電池
時間標準	てんぷ，脱進機	水晶振動子	水晶振動子
長　所	電池が不要	精度が良い	電池交換不要 精度が良い
短　所	精度が悪い	電池交換が必要	

出所：セイコーエプソン。

備したソーラー式のウォッチなどさまざまな技術が開発されてきた。KINETICもその一つであった。

1・2　KINETIC

KINETICとは、一言でいえば、使い捨ての電池（一次電池）の代わりに、自動巻の巻上げ機構を応用した発電機によって充電される電池（二次電池）をエネルギー源として使うクオーツウォッチである。[2] 電池交換が不要な自動巻機械式ウォッチと、精度の高いクオーツウォッチの良いところを組み合わせたものであるといえる（図表2）。

自動巻機械式ウォッチでは、ウォッチをつけている腕の動きによって内蔵された回転錘が回転し、その力を歯車で増幅してぜんまいを巻き上げることによって、時計を動かすエネルギーを蓄積していた。一方、図表3に示すように、KINETICでは腕の動きを回転錘の慣性力に変換するところまでは同じだが、その力でぜんまいを巻くのではなく、超小型の発電機を回転させ、そこで発電された電力で電池を充電する。そして、時計の進み方を制御する機構として自動巻きウォッチではてんぷの振動を時間標準とする機構が用いられていたが、KINETICではクオーツウォッチと同様、水晶振動子を用いる。

既存の機械式技術とクオーツ式技術の長所を組み合わせるというKI

図表３　KINETIC のメカニズム

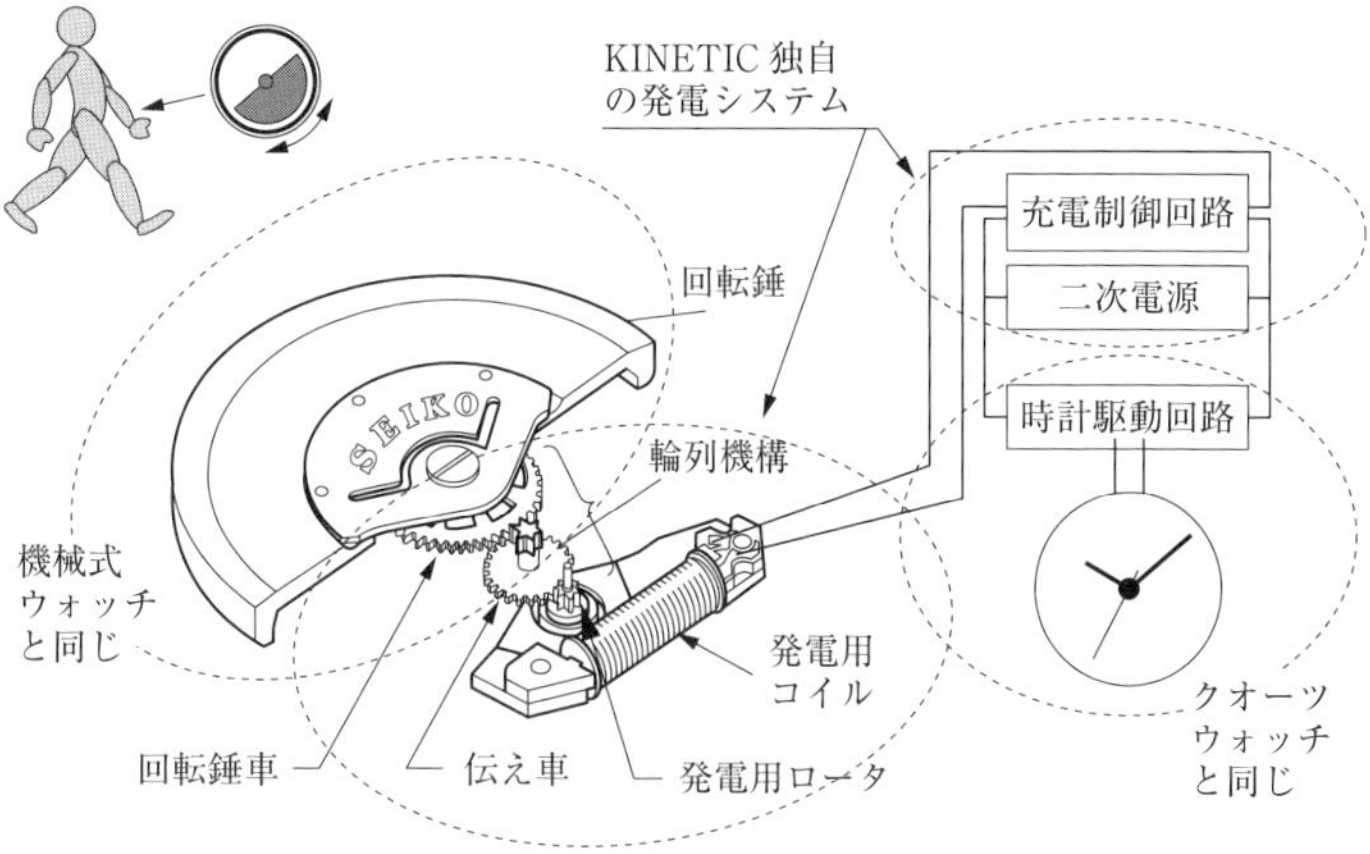

出所：セイコーエプソン。

NETICの発想は、後からきけば、単純で当たり前のものに思えるかもしれない。だがそれは、長い時間を費やし、紆余曲折を経て、開発、事業化されたものであった。以下、そのいきさつをたどっていくことにしよう(図表4に主な出来事の年表を示す)。

2　KINETICの開発

2・1　前史：自動巻発電の着想

セイコーによって一九六九年に世界で初めて発売されたクオーツウォッチは、時間精度という時計の最も基本的な機能において、機械式ウォッチを大きく凌駕する技術革新であった。ただ、技術者の間で唯一の弱点と考えられていたのが、電池を交換しなくてはならないことであった。特に当初の電池は寿命が一年程度と短く、この弱点は現在考える以上に深刻だった。漏液の問題もあった。電池は内部に電解液を含むことから「水もの」とよばれ、精密な機械の中に水ものを入れるのはできるだけ避けたい、なんとか水ものをなくしたい、というのがそ

図表4　KINETIC開発・事業化・商品展開をめぐる主な出来事

年	月	出来事
1969		セイコー，世界初のクオーツウォッチ「セイコークオーツアストロン35SQ」発売
1975		KINETICの基本特許出願（ただし権利化せず）
1979		日本，スイスを抜いて世界一の時計生産国となる
1982		KINETICの開発着手
1985	11	KINETIC開発プロジェクト終了決定
1986	4	KINETICバーゼルフェアへの参考出品
	10	欧州合同時計学会でKINETIC論文発表，ドイツの販売店で好評を得る
	10	中村副社長によるKINETIC開発プロジェクト再開検討の指示
1987	3	KINETICの開発プロジェクト，正式に再開決定
1988	1	KINETIC，ドイツで発売（7M型）
	4	KINETIC，国内で発売（7M型），クレーム多発
1990	6	KINETIC改良型開発（5M型）の企画決定
1991	10	KINETIC改良型（5M型）発売　（インジケーター付）
1994	6	KINETIC小型女性用インジケーター付（3M型）発売
1995	5	KINETIC初のダイバーズウォッチ（5M型）発売
	11	KINETIC薄型インジケーター付き（4M型）発売
1997	11	KINETIC小型軽量の本格的女性用モデル（1M型）発売
1998	9	KINETICクロノグラフ（9T型）発売
1999	4	KINETICオートリレー（5J型）発売

出所：セイコーエプソン［2001］，インタビュー他より作成。

のころの時計技術者の一つの思いであった。電池の入手が困難な地域での実用性、廃電池の処理という問題もあった。

こうした課題は、クオーツウォッチが発売された当初からセイコーエプソンの開発技術者の中で認識されており、なんらかの形で外部からエネルギーを補給して二次電池へ充電するためのさまざまな技術が模索された。例えば、一九六九年には腕と外気との温度差で発電して二次電源へ充電する方法、七一年には太陽電池を搭載して専用充電端子から充電する方法が特許出願されている。しかし、これらの特許は当時の技術水準では実用化には程遠いものとみなされ、具体的な製品には結びつかなかった。

ＫＩＮＥＴＩＣの基本構成の特許も

一九七五年に出願されている。しかし、当時のクオーツ回路の消費電力は現在と比較して大きく、自動巻発電の機構で十分に駆動できるとは考えられなかった。また、クオーツのムーブメント[3]自体が大型で発電機構を組み込むスペースが取れなかったり、適当な二次電池がなかったりと、周辺技術も整っておらず、実用化にはほど遠いものと考えられた。そのため、この特許は権利化されず、お蔵入りとなってしまった。

2・2　基本技術の開発

当初は製品化まで至らず、立ち消えになったKINETICのアイデアであったが、それから約七年が経った一九八二年、改めて開発が開始された。トップダウンの指示によるものではなく、開発現場の技術者が個人的な関心から試みた実験がそのきっかけとなった。以前に比べてクオーツ技術がこなれてきて、消費電力の低下、水晶振動子の小型化など周辺技術が整ってきたのも一つの背景であった。

当時のセイコーエプソンでは、技術者が興味を持ったテーマを研究して、試作してデータをとり、見通しが得られた段階で商品化を正式に提案し、検討するといった、比較的自由に技術開発に取り組める雰囲気があった。研究テーマの選定自体がかなりの部分技術者に任されていて、上司の指示がないテーマでも、公式か非公式かは別として、研究することが許されていた。KINETICについても、開発に再び着手したきっかけは、当時設計部設計一課係長だった吉野雅士の、時計用のモーターを逆回転させたらどれくらい発電できるのだろうか、という個人的な興味であった。

時計用のモーターを使って簡単な発電機を試作して発電してみるという簡単な実験がおこなわれた。その結果あきらかになったのは、得られる発電量は、ざっくりみて、時計の駆動に必要な量の一〇〇分の一程度だということであった。一〇〇倍の発電量を目指すのは決して容易に達成できる目標とはいい難かったが、この結果をみて、より本格的な開発がスタートする。

セイコーエプソンでＫＩＮＥＴＩＣの開発を主導してきた長尾昭一（当時、設計部設計一課）はこう振り返っている。

「そのくらいであれば、がんばれるかもしれないという感触を持ってスタートしました。それくらいの違いならやってみるかという思いと、それだけ違うならできたとしてもまだ結構時間がかかるねという二つの思いがありましたが、短期的に成功する見通しもなく、六年（一九八二年に開発着手し、発売は八八年）もやらせてくれるという状況は今では難しいと思います[4]」。

一九八〇年代前半、クオーツウォッチで世界を席巻し、セイコーエプソンのウォッチ事業が好調であったことが、不確実な技術に対する長期的な取組みを許容する余裕をもたらしていたのかもしれない。機械式ウォッチに対して、クオーツの良さを改めて示したいという考えもあった。

クオーツのエネルギー源をめぐる技術開発のテーマとしては、この頃、従来型クオーツの長寿命化やソーラー式の開発もあった。この内、デジタルウォッチで注目されたソーラー式については、セイコー・グループの大衆向けブランド「アルバ」用とし、主力ブランドの「セイコー」用にはクオーツの長寿命化とＫＩＮＥＴＩＣの開発に取り組むという方針が形成されていった。当時、アルバ向けウォッチの開発製造は関連会社の塩尻工業が担当していたため、ソーラーウォッチはテーマとなりにくかったという事情もあるが、困難な技術課題にあえて挑戦することを大切にするセイコーエプソンの伝統が影響した選択でもあった。そもそも、セイコーエプソンのウォッチ部門は、販売機能を持たず、また、セイコー・グループの製造企業としては最後発であったことから、グループ内での存在感を高めるために独自の技術開発にひときわ熱心であった。セイコーエプソンの輝かしい歴史を彩る、東京オリンピック公式水晶時計（一九六四年）や世界発のクオーツウォッチの開発、あるいはスイスの模倣を超えた機械式ウォッチといわれたマーベルの開発（五七年）といった成果は、そうした姿勢から生まれたものであった。

自動巻クオーツウォッチの開発はこうして設計部の開発テーマとなる。当初は六人ほどのメンバーでスタートした。しだいに陣容が拡大し、理論解析をする人、ＩＣ回路の設計をする人などを含めて同部の設計一課ならびに要素開発課のメンバー一〇人ほどが関わるようになり、本格的な開発が進められていった（図表5）。

開発のポイントは、人の腕の運動という限られたエネルギー源をいかに効率よく取り込むか、取り込んだエネルギーをいかに有効に活用するか、そして、それらをいかにウォッチの内部という極めて限られたスペースの中に押し込めるかという点であった。ＫＩＮＥＴＩＣの実現に寄与した技術は、ＫＩＮＥＴＩＣのために独自に開発されたものと、クオーツウォッチ技術全般の発展に負うものとがある。以下、鍵となった三つの技術の概要を説明しよう。

発電機

ＫＩＮＥＴＩＣ技術の核となるのが自動巻ウォッチの機構を生かした発電機構である。腕の運動によって回転錘が運動し、その運動を輪列機構によって増速し、それによって永久磁石が取り付けられた発電用ローターを回転させる。そうすると発電用ローターの近くに置かれた発電用コイルに誘起電圧が発生し、電流が流れる。その電流を二次電池（初期のころはコンデンサ）に充電する。

図表5　KINETIC開発に関わった人たち

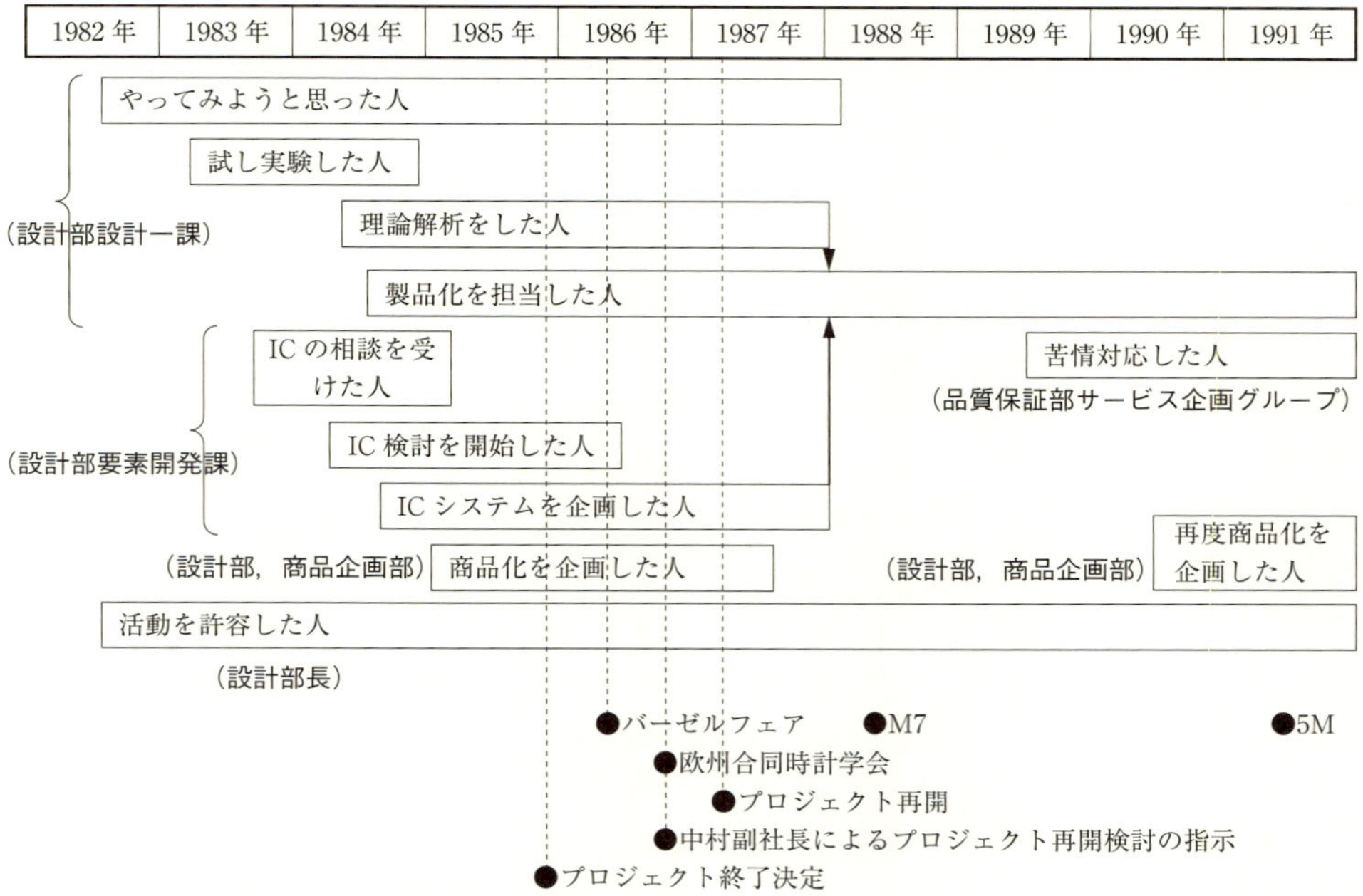

出所：セイコーエプソン資料に一部加筆。

ＫＩＮＥＴＩＣに登載する発電機は、発電容量の大きさと、発電機自体の薄さ、小ささ、軽さという、相反する条件をできるだけ高い次元で双方とも満たさなければならない。そこで、回転錘には、質量を稼ぎながら小型化するため、比重の大きなタングステンの材料を使用した。また、輪列機構では、回転錘一回転で発電用ローターが一〇〇回転するという最適な増速比を実現している。前掲図表３に示すように、発電用コイルをローターと別にして横置きとする分散配置を採用したことも、限られたスペースにうまく配置するためにとられた工夫である。

小型軽量であること以外にも、発電機には緩やかな動きで発電することと、急激な動きで壊れないことが要求される。前者の課題についてはコイルの巻数や増速輪列機構の増速比を最適化することで、後者の課題については強すぎる負荷がかかったときに輪列機構を空回りさせるスリップ機構を採用することで、それぞれ克服した。いずれも高度な精密加工技術によって実現したものだった。当時、セイコーエプソンではすでに機械式ウォッチの開発は中止されていたが、技術者はまだ残っていた。その蓄積に支えられた高度精密加工技術であった。

昇圧駆動回路

クオーツウォッチは通常、一次電池である酸化銀電池を使用する。一次電池とは充電ができない使い捨ての電池のことで、改良が重ねられた結果、時計用の電池は寿命に達するまで電圧がほぼ一定に保てるという好ましい特性を持っていた。しかし、充電が可能な二次電池の場合、使用するにつれ電圧が徐々に低下し、電気は残っているのに時計を動かすのに十分な電圧は得られないという状態になってしまうという問題を抱えていた。ＫＩＮＥＴＩＣでは二次電池を使用するので蓄積されたエネルギーのうち有効に活用できる部分は小さくなり、その分、稼動時間も短くなる。そこでＫＩＮＥＴＩＣでは昇圧駆動回路を取り入れて正常動作電圧を最大限確保できるようにした。

昇圧駆動回路とは、コンデンサに電荷を蓄えておき、その配置が最適になるように回路を自動的に切り替えて、電池の電圧が低下したときでも必要な電圧が得られるだけの増幅を行う回路で、昇圧コンデンサと補助コンデンサで構成されている。昇圧駆動回路自体は、ウォッチのアラーム、デジタルクオーツの液晶パネルなどウォッチの一部の機能に対して用いられることはあったが、ウォッチのすべての機能を昇圧後の電圧で駆動する例はそれまで見当たらなかった。ＫＩＮＥＴＩＣ独自の技術であった。

ウォッチモーター

ＫＩＮＥＴＩＣのために独自に開発された技術以外に、クオーツウォッチ自体の技術の発展もＫＩＮＥＴＩＣの商品化に大きく寄与した。とくに重要だったのが、ウォッチモーターの省エネ技術の進歩であった。

クオーツウォッチの駆動には一般的にステップモーターが使われる。ステップモーターとは、外部から与えられたパルス信号を受け、そのパルス信号数に比例した角度だけ出力軸が回転するようなモーターである。ＫＩＮＥＴＩＣのステップモーターは一秒に一八〇度回るようになっており、輪列機構を介して時針、分針、秒針に時刻に合わせた回転をさせる仕組みとなっている。そのステップモーターを制御するパルス幅制御駆動と呼ばれる技術がウォッチの消費電流の低減に大きく寄与した。それは、時針を動かすのに必要な電力はウォッチの置かれている状況（例えば、ウォッチの角度や針の位置など）によって異なるため、とりあえず電力消費量が小さくてすむ最小限のパルスだけを与え、それによって時針が動いたかどうかを感知し、動いてない場合に限ってさらに大きなパルスを与えるという技術である。最初から間違いなく針が動くだけの大きな

図表6　クオーツウォッチの消費電力の推移

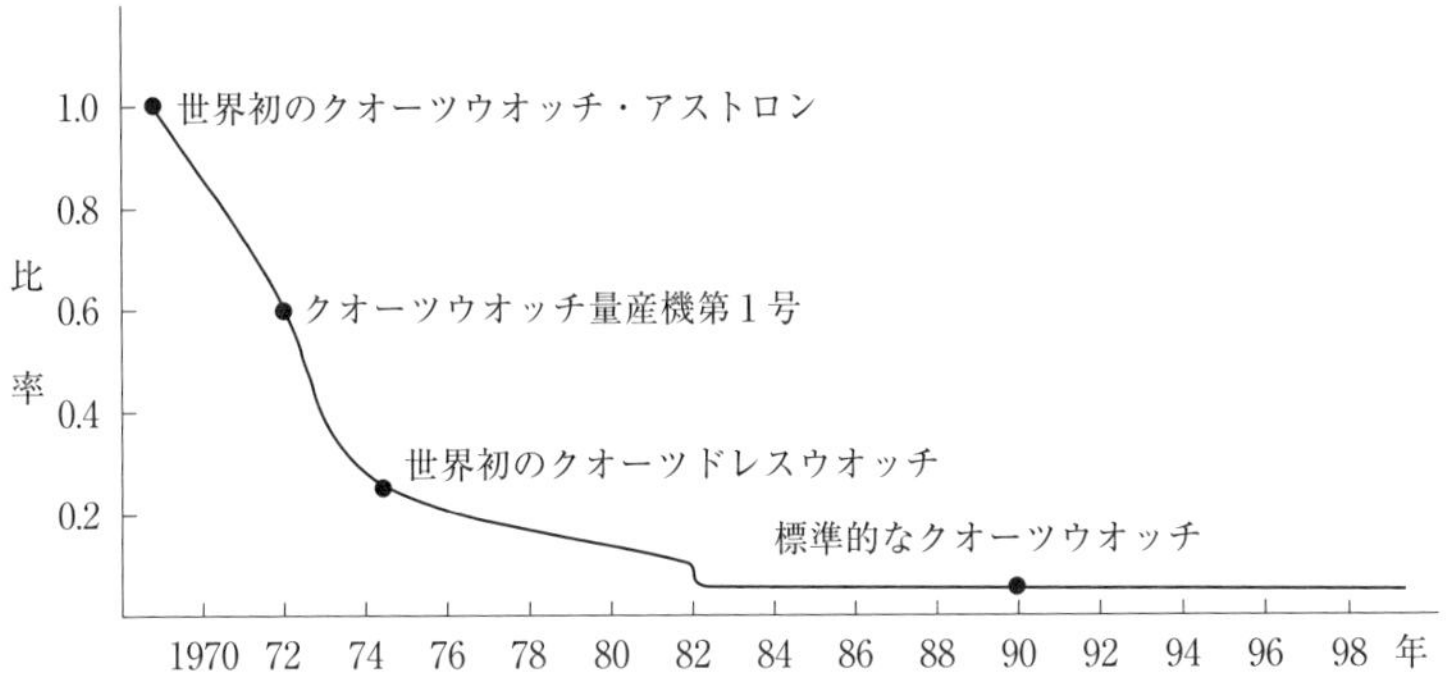

出所：セイコーエプソン。

パルスを与える従来技術と比較して、使用電力の大幅削減が可能となった。

時計の消費電力の推移を図表6に示す。世界初のクオーツウォッチの発売以降、着々と消費電力は下がっていった。これには、ローター磁石のエネルギー密度が上がったこと、加工技術の改良によってコイルの巻き方を整列化できたこと、などによるモーター自体の性能向上が寄与している。さらに、一旦下げ止まりになった後に、一九八二年に再度消費電力が半分程度に下がっている。これが、パルス幅制御駆動によるものであった。

3　プロジェクト中止から事業化へ

3・1　プロジェクトの中止、そして再開

こうした一連の技術開発を積み重ねた結果、KINETICの開発は一九八五年ごろ一通り完了し、プロトタイプ（基礎試作品）が完成する。だが、できあがったものには大きな問題が残っていた。

KINETICは通常のクオーツウォッチのメカニズムに加えて、回転錘、発電コイルなどを持たなければならない。この

ため、どうしても通常のクオーツウォッチよりも、厚く、重く、高価なものになってしまうのである。[5] 当時の流行は薄型のクオーツウォッチであり、流れに逆らうようなＫＩＮＥＴＩＣが売れるとはとても思えなかった。さらにつらかったのは、クオーツウォッチの低消費電力化と電池の高性能化が進んだため、当初は短かった電池の寿命もこの時点では五年を超えるまでになっていたことだった。低消費電力化は、ＫＩＮＥＴＩＣの開発を助けたという点では追い風になったものの、他方でそれは、頻繁な電池交換を必要としないという点でＫＩＮＥＴＩＣの価値そのものを薄めてしまい、逆風になってしまったのである。

ＫＩＮＥＴＩＣのような「厚く、重く、高い」時計が売れるはずない、という声がわき上がったのも無理はなかった。開発側のセイコーエプソンと販売側の服部セイコーが協議した結果、一九八五年十一月に正式にプロジェクト中止が決定されてしまう。当時のセイコー・グループでは、セイコーエプソンは第二精工舎（現、セイコーインスツル）とともにウォッチの開発、生産を担当し、服部セイコー（現、セイコーウォッチ）が商品企画、販売、マーケティングを担当しており、服部セイコーの合意なしには新商品開発は不可能であった。こうして、ＫＩＮＥＴＩＣの開発プロジェクトは、翌年に開催されるスイスのバーゼルフェア[6]と欧州合同時計学会でこれまで開発してきた成果を出品、発表することをもって幕を閉じることとなった。

一九八六年四月、バーゼルフェアでＫＩＮＥＴＩＣの試作品を参考出品し、十月には長尾が欧州に出張し、欧州合同時計学会で論文発表を行った。商品として世に出るチャンスを得られないまま引退を余儀なくされるＫＩＮＥＴＩＣに与えられた、いわば「最後の花道」であった。ところが、長尾が論文発表を終えて欧州出張から帰国すると、事態は一変していた。驚いたことに、ＫＩＮＥＴＩＣの開発が再開されることとなっていたのである。これは当時セイコーエプソンの副社長であった中村恒也（のちの社長）の意向であった。

中村は常々、セイコーエプソンは常に技術の最先端を追求しければならないといっていた。副社長という立場は、個別の製品企画に対して口をさしはさむポジションではない。だが、常に開発部隊の様子に目を配っていた中村は、バーゼルフェアの展示用に作られた試作品なども目にし、ＫＩＮＥＴＩＣのプロジェクトが中止になったと知って、開発を続けるよう命じたのだ。中村は、かつてセイコーエプソンの機械式ウォッチの大ヒット作マーベルなどの開発を指揮し、セイコーエプソンがクオーツ技術を開発した時には開発責任者を務めて東京オリンピックの公式計時を成功させ、さらに世界初のクオーツウォッチの発売にも大きく貢献した。「クオーツと言えば中村」と社内外で認められる優れた技術者であった。少ない数でもいいから、高い値段でもいいから、とにかくまずは市場に出せというのが、中村の意見であった。

バーゼルフェアへの出品がＫＩＮＥＴＩＣ開発再開への一つのきっかけとなったのだが、セイコーエプソンがバーゼルフェアに出品したのは実はこの年が初めてであった。日本には数々のメーカーの製品が一堂に会するような展示会はないので、たまたまバーゼルフェアに出品されることで試作品が中村の目に触れる機会を得たことは、ＫＩＮＥＴＩＣにとって幸運であった[7]。

長尾が欧州出張中の一九八六年十月一日、中村の指示を受けた商品企画グループが会議を招集して、そこで開発継続が決定された（図表7）。長尾は帰国後にそれを知ることとなり、もともと他のプロジェクトへの参加が決まっていたのにもかかわらず、ふたたびＫＩＮＥＴＩＣの開発に優先して取り組むこととなった。

しかし、開発側のセイコーエプソンがいくら開発再開を望んでも、販売側の服部セイコーの同意を得ないことには先に進むことはできない。開発の再開には服部セイコーを説得しなくてはならない。そのための新たな説得材料となったのが、服部セイコーのドイツの販売関係者の関心だった。

販売を服部セイコーに委ねているセイコーエプソンの開発技術者にとって、販売担当者と直接接するような機会は普通はなかなかない。だが、欧州合同時計学会での発表のために欧州に出張した長尾は、この機会

図表 7　KINETIC 開発継続を決めたときの商品企画会議の記録

会　　議　　録　　№ 1/2

会議名（件名）　R173（AGM）の商品化検討

発行　61・10・1

主催　商品企画G

日時　61・10・1（水）13.00 ～ 14.15

場所　検図室

確認　記録

議題

1.中村副社長の意向説明

2.今後の進め方について

議事

中村副社長及び乙継常務の意向（ポイント）

1. クォーツウオッチは電池寿命がある → AGMは電池がくさらない

① 先進口はウオッチ複数所有者

② 発展途上国の金持ち層

③ ウオッチコレクター

} 向けに需要がある（1ヶ月10個位はいくだろう）

2. 大量生産の時代は終った → この時期に見合った作り方をしていく必要がある

①1ヶ10個でも採算が合う製造方法．方式

②社内の高い技能を持った人の有効活用　etc

3. 価格．デザイン面の考え方

① ステイタスになるデザインのもの

② 小売価格　5～6万円狙い

③ それに見合った宣伝をする．

④ 普通のデザインで何か特徴を持つ

・リューズを大きくする　（リューズ＝ステイタス）

・机から出た時手巻きをすることが気持ちいい．楽しい

・メカニックが見える（ex 裏ブタガラス．模様入り）etc

・AGMであることがわかる姿．まとめ方を創出する

4. 話題性の乏しい時期であり積極的にやりたい

高くても，少量でもいい．（コスト：人が余っている状況であり直接費用がとれないいくつとらなくともいいだろう）

出席者（配布先）

部長　課長　主任　部付

次長　課長

受付　配布先確認印　61.10.　設計一

全 0060(1)

注：1986 年 10 月 1 日商品企画グループ会議の会議録。この会議で，一旦中止になった KINETIC の開発継続が決定された。当時は KINETIC を AGM と呼んでいた。

出所：セイコーエプソン。

を利用して欧州の販売関係者を回り、ＫＩＮＥＴＩＣのサンプルを見せて歩いていた。そして、技術的に進んだものを高く評価する傾向があり、さらに環境問題にも関心の深いドイツの現地販売会社の興味を引いたのである。服部セイコーのドイツ現地法人、ハットリ・ドイッチェランド社長の奈良橋義之に「この製品のプロジェクトは終わりになったんですよ」と長尾が説明すると、「惜しいな」と残念がってくれた。

環境の問題は、当時の日本国内においても関心を集めつつあった。一つひとつの時計で用いる電池は小さくても、廃棄電池が何億個と集まれば、使われている銀の量も膨大なものとなり、環境への負荷の面でも、資源の節約という面でも従来のクオーツウォッチには問題がある――開発部隊を代表して、服部セイコーへのＫＩＮＥＴＩＣの「売込み」に努めていた設計一課長の牛越健一らはそういって説得した。

また、一九八五年のプラザ合意に始まる急激な円高によって、八〇年代前半まで世界を席巻していたウォッチ事業の業績は悪化しつつあった。そのため、付加価値の高い商品で生き残らなければならないという問題意識が芽生えていたことも、高付加価値化製品の候補としてのＫＩＮＥＴＩＣの開発再開の後押しとなった。

こうしていくつかの追い風を利用して、服部セイコーを説得し、正式な企画としてＫＩＮＥＴＩＣの開発が再開されることになったのは、一九八七年三月のことだった。一旦開発中止が決定された八五年十一月から数えて、約一年四カ月後の方針転換であった。

3・2　発売、クレーム、改良

開発再開後、量産化へ向けて準備を重ね、ＫＩＮＥＴＩＣ（7Ｍ型）が世界初の自動巻発電クオーツウォッチとして市販される。まず一九八八年一月にドイツで発売され、さらに八八年四月に国内で発売がスタートした。新しい発電技術ということで、雑誌社、新聞社からの取材が相次ぐなど、大きな反響を生んだ。

ところが、ここで再び大きな問題が生じた。日本で、発売直後から「巻けない」（充電できない）というクレームが続出したのである。

ＫＩＮＥＴＩＣの電池は、腕にはめている時に充電されて、外すと消耗するというサイクルを繰り返す。そのため、はめている時の運動量が少ない人は電圧が上がらず、さらに少ない人は電池が消耗していってしまう。個人差がかなりあるのだが、設計時点の評価では、当時の自動巻機械式ウォッチと同等の性能を確保したはずだった。だが、機械式ウォッチはぜんまいに、ＫＩＮＥＴＩＣは電池にエネルギーを蓄えるという相違点の影響が想像していた以上に大きかった。止まった機械式ウォッチはぜんまいが解けているため巻き始めは軽く、腕の振りが弱い人でもある程度は巻くことができた。しかし、ＫＩＮＥＴＩＣの場合、逆に巻き始めの電力がやや大きくなるという特性があった。その段階を脱せる人は問題ないが、脱しきれない人はなかなか巻けないという問題が発生してしまったのである。

設計段階では、腕を左右に一振りしたらどれだけ巻けるのか、ラジオ体操したらどうなるのか、というようにさまざまな試験が実施されていた。回転錘の挙動に関しては、ふだん日常生活しているときに回転錘が何度動く動作が何回起きるか、その速度や継続時間などの頻度がどうか、といったきめ細かなデータを集めて、最適な調整をほどこしたはずだった。人びとの実際の挙動はあまりにも複雑なため、この規格なら良いというように数値化することは困難だったが、実績があるものと新しく開発したものとを同時に腕につけて、どちらが巻けるか確かめてみる、といった類いの試験も行って、評価を重ねていた。だが、こうした試験では、結果的に実際に使用された場合の問題を予見できなかったのである。「日本人が以前に比べて動かなくなったからだ」という説もあり、問題の原因ははっきりとしたわけではないが、いずれにせよ市場から多くのクレームが出てしまったことは動かしようのない事実であった。

ＫＩＮＥＴＩＣが画期的な新製品であったことも災いし、ＫＩＮＥＴＩＣに対する販売側の信頼は大きく損なわれてしまった。一時は「(販売店側が) もう売ってくれない」という状況に陥った。セイコーエプソンの長い製品開発の歴史の中でも、最も手痛い失敗の一つであった。

しかし、開発陣はあきらめなかった。ぜひ性能を良くしたものを開発して、販売側や市場を見返したいという意見が半々くらいだった。その中で、なんとか再開発にこぎ着ける。社内では「まだやるのか」という意見と、「もう一回やってみるか」新しい企画のスタートを働きかけた。当初ＫＩＮＥＴＩＣの開発に業務部長 (販売部門との接点) として関わり、その後ウォッチ事業部長となっていた島崎州弘らが積極的で、なんとか販売部門の了解をとりつけるため努力を重ねた結果であった。

新しい企画は、セイコーエプソンと服部セイコーの間で一九九〇年の六月に正式に決定された。製品の改良は順調で、翌九一年の春には商品化ができるようなペースで進んだ。エネルギーを蓄える量、すなわち収入である発電量を三割アップさせ、逆に消費量を三割から四割減らすという地道な改良を重ねてエネルギー収支を倍くらいに向上させ、その結果として満足のいく水準を達成できたのである。７Ｍ型ではコストを抑えるため既存のクオーツ製品との共通部品を多く使ったことからスペースが限られるという問題があったのに対し、新しい製品では専用の部品を増やし、スペースに余裕が生まれたことが改善に大きく貢献した。いったん失敗した製品に対して、専用の部品向けにさらに追加投資をしてまで改良版を開発したことになる。なんとかＫＩＮＥＴＩＣの良さを世に問いたいというセイコーエプソンの技術陣の意地のあらわれであった。

しかし、製品の方の問題は解決されても、販売側の現場担当者の不信感はそう簡単には払拭できなかった。開発陣は、製品のサンプルを四〇〇個ほど作って販売部門に配り、実際に使ってもらうという作戦に打って出た。実際に使ってもらえば納得してくれるだろうという読みだった。作戦は奏功し、販売店や修理部門も含め、販売側の理解を得て、一九九一年の十月には改良型（5M型）の発売にこぎつける。

新製品では、基本性能を高めただけでなく、時計に充電量を示すインジケーターをつけるなどの工夫も取り入れられた。最初に発売したモデル7M型で苦情が出た一つの理由として、あとどれくらいで止まるかがユーザーにはわからないという問題があった。インジケーターを見て電池が消耗しているとわかればユーザーも振ってみるなど対処しようがあった。インジケーターは他の時計との差別化のポイントともなった。旧型の7M型では中身はKINETICでも外観は普通の時計とまったく変わらない。そこにインジケーターをつけることで他の時計と違うことが一見してわかるようになったのである。

4　事業展開と成果

KINETICは、一九八八年に最初の製品（7M型）が投入された際には、年販一万個程度を計画していた。だが、すでに述べたように、充電できないというユーザーのクレームが予想外に多く、計画は頓挫した。問題点を改良し、充電量を見ることのできるインジケーターも付けた5M型を九一年に発売すると、今度は、年間一万個の販売目標を二割ほど上回るペースで売れるなどの成果があがった。ここからKINETICの本格展開が始まることとなった[8]。新聞の全面広告を使ったキャンペーンなど、服部セイコーの広告宣伝も本格化し、以後、モデル数を増やし、クオーツウォッチの流れと同じように、薄く、小さい新製品などを投入し（ドレスウォッチが可能な薄型の4M型、女性用の3M型、1M型、クロノグラフの9T型、オートリレーの5J型など）、製品ラインアップを強化していった（前掲図表4）。工場ではコストダウンのための機械化投資も進められた。

販売数量は着実に増加を続け、一九九五年には国内外あわせて一〇〇万個の販売を達成する。数量的なウエイトとしてはセイコー・グループ全体の一割程度ではあったが、売上金額では男性用セイコーブランドの三割を占めるようにまでなり（九四年度）、国内、海外市場ともに、セイコーの「中心商材」として位置付けられるようになっていった。[9]

ＫＩＮＥＴＩＣを出した当初は他社も追随する動きをみせた。例えば、一九九四年にシチズンは自動巻発電単体のものとソーラーを組み合わせたものを発売し、スウォッチグループは自動巻きでかなり金額の高い商品を投入した。ただ、一部の企業の商品はセイコーエプソンのものと比べると持続時間などで劣っていたし、シチズンやスウォッチグループも本腰を入れた商品投入にまでは至らなかった。自動巻クオーツウォッチはセイコーの独壇場となった。[10]

だが、一九九〇年代半ばをピークにＫＩＮＥＴＩＣの販売は勢いが衰えていく。その理由の一つとして、この頃から、他社がソーラー時計を戦略商品として力を入れ始めたことが挙げられる。シチズンは、自動巻クオーツウォッチからは手を引き、ソーラー時計であるエコドライブシリーズを戦略商品に位置づけ、電池のいらないクオーツウォッチということを訴求していった。[11] また、九〇年代半ばは、アジア勢の低価格クオーツウォッチ、そしてスイス勢の高価格機械式ウォッチの攻勢が加速していた時期でもあった。

こうした競争の激化、変質を受け、セイコーエプソンはＫＩＮＥＴＩＣを世界で広く普及させる商品ではなく、高くても良いから時計を持つ喜びが感じられる商品として位置付けていくという路線に転換していく。いったん拡張していた製品ラインを整理し、海外でのセイコーブランドのイメージに寄せられる技術先進性に応える高価格帯商品としてのＫＩＮＥＴＩＣに集中すべく、クロノグラフを初めとする機械式ウォッチを意識したような製品のみに絞り込んでいった。

5　イノベーションの理由

セイコーエプソンがKINETICを開発、事業化していったプロセスをあらためて振り返ってみよう。

それは、長い時間を費やし、紆余曲折を経て、開発、事業化されていった技術革新であった。一九七五年に特許出願されていたアイデアが、八二年に研究者の個人的関心から再度開発のテーマとして持ち上がり、八五年には試作品の完成まで到達する。だが、開発は中止に追い込まれる。できあがったものが「厚く、重く、高く」、服部セイコーがKINETICの商品化への資源動員を認めなかったからである。セイコー・グループで商品企画、販売、マーケティングを担当する服部セイコーが納得するほどの経済合理性をKINETICは示すことができなかった。

これを救ったのが、先進的な技術を開発、事業化していくことを重んじていた中村副社長と、幸運にも現れたもう一人の外部の支持者だった。「最後の花道」としてスイスのバーゼルフェアに出展する過程で、KINETICの試作品が中村副社長の目に触れ、これが市販化に向けて開発を再開するようにとの彼の指示につながる。また、同じく「最後の花道」として欧州での学会に開発担当者が出張したことで、ドイツの現地販売関係者との直接の情報交換が実現し、KINETICに対する市場の可能性が確認されたことが開発再開の説得材料になる。通常は接点がないセイコーエプソンの開発担当者と服部セイコーのドイツ現地の販売関係者が直接出会うことで、セイコーエプソンの開発担当者がそれまで接していた服部セイコーの担当者が気づいていなかった（あるいは積極的に探し出そうとしなかった）理由が見出されたのである。それは、環境によく、ドイツ市場なら売れる可能性がある、というものであった。トップの支持と、普段接点のないドイツの販売担当者——しかも、それはドイツ現地販売会社社長という服部セイコー内で一定の権限を持つ人物であった——が指摘した新たな理由による支持が合流し、これが服部セイコーを再度説得し、商品化、事業化に向けて資源を動員することを可能にした。

開発を進めていた技術者たちが積極的に働きかけてこれらの支持者や理由を見出していったわけではない。結果として、つまり幸運が働いて、見出された支持者であり、理由であった。加えて、一九八〇年代前半は、クオーツでの大成功による余裕が必ずしも成功の見込みがなかった開発努力を支え、さらに八〇年代半ば以降は、プラザ合意による円高にともなう危機感によって新たな商品を求める機運が高まった、という時代転換がちょうどよいタイミングで訪れたのもＫＩＮＥＴＩＣにとって幸運であった。

ようやく一九八八年に発売にこぎつけたＫＩＮＥＴＩＣは、予想以上のクレームに見舞われ、販売部門の信用も失うという大きな痛手を被る。この二度目の危機を乗り越えて九一年の改良品による再挑戦まで粘れたのは、技術者たちの情熱や意地によるものであった。こうして、いくつかの幸運や開発陣の粘りによって、ＫＩＮＥＴＩＣは、当初の特許出願（七五年）から数えれば一六年後に、本格的開発着手（八二年）から数えれば九年後に、ようやく成功を収める。ＫＩＮＥＴＩＣは、クオーツウォッチを世界ではじめて市販化したセイコーエプソンの輝かしい技術革新の歴史に、新たな一ページとして加わることとなった。

一連の経緯を振り返ると、確固たる市場の見通しや販売部門の支持がないまま、技術主導型でＫＩＮＥＴＩＣの開発、事業化が進んだことがわかる。そもそも販売の明確な見通しがないままＫＩＮＥＴＩＣのような困難な技術課題に挑戦し、販売部門の支持が得られない中で商品化にこぎ着け、さらに一度失敗したにもかかわらず、再び販売部門を説き伏せて、追加投資をしてまで改良品の再投入を実現していったのは、まさに技術で存在意義を示すことによってセイコー・グループ内で活路を開いていったセイコーエプソンの伝統があったからこその行動であり、成果であったといえるだろう。市場のメドや販売部門の支持を当初から重視していたら、ＫＩＮＥＴＩＣのような技術はそもそも開発されなかったかもしれない。

ただし、そのＫＩＮＥＴＩＣも、その後、押され気味の日本の時計業界の救世主とはならなかった。その要因としてはさまざまなものが考えられるが、その一つとして、開発部門と販売部門の関係が必ずしも緊密で一体的なものではなかったという点が指摘できるかもしれない。両者の間に距離があったからこそ、つまり販売部門との事前の綿密な調整なしに開発部門が独自に技術を開発したからこそイノベーションが実現したわけだが、他方で、事業としてのその後のさらなる発展には両者の間のより緊密な連携が必要だったのかもしれない。

1　本事例は、武石・金山・水野［2006］を要約し、加筆修正したものであり、特に断りのない限り、二〇〇六年時点での情報に基づいて書かれている。なお、以下の記述には、セイコーエプソンの社名が諏訪精工舎であった時期の出来事も含まれるが、本事例での表記はセイコーエプソンで統一する。

2　ＫＩＮＥＴＩＣは商品名であり、当初この機構はＡＧＳ（Automatic Generating System）と呼ばれていた。本ケースでは混乱を避けるためＫＩＮＥＴＩＣの呼称で統一することとする。

3　ムーブメントとは時計の基幹部品で、輪列機構、ＩＣ、水晶振動子、ステップモーターからなる。これに外装品をつければ時計になる。

4　長尾昭一氏インタビュー（二〇〇四年一二月二二日）。

5　通常のクオーツウォッチの部品点数は約六〇だが、ＫＩＮＥＴＩＣの部品点数はその倍の約一二〇となる。

6　スイスのバーゼル市で定期的に開催される、世界最大規模の時計・宝飾品の国際見本市。

7　そもそも、この時の出展は、セイコーグループとしても、そして日本の時計メーカーとしてもはじめてのことであった。

なお、現在のバーゼルフェアでは、日本メーカーは、一年以内に発売される予定がないものは出展できないことになっている。もしこのルールが当時から存在していれば、発売中止が決定されていたKINETICは出品できなかったことになる。

8　『日経流通新聞』一九九二年一一月一二日。

9　KINETICの販売実績は公表されていないが、一九九〇年代の販売動向などを新聞報道で追いかけると、おおよそ以下のようになっている。一九九二年度の販売目標は国内、海外それぞれ五万個ずつであったが、九三年度は、販売機種を二四機種に増やし、販売目標はそれぞれ一〇万個、二〇万個に引き上げられた（『日経流通新聞』一九九二年一一月一二日）。九三年度末にはセイコーブランドウォッチ全モデル七〇〇種類の内四〇モデルまでに増やし、国内販売は一〇万個を達成、売上高の約六％を占めるまでとなった（『日経産業新聞』一九九四年四月一〇日）。九四年度の国内の販売目標は、前年度の一・五倍の一五万個に引き上げ（『日経産業新聞』一九九四年四月二〇日）、販売実績は国内二〇万個、海外二五万個（『日経産業新聞』一九九五年一二月二七日）、売上金額は男性用セイコーブランドの三割を占めるまでになった（『日経産業新聞』一九九四年一二月一三日）。九五年にはKINETICK100プロジェクトと称し、一〇〇万個、一〇〇億円の販売を目標に、製販一体で広告宣伝を行い、インターナショナルモデルを作るなど販売強化を図った結果、ドイツ、スペインを中心とする欧州向けが好調で海外向けが七五万個、国内分とあわせて一〇〇万個の販売を達成した（『日経産業新聞』一九九五年一二月六日）。九六年度の販売個数は一〇〇万個と横這いであったが、セイコーのウォッチ部門の売上高一〇五〇億円の一一％を占める（『日経産業新聞』一九九七年二月一九日）までになった。九七年度には販売目標を一五五万個、売上高目標を一五％にまで引き上げた。この間投入された新製品としては、ドレスウォッチが可能な薄型の4M型（一九九五年）、女性用の3M型（九四年）、1M型（九七年）、ダイバーズウォッチの5M型（九五年）、クロノグラフの9T型（九八年）などがあり、さらに、一九九九年には針停止機能を付けることにより、フル充電をすれば約四年間腕に付けなくても現時刻への復帰が可能なオートリレー5J型を発売し、はめていないと止まってしまうという不安を払拭した製品を投入した。

10　セイコーエプソンはKINETICのムーブメントのOEM供給も行ったが、KINETICの外装、ケースの組立ては通常のクオーツウォッチに比べて困難であり、また高級品が対象となるため、供給先はごく限られたものとなった。

11　シチズンの二〇〇三年度のエコドライブシリーズの出荷個数は約二一〇万個（全体の約三割）となっている。同社は高品位のソーラー時計向けの技術力に優れており、市場をリードしている。二〇〇三年に入ってからエコドライブシリーズに電波時計の機能を加えたものも発売している。

事例6

松下電子工業：GaAsパワーモジュールの開発、事業化

はじめに

いま、多くの人にとって、携帯電話のない生活を想像するのは難しいだろう。携帯電話を持っていれば、いつでもどこでも電話で話しができて、メールのやりとりやインターネットへのアクセスも可能だ。買い物をしたり、写真を撮ったり、音楽や映像やゲームを楽しんだりすることもできる。二〇一〇年十二月末現在、日本の携帯電話サービスへの加入者数は約一億一七〇〇万人で、普及率（人口あたり携帯電話加入者数）は約九一％に達している。ほぼ一人に一台の割合で携帯電話を利用している勘定になる。中学生や小学生が持つのも珍しいことではなくなった。

だが、二〇年ほど時代をさかのぼると、携帯電話の普及率は一％に過ぎなかった（一九九三年一月）。利用できるエリアが限られ、料金は高かった。携帯電話端末は大ぶりで、重く、待ち受け時間も一〇時間強ほどで、頻繁な充電が必要だった。

その後の普及拡大には、利用エリアの拡大、デジタル方式への移行、インターネットへの接続サービスの

開始などさまざまな要因が貢献した。携帯電話端末の小型軽量化と長時間動作化も重要な原動力の一つとなった。より小さく、軽く、電池も長持ちする端末の登場は携帯電話の利便性を高め、市場の拡大を牽引していった。中でも象徴的な商品となったのが、一九九六年に発売された、一〇〇cc一〇〇gを切り、待ち受け時間が一五〇時間を超える端末だった。NTTドコモ向けの携帯電話端末として松下通信工業が開発したP201である。

P201は半導体、電子部品、電池などさまざまな技術革新を結集して実現したものだった。重要な貢献を果たした部品の一つが、松下電子工業が開発した小型で消費電力の少ないGaAsパワーモジュールであった。パワーモジュールは送信用に信号を増幅する役割を担うもので、携帯電話端末に用いられる部品の中で最も電力を消費する部品である。松下電子工業は、このパワーモジュールにガリウム砒素（GaAs）半導体を用いたFET（Field Effect Transistor：電界効果型トランジスタ）を応用し、業界最小体積、業界最高効率を達成した。携帯電話端末の小型化、長時間動作化に寄与する部品として端末機メーカーに歓迎され、一九九〇年代半ば以降、松下電子工業のパワーモジュールは国内外で売上げを拡大していった。

松下電子工業はこのGaAsパワーモジュールをどのようにして開発、事業化していったのだろうか。[1]

1　GaAsパワーモジュールの革新

1・1　GaAsパワーモジュールとは

パワーモジュールとは、高周波の無線通信を実現するために送信用の電波を増幅するデバイスである。無線通信は、ラジオ、テレビ、船舶航空無線など、通信システム別に使用する周波数が決められている。

一般に周波数が高くなるほど電波は直線的に進む。低周波ではこの直線性が緩和されるため、山やビル等が障害にならず、電波が遠くまで届き、少数の基地局で広いエリアをカバーできる。一方、人間の声の周波数帯域は約四 kHz までであるため、少なくとも無線通信で声を送る際には一人の通話者が使う周波数帯域として四 kHz 帯域（これをチャンネルという）を必要とする。したがって、電波が遠くまで届くものの多数のチャンネルが取れない低周波を用いた無線通信は、一人一台を前提として、なおかつ多数の通話者が同時に通話する携帯電話システムには向かない。携帯電話は、周波数を高くし、帯域を広く使ってチャンネルを多数設けることで、多くの人びとが音声やデータのやりとりをする通信システムを実現している。

デジタル方式の携帯電話の送信では、デジタル化された音声やデータを送信するために、デジタル信号をまず送信周波数より低い周波数のアナログ波（中間周波数）に乗せることによりデジタル変調信号に変換する。さらにアップコンバータという半導体デバイスによりこのデジタル変調信号の周波数をより高い送信周波数に変換する（アップコンバージョン）が、このままでは送信電力が小さい。これを携帯電話端末のアンテナから無線出力される一W程度の電波として三〇〇倍程度に増幅するのが、送信用のパワーモジュールである（図表1）。

したがって、無線出力電力を小型のデバイスでいかに効率的に実現するかがパワーモジュールの最も重要な要件となる。とくに、送信時の高周波増幅を担うパワーモジュールは、携帯電話端末の中で最も電力を消費する部品であり、端末が消費する全電力のうち、送信時には八〇%、受信時には五〇%もの電力を費やしていた。パワーモジュールの増幅効率[2]が低いと、実用的な動作時間を確保するために二次電池が大きくなってしまい、端末の小型化を妨げてしまう。端末の小型軽量化、そして長時間動作化にとって鍵となるデバイスであった。

図表1　携帯電話のブロック図

①全体像

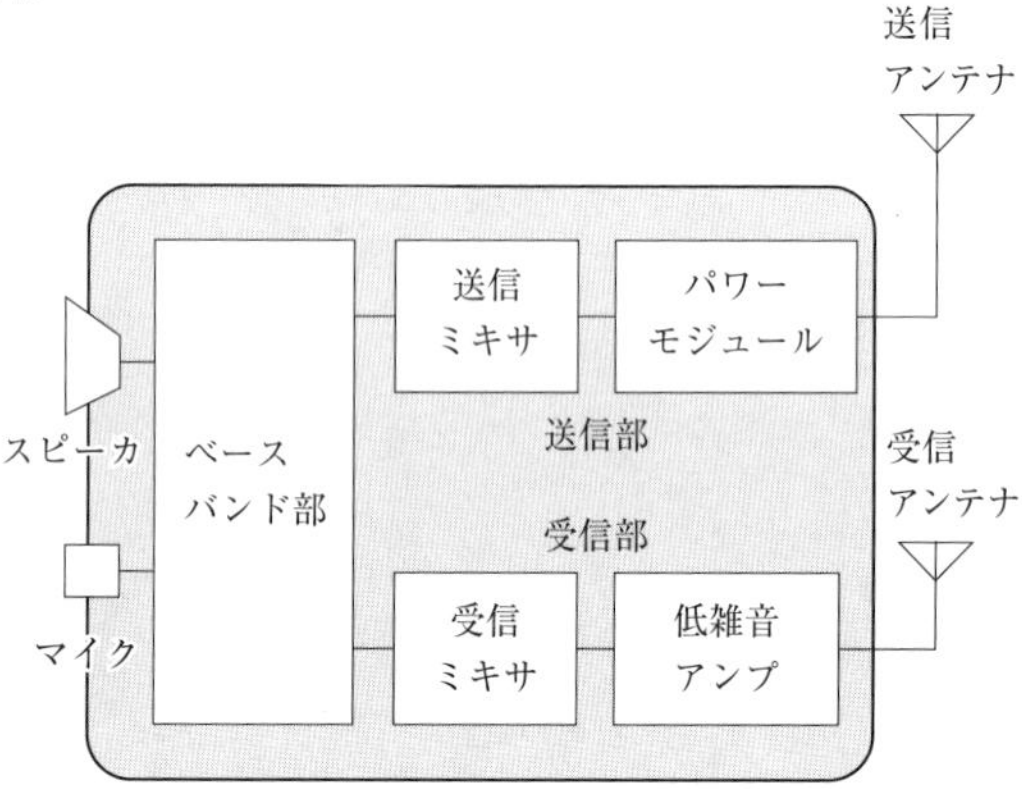

②送信部

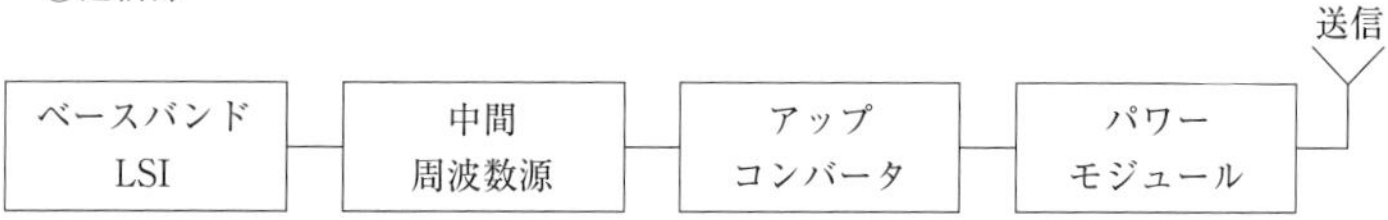

出所：松下電器産業半導体社資料他より作成。

GaAsパワーモジュールは、増幅素子にGaAsを用いた電界効果型トランジスタ（FET）を用いたものである。多くの半導体デバイスはシリコン（Si）を材料として用いるが、GaAs FETには、Siトランジスタに比べて増幅効率が高く、消費電力を抑えることができるという利点があった。[3] ただGaAsはSiに比べて半導体材料費が高いという問題があった（材料費だけで約一〇倍）。脆いため加工にも難点があり、それがGaAs FETの価格をSiトランジスタに比べてさらに高いものにしていた。その割に従来のGaAsパワーモジュールの増幅効率は決して高いとはいえなかった（四〇％以下）。たしかにSiトランジスタを用いたパワーモジュールの増幅効率（三五％）よりはいくらか効率的だったとはいえ、依然

図表２　松下電子工業のパワーモジュールにおける４つの技術革新

パワーモジュールの課題	松下電子工業の技術解決策	開発時期
①増幅効率の向上	GaAs FET のスパイクゲート構造の採用	1995 年
②高周波整合回路の小型化	立体高周波回路の採用	1996 年
③GaAs FET チップの小型化	表面ビアホール接地の採用	1998 年
④GaAs FET の温度補償回路の小型化	GaAs FET の温度依存性ゼロ技術の開発	1998 年

として電力消費が大きく、小型化も進んでいなかった。

１・２　松下電子工業の GaAs パワーモジュールの革新

それまでの GaAs FET が抱えていたこうした問題点を克服し、増幅効率の向上、小型化において従来製品を大きく上回る水準を達成したのが、松下電子工業の電子総合研究所[4]が開発した GaAs FET パワーモジュールであった。

それは、①高周波領域で動作させるために GaAs FET のゲートの微細化が必要であるが、高出力を出そうとすると増幅効率が低下する、②入出力整合回路を個別設計し配置するために高周波基板が大型化する、③FETは接地面とワイヤーで結ぶが、増幅効率を高めるためワイヤーの本数を増やす必要があり、ワイヤーの結線用面積の増大によりFETチップが大型化する、④FETの発熱に伴う熱暴走（制御不能の状態）を避けるためにFETの温度を一定以下に保つ温度補償回路が必要となり、その分大型化する、という従来の技術が抱えていた四つの問題を、それぞれ、①スパイクゲート構造、②立体高周波回路、③表面ビアホール、④温度依存性ゼロ技術、という技術革新によって克服したものであった（図表２）。

高周波領域で効率が低下することの克服：スパイクゲート

GaAs FET は、GaAs 結晶表面にソース（電子の供給口）とドレイン（電子の受け口）という二つの電極を設けて電子の通り道であるチャネルを結晶中に作り、このソースとドレイン電極の間のチャネル上にゲート（門）と呼ばれる電極を設けた構造になっている。ゲート電極は、その名のとおり、電子の流れを制御する電極であり、その制御はゲートに電圧をかけて行う。このゲート電極に微小なデジタル変調信号を加えるとデジタル変調信号に従ってゲートの電圧が変化するため、その変化はチャネルを通る多量の電子の流れ（ドレイン電流）にコピーされ、デジタル変調信号は増幅される。

携帯電話のように高周波領域においてGaAs FETがデジタル変調信号を扱うためには、ゲート電極下のチャネルを走る電子の走行時間を短くすることが必要であり、したがって、ゲート電極の微細化が必要であった。しかし従来、ゲートの微細化は同時にソース電極とゲート電極間の寄生抵抗というＦＥＴの高周波動作にとっては必要のない抵抗の増加を伴い、増幅効率を低下させていた。

松下電子工業が開発したスパイクゲートは、高額な製造設備を使わずにGaAs FETの実効的なゲートの微細化を実現したものである。スパイクゲートはゲート電極が乗るGaAs結晶の表面をV字型に掘り込み、その掘り込んだ部分にゲート電極を設けることによりゲート電極の微細化を実現した。このスパイクゲート構造においてはソース電極とゲート電極間のGaAsは掘り込んでいないために厚いままであり、この厚さにほぼ逆比例する寄生抵抗値を上げることなくゲート電極の微細化を実現した。

端末において電池からGaAsパワーモジュールに供給される電圧は、電池のエネルギー密度が高く、広く普及していたリチウム電池の効率が上がっても、せいぜい三ボルト前後しかない。そのような電圧では従来は増幅効率が六十数％にとどまっていたのに対して、スパイクゲートは七〇％の効率を達成し、二次電池で駆動するパワーモジュールとして優れた特性を得ることに成功した。

スパイクゲートはその製造方法においても工夫がなされた。スパイクゲートの先は非常に微細な（〇・二

μm〈マイクロメートル〉）加工を必要とするが、一般に、ゲート電極の微細化には高額の設備投資が必要になる。[5] それでは事業として成り立たない。そこで、コストをかけずにこれを実現するため、松下電子工業は、半導体業界ではそれまで原理的には理解されていたが実際の製造には適用していなかった位相シフトマスクを用いることにより安価な光学露光装置で微細なゲート電極を実現した。[6] これは、高額な設備を用いることなく微細なスパイクゲートを作ることができる優れた生産技術の革新であった。

入出力制御回路の個別設計・配置による基盤大型化の克服：立体高周波回路

既存のパワーモジュールでは、回路基板に GaAs FET、入出力の高周波整合回路、バイアス回路（電源回路）の部品などが同一平面上に実装されていた。パワーモジュールの高周波特性を考慮すると、入出力整合回路やフィルターなどを一定の距離をおいて配置することが必要で、結果として回路が大面積化していた。[7]

松下電子工業では、独自の立体高周波回路（六～七層の多層化）によってその小型化を実現した。GaAs FET をチップ実装させ、高周波整合回路、バイアス回路、フィルターなどの部品を三次元的な設計手段で複合的に実現する技術を開発した。

各回路面を接地層で挟み込むことで高周波の分離を実現し、また各層に基準面、接地面を設けて、それぞれ独立に設計できるように工夫されている。この結果、これまで平面に配置していた部品を立体的に高密度に配置することが可能になり、モジュール体積の小型化と同時に、回路特性、とくに帯域内増幅特性の向上が実現した。

ワイヤー接地による大型化の克服：ビアホール接地

従来GaAs FETチップの高周波回路基板への接地には多数のワイヤーを用いていた。[8] 接地に用いていたワイヤーの断面積は二五〜三五㎛で、超音波を用いてワイヤーの先端をチップに接合する面積はさらに大きくなり（接合時にワイヤーの先端が潰れるため五〇〜七〇㎛となる）、接地のためだけの面積を大きく使うため、チップが大型化していた。

ワイヤーに代わる接地方法として松下電子工業が開発したのが、ビアホール（Via Hole）技術であった。ビアホールは、FETを形成しているGaAs基板の一部に垂直貫通孔を形成し、その中に金属を埋め込み、ワイヤーを用いずに高周波基板電極に直接接地するものである。

これでワイヤー接地用面積が不要となり、チップ面積を四〇%ほど縮小することが可能になった。またワイヤーによる抵抗（寄生インダクタンス）がなくなったことで、高周波電力利得が二倍程度上がった。必要な面積が小さくなると同時に高周波特性も良くなり、一石二鳥の技術であった。

この技術を実現する上で難しかったのは、脆い基板に穴を開けることであったが、松下グループ内で持っていたICP高密度エッチング装置を用いて対応が可能となった。[9]

温度補償回路設置による大型化の克服：FET配置工夫による温度依存性解消

携帯電話端末の送信部は、大きな電力を発生するので発熱も大きい。この温度上昇によりGaAs FETの動作条件が変化し、場合によっては熱暴走してFETそのものが壊れるという問題があった。このためにわざわざ外部にFETの温度を一定水準以下に保つための温度補償回路を設ける必要があり、送信部の回路が複雑化、大型化していた。

このような問題は GaAs FET デバイスの本質的特性とそれまでは考えられていた。ところが実際にはチップの実装時の条件によってＦＥＴ特性パラメータの温度係数が変化することを松下電子工業は発見した。GaAs FET を基板に接地する時には，半田を用いて約三五〇℃で基板の金属層と融着されるが，組立て後のパワーモジュールは一〇〇℃以下の状態となる。このため，GaAs と基板との熱膨張率の差により組立て後には GaAs FET に圧縮力が残ったままとなり，端末の使用によって内部の温度が上昇すると，GaAs FET の残留圧縮力が緩和される。この圧縮力の変化が GaAs FET の温度特性をもたらしていたことを見出した。さらに，GaAs 結晶に電流を流す向き（ゲート電極と直角の方向）を変えることにより，この圧縮力によるＦＥＴ特性の影響をほとんど解消させうることを見出した。

これらの発見に基づき，GaAs FET の電極配置を変え，GaAs 結晶基板上にＦＥＴを形成する際にＦＥＴのゲート電極の配置方向を従来の電極の配置方向から四五度回した方向に設定するだけで温度特性を制御する（温度の特性をゼロにする）ことが可能になった。その結果，温度補償回路を必要とせず，その分小型で簡素な GaAs FET パワーモジュールが実現した。

2　パワーモジュールの開発，事業化

松下通信工業のパワーモジュールは，以上の四つの技術革新によって，業界最高水準の小型化と高効率化を達成し，携帯端末用部品として国内外で広く採用されていった。その開発から事業化に至る過程はどのように進んでいったのか。ここからは，その足取りと特徴をたどっていくことにしよう（図表３に主な出来事の年表を示す）。

図表３　松下電子工業における GaAs パワーモジュールの開発，事業化の経緯

年	松下電子工業 電子総合研究所／半導体デバイス研究センター	関連する携帯電話業界の 主な動き
1985		NTT，ショルダーフォン発売
1987		NTT，携帯電話サービス開始
1988	（松下電器産業光半導体研究所，南部をリーダーに GaAs パワーモジュール開発着手）	
1989		DDI セルラー，小型携帯電話「モトローラ・マイクロタック」発売
1991	デジタル方式用 GaAs パワーモジュール開発着手	NTT，小型携帯電話「ムーバサービス」開始
1992		NTT ドコモ設立
1993	デジタル方式用 GaAs パワーモジュールサンプル出荷開始／NEC から受注	NTT ドコモ，デジタル方式（PDC）800 MHz 携帯電話サービス開始
1994	デジタル方式用 GaAs パワーモジュール製品化，NEC に納入／クアルコム向け CDMA 方式用 GaAs パワーモジュール開発開始	NTT ドコモ，デジタル方式（PDC）1.5 GHz 携帯電話サービス開始
1995	スパイクゲート構造開発（大きさ 0.4 cc，効率 40%）／NEC，ソニー，松下通信工業に納入／米国 AMPS 向けにモトローラに納入	NTT ドコモ他，PHS サービス開始／9600 bps データ通信サービス開始
1996	立体高周波回路技術開発（0.2 cc，52%）／PDC 向け製品投入（松下通信工業はじめ NEC，ソニー，東芝，三洋電機に納入）／CDMA 向け製品投入（クアルコムに納入）	松下通信工業，100 cc100 g を切る端末（P201）発売
1997	PCS 向け製品投入（クアルコム，ソニーに納入）	
1998	表面ビアホール技術・温度依存性ゼロ技術開発（0.1 cc，57%）／シェア 6 割へ	
1999	さらに小型・高効率製品投入（0.06 cc，58%）／「半導体デバイス研究センター」設立	NTT ドコモ，i モード開始
2000	W-CDMA 向け製品投入	
2001	「松下電器産業半導体社半導体デバイス研究センター」設立	NTT ドコモ，FOMA サービス開始
2002	携帯電話端末向けなどの高周波デバイスを開発する部隊を「高周波半導体開発センター」へ統合	KDDI，CDMA2001x サービス開始

2・1　前史：開発着手

松下グループが携帯電話端末用にGaAsパワーモジュールの開発に着手したのは一九八〇年代後半のことである。当時、松下電器産業の研究開発部門の一つであった半導体研究センターで南部修太郎が中心になって取り組んだものであった。

南部は松下電子工業の電子総合研究所（当時の名称は半導体研究所）の出身で、同研究所が一九七九年にそれまで軍事用に限定されていたGaAs半導体を世界ではじめて民生用のUHFテレビチューナーの四極FETとして製品化することに成功した時の開発担当者であった。南部はその後、松下電子工業のディスクリート事業部の開発部隊に移り、そこで携帯電話端末用のGaAsパワーモジュールの開発を手がけ始め、さらに八八年から松下電器産業の半導体研究センターの光半導体研究所に転じていた。

当時のGaAsパワーモジュールは、先に述べた通り、Siより効率が良いといってもその差はわずかで、コストははるかに高かった。だが南部は携帯電話端末向けのGaAsパワーモジュールの可能性に着目し、その技術開発に取り組んだ。付加価値の高いモジュールを開発して一定規模の事業を立ち上げたいという強い思いがあったのと、たまたま当時松下通信工業からみせてもらった新しい端末を手にして、効率の高いGaAsパワーモジュールを実現すれば電池の数を減らしてもっと小型化できるはずだとの見通し（明確な技術課題）が持てたからであった。松下電子工業時代からいろいろとGaAsデバイスの研究を支援してくれた松下通信工業に恩返しをしたいという気持ちも南部の中にはあった。

だが南部の考え方は少数派であった。NTTも含めて、Siを使うのが当然であるという意見が当時の主流であった。南部が松下電器産業の光半導体研究所に転籍したのも、松下電子工業では積極的な支持が得られなかったためでもあった。南部は、当時、松下電器産業の半導体研究センター長であった水野博之の理解と支持を得て、光半導体研究所で GaAs パワーモジュールの開発を続けることができたのである。松下電子工業の研究者が松下電器産業の研究所に転籍するというのは珍しい出来事であった。水野が南部を光半導体研究所に受け入れたのは、松下電子工業出身の水野が以前から南部を知っていたのと、南部を受け入れることで光半導体研究所の研究活動を活性化しようというねらいも働いていたと考えられる。ただし、開発を続けることができたとはいえ、南部の考え方が少数派であることに変わりはなかった。松下通信工業の携帯電話端末事業担当者にその技術的な可能性を説明しても、懐疑的な反応しか返ってこなかった。

ところが、ここで突然風向きが変わる。当時激化していた日米通信摩擦によって、一九八九年に米国のモトローラが（当時としての）超小型携帯電話端末「マイクロタック」で国内市場に参入することが政治決定された。[10] この結果、NTTがモトローラに対抗して少しでも性能に優れた端末の開発、投入に力を入れることになったのである。

高性能の携帯電話端末の開発を急遽要請された松下通信工業は、一転して南部の取り組んでいた GaAs パワーモジュールに関心を寄せた。南部にとっては千載一遇のチャンス到来であった。南部が取り組んでいた端末用の GaAs パワーモジュールの開発は一気に本格化、加速化する。試行錯誤を繰り返しながらも約一年という短期間でなんとか実用化にこぎつけ、一九九一年四月からスタートしたNTTの「ムーバサービス」用に松下通信工業が製品化した小型の端末に組みつけられる。低消費電力の GaAs パワーモジュールのおかげで待ち受け時間が長かった松下通信工業製の端末は人気を博した。「ムーバサービス」向け端末で一気にトップシェアを獲得し、GaAs パワーモジュールは松下電子工業の新しい事業分野となっていった。

これはただ、松下電子工業の電子総合研究所の立場からすれば必ずしも居心地のいい状況ではなかった。自社の半導体事業の成長分野の技術が松下電器産業の研究開発部門で開発されたことは、事業への貢献を重視してきた電子総合研究所に肩身の狭い思いをさせた。一方で電子総合研究所で力を入れていた衛星放送用パラボラアンテナのための GaAs FET の方は成果があまり芳しくなかっただけに，一層忸怩たる思いを募らせていた。

そんな中で，電子総合研究所にとって新たなチャンスが到来する。デジタル携帯電話端末用の GaAs パワーモジュールの開発が次の課題として登場したのである。松下通信工業は，ＮＴＴの動向も踏まえながら，デジタル方式向けに新たなパワーモジュールの開発の検討を要請した。ところが，アナログ用の GaAs パワーモジュールを開発した松下電器産業の半導体研究センターは積極的な反応をみせなかった。開発をリードした南部が他の分野に異動していたこともあったし，好調なアナログ用のパワーモジュールの改良版でデジタル用に対応できると考えたのがその理由であった。他にも多くの開発テーマを抱え，とくに長期的な研究テーマを優先する傾向が強い松下電器産業の半導体研究センターにとって，デジタル用のパワーモジュールを新たに開発するという課題はさほど優先順位の高い案件ではなかった。そもそもデジタル方式の携帯電話にどれほどの市場が期待できるのかも当時は不透明であった。

対照的に松下電子工業の電子総合研究所はデジタル用 GaAs パワーモジュールの開発に積極的に取り組む姿勢をみせた。アナログ用の開発で松下電器産業の半導体研究センターにお株を奪われていた同研究所にとって，デジタル用の開発は願ってもない名誉挽回のチャンスであった。新たに任命された上田大助がリーダとなって，一〇名強のメンバーで本格的にデジタル用 GaAs パワーモジュールの開発に着手したのが，一九九一年のことであった。

電子総合研究所は，当初，ＰＨＳ用の開発にも取り組んでいた。ＰＨＳは安価な携帯電話として都市部での普及を目指してＮＴＴが主導していたので，その将来性が期待されていた。だが，資源に余裕のない電子総合研究所にとって二つの開発テーマを追い続けるのは無理があった。一つを選択せざるをえなかった。結局、松下電子工業の電子総合研究所の GaAs パワーモジュール開発活動は、デジタル用に集中することになる。[11]

2・2　デジタル用 GaAs パワーモジュールの製品化と顧客開拓

一九九三年三月、NTTドコモが日本初のデジタル方式の携帯電話サービスを首都圏で開始した。アナログ方式に比べて、データを圧縮して処理するデジタル方式はパワーモジュールに対して新たにひずみ特性の改善を要求した。[12] 高調波ひずみを考慮したパワーモジュールは一般に増幅効率が低下するため、デジタル方式になって、パワーモジュールの増幅効率を高める重要性はより高くなった。

だが、新しいサービスのスタートにあわせて松下電子工業の電子総合研究所が製品化したデジタル用の GaAs パワーモジュールは、肝心の松下通信工業には採用してもらえなかった。松下通信工業は当時八〇〇MHz の携帯電話端末でアナログ方式とデジタル方式の両方を投入していたが、両方式ともに、松下電器産業でかつて南部チームが開発し、すでに納入実績を積んでいたアナログ用の GaAs パワーモジュールを使い続けたのである。松下電子工業のデジタル用 GaAs パワーモジュールは、効率性では一定の成果をあげていたものの、コスト面での厳しい評価を受け、受注を獲得することができなかった。

開発は松下電器産業であっても、生産は松下電子工業が担当していたから、松下電子工業の事業としてはどちらの技術でも違いはなかった。ただ、技術開発での巻き返しのチャンスをうかがっていた松下電子工業の電子総合研究所としては、松下通信工業に採用してもらえなかったのは大きな痛手であった。

なんとか事業としての成果をあげたい電子総合研究所は、ここで外販に動いた。その成果が一九九三年秋に獲得したＮＥＣからの受注であった。自社内での GaAs パワーモジュールの調達ができなかったＮＥＣは、コストよりも効率性の高さを評価し、電子総合研究所が開発した GaAs パワーモジュールを採用した。端末メーカーとして競合関係にある松下通信工業が採用していなかったこともＮＥＣの採用を後押ししたかもしれない。次いでソニーからも受注した。

グループ内の松下通信工業からの受注に成功したのはその後だった。南部チームが開発したアナログ用の GaAs パワーモジュールの採用を続けていた松下通信工業も、他の端末メーカーへの納入実績などをふまえ、翌九四年には電子総合研究所が開発したデジタル用の GaAs パワーモジュールの採用に踏み切ったのである。

松下電子工業の電子総合研究所が開発した GaAs パワーモジュールはこうして顧客を増やし、他に供給するメーカーがなかったこともあって、初期のデジタル方式用の端末市場をほぼ独占していく。ただ、まだ当時としては、デジタル方式はアナログ方式に比べて市場規模はごく限られていたし、小型化、効率化の点で改善すべき点は多かった。それを克服し、松下電子工業がデジタル携帯電話端末用のパワーモジュール市場で盤石の地位を築いていく上で大いに貢献したのが、先ほど概要を紹介した四つの技術革新であった。

2・3　四つの技術革新のプロセス

四つの技術革新は、もともと松下電子工業の電子総合研究所がデジタル用 GaAs パワーモジュールの開発に本格的に着手した一九九一年から取り組んできたものではあったが、開発努力に一層の拍車がかかったのはデジタル方式のサービスが始まった九三年のことであった。とくにこの当時、松下通信工業が音頭をとって、松下グループとして一〇〇cc 一〇〇g を切り、連続通話時間が一〇〇分を超える携帯電話端末の開発を目指す三〇〇（スリー・ハンドレッド）プロジェクトがスタートしたことが開発努力を加速化させた。

図表4　松下電子工業 GaAs パワーモジュール技術と商品展開の変遷

	1995	1996	1997	1998	1999	2000年
技　術	スパイクゲート構造					
		立体高周波回路				
				表面ビアホール構造 温度依存性ゼロ技術		
体　積	0.4 cc	0.2 cc		0.1 cc	0.06 cc	
占有面積	168 mm^2	100 mm^2		56 mm^2	38 mm^2	
消費電流	700 mA	540 mA		500 mA	490 mA	
効　率	40%	52%		57%	58%	
商品展開（通信方式）		PDC0.8 GHz/0.2 cc	PCS1.9 GHz/0.2 cc	PDC0.8 GHz/0.1 cc	PDC0.8 GHz/0.06 cc	J-CDMA0.8 GHz/0.06 cc
		PDC1.5 GHz/0.2 cc		PDC1.5 GHz/0.1 cc	PDC1.5 GHz/0.06 cc	W-CDMA2.1 GHz/0.1 cc
				PCS1.9 GHz/0.1 cc		
				CDMA/AMPS0.8 GHz/0.2 cc & 0.1 cc		
				J-CDMA0.8 GHz/0.2 cc & 0.1 cc		

出所：松下電器産業半導体社資料他より作成。

四つの技術は同時に実現されたわけではなく、一九九五年から九八年にかけて積み重ねていったものだった（図表4）。この過程は、一部は顧客の関心を継続的につなぎ止めるための効果をねらって計画的に進められたものであり、また一部は偶然の発見に基づいたものであった。[13]

スパイクゲート構造を用いて体積〇・四cc、効率四〇％のデジタル用GaAsパワーモジュールを実現したのは一九九五年のことだった。翌九六年には立体高周波回路技術を開発したことで体積〇・二cc、効率五二％を実現する。携帯電話サービスにおけるデータ通信への対応が一層重要になり、また消費者の小型、軽量、省電力への要望がさらに高まる中で受注は順調に拡大していった。そして冒頭でも紹介した通り、九六年十月に発売された、松下通信工業の世界初の一〇〇cc一〇〇gを切る端末（P201）にも小型で高効率のパワーモジュールとして搭載される。九三年から取り組んだ三〇〇プロジェクトの成果であった。

一九九八年には表面ビアホール構造、温度依存性ゼロ技術を開発し、九九年には体積〇・〇六cc、効率五八％のパワーモジュールを実現した。いずれも同時期の競合メーカーの製品の水準（体積〇・〇八〜〇・一cc、効率五五％）を上回り、業界最高の水準であった。対応するデジタル通信方式も、当初のPDCに加えて、CDMA、PCS、W-CDMAと他の方式にも範囲を広げ、商品ラインアップを拡充していった。

松下電子工業のパワーモジュールの国内シェアは数量ベースで一九九五年の一五％程度から、二〇〇〇年には六二％まで伸びていった（図表5）。この間、富士通は携帯電話端末用のパワーモジュール市場から撤退した一方で、当初松下電子工業から購入していたNECは自社製に切り替え、三菱電機なども競合製品を投入したが、松下電子工業はPDC方式の携帯電話向けを中心に国内で確固たる地位を築くことに成功した。また海外向けでは、GaAsパワーモジュールを供給するメーカーがいなかった米国では売り込みに成功し、モトローラやクアルコムから受注した。

図表５　携帯電話端末用パワーモジュールの国内生産における
松下電子工業のシェア

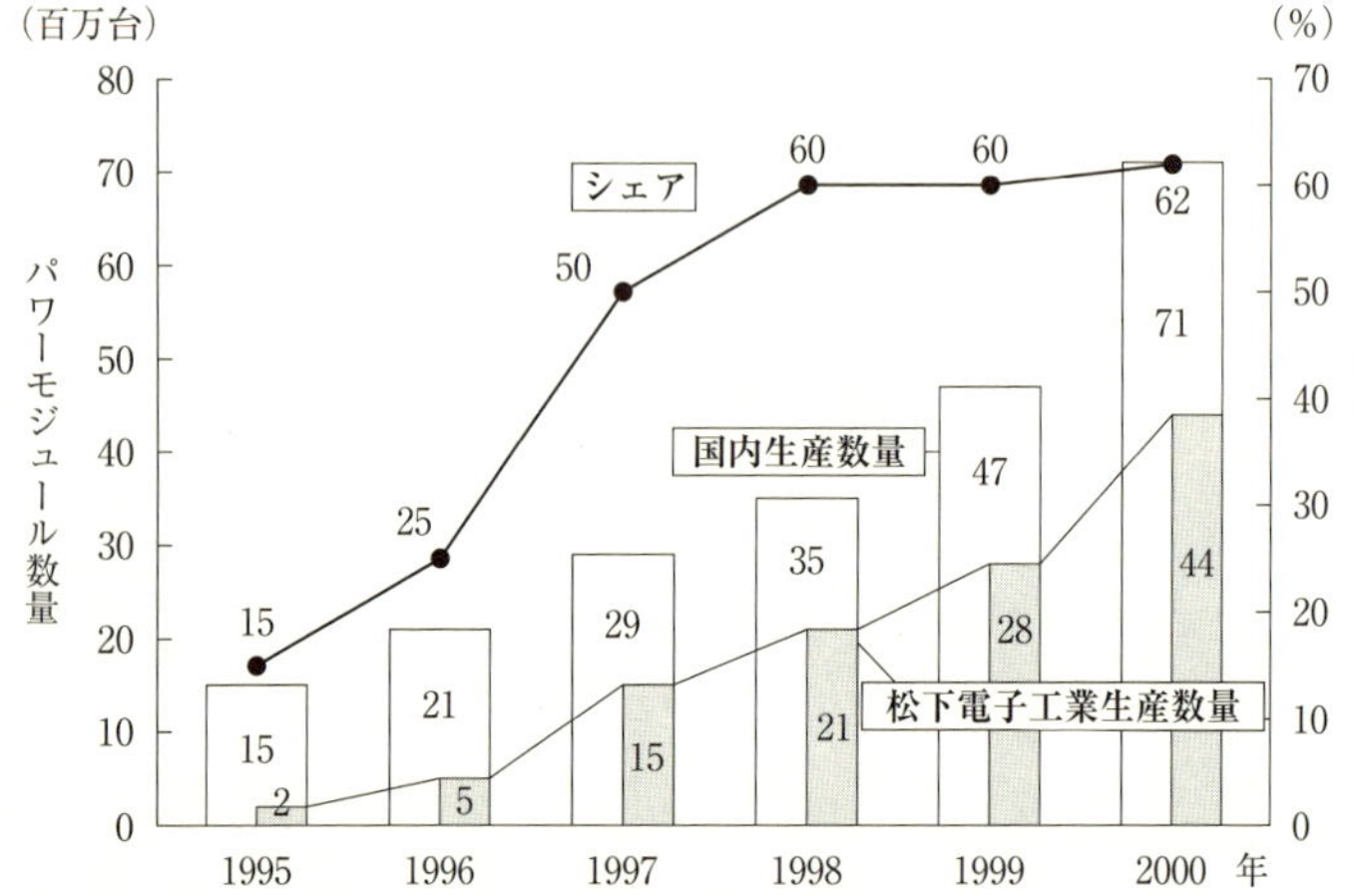

出所：松下電器産業半導体社。

２・４　開発、事業化の進め方

以上のような成果をあげていった背後には、電子総合研究所の、開発、事業化に対するいわば「ゲリラ的」ともいえる取組みがあった。

技術開発にしても、顧客の開拓にしても、生産の立上げにしても、専門分野、担当業務の範囲を狭い範囲にとどめることなく、臨機応変に、主体的に関わっていくのが、電子総合研究所のやり方であった。新しい技術を見出し、外部に顧客を求め、事業を立ち上げる過程で、担当分野を限定せず、リスクもとりながら、場合によってはいささか無秩序とも思われる進め方で取り組んだことが成果に結びついたところがある。

まず技術開発についていえば、電子総合研究所では、少人数で開発に取り組み、とくに初期の段階では一人ひとりが特定の狭い専門領域に限定されることなく幅広く多様な開発課題に挑戦する方針がとられている。定期的に開発テーマをシフトし、技術者がさまざまな経験を積むことも重視されている。それぞれの研究者が特定のテーマを一定期間深掘りして専門的に取り組むこともむろん大切だが、一つのテーマだけ続けていると目的意識を持ちにくいという問題がある。半導体産業の黎明期の開発者たちのようにオールラウンドにやることで視野が広がれば、研究者としての判断力も養われるし、技術的なブレークスルーも生まれやすいというのがベースにある考え方であった。

本事例についていえば、スパイクゲート構造のアイデアには、以前に衛星放送用パラボラアンテナのためのGaAs低雑音FETを開発していた経験が活かされている。電子総合研究所では、一九八〇年代後半に、先行している富士通に対抗してパラボラアンテナ用GaAs低雑音FETの開発に取り組んだが、どうしても富士通製品の性能に肩を並べることができなかった。品質で勝てないならコストで勝負するしかないと考え、着目したのが位相シフトの技術だった。これが携帯電話端末用のパワーモジュールでスパイクゲート構造を取り入れる上で役に立った[14]。また、立体高周波回路技術ももとのアイデアは低温焼成セラミックスにあった。

温度依存性ゼロ技術のようにあくまでも偶然が手伝って見出された技術革新もあったが[15]、上記の二つの例は他の領域での技術開発の経験が活かされた成果だった。それとて事前に意図したものではなく、幸運が手伝ってはいるが、特定の専門領域に長期間専念している技術者では実現しにくい技術革新であった。

新しい顧客を開拓し、生産を立ち上げる過程でも、電子総合研究所がその本務である技術開発業務の枠を超えて積極的に関与している。最初の製品が松下通信工業で採用されず、外部に顧客を開拓していった過程では、売込みの際に同研究所の技術者が同行し、営業部隊と一緒に顧客を訪ねている。開発リーダーの上田も内外で多くの顧客を訪ねた。製品性能を最大限に伝えて顧客の信頼を獲得する上で技術者が直接説明することが大切だからだ。顧客企業の携帯電話端末の仕様は多様であり、例えばパワーモジュールのマウント（取付け）やアンテナまでの距離が違ってくる。試作品を持参する場合には、それぞれの顧客に合わせて営業訪問の直前まで微調整をする必要もでてくる。問題があれば、訪問の前の晩遅くまで「右手に半田ごて、左手にカッターナイフ」をもってなんとか解決して、顧客のところへもっていく。こうした臨機応変で職人的な技能を持つ技術者がみずから営業活動に携わったことが国内外の新しい顧客の開拓、獲得につながった。例えば、クアルコムからの受注では、米国にはGaAsパワーモジュールの現地企業がないことから、技術者自らがノウハウや製品特性を同社のエンジニアに丁寧に伝えることが評価され、受注につながったりしている。

生産の立上げも電子総合研究所が担った。岡山工場で立体高周波回路技術を取り込んだパワーモジュールの本格的な量産がスタートするのに先立って、初期の生産一〇万個までは電子総合研究所の約五億円をかけた設備投資によってまかなわれている。これは同研究所では珍しいことではない。開発した製品が市場でどのような反応を得るのか、どのような性能を持っているのか、明確な見通しが持てない中で、事業が軌道に乗り始めるまで開発部門側で責任を持つ、という考え方である。売れなかった場合のリスクを電子総合研究所が背負わない限り、量産段階で責任を持つ工場はなかなか大量生産に踏み切らない。事業への貢献が問われる電子総合研究所としてはとらざるをえないリスクであり、五億円程度の投資は研究所が自らの判断で決裁できる範囲内にあった[16]。

電子総合研究所は材料のコストダウンにも携わっている。開発初期は、高価なため誰も使っていないような四インチ基板を使っていた。コストが合わないことを承知の上で、いずれ下がることを見込んで特性が良いものを優先して作り、一点豪華主義で顧客にアピールすることをねらったものだった。だが事業化のメドが見え始めるにつれてコストダウンは必須となる。同研究所はみずから強気の生産予測を示して材料業者と値下げ交渉を行い、コストダウンを実現した。これもまた、技術開発のみに活動を限定せず、事業化に積極的に関わる松下電子工業の電子総合研究所の伝統的な姿勢の現れであり、成果であった。

3 事業成果

松下電子工業の電子総合研究所が一九九一年から本格的に開発をスタートしたデジタル方式用の GaAs パワーモジュールは、一〇年もしないうちに大きな事業成果を獲得する。先述の通り、国内でのシェアは九〇年代半ばの二割弱から二〇〇〇年には六割強まで拡大し、海外でも受注を増やしていった松下電子工業のパワーモジュールの売上げ（工場出荷額ベース）は、二〇〇〇年代初頭でおおよそ三〇〇億円程度にまで達した。

だが、これをピークに、その後の売上げは後退していった。これにはいくつかの要因がある。

第一に、国内市場の飽和である。一九九〇年代後半の携帯電話端末の小型軽量化、長時間動作化に加え、九九年末にNTTドコモが立ち上げたモバイル・インターネット・サービスにより、二〇〇〇年代初頭も携帯電話市場は拡大基調を維持した。だが、普及率が高まるにつれ、市場は成熟化の傾向を強めていった。

第二に、海外市場への売込みが進まなかった。松下電子工業が最初にパワーモジュールを投入したNTTのデジタル方式（PDC方式）は、技術的には優れた携帯電話システムであったが、海外諸国では採用されなかった。米国ではモトローラ、クアルコムなど大手の端末メーカーに別方式用のパワーモジュールを納入したものの、ノキア、エリクソン、シーメンスなど世界最大級の端末メーカーがひしめく欧州では成果をあげることができなかった。米国と違い、欧州では端末メーカーと部品会社の間で共同で開発していくような関係を維持しており、GaAs パワーモジュールを供給するメーカーとして適切なパートナーシップを築くことができなかったことと、すでに時代遅れと考えられていた欧州の標準であるGSM向けには松下電子工業が積極的に対応しなかったためである。[17]

第三に、第三世代のデジタル方式W-CDMAへの移行に伴って、HBT（ヘテロ接合バイポーラトランジスタ）という新しいデバイスの台頭を招いた。HBTはFETとは動作メカニズムが違うためチップ面積の縮小が可能となり、パワーモジュールのさらなる原価低減を可能にし、パワーモジュール用の有力なデバイスとして登場した。しかもW-CDMAのパワーモジュールへの新しい要求に応える上で、HBTはその動作メカニズムの違いからFETよりも有利なところもあった。

HBTの実用化は一九八〇年代の初めからスタートしていたが、日本企業の取組みは消極的であった。HBTの出力が経年劣化するという信頼性問題があったため、NTTではHBTは使えないという論文を発表していた。日本の通信技術開発を牽引し、また端末機の採否を決める権限を持つNTTの評価の影響は大きかった。日本の企業は、HBTではなく、GaAs FETによるパワーモジュールの量産化に邁進した。W-CDMAとは異なるアナログ方式や日本のデジタル方式（PDCなど）ではFETでも十分に対応できたという事情もあった。

かたや、現在のW-CDMAの基礎となる携帯電話システム、CDMA（クアルコムが開発）をいち早く採用したのが韓国である。そして韓国でのCDMA方式の実用化に対応するためにHBTの開発に取り組んだのが、米国のパワーモジュール企業、RFマイクロデバイスであった。

HBTの経年劣化は大きく、RFマイクロデバイスの事業化は当初危ぶまれた。しかし、同社は独自のバイアス回路により出力を一定に保ちうることを見出し、HBT単体（パワーモジュールという形）ではなくバイアス回路や高周波回路も含む一体化したICとして製品化したのだった。このようなシステム重視の発想によりRFマイクロデバイスはほとんど一手に韓国のCDMA端末用パワーICを供給した。HBTの製造では高額な結晶成長設備が多数必要となるが、RFマイクロデバイスは韓国向けの出荷の期間にその減価償却を終えることができた。このため第三世代のデジタル方式が本格的に立ち上がると、CDMA方式で養われたRFマイクロデバイスのシステム知識とパワーIC設計製造能力は、他社、とくにそれまで世界のパワーモジュール市場で強みを発揮していた松下電子工業など日本企業を圧倒した。

米国のRFマイクロデバイスのほかにもスカイワークスといった企業がHBTを採用した。これらの企業の製品は、品質においてもコストにおいても既存の企業を凌駕していった。しかもその開発手法は、部品のコストが多少上昇するおそれがあっても最初からシステム全体を集積化する前提に立ち、コンピュータシミュレーションによる設計と性能製造限界の把握、検証といったプロセスを正確かつ迅速にこなし、設計で勝負するというものであった。そして、製造は台湾のファウンドリや組立企業などコスト競争力のあるアジア系の専門メーカーに委託する。結果としてこれが最もコストの低い方法となった。こうした新興企業の登場によって、松下電子工業は米国で取引のあった大手端末メーカーの受注を失い、また国内でも徐々に市場を奪われていった。

4　イノベーションの理由

松下電子工業がGaAsパワーモジュールを開発、事業化していったプロセスをあらためて振り返ってみよう。

大河内賞の受賞の対象となった技術はデジタル式携帯電話端末用に開発されたものだが、この事例には前史としてアナログ式携帯電話端末用の技術開発をめぐるいきさつがあり、その段階から資源動員をめぐる

「苦難の歴史」が始まっている。

前史は、松下電子工業の技術者の個人的関心からスタートした。携帯電話端末向けにGaAsパワーモジュールに事業化の可能性があると考え、開発に取り組もうとするが、社内で理解が得られなかった。支持者を探して、社内で異動もしたが認められなかった。だが松下電器産業の研究部門で拾われる。といっても、GaAsパワーモジュールの事業化が期待されたわけではなかった。拾った側の思惑は松下電器産業の研究組織の活性化のためというものであった。技術者はこれで息をつなぐものの、依然として事業化の機会は見出せなかった。

ここでさらに神風が吹いた。日米通信摩擦の結果、モトローラの日本参入が決まってＮＴＴが対抗策に積極的に乗り出すことになり、これによって事業化に向かって一気に前進した。客観的な事業成果の見通しがなく、支持を得られなかった技術が、二つの出来事が重なって、事業化にたどり着いたのである。

こうしてアナログ式携帯電話端末用のGaAsパワーモジュールが事業化された後、デジタル式携帯電話端末用のGaAsパワーモジュールの開発過程がスタートした。この局面では、最初から支持者がいた。ＮＴＴの意向も踏まえて、松下通信工業がデジタル式のパワーモジュールの開発を要請してきた。ここまで開発を主導してきた技術者が開発から離れたこともあって、松下電器産業は消極的だったが、これに代わって、アナログ式で取組みが消極的だったことを反省した松下電子工業が開発に名乗りをあげ、研究所で技術開発に取り組むこととなった。ところが、今度は、開発に成功したにもかかわらず、当初の支持者であった松下通信工業に採用されないという憂き目に遭う。しかし、ここで外に支持者を求めて、ＮＥＣやソニーなどへの売込みに成功して、事業化にたどり着き、その後は松下通信工業にも採用されて、事業が拡大していった。

前史のケースでは、内部で支持を得ることができなかった技術者が、特殊な事情で外部に支持者が登場して、さらに神風が吹いて事業化に至り、その後のケースでは当初の内部の支持者が後に支持しなくなり、外部に支持者を獲得して、事業化に至ったということになる。前史の段階から一貫してそこかしこで資源動員の壁にぶつかり右往左往しながらも、結果的にどこかで支持者を獲得することで資源動員が正当化されていったという過程であった。

なお、この事例は、一定の事業成果を達成した後に、勢いを失っているが、その原因の一つは、ＮＴＴがかつて否定した技術を用いた海外の競争相手の攻勢をうけたことにあった。これは、前史においても、その後の開発から事業化に至る過程においても、ＮＴＴが資源動員の正当化において重要な役割を果たしていたことを考えると、皮肉な結果であるといえるかもしれない。ＮＴＴが突如モトローラに対抗して性能重視の携帯電話端末を求めたことが、前史において事業化を可能にする決定的な要因になった。その後も、ＮＴＴドコモが推進した携帯電話サービスのデジタル化が開発、事業化を牽引していったし、事業化後の急成長を支えた。しかし、ＮＴＴの支持によって事業化に至った技術が、ＮＴＴが否定した技術によって失速していったとすれば、ＮＴＴに依存した正当性が、次の段階で新たな壁に遭遇したという見方もできるかもしれない。

1　本事例は、武石・古川・高・神津［2007］を要約し、加筆修正したものであり、特に断りのない限り、二〇〇七年時点での情報に基づいて書かれている。なお、松下電子工業は二〇〇二年に松下電器産業（現、パナソニック）と合併したが、本事例での表記は松下電子工業で統一する。

2　増幅効率は、一般にパワーモジュールのアナログ出力電力からパワーモジュールへのアナログ入力電力を差し引いた値をモジュールが消費する電池から供給される直流電力で割った値として表される。パワーモジュールにとって、電池からの電力を無線の送信電力に変換する効率を示す重要な性能指標の一つである。

3　Siデバイスでは十分な特性を実現できないマイクロ波を用いた無線通信システム（例えば衛星放送の受信用アンテナ）では半導体材料としてSiより電子移動度の高いガリウム砒素（GaAs）を用いたデバイスが用いられてきていた。携帯電話システムにおいては、基地局用の送受信と端末用の送受信がGaAsデバイスの主要な応用分野である。

4　同研究所は、松下電子工業が一九五五年に設立した松下電子工業研究所を前身とし、半導体デバイスを中心に松下電子工業の研究開発の中核を担ってきた研究組織である。一九九九年に松下電子工業が社内分社として半導体社を設立した際に半導体デバイス研究センターに改称され、二〇〇二年の松下電器産業との合併後は、松下電器産業半導体社の半導体デバイス研究センターとなった。

5　一般の光学露光技術を用いてゲート電極のパターンをGaAs表面に形成するためには、ゲート電極のパターンを持つマスクを通して光を当てることにより、GaAs表面に塗られた薄い感光膜にマスクパターンを転写する必要がある。当時〇・二㎛という微細なゲート電極を形成するためには最先端の高額な縮小投影露光装置が必要であった。

6　位相シフトマスクを用いる露光技術の原理は、マスク上の二つの近接（例えば一㎛）した細いスリットを通る光は、光波として位相が同じであるためマスクを通り抜けた後干渉して、本来は光が当たって欲しくないスリット間の間隔（ここでは一㎛）にも光が回り込んで感光膜にマスクのパターンが正常に転写できないという物理現象を活用したものである。すなわち、マスク上の二つのスリットのうち一方を光が通るときに位相が逆転するような膜を塗っておくと、二つのスリットを通った光はスリット間において逆の位相の光が干渉するために、実質的にまったく光の強度がゼロになる部分がスリット間の間隔（ここでは一㎛）に生じるため、光の当たっていない感光膜は非常に細く線として残る（例えばここで必要な〇・二㎛）。この線をゲート電極形成に用いる。したがって、微細でない位相シフトマスクを用いることにより微細なパターンを形成しうる。

7　これは、増幅素子としてSiトランジスタを使うにせよGaAs FETを使うにせよ、増幅素子とともに鍵となる技術であり、その小型化は大きな課題となっていた。

8　高周波回路から見た場合には、このワイヤーはFETの増幅効率を低下させ、また、増幅器としてあってはならない異常発振の要因となる。このような不具合を避けるためにはできるだけワイヤーの本数を多くして高周波的な抵抗を低減させることが必要であった。

9　半導体基板上に、高密度なプラズマ放電で深さ一五〇㎛ほどの穴を高速に形成するという装置。

10　当時のＤＤＩセルラー（現、ＫＤＤＩ）が一九八九年に国内初の小型携帯電話端末「モトローラ・マイクロタック」を発売した。これは日本の通信機器市場の開放を要求する米国政府の圧力を受けての出来事であった。

11　ＰＨＳの出力は携帯端末器の出力の一〇分の一程度で、技術的に容易であり、かつＰＨＳの普及を図るためにＰＨＳ用のパワーモジュールの価格が抑えられていたことも選択の一つの理由になっていたと思われる。松下電子工業の電子総合研究所が放棄したＰＨＳは、松下電器産業の半導体研究センターが取り上げて開発することになった。結果的にＰＨＳ市場は、国内では思ったように拡大しなかったが、一九九一年ころにおいては、むしろ音質にも優れたＰＨＳの方が将来有望であるとの見方も根強かった。松下電子工業の電子総合研究所でデジタル方式の携帯電話端末用の GaAs パワーモジュールの開発リーダーだった上田自身も当時はそのような見通しをもっていたという。

12　Si デバイスにせよ GaAs FET にせよ、その特性パラメータはパワーモジュールの入力電力によって変化する、いわゆる非線形性を持つために、ある周波数で増幅された出力電力は他の周波数成分を持つ高調波ひずみを生じ、他の周波数における雑音となる。データを圧縮して処理するデジタル方式ではパワーモジュールの高調波ひずみをアナログ方式より抑える必要があり、パワーモジュールに新しい課題を生じさせた。パワーモジュールの入力レベルを抑えるほど、いい換えると、パワーモジュールの最大出力（飽和出力）から見て出力レベルが低ければ低いほど高調波ひずみを抑えることができる。しかし、この場合は端末として必要な出力を満足させることは難しい。そこで、パワーモジュールの飽和出力を上げて、飽和出力から見て一定レベル下がった出力でも所望の出力レベルを実現するようにパワーモジュールの設計（GaAs FET も含めて）を変える必要が生じた。

13　同じ技術だけでは顧客をつなぎ止めるのは難しいので、受注を維持するためには常に新しい技術を提示することが大切になる。

14　立体高周波回路そのものは松下電子工業が採用する前から他の用途では使われていたが、低温焼成セラミックスの採用により、より多層の構造が可能になり、小型化が一層進展した。

15　温度上昇によって破壊されるものとそうではないものがあった。調べてみると、ＦＥＴを作るために外部からウェハを購入していたが、アメリカ製と日本製ではウェハの基準面を決めるための印（オリエンテーション・フラットという）の位置が違っており、これを混ぜて使ったために異なる結果がでていたことがわかり、結晶軸の違いが温度特性に影響を与えていることを発見した。

16 電子総合研究所の開発予算は、事業部門の工場や商品化するグループから、一、二年のテーマごとに獲得していた。企画段階から事業部門の研究開発予算がつくものだけが開発テーマとなり、研究開発の成果がでなかったら以後継続できないというルールになっている。上述の四つの技術開発も、正式に事業部門から予算を獲得して行われた。

17 GSMは価格を重視したので、GaAs FETよりも増幅効率でわずかに劣るだけで安価なSi FETを採用した。また、GSMの周波数が八〇〇MHzであったためSi FETは高周波特性面でGaAs FETと遜色なかった。日本では、Si FET事業を継続した日立製作所が欧州のGSM方式向けに納入を増やした。

事例7　東北パイオニア／パイオニア：有機ELの開発、事業化

はじめに

昨今の家電量販店の店頭では、ブラウン管（以下、CRT）を用いたテレビはすっかり影をひそめ、代わって店頭を賑わせているのが液晶ディスプレイ（以下、LCD）とプラズマディスプレイ（以下、PDP）を用いた薄型テレビである。これらフラットパネルディスプレイ（以下、FPD）の登場により、ディスプレイ業界は活況を見せている。LCDやPDPに加えて、将来性の高いディスプレイとして注目されてきたのが、有機ELディスプレイ（以下、有機EL）である。大型化が難しいということから、これまで、カーオーディオや携帯電話、携帯情報端末向けなどの小型ディスプレイとして採用されてきたが、近年は、テレビ向けの次世代技術としても注目を集めている。

一九八七年にイーストマン・コダックが有機EL技術に関する報告を行って以来、多くの企業が研究開発に着手したものの、技術的なハードルが高く、なかなか実用化には至らなかった。そうした中、世界で初めて事業化に踏み切ることに成功したのが、パイオニアの子会社である東北パイオニアであった[1]。

東北パイオニア／パイオニアはどのようにして有機ＥＬ技術の開発と事業化を進めたのだろうか。[2]

1　有機ＥＬの技術

1・1　ＥＬディスプレイ／有機ＥＬとは

ＥＬとはエレクトロルミネッサンス（electroluminescence）のことである。ルミネッサンスとは、物質が光、電子ビーム、電界などのエネルギーを受け取り、それらを光として再放出する現象をいう。特に、電圧をかけることによって光が放出される現象をエレクトロルミネッサンスという。この現象を利用したディスプレイがＥＬディスプレイである。

ＥＬディスプレイには、無機ＥＬと有機ＥＬが存在する。無機ＥＬは、発光体をガラス基板に蒸着し、一〇〇~二〇〇Ｖの交流電圧をかけて表示を行うものである。発光体に硫化亜鉛などの無機物を使うことから無機ＥＬと呼ばれる。しかしながら、高電圧が必要なことやカラー化の技術開発が進んでいないことなどから、製品への応用はわずかに留まっている。一方、発光体にジアミン類などの有機物を使うものが有機ＥＬである。無機ＥＬと比べて低電圧で動作可能なことやカラー化において有利なことが特徴となっている。

有機ＥＬは、使用する有機化合物の分子量の違いから、分子量が小さい低分子系と分子量が大きい高分子系[3]とに分類することができる（図表1参照）。低分子系は発光効率や寿命面で秀でているため、東北パイオニアをはじめ多くの企業が手がけ、量産化段階まで進んでいる。しかし課題も存在する。低分子系有機材料は溶媒への溶解性が高くない材料が多いことから、発光層の成膜は真空蒸着[4]によって行われるのが普通である（図表2参照）。そのため製造技術の難易度が高く、また高価な装置が必要となる。

図表1　低分子系と高分子系の違い

	低分子系	高分子系
素子構造	多層構造	単層構造
製造方法	真空蒸着（ドライプロセス）	塗布，印刷（ウェットプロセス）
材料コスト	蒸着によるので，材料利用率が数%となり，コスト高	塗布によるので，ほぼムダがなく，安くできる
発光効率	多層化によって効率を上げることができる	単層なので効率が落ちてしまう
寿　命	R（Red），G（Green），B（Blue）とも実用レベルで，寿命が長い	寿命は短く，特にBは実用レベルに達していない
開発状況	量産化開始	発展途上

出所：西久保［2003］。

図表2　真空蒸着プロセス

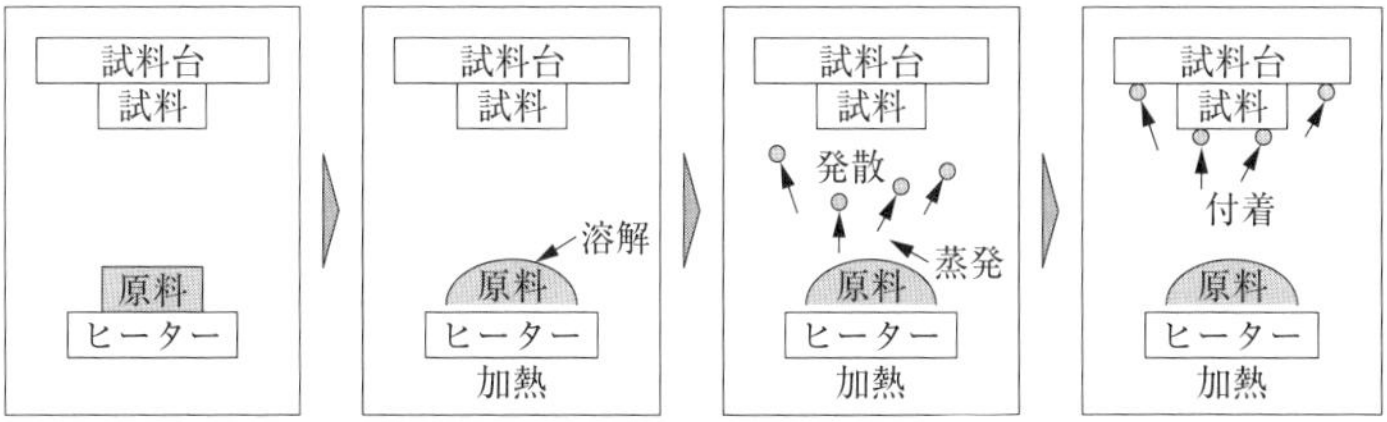

一方の高分子系有機材料は、分子量が大きいために高温で分解してしまい蒸着法が適用できない反面、溶媒への溶解性が高いことから、発光層の成膜にはインクジェット法や印刷法など、比較的簡単な工程を用いることができる。また、印刷法の導入により、大面積化が期待できる。しかし、発光効率が悪く、また寿命が短いため、セイコーエプソンなどを除いて、積極的に製品化を進めている企業は少ない。

以下では、特に断り書きがない場合は、現在主流となっている低分子系について述べることとする。

1・2　有機ELの特徴

有機ELは、高輝度、高コントラスト、広視野角、高速応答、薄型、

図表３　LCDと比較した有機ELの特徴：性能比較

	LCD	有機EL（潜在性）	有機EL（現状）
輝度・コントラスト	○	○	◎
視野角	△	◎	
消費電力	○	○	◎
寿　命	○	△	○
応答時間	△	◎	
厚　さ	○	◎	
大型化	○	×	△
フルカラー	○	○	
コスト	○	△	

◎かなり優れる　○優れる　△やや劣る　×劣る

出所：西久保［2003］，一部修正。

低消費電力などに特徴がある。図表3はLCDと有機ELの特徴を比較したものである。

高輝度と高コントラストが実現できるのは、有機ELがLCDとは異なり、自発光することによる。バックライトに依存するLCDでは、輝度を高めるためにバックライトを強めると、液晶スイッチをオフにした時に光漏れが生じてしまい、黒の度合いが薄まってしまうというジレンマが存在する。しかし有機ELでは、有機材料自体が発光するため、駆動電流を増加させることで輝度を高めることができ、また電流をゼロにすることで完全な黒を表示することができる。

また、自発光という特性は、視野角の広さにもつながる。LCDの場合には、液晶分子の配列方向を利用してバックライトの光を透過・遮断するため、見る方向と液晶分子の角度によって光の通過量が変わってしまう。しかし、バックライトが不要な有機ELの場合は、そのような制約を受けることがない。

高速応答に優れているのは、スイッチングの速度がLCDの一〇〇〇倍以上だからである。そのため、画像をスクロールしたり回転させたりして表示する場合でも、残像がなく、携帯電話のゲーム利用などにおいてもストレスを感じさせない。さらに、構造が単純であることやバックライトなどの光源を必要としないことから、薄型化や低消費電力という点でも秀でている。

一方、ＬＣＤに対して劣る部分もある。大型化が困難なこと、寿命が短いこと、コストが高いことである。[6]大型化が困難な理由は、電流注入という動作原理に由来する配線抵抗の問題等にある。寿命の問題はＲＧＢの材料（有機ＥＬ素子）からなる発光層へのキャリア（電子および正孔）の注入効率が時間の経過とともに低下することによって引き起こされる。コストが高いことは、量産効果が出ていないこともさることながら、真空蒸着工程にコストがかかるからである。

1・3　有機ＥＬの技術上の課題

潜在的に有機ＥＬには、ＬＣＤなど既存のＦＰＤに対して数々の優位点がある。[7]しかしその実現にはいまだ多くの課題がある。例えば、輝度と低消費電力を実現[8]するには、さらなる発光効率の改善が必要となっている。現在は、蛍光材料よりも発光効率の高い燐光材料の開発が急速に進められているものの、いまだ量産が難しく、十分な寿命を確保できるまでに至っていない。また青い光を取り出せる燐光材料はいまだ開発途上である。[9]

製造技術で課題となるのが真空蒸着と封止である。一般的に低分子系有機ＥＬの製造は、ガラス基板上に陽極を作成する「前処理工程」、有機薄膜層を作成する「成膜工程」、有機ＥＬ素子を大気や水分から保護する「封止工程」に分かれる。「成膜工程」では陽極上に多層の有機薄膜層を真空蒸着によって成膜することになるが、特に発光層となる発光材料の成膜に困難が伴う。

また、有機薄膜は酸素や水分に非常に弱いという特性があり、大気中に放置すると、ダークスポットとよばれる非発光部分が生じてしまう。そのため有機ＥＬ素子が完成したら、ガラス膜などを使ってすぐに封止しなければならない。すぐに封止したとしても、時間の経過とともに封止部分からわずかな湿気が侵入してしまう。したがって、出荷後も安定した品質を維持できる封止技術が重要となる。

1・4　有機ＥＬの構造と駆動方式

図表4はＬＣＤと比較した場合の有機ＥＬ素子の基本構造を示している。ＬＣＤと比べて単純な構造であることがわかる。陽極には外部に取り出される光を遮らないように透明な電極であるＩＴＯ（Indium Tin Oxide：インジウムとスズの酸化物）が用いられている。一方の陰極には電子の注入効率が高いアルミニウムやマグネシウム銀合金、アルミリチウム合金などが用いられる。発光層がこれら陰極と陽極に挟まれた有機ＥＬ素子はガラス基板上に形成される。さらに、有機ＥＬ素子を外部から遮断するため陰極側から封止缶をかぶせて密閉される。

有機ＥＬの駆動方式には、パッシブ・マトリクス型とアクティブ・マトリクス型という2つの種類がある（図表5）。パッシブ型では陰極に縦方向の電極（データ線）[10]を、陽極に横方向の電極（走査線）[11]を形成し、その交点を発光させることで画像をつくり出す。一方のアクティブ型はパッシブ型での交点にＴＦＴ（Thin Film Transistor：薄膜トランジスタ）を内蔵し、このＴＦＴが各画素を独立して発光させる。

性能面ではアクティブ型の方が優れている。パッシブ型では走査線全体に電圧がかかっているときしか発光しないが、アクティブ型ではＴＦＴの記憶作用によって画面全体が常時発光するため、高精細化と低消費電力化を実現できる上に、発光素子の長寿命化をはかることもできる。

図表４　LCDと比較した有機ELの特徴：構造と発光イメージ

STN液晶ディスプレイ　　有機ELディスプレイ

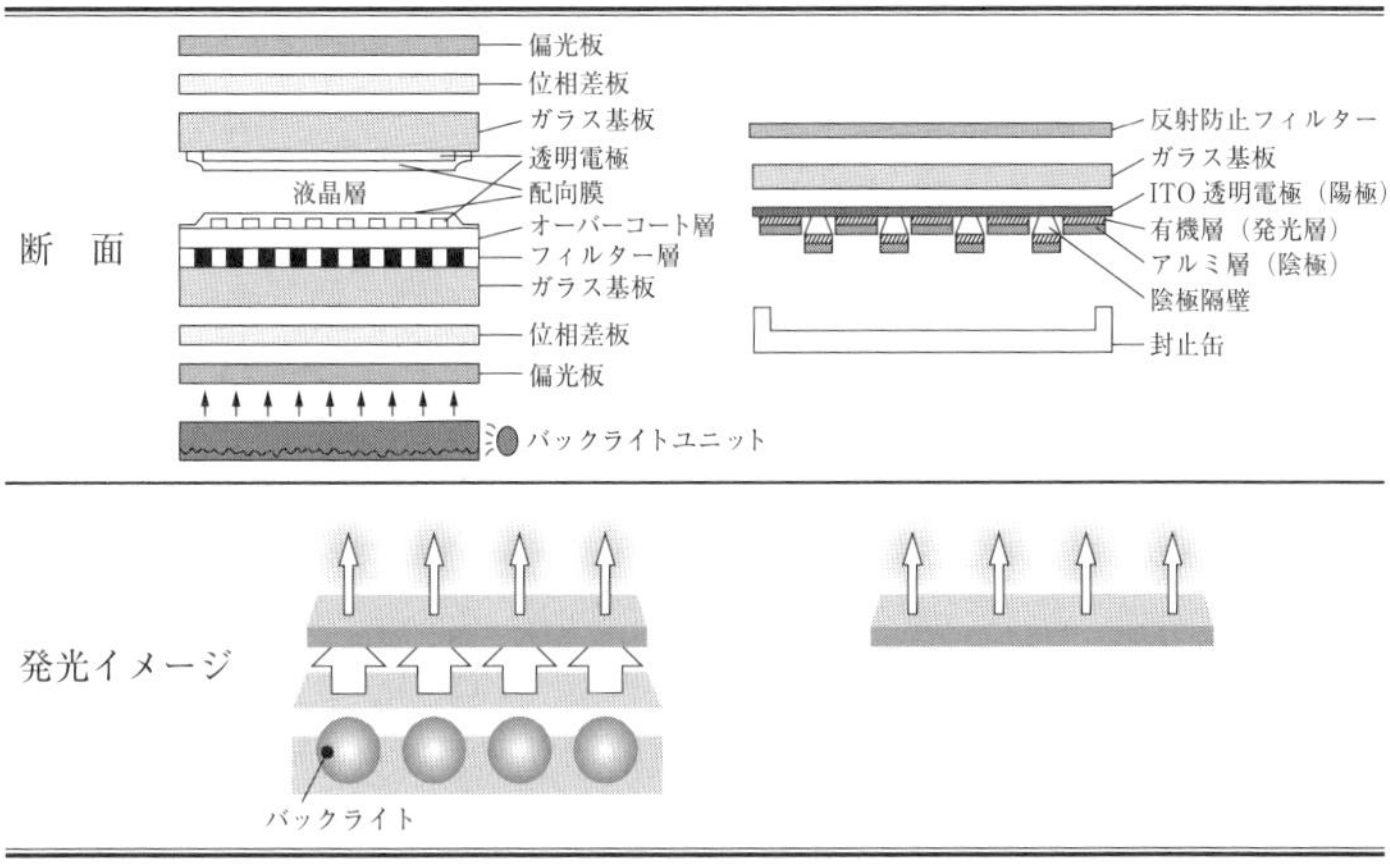

出所：東北パイオニアホームページ，および社内資料より。

図表５　パッシブ型とアクティブ型の比較

	パッシブ・マトリクス	アクティブ・マトリクス
輝　度	○	◎
大画面・高精細	△	◎
消費電力	△	○
寿　命	△	○
コスト	◎	△

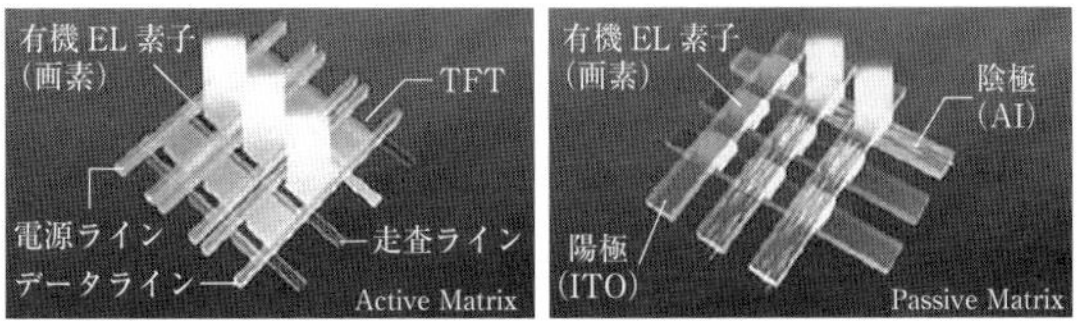

出所：東北パイオニア社内資料。

一方、パッシブ型は構造が簡単なため低コストで製造できるが、アクティブ型は構造が複雑な上、ＴＦＴ基板製造のために四〇〇〇億円から五〇〇〇億円という莫大な設備投資が必要になる。

2　研究開発段階

2・1　ディスプレイ事業への進出

パイオニアがディスプレイ事業に乗り出すきっかけになったのがレーザーディスク（ＬＤ）の開発である。オーディオメーカーとして設立されたパイオニアは、一九七九年、オーディオビジュアルメーカーへの脱皮を目指してＬＤ事業に取り組んだ。そして八〇年、家庭用ＬＤプレイヤーＶＰ‐一〇〇〇を市場に導入した。しかし当時は、ＬＤが実現する高品位画像を再現できる高画質で大画面のディスプレイが存在していなかった。ＬＤの優位性を消費者に伝えるためには、大画面ディスプレイの導入が不可欠であると考えられた。

そこで一九八三年、パイオニアは、二五インチから二九インチのＣＲＴ式大画面テレビ「シード」を業界に先駆けて市場投入した。しかし、その後、大手のテレビメーカーが大型テレビ市場に次々と参入するようになると、性能面・価格面での競争に耐えられなくなってきた。また、ＣＲＴでは大画面化に限界があることも明らかになってきた。

またパイオニアは、「シード」と同時期に四〇インチの液晶反射型リアプロジェクション[12]「キューブ」を発売した。リアプロジェクションは、米国市場を中心にヒットしたものの、明るい場所での視聴が困難であり、ＬＤの性能ポテンシャルを活かし切るには不十分であった。

２・２　有機ＥＬの可能性の検討

このような状況の中、一九八七年、コダックのタン（C. W. Tang）らが有機薄膜を積層する新たなディスプレイの構造を発表した[13]。これによって有機ＥＬ実用化に向けた道が開かれ、多くの企業が研究開発を始めるようになった。

パイオニアでは、タンらの論文[14]を、研究開発本部総合研究所（以下、総合研究所）技術調査部の今井邦男が読み、将来的な有望性を直感した。社内でも追加試験を行ってみるべきだという声があがり、研究テーマとして採用されることになった。しかし、研究テーマになったといっても、パイオニア内では傍流の研究であり、社内的な認知度はほとんどなかった。また、この時点では有機ＥＬの事業化を強く意識していたわけではなく、具体的な開発目標などもなかった。

また、本格的に研究を行おうとしても、当時の総合研究所には有機ＥＬに関する知識がなく、パイオニアだけで研究を進めることは難しかった。そこで一九八八年、国内で有機ＥＬの研究を進めていた九州大学の齋藤省吾教授のもとに総合研究所の研究員であった脇本健夫が送り込まれた（図表6に年表）。

九州大学に派遣された研究員は脇本一名だけであったが、総合研究所の研究員二名も並行して有機ＥＬの研究に携わることになった。九州大学では、キャリア移動や発光原理の研究、デバイス構造の研究、新規材料の研究などが行われ、総合研究所ではプロセス技術の研究が行われた。ドットマトリクス構造の作り方や、有機ＥＬ素子の乾燥方法などはこの時期に開発された。

半年後に脇本が総合研究所に戻ってきた頃から研究メンバーも徐々に増え始めた。しかし、それでもメンバーは五、六名程度に留まっていた。

図表6　東北パイオニア／パイオニアにおける有機 EL 開発の流れ

年	出来事	主要技術開発
1988	九州大学齋藤教授の元に研究員を派遣	
1989		キナクリドン誘導体ドーパント
1990		
1991	ディスプレイ小委員会にて，開発継続が決定	Al-Li 合金陰極
1992		
1993	寿命1万時間の実現 有機 EL の研究開発が加速し，研究チームも 10 名程度に	正孔輸送層の材料開発，素子構造の最適化，陰極パターニング法
1994	東北パイオニアで事業化することが内定 東北パイオニアよりパイオニア総合研究所に技術者を派遣	
1995	東北パイオニアで事業化することが正式決定 パイオニア総合研究所より7名の研究者が異動し，技術移管の開始	BaO を用いた封止技術
1996	量産化への取組み	メタルキャップの開発
1997	世界で始めて量産化に成功し，単色ディスプレイの出荷を開始	
1998		
1999	大量生産への取組み	多層式連続成膜装置，高精度マスク自動位置決め機構
2000	アクティブ型への進出決定 アクティブ型の開発に成功 フルカラー化技術開発	フルカラー化の塗り分け技術，駆動システム
2001	TFT 設計製造会社の合弁会社「エルディス」を設立	
2002	4色エリアカラーディスプレイの出荷	
2003	パッシブ型フルカラーディスプレイの出荷 燐光材を用いたディスプレイを世界で始めて出荷	燐光材のホスト材料開発

２・３　次世代ディスプレイの検討

ＣＲＴでもリアプロジェクションでも、高精細で大画面の映像を映し出すことが困難であることがわかると、パイオニアでは新規のディスプレイ技術戦略についての議論が活発に行われるようになった。一九九一年には、社内横断的に中堅技術者が集まって「ディスプレイ小委員会」が組織化され、集中的な検討が行われた。小委員会でまず候補に挙がったのが、当時ＦＰＤの本命とされていたＬＣＤであった。しかし、ＬＣＤは大型化が困難な上、パイオニアがいまさら参入しても先行企業[15]との差を縮められるとは考えられないと判断された。パイオニアは液晶反射型リアプロジェクションを製造開発していたものの、構造設計のみを行い、液晶自体は外部から購入していたため、液晶技術は蓄積されていなかった。

そこで小委員会は、ＦＥＤ[16]（Field Emission Display）、ＰＤＰ、有機ＥＬなど考えられるさまざまな可能性を検討した。ＦＥＤは、明るくてコントラストの高い画面を大型平面ディスプレイで実現する可能性を秘めていたものの、技術的な見通しがまったく立っていなかったため見送られることになった。

ＦＥＤと同様に、高画質で大画面を実現できる可能性のあったＰＤＰについては、ＮＨＫ技研で試作も行われていたこともあって、技術的な見通しを立てやすかった。しかも、当時、圧倒的な先行企業は存在しておらず、十分巻き返せると判断された。そこで、パイオニアにとっての次世代ディスプレイとして研究開発が進められることになった。

有機ＥＬは、大画面化には不向きな技術であり、技術的な見通しも立てにくかったが、そのポテンシャルの高さは誰もが認めていた。また、国内では他社よりも研究開発で先行していた。そこでひとまずは中小型ディスプレイを視野に入れて、研究開発を継続することになった。

こうして、パイオニアの総合研究所では、ＰＤＰと有機ＥＬの研究開発が並行して行われることになった。

2・4　パイオニア総合研究所における有機ＥＬの開発

有機ＥＬ開発上の課題は明らかであった。発光効率と寿命である。この二つの課題に取り組む過程で、一九九一年から九三年までの間、総合研究所では複数の画期的な技術が開発されることになった。一つは九一年に開発された「Al-Li（アルミニウム・リチウム）合金陰極」である。当時から電子の注入には仕事関数[17]が低い金属が有効であるということは知られていたが、アルカリ金属は反応性に富み非常に不安定な物質であるため、どの企業も本腰を入れて開発に取り組んでいなかった。同様の理由でコダックの特許からもアルカリ金属は除かれていた。それに対してパイオニアの技術者は、アルカリ金属を安定的に取り扱う方法を開発し、Al-Li 合金陰極の使用を可能とした。この陰極を採用することで電子の注入効率が高まり、結果として発光効率が高まることになった[18]。この技術はパイオニアにとっての有力特許となった。

また、一九八九年に開発したキナクリドン誘導体ドーパント[19]の効果もあり、緑色発光素子の発光効率は一二 lm/W 以上の高効率を実現することができた。青色発光素子に関しても、各層の材料と膜厚の最適化によって八 lm/W 以上の高効率を達成した。

寿命に関しては、一九九三年に、正孔輸送層の材料開発や素子構造の最適化により、一万時間以上を実現した。当時、他社ではせいぜい数百時間程度の寿命しか達成できていなかったことを考えると、この成果がいかに優れたものかがわかるであろう。有機ＥＬ実用化の最大の課題といわれた寿命の問題が解決されたため、コダックとのライセンス契約を交わすために渡米した時には、本家のコダックの社員でさえ信じ難いという表情をしていたという[20]。

このように、パイオニアは製品技術のハードルを次々とクリアしていった。そして一九九三年頃になると、製造プロセスに関する技術開発も進められるようになってきた。特に九三年に開発された「陰極微細パターニング法」は、実用的なドットマトリクス・ディスプレイデバイスを製作するためには欠かせない技術であった。有機ELの製造では、両電極を適切な形にパターニングする必要がある。陽極はITOであり有機成膜プロセス投入前に通常のエッチングプロセスでパターニングすることが可能である。しかし、陰極は有機膜の上に直接成膜されるAl-Li合金であるため、有機膜にダメージを与えることなくエッチング等の方法でパターニングすることは不可能である。そこでパイオニアの技術陣は逆テーパー[21]断面形状を有する構造物（陰極隔壁）を活用する方法を開発した。図表4の断面図で台形状をしている陰極隔壁がこの技術を示している。

この技術のポイントは、有機材料を成膜する前にガラス基板上に形成した陰極隔壁が、成膜段階でシャドーマスク[22]として機能し、隣接した陰極金属膜を分断して電気的に絶縁することにある。この技術は特許化され、他社が有機ELを事業化する場合に回避できない有力特許[23]となっている。

Al-Li合金陰極の開発と陰極微細パターニング法という画期的で競争力のある技術の開発により、有機ELの事業化が実現性を帯びてきた。総合研究所での研究規模も拡大していった。一九九三年を過ぎると電気系の開発も行われるようになり、回路研究者も加わり、有機ELの最適な駆動方法の研究や回路構成の研究も加速化された。

3　事業化段階

3・1　事業化担当部門の検討

有機ELの事業化は、子会社のパイオニアビデオ[24]が担当するのが自然だと思われた。パイオニアビデオは、デバイスの開発製造に秀でていた上に、当時担当していたレーザーディスク事業の縮小に伴って、工場に余力があったからである。しかし、パイオニアビデオは、すでにPDPの事業化を担当することになっていた。PDPの方が、技術的にも市場的にも見通しが立っており、市場規模も大きいと考えられた。パイオニアとしては、二つのディスプレイ技術を並行して事業化することはたやすいことではない。有機ＥＬの事業化には乗り越えなければならない壁が存在していた。

このような状況の中、有機ＥＬの事業化でリーダーシップを発揮したのが、当時、総合研究所次長として、デバイスとディスプレイの研究開発マネジメントを担当していた當摩照夫であった。當摩が目を付けたのが東北パイオニアである。東北パイオニアは、高度なＦＡ技術を持っており、その技術は量産化段階で大いに活用することができると考えた。一方の東北パイオニアでも、一九八五年のプラザ合意以降の円高で生産の海外移転が加速する中、国内工場の操業度を維持するための新事業開拓が急務であった。それゆえ、當摩が東北パイオニア社長であった石島聰一に有機ＥＬ事業の話をもちかけると、石島はすぐさまその提案に乗った。ＤＡＴ[25]事業を東北パイオニアに移管したときの責任者も當摩であったため、東北パイオニアにおける當摩の信頼が厚かったことも幸いした。

3・2　事業化準備と事業化の決定

有機ＥＬの事業化を行うにあたって、東北パイオニアの二組四人のプロパー社員がパイオニア総合研究所に送り込まれた。一組は、東北パイオニアの新事業企画室に所属していた犬飼清男と氏原孝志[26]である。二人は最終的な事業化判断を行うために派遣された。もう一組が、米沢工場の開発部に所属していた安彦浩志と内藤武実である。安彦が三〇歳、内藤が二八歳と若く、将来の有機ＥＬ事業を担うものとして、技術習得と生産ラインの検討のために派遣されることになった。

まず、一九九四年六月に安彦と内藤が着任した。そこで二人が行ったことは、当初の派遣理由とは異なって、生産技術の研究開発であった。というのは、まだまだ技術的な課題が山積していたからである。特に、有機ＥＬ素子を水分から守るための封止技術が未解決であった。そこで、安彦は膜封止の研究を行い、内藤は乾燥剤の研究を行った。乾燥剤の研究を行ったのは、封止後の湿気進入に対処するためには、有機ＥＬパネル内部に化学吸着系乾燥剤を封入することが極めて効果的だということが判明していたからである。そして、総合研究所の研究員に加え、内藤の活躍もあり、「酸化バリウム（BaO）を用いた封止技術」が開発された。この技術は特許化され、他社が回避不能な有力特許となった。

安彦、内藤が着任した二カ月後に、犬飼と氏原がパイオニア総合研究所に派遣された。両者は標準化された量産プロセスを構築できるのか、また量産化に向けてどのような課題が存在し、解決の見込みはあるのかを検討した。また、量産化のための投資額および量産ラインの完成時期を見積もった。これらの情報は東北パイオニア社長の石島に報告され、一九九五年の夏ごろに、東北パイオニアで有機ＥＬ事業を手がけることが決定された。この判断には、他社に先がけて一万時間を超える寿命を実現したことも大きく影響していた。

３・３　技術移転と量産化準備

東北パイオニアでの事業化に当たり、パイオニアの総合研究所で有機ＥＬを研究していた研究員七人が東北パイオニアに移籍することになった[27]。この七人は研究所の中でも応用研究寄りのプロセス研究者を中心に組織化された研究室に属しており、量産ライン立上げのためには、これら研究員と東北パイオニアの生産技術者との協働が不可欠だと判断されたからである。一方、必ずしも生産現場に近いところで業務を行う必要のない回路技術の研究者などは移籍しなかった。

まず先陣を切って赴任したのが尾越国三である。尾越は量産支援を目的にして、一九九五年十月、安彦と内藤が引き上げると同時に異動した。翌年の四月と十月には當摩を含む六人の研究員がプロセス技術や材料技術の開発支援のために東北パイオニアに異動した。

この頃の一年間は、パイオニアの総合研究所で技術開発を継続する一方で、東北パイオニア米沢工場で装置の立上げを行わなければならず、人手が不足していた。そのため、一九九五年末から九六年にかけて、東北パイオニアのプロパー社員四人が開発チームに加わった。その一方で、パイオニア総合研究所から東北パイオニアに回路技術を移転するために、回路系の技術者二名がパイオニアから派遣された。九七年にはその二名が戻り、この総勢一七人が、東北パイオニアにおける有機ＥＬ事業化の中心人物となった。

しかしながら、量産化は困難を極めた。総合研究所で生産技術開発を行っていたものの、いざ量産化を行おうとすると、次々に課題が現れた。まず採算面の課題として、封止に用いるキャップが問題となった。総合研究所で試作したガラスキャップを用いると材料費が高騰してしまうからである。そこで、犬飼が中心となり、安価なメタルキャップを開発し、キャップの材料費を一〇分の一まで削減することに成功した。

また、量産技術面では二つの大きな課題が存在した。一つは電極間ショートの問題である。有機ＥＬ素子は、各層の厚さが三〇〜五〇nm（ナノメートル）程度であり、合計でも一〇〇〜二〇〇nmと極めて薄い。そのため、陰極と陽極間にわずかな欠陥が存在するだけでショートする危険性がある。欠陥の要因は、ガラスの凹凸や異物混入であった。異物が混入してしまうと、出荷検査では良品と判断されたとしても、使用段階で欠陥となってしまう可能性があるため、顧客に対する信用問題上、何が何でも防がなければならなかった。この課題に関しては、陽極となるＩＴＯ表面に特別の処理を施したり、エッチングによって荒れた部分を絶緑層でカバーすることなどで解決することができた。

量産技術面での二つ目の課題が、蒸着技術である。蒸着にはＥＢ蒸着機[28]を用いていた。ＥＢ蒸着が素子にダメージを与えることはわかっていたが、代替方法である抵抗加熱方式[29]では、チャンバーの破損を防ぐためにチャンバーを開口しなければならず、必要な熱に達するまでに時間がかかりすぎた。そのため、生産性を考えると、ＥＢ蒸着を選択せざるをえなかった。一年間弱にわたって試行錯誤した結果、最終的にターゲット[30]発生する二次電子[31]が有機ＥＬ素子にぶつかる前にトラップする（封じ込める）ことに成功し、素子にダメージを与える問題は解決された。この技術は二〇〇四年になって特許化された。

これらの予期しなかった課題の発生によって、一九九六年と予定していた量産開始時期が、九七年にずれ込むことになった。結果として顧客に約束していた納期を三度も変更する事態となったが、幸い出荷先がパイオニアのカーエレクトロニクス事業部門であったため、當摩が調整に走り回り、何とか事なきを得ることができた。

初回の納入先がパイオニアのカーエレクトロニクス事業部門になったのは、技術的な不確実性が残るままでグループ外の企業と納入契約を行うことは、東北パイオニアにとっても顧客にとってもリスクが高いと判断されたからである。また、製品がＦＭ文字放送レシーバー用のディスプレイとなったことも、あまり製品責任が大きいものは避けた方がいいとの配慮からであった。結果的に、このリスク管理が功を奏すことになった。

一九九七年、東北パイオニアは世界で始めて有機ＥＬディスプレイの量産化に成功し、緑色の単色ディスプレイが一日に四〇個程度生産された。量産化に関わる投資は四億円弱、すべて東北パイオニアが負担した。

3・4　大量生産への取組みとグループ外企業への供給開始

一九九八年初めからクリーンルームの設置作業が始まり、同年八月からは、全自動インライン式ガラス基板前処理装置などの設備のインストールが始まった。一方で、大量生産のための技術開発、設備開発も進められた。例えば、RGBの塗り分け精度を高めるために、多色発光エリア塗り分け機能を持つ多槽式連続成膜装置が開発された。また、真空チャンバー内に高精度マスク自動位置決め機構を導入することで、有機膜選択成膜から陰極形成まで一貫して真空で行うことができるようにして、大気暴露による水分吸着を防止することにも成功した。これらの設備開発では、東北パイオニアのFA事業部が多大な貢献を行った。

最終的に二〇億円弱の投資を行い、大量生産の体制が整った。その結果、少量生産段階ではFMレシーバー用ディスプレイを四〇個製造するのに丸一日かかっていたのが、大量生産体制では五分で製造できるようになった。

大量生産においても，初回の出荷先はパイオニアのカーエレクトロニクス事業部門であり、一九九九年一月に初回出荷が行われた。今度はFMレシーバー用ではなく、動きのある映像が必要で、しかもパイオニアにとっての主力商品である市販用のカーステレオ用パネル向けに供給されることになった。

こうして製品の信頼性が高まると、グループ企業以外にも採用を働きかけるようになった。まず白羽の矢を立てたのが、米モトローラの携帯電話である。もともとモトローラには携帯電話用のスピーカーも供給していたため、話を持っていきやすかった。パイオニアからモトローラに提案したところ、メインディスプレイでの採用が決まり、二〇〇〇年六月より供給が開始された。この成功をきっかけに、競合するTDKや三洋電機などが開発計画を二年程度前倒しするなど[32]、有機EL業界がにわかに活気付くことになった。

一方、日本のユーザーは画質に対する要求が厳しいため、二〇〇〇年時点では日本の携帯電話メーカーに供給することは難しかった[33]。しかし、二〇〇二年六月になって富士通製の携帯電話のサブディスプレイ向けに、四色エリアカラーのディスプレイを供給することに成功した。

3・5 フルカラー化への取組み

当初量産化した有機ELは各画素の色が不変のエリアカラーであったが、より高度な表現力を実現するには、各画素の色が変化するフルカラー技術を開発する必要があった。

低分子系でのフルカラー化の方法としては、白色発光の有機ELにRGBのカラーフィルターを挟む「白色ELカラーフィルターフルカラー方式[34]」、青色発光の有機ELを色変換層（CCM[35]）を用いてRGBに変換する「青色EL色変換フルカラー方式」、RGB発光する有機EL素子をシャドーマスクを用いて画素ごとに振り分ける「RGB発光層並置フルカラー方式」の三種類が各種研究機関から発表されていた。それぞれ一長一短はあるものの、最終的にパイオニアの技術陣は、RGB発光層並置フルカラー方式が最も潜在性が高く、実用化も近いと判断した[36]。

この方式でフルカラー化を行うためには、高精細な選択成膜法の確立が必要であった。RGBの三色を別々に蒸着しなければならないからである。この課題は、陰極微細パターニング用に開発された陰極隔壁を有機膜選択成膜の際の突き当て部分として再利用することで解決された。さらに、シャドーマスクの引っ張り方向や強度に関する微妙な工夫を施すことで、塗り分け精度を高めることに成功した。これらノウハウは門外不出とされ、装置メーカーにも開示されていない[37]。また、新たに陽極ドライバICと陰極ドライバICを自社開発してフルカラー用駆動システムを開発した。

総合研究所で開発されたこれらのフルカラー化技術は、二〇〇〇年に東北パイオニアに技術移管された。

それらをもとに、東北パイオニアが製品開発に取り組み、二〇〇三年七月、富士通製の携帯電話のサブディスプレイ向けに、パッシブ型フルカラーディスプレイの供給が開始された。

3・6　燐光材の開発

カラー化とともに重要な課題となったのが輝度の向上である。東北パイオニアの技術陣は輝度向上のために蛍光材料よりも発光効率の良い燐光材料に注目した。

燐光材を有機材料として用いることによる効果は、一九九八年、米プリンストン大学および南カリフォルニア大学のバルド（M. A. Baldo）博士、フォレスト（S. R. Forrest）博士、トンプソン（M. E. Thompson）博士および彼らの研究チームによって始めて発表された。理論上は従来に比べて四倍の発光効率（内部量子効率）を実現できることから、彼らの発表は多くの注目を浴びた。

しかしながら、バルドらが発表した素子構造では、一〇〇時間程度の駆動で輝度が半減してしまった。そこで、パイオニアの総合研究所は、有機ＥＬのゲスト材料（ドーパント）のリーディング企業である米ＵＤＣ[38]の材料をさまざまな角度から研究した。しかし、ＵＤＣが推奨するホスト材料を用いても、期待するほど寿命を延ばすことができなかった。そこで、総合研究所の研究員はさまざまな材料メーカーにあたり、最終的に、従来から関係の深かった新日鐵化学が保有する材料をホストとして試したところ、期待通りの成果を上げることができた。そこで二〇〇三年十一月、赤色の発光に、ＵＤＣが開発したゲスト材料と新日鐵化学のホスト材料を用いることに決定した。燐光材を使用した有機ＥＬは、従来よりも色の再現性が二〇％も高まり、赤色の再現性が飛躍的に高まった。燐光材を用いた有機ＥＬは、二〇〇三年十二月、富士通製の携帯電話のサブディスプレイ向けに世界で初めて量産化された。

4　アクティブ型への進出

4・1　合弁会社「エルディス」の設立

一九九九年、電子ディスプレイに関する国際学会ＳＩＤ（Society for Information Display）において、三洋電機とコダック[39]が、アクティブ型有機ＥＬディスプレイの共同開発に成功したことを発表した。この発表が、業界におけるアクティブ型の開発を加速することになった。

東北パイオニアが事業化した有機ＥＬはパッシブ型である。しかし高精細化にはアクティブ型の方が向いている。日本市場で普及しているハイエンドの携帯電話機のメインディスプレイをターゲットにするためには、いずれはアクティブ型に進出しなければならなかった。しかし、一九九〇年代半ばの段階では、携帯電話ディスプレイにどの程度の高画質が求められるようになるのか，判断が難しかった[40]。また、ＴＦＴの開発と生産のために膨大な投資が必要であった。そのため、東北パイオニアだけでなく、ほとんどの企業はパッシブ型の開発を優先した[41]。しかし、三洋電機とコダックによる発表をきっかけとして、二〇〇〇年、東北パイオニアはアクティブ型への進出を決定した。

アクティブ型進出における最大の問題は、四〇〇億円以上とも言われていたＴＦＴ製造工程への投資である。外部調達を行う道も開かれていなかった。ＬＣＤ業界において、高度な生産技術を要する低温ポリシリコンＴＦＴを成膜したガラス基板を量産できるのが、当時は、東芝、三洋電機、エスティ・エルシーディ[42]の三社しかなく、これらの会社は外販に消極的だったからである[43]。仮に外部調達が可能だとしても、アクティブ型有機ＥＬで付加価値の高いＴＦＴ基板を内製しないと、ＴＦＴ基板メーカーに主導権を握られしまうおそれがある。

そこで、東北パイオニアが目を付けたのが半導体エネルギー研究所であった。半導体エネルギー研究所はシャープとともに「CGシリコン」という技術を開発しており、その技術を用いたTFTの電子移動度は、通常のアモルファスSi-TFTの三〇〇倍、低温多結晶Si-TFTに比べても三倍高いという高性能を有していた。[44]東北パイオニアは、半導体エネルギー研究所にアプローチし、二〇〇一年三月に、両社で約四〇〇億円を投じて合弁会社「エルディィス」を設立[45]して、TFT基板の内製化に乗り出すことになった。

4・2　アクティブ型からの撤退

アクティブ型については、二〇〇五年には携帯電話のメインディスプレイ用途に、二〇〇六年以降は動画表示性能という特徴が生かせるデジタルカメラやデジタルビデオカメラなどの分野にも進出することが計画された。また、二〇〇六年度から開始されるモバイル機器向けのワンセグ放送対応の携帯機器向けも視野に含まれていた。パッシブ型では単年度黒字化までに六年を要したが、アクティブ型では二年程度での黒字化を目指すことになった。

しかし二〇〇五年十二月、東北パイオニアの取締役会は、エルディィスを解散し、アクティブ型有機EL事業から撤退することを決定した。予定していた携帯電話での採用が決まらず、エルディィスの減価償却費が東北パイオニアの利益を大きく圧迫していたからである。[46]二〇〇六年三月期決算では、売上高は五・一%減の八八六億九〇〇〇万円、経常利益は七五・二%減の三億八〇〇〇万円となった。エルディィスの整理に伴う特別損失によって、最終的な純損失は一三九億一九〇〇万円へとふくれあがった。[47]エルディィスの整理に続いて、東北パイオニア自体も、二〇〇七年五月にパイオニアの完全子会社となった。

アクティブ型からの撤退に関して，東北パイオニアの塩野俊司社長は次のように述べている。

「有機ＥＬが優れたデバイスであることは間違いない。……だが量産までにかかる費用，技術的課題，用途開拓の展望などを総合すると，顧客がほしい値段と品質で出荷できる見込みがたたず，アクティブ型は中止せざるを得ない。……パッシブ型は一時的に黒字になったが，利益体質が定着する前にアクティブ型の投資にうって出てしまった[48]」。

パッシブ型の場合と異なりアクティブ型事業では，ＴＦＴ製造への多大な投資が必要となる。また，巨大なテレビ市場向けの次世代デバイスとして注目されていることもあって，資金力のある大手エレクトロニクス企業が次々参入し，激しい開発競争を繰り広げている。

パッシブ型の市場は，量産後しばらくは東北パイオニアの独占状態であった。その後もサムスンＳＤＩや台湾RiTディスプレイ（RiTdisplay）を含めた三社で市場のほとんどを占めてきた。しかし，アクティブ型市場では，資金力のある大手企業との激しい投資競争を余儀なくされる。そうした投資競争に加えて，急速に価格下落しているＬＣＤとの厳しい競争も予測される。こうした中，アクティブ型からの撤退は賢明な経営判断であったかもしれない。実際，アクティブ型の市場化で先行した，三洋電機とコダックの合弁会社であるエスケイ・ディスプレイも，二〇〇六年一月に解散し，三洋電機とコダックは有機ＥＬ事業から事実上撤退している。

アクティブ型において東北パイオニアは，技術面でも優位性を発揮しにくい状況にあった。パッシブ型における重要な技術的ブレークスルーは，「Al-Li合金陰極」，「陰極微細パターニング法」，そして「BaOを用いた封止技術」であった。とりわけ、「陰極微細パターニング法」と「BaOを用いた封止技術」に関する特許が，他社に対する強力な差別化要因となっていた。しかしながらアクティブ型では、これら三つの内で「陰極微細パターニング法」が不要となる。アクティブ型の進出においては従来の優位性がそのまま引き継がれるわけではなかった。

4・3　東北パイオニアの業績

東北パイオニアのパッシブ型有機ＥＬ事業は、二〇〇三年に売上高一五〇億円を達成し、単年度黒字化に転じた。また、翌年の二〇〇四年には累積出荷数一五〇〇万枚を突破した。

エルディスの解散によって二〇〇六年には巨額の赤字を計上することになったものの、その後パッシブ型に特化したことによって、業績は回復している。二〇〇七年三月期には、有機ＥＬの販売が前期比で三一二％増加したこともあり、売上高が前期比で五・七％贈の九三六億八一〇〇万円、経常利益も四二億三二〇〇万円を計上した。二〇〇七年の世界シェアは金額ベースで一八・三％となっており、サムスンＳＤＩとRiTディスプレイに次ぐ第三位を維持している。

5　イノベーションの理由

東北パイオニア／パイオニアにおける有機ＥＬの開発と事業化のプロセスをあらためて振り返ってみよう。

パイオニアの総合研究所で有機ＥＬ技術の開発がスタートしたのは一九九八年、その前年にコダックの研究者が有機薄膜を積層する新たなディスプレイの構造を発表したことがきっかけであった。当時パイオニアは、自社技術であるレーザーディスクを普及させるための大画面ディスプレイを模索していた。有機ＥＬも、大画面ディスプレイを実現する可能性のあるさまざまな技術の一つとして位置づけられていた。しかし開発当初は、具体的な目標があったわけではなく、研究所内でも傍流のテーマとして、社内的にはほとんど認知されていなかった。その後、九州大学へ派遣された研究者を含めて三名で原理に関わる研究が進められたが、事業化に向けた支援を受けていたわけでなく、研究所内の一テーマとして細々と開発が進められた。

有機ＥＬ開発が加速化されるのは一九九一年から九三年の期間、ディスプレイ技術の将来戦略を考える「ディスプレイ小委員会」において、大型ディスプレイ向けにはＰＤＰが選択され、有機ＥＬは中小型ディスプレイ向け将来技術として位置づけられたことが契機となった。この頃になると有機ＥＬが大型化には不向きであることが明らかとなり、開発を継続するために、新たな位置づけが必要となったといえる。推察ではあるが、有機ＥＬ開発で他社に先行していたこと、特に差別性の高い技術を開発していたこと、さらに有機ＥＬ技術のもつ潜在性に対する技術者間で共有された認識といったことが、開発の継続を正当化していたと思われる。

有機ＥＬの事業化においては、ＰＤＰとの社内競合が壁となった。パイオニアグループ内でディスプレイ事業を進める部門（子会社）は、すでに、ＰＤＰの事業化を担当することになっており、並行して有機ＥＬを事業化する余裕はなかった。そこで、総合研究所次長の當摩が目をつけたのが東北パイオニアであった。東北パイオニアには、有機ＥＬ事業を引き受ける理由があった。円高以降に加速化していた海外への生産移管で東北パイオニアの生産量は急速に減少していた。東北パイオニアは新しい事業の柱を必要としていた。事業移管の過程では當摩のリーダーシップも大きく影響した。當摩はかつて、別の事業でも、東北パイオニアへの生産移管に関与していた。そこで得た信頼が、今回の移管において活かされた。

量産化段階への移行では、社内需要が重要な役割を果たしていた。有機ＥＬはまったくの新技術であったため、予想外の問題が生じた結果、量産時期が遅れていた。こうした状況では、顧客を得るのが難しいだけでなく、いきなり社外の顧客向けに事業化することは、東北パイオニアにとっての大きなリスクとなるであろう。この問題を解決して、量産化を正当化したのは、パイオニアのカーエレクトロニクス事業部門からの需要であった。カーエレクトロニクス事業は、有機ＥＬ技術を差別化技術として位置づけたのである。

最後に、アクティブ型への進出はいかに正当化されたのであろうか。高画質を求めるという技術開発の流れからすれば、確かに、アクティブ型への進出は自然な流れではある。しかし、パッシブ型の場合ほど東北パイオニアの技術的な優位性が高くない。またＴＦＴ生産工程への莫大な投資が必要となる。資金力のある内外の大手エレクトロニクス企業や転用可能なＬＣＤ製造工場をもつ企業との競争を考えれば、地方の中堅企業である東北パイオニアによるアクティブ型への進出は、必ずしも戦略的に自明な行動ではない。むしろ一般的には理解の難しい意思決定といえるかもしれない。これも推察ではあるが、三洋電機とコダックによるアクティブ型の市場化発表、目の前の巨大な置換市場（液晶パネル市場）、パッシブ型で培った技術的優位性に対する評価、パイオニア本体（ＰＤＰ）との差別化といったことが判断に影響していたのかもしれない。

1　その成果が認められ、一九九八年にはディスプレイに関する国際学会であるＳＩＤ（Society for Information Display）から金賞を与えられ、二〇〇一年には大河内記念生産賞を受賞した。

2　本ケースは、坂本［2005］をもとに、青島矢一が加筆修正したものであり、特に断りのない限り、二〇〇七年時点での情報に基づいて書かれている。

3　低分子系はコダックが、高分子系は英ケンブリッジ・テクノロジー・ディスプレイが基本特許を抑えている。コダックの基本特許の多くは二〇〇五年に切れ、残りも二〇〇七年に切れている。

4　材料を真空チャンバー内にセットし、抵抗加熱により昇華、蒸発させて基板上に成膜させる方法。チャンバーとは外気を遮断するために用いる容器のこと。

5　ＬＣＤでも、従来のＴＮ（ツイストネマティック）型やＳＴＮ（スーパーツイストネマティック）型に対して、マルチドメイン方式やＭＶＡ方式などが開発され、視野角が著しく改善し、有機ＥＬに匹敵するようになっている。

6　光の三原色で、赤（Red）、緑（Green）、青（Blue）を指す。これらを混ぜることですべての色をつくり出すことができる。

7　発光効率には内部量子効率と外部量子効率がある。内部量子効率とは電気エネルギーを光として取り出せる効率のことである。内部量子効率は原理的に最大で二五％である。しかしこの値は理論値であり、実際は有機薄膜層などに閉じ込められたりして光が減退してしまう。このように、実際に外部に取り出せる光エネルギーの割合を外部量子効率という。

8　発光現象には蛍光と燐光がある。蛍光は人間の目に見える可視光線である。しかし、燐光は極低温では観測されても常温では観測されることはほとんどない。有機ＥＬの発光現象において、蛍光と燐光が一対三の割合で発生するため、内部量子効率が二五％になる。そのため、燐光を可視光として取り出すことができれば、発光効率が高まる。

9　有機ＥＬの発光層は「ドーパント」と呼ばれる発色素材と、ドーパントに電気エネルギーを与える「ホスト」と呼ばれる成膜素材の二層で構成される。これらの内、ドーパント用の材料に関しては米国ＵＤＣが基本特許を握っており独占状態となっている。近年は燐光材料の開発のために、ＵＤＣと新日鐵化学や三菱化学などのホスト材料メーカーが共同を進めている（『化学工業日報』二〇〇六年五月三一日、『日経ナノビジネス』二〇〇六年六月一二日）。

10　陰極に形成する電極はデータ線である。画素の明暗を決めるデータ（電圧値の大小）が伝送される。

11　陽極に形成する電極は走査線である。画素のスイッチのＯＮ／ＯＦＦを決めるデータ（1, 0）が伝達される。

12　テレビ内に小型のディスプレイを置き、それに光を投射し、スクリーンに投影させる装置。プロジェクターが白いシートに前から投影するのに対し、リアプロジェクションテレビは画面に後ろから投影する。

13　有機ＥＬの基本特許である。

14　Tang, C. W. and S. A. VanSlyke［1987］, "Organic Electro-Luminescent Diodes," *Applied Physics Letters*, Vol. 51 (12), pp. 913-915, September 21.

15　例えばシャープは一九八七年には液晶カラーテレビを商品化し、九一年には世界初の壁掛けテレビを商品化していた。

16　電界放出ディスプレイのことであり、平面状の電子放出源から電子を放ち、蛍光体に当てて発光させる。キヤノンと東芝が開発していたSED（Surface-conduction Electron-emitter Display）はFEDの一種である。

17　仕事関数とは、電子を引き出すのに必要なエネルギーのことであり、電子が材料から飛び出す際に越えなければならないハードルの高さということができる。仕事関数が低いということは、低い電圧で電子を放出できるということになる。

18　発光効率とは電力一W（ワット）あたりの光源から出る光の量のことである。電力とは電流（電子の流れ）によって単位時間になされる仕事の量である。そのため、電子の注入効率が高まれば、より少ない電流で同等の光の量を得ることができるようになる。

19　ドーパントとは少量を素子中に混入（ドーピング）することでかなり自由な発光色を得ることができる材料のこと。一般的に、発光層には、発光輝度は小さいが成膜性が良い発光材料（ホスト材料）と、成膜性は良くないが発光輝度が大きい材料（ゲスト材料）を微量加えた発光材料が用いられるが、このゲスト材料がドーパントである。また、このように材料を組合せることはドーピング法と呼ばれる。

20　鎌倉［2004］。

21　テーパーとは、円錐状に直径がしだいに減少している状態である。

22　余分な電子ビームを遮るための構造物のこと。

23　陰極微細パターニング法の特許は日米のみでしか出願していなかった。

24　パイオニアビデオ株式会社は、二〇〇二年の事業転換によって、パイオニア・ディスプレイ・プロダクツ株式会社とパイオニア・マイクロ・テクノロジー株式会社に分割された。

25　デジタルオーディオテープ用のデッキ。第一号機（D-1000）は一九八七年に発売された。

26　氏原は一九九三年頃からマネジメントの立場で総合研究所の有機ELの研究開発に関与していた。

27　パイオニアでは、技術移管が必要な場合には、事業立上げのために研究員が事業部門に一定期間異動することが原則となっている。これは、暗黙的な技術を移転するという目的以外に、研究員にコスト意識や信頼性などの事業マインドを醸成する目的があるという。そのため、例えば研究だけをやっていたいという理由で異動を拒否することは認められない。また、「研究開発成果」とは論文の完成だけではなく、事業移管や事業化と考えられている（パイオニア総合研究所研究企画本部次長、横川文彦氏へのインタビューより、二〇〇五年三月二二日）。

28　ＥＢとは電子ビームのこと。ＥＢ蒸着とは、真空容器内で複数の蒸着源を個々に電子ビームで加熱蒸発させ、ヒーターによって加熱された基板上に薄膜として成長させる方法。

29　物体に通電することにより熱が発生する。これは電流を流すことにより、その物体のもつ電気抵抗によって電気エネルギーが熱エネルギーに変わるからである。この現象を利用したものが抵抗加熱方式である。電気コンロが代表的である。

30　一般的に、光線または粒子線を当てる物質や電極のことをいう。

31　二次電子とは、固体（ターゲット）に外部から電子を打ち込むとき、入射電子の運動エネルギーをもらって固体から放出される電子のことである。

32　『日経マイクロデバイス』二〇〇〇年三月。

33　エリアカラーとは、エリア（画素）ごとに、赤や青などの色がついているけれども、各エリアの色が変化することがないものをいう。画素の色が変化するものはフルカラーという（西久保［2003］）。

34　液晶ディスプレイと同じ原理である。

35　Color Changing Mediums。青色の光を吸収して緑や赤の色で発光させる色変換層。

36　ＲＧＢ発光層並置フルカラー方式は、低分子系では主流となっている。高分子系では有機ＥＬ素子をインクジェット印刷する方式が研究されている。

37　それどころか、二〇〇二年より真空蒸着装置の自社開発に乗り出した。有機ＥＬの歩留まり向上の鍵は真空蒸着工程が握っているため、装置を購入していては、競合企業と差別化できないと判断したからである。これまでは、トッキやアルバックから購入していた（『日経産業新聞』二〇〇二年七月九日）。

38　Universal Display Corporation。有機ＥＬ分野において革新的な技術および材料の開発・商品化を行う世界的リーディングカンパニー。プリンストン大学および南カリフォルニア大学と有機ＥＬ技術の研究開発において緊密な協力関係にあり、材料や構造などの各種重要技術を保有している。

39　三洋電機はＴＦＴが得意であり、コダックは有機材料が得意である。両社は一九九九年から有機ＥＬの共同開発に取り組み、二〇〇一年一一月には有機ＥＬを製造する合弁会社「エスケイ・ディスプレイ」を設立した。

40　二〇〇〇年を過ぎたあたりから高画質の要求が急速に高まってきた。カメラ付き携帯電話が登場したのは二〇〇〇年一一月のことであり、携帯電話のディスプレイにＴＦＴカラー液晶が初めて搭載されたのは二〇〇〇年一二月である。カラー液晶パネルが搭載され始めたのは、一九九九年九月のことである。
41 代表的な企業で最初からアクティブ・マトリクスを選択したのはセイコーエプソンと東芝のみである。
42 ソニーと豊田自動織機の共同出資会社。
43 『日経産業新聞』二〇〇〇年一二月一八日。
44 『日経マイクロデバイス』二〇〇一年四月。
45 ＣＧシリコンに関する特許の共同出願人であるシャープもエルディスに出資している。出資比率は、東北パイオニアと半導体エネルギー研究所が四五％ずつ、シャープが一〇％である。エルディスでＴＦＴをガラス基板上に形成し、東北パイオニアに出荷する。
46 『日本経済新聞』東北版、二〇〇五年一二月九日（24面）。
47 『東京読売新聞』二〇〇六年四月二七日（34面）。
48 『日経産業新聞』二〇〇六年五月一九日（9面）。

事例8

荏原製作所：内部循環型流動層炉の開発、事業化

はじめに

一九八一年、荏原製作所（以下、荏原）の技術者は、流動層技術を応用した画期的な廃棄物焼却技術である「内部循環型流動層技術」（ＴＩＦ）の開発に成功した。同技術は、廃棄物焼却の一つの方式である流動層技術の限界を独創的な発想によって克服したものであり、環境設備業界における荏原の地位を一躍引き上げるとともに、その後の業界の発展に多大な影響を与えた。

流動層技術とは、炉内に充填した砂を炉底から空気を入れて流動させ、そこに廃棄物を投入して燃焼させる技術のことである。荏原は一九七〇年代末にこの流動層技術を導入して焼却炉市場へと参入した。しかし、当時の流動層技術では、炉を大規模化することが原理的に不可能であるといわれ、破砕機をつけることなしでは稼動できなかった。こうした技術的な限界ゆえに、流動層炉の市場は極めて限られていた。

こうした状況に対して荏原の技術陣は、砂の横方向流動を活用した独自の「内部循環型流動層技術」を開発した。この技術によって荏原は、流動層炉の大型化に対する制約を克服し、都市ゴミのみならず一般廃棄

物や産業廃棄物向けの焼却炉においても無破砕かつ大型化を実現することに成功した。

さらに荏原は、この内部循環型流動層技術を応用して、一九八〇年代後半から二〇〇〇年にかけて、内部循環型流動層ボイラ（ICFB）、内部循環型ガス化炉（TIFG）、ケミカルリサイクル用加圧ガス化炉（PTIFG）と、次々と新しい技術を導入した。[1]

荏原はどのようにして、これら四つの技術の開発と事業化を進めていったのだろうか。[2]

1　環境設備事業参入の経緯

1・1　参入の背景[3]

荏原は一九一二年に大型ポンプの国産化を目的とした「ゐのくち式機械事務所」として創業した。[4] 明治末から大正にかけての日本では、東京を初めとして大都市におけるインフラ整備が発達しつつあり、当時の世界最高水準の技術を用いた灌漑《かんがい》用・水道用ポンプが海外から輸入されていた。そうしたなかにあって、創業者畠山一清は、恩師の東京大学井口在屋博士が生みだした「渦巻ポンプ」という、世界でも類をみない独自の揚水ポンプ技術に注目し、苦心の末、初の国産ポンプの事業化に成功した。一方で創業当時より、ポンプの基礎技術である流体力学に関連した送風機事業への進出も行い、工場や鉱山用送風機、さらにデパートなどのビル用送風機を導入した。

このように荏原は、「風水力事業」という形で事業基盤を築き、戦前期からトップメーカーとしての地位を確立した。しかし一九七〇年代の初頭になると、風力関連市場が成熟化し、荏原の成長も鈍化し始めた。一般的にインフラ関連の事業は、需要が一通り満たされると買換需要が発生するまでに十数年を要するという性格をもっている。また設備投資は同時期に集中する傾向にあるため、需要に大きな波が生じることになる。風水力事業を基盤としていた荏原は、インフラ事業のこうした性格ゆえに不安定な収益構造を抱えるようになっていた。[5]

そこで荏原は一九七〇年代に入ると新規事業の開発を活発化し始めた。その一つが焼却炉を中心とする環境設備事業であった。七〇年初頭は、産業廃棄物の処理問題や都市ゴミ用埋立地の不足が社会的にも大きく注目され、環境設備事業に大きな成長性が見込まれていた時期であった。

１・２　準備段階

一九七二年、荏原の化工機事業部のなかに「環境開発部」が発足し、環境設備事業の基盤作りがスタートした。[6] 環境開発部のメンバーは、高い成長が見込まれるとともに、既存の顧客に関連する事業を探索した。そこで選ばれた事業の一つが廃棄物用焼却炉であった。

焼却の対象としては大きく、汚泥を始めとする産業廃棄物と都市ゴミがある。なかでも都市ゴミ用焼却炉の市場は、とくに有望であると考えられた。その当時、全国の自治体で埋立地不足が深刻化し、その対処策として自治体による焼却炉の整備が拡充されていたからである。回収した都市ゴミをそのまま埋め立てるのではなく、焼却によって容積を減らし（減容化）、埋立処分量を極力減らすことは政策的にも推奨されていた。とくに一九六〇年代からは、焼却炉設置が国庫補助の対象となり、全国の自治体で焼却炉の整備が大規模に進められるようになった。七〇年代初頭の焼却炉市場の規模は年間一〇〇〇億円を超えるほどになると予測されていた。これは環境設備の分野では群を抜いて大きな市場であった。

焼却炉の需要者である事業者や自治体は、風水力事業を手掛けてきた荏原にとってなじみのある客筋であった。しかし技術的な面からみれば，焼却炉はまったく未経験の分野であった。こうした中，一九七二年五月，営業部隊八人と技術陣三人によって焼却炉の事業化に関する調査が開始された。

2　参入初期：SDP炉の開発（一九七二年以降）

2・1　焼却炉業界の既存メーカーと既存技術

当時の焼却炉業界では，一九六〇年代初頭に大手の造船・プラントメーカーが導入した「ストーカ式」と呼ばれる焼却炉技術が主流であった。ストーカ炉は大型化が容易であり，年々増大する日本の都市ゴミを大量焼却処理することに適した性格を備えていた[7]。

ストーカ炉導入の担い手である三菱重工，日立造船，NKK，川崎重工，およびタクマの五社は，大都市向けの大型都市ゴミ焼却炉を中心として，市場の七割近いシェアを掌握していた。

新規参入を考える荏原としては，こうした寡占市場に同じ技術で後から参入しても到底勝ち目はなかった。また，ストーカ炉を導入していた関連会社である荏原インフィルコとの直接競合は避けるべきだという配慮もあり，ストーカ炉での参入は考慮の対象から除外された。

そこで荏原の技術者が注目したのが，流動層技術であった。ストーカ式の他にもいくつかの代替的な技術がある中で，とくに流動層技術に注目したきっかけは，開発者の一人が数年前に手掛けたブドウ糖製造プラントの改良経験にあった。その開発者は，粉末ブドウ糖を冷却するプロセスで生じたトラブルを解決するために，流動する砂糖に空気をブローして冷却する流動層クーラー方式を導入して問題を解決した経験があった。そこで流動層技術が，構造が比較的シンプルで，かつ燃焼効率が高い特性をもつことがわかっていたのである。

2・2　SDP炉の開発

一九七二年の十月、開発チームは、営業部を通じて、伊藤忠商事の化学機械部紙パルプ機械課から英国のSDP社（Sterile Disposal Plant ltd.）のもつ流動層技術についての情報を入手した。それは製品として完成された技術ではなかったが、非常にユニークなものであった。

流動層焼却炉[8]の基本的な仕組みとは、炉内に一㎜以下の砂を充塡し、炉底から熱風を送ってそれらの砂を上下に攪拌（バブリング）し、この中にゴミを投じて燃焼させるというものである。これを「バブリング型」といい、流動層燃焼炉の原型となる。SDP社の流動層技術とは、単純に砂が上下動する仕組みから一歩進めて、流動砂を旋回させることで層内の負荷を増し、より高い燃焼効率を図るというものであった。これを「旋回流型」流動層焼却炉という（図表1参照）。荏原が導入した旋回流型流動層焼却炉は、SDP社の名にちなんで「SDP」と呼ばれるようになった。

一九七三年末にSDP社とライセンス契約を締結した荏原は、翌一九七四年から実験プラントの設計を開始し、七五年一月には川崎市の協力を得て、同社の旧川崎工場に近い加瀬下水処理場に、実験炉を設置した。そして七五年十月には東亜石油から初の受注を獲得し、七六年八月に第一号を納入することができた。

一九七七年からは、当初からの主眼である都市ゴミ焼却炉市場への参入が開始された。「都市ゴミ焼却炉といえばストーカ炉」という状況のなか、新たな技術を市場に導入するための最初の課題は、厚生省から技術的な認可を得ることであった。自治体が焼却炉を建設するにあたり、国からスムーズに国庫補助金を受けるためには、建設する焼却炉が厚生省の定める焼却設備に関するガイドライン（「構造指針」と呼ばれる）に

図表1　バブリング型流動層炉（上）とSDP炉（下）

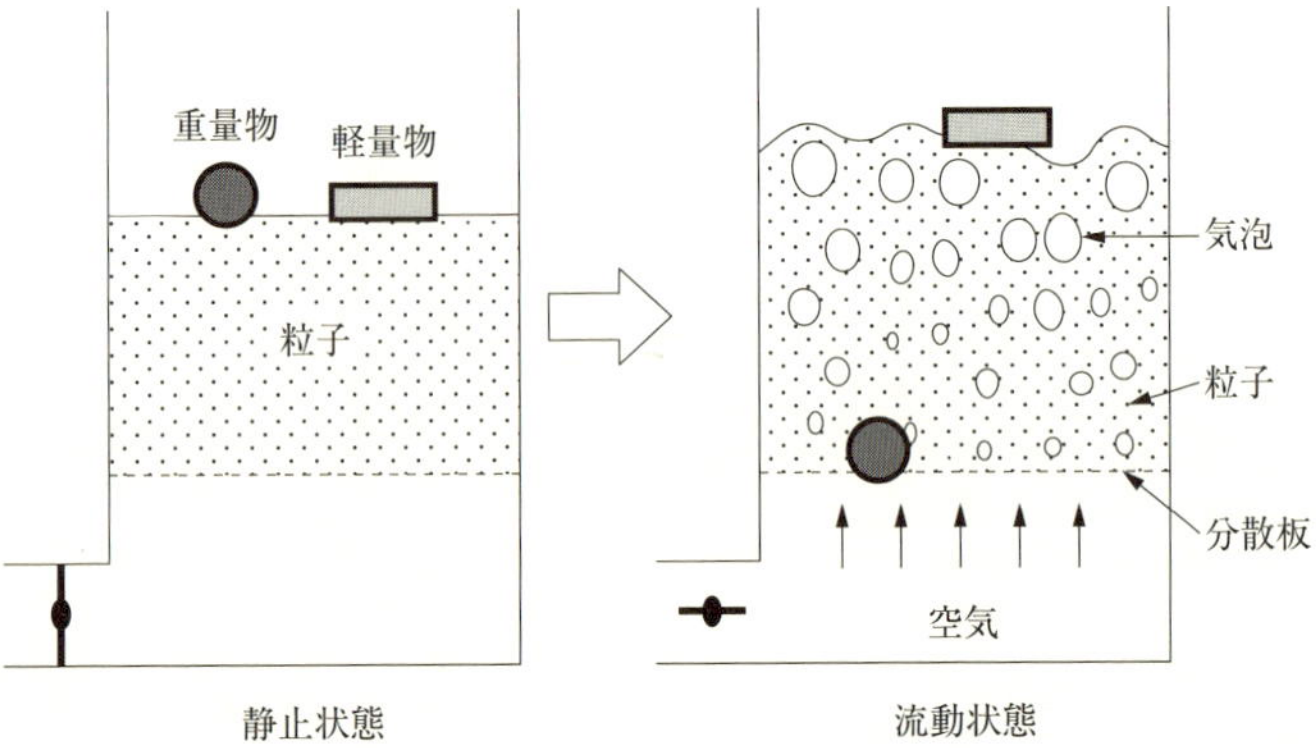

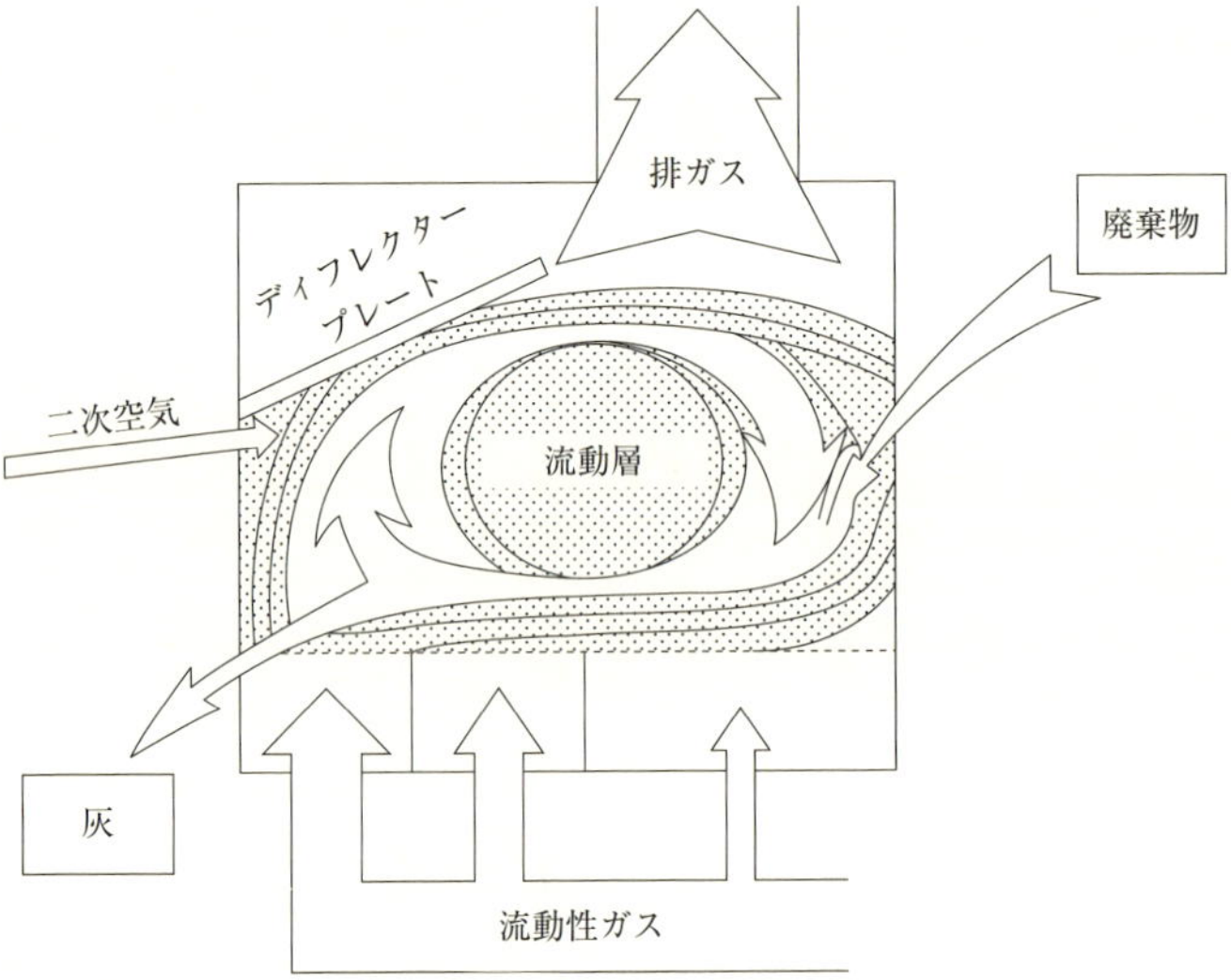

出所：荏原製作所内部資料。

沿ったものでなければならない。この構造指針は、当時の主流であるストーカ方式を想定して作られたものであったため、そこに新たに流動層型焼却炉を組み入れてもらう必要があった。

開発チームは、実験炉で都市ゴミの焼却実験を繰り返し、ゴミ質の季節変動や、自治体の規模によって異なる操業時間[9]などの操業条件に合わせたデータを蓄積して、一九七七年には技術審査を通過することができた。

次の課題は実機化であった。自治体の処理現場における日常の操業条件は、実験炉の操業条件とはさまざまな点で大きく異なる。例えば、実験炉には比較的等質なゴミが投入されるが、実際の現場で処理されるゴミの性状は、都市によっても、また日によっても異なる。こうした相違ゆえに、実験段階では想定されなかった多くの問題が発生し、実機の納入後も開発陣はその改良に腐心することになった。都市ゴミ用焼却炉の第一号の受注は一九七七年の石川県珠洲市からであったが（25 t/16 h 炉）[10]、ここではゴミを投入する前工程の破砕機の刃の破損、給塵装置の詰まり現象、燃焼の安定性などのトラブルが納入後に頻発した。そこで設計者の一人が運転要員となり、納入後の約一年もの間、現地に滞在して改善を図るという方策がとられた。

2・3　市場からの反応

こうして改良が加えられていった荏原の流動層炉は、他の方式の小型焼却炉に比して高い燃焼性能を示した。主流のストーカ炉は、もともと大都市における大量のゴミを処理するように開発されており、少量のゴミを処理するには適していなかった。処理量に合わせて炉の規模を小さくすると、十分な燃焼効率を発揮することができず、灰の中に未燃物が残留することが多かったのである。それに対してＳＤＰ炉は、小規模の割に高い燃焼性を実現し、中小の自治体向けの需要に適っていた。

珠洲市に続き、福岡県宇土の富合清掃センター組合や室蘭市からの受注が決まって実績を上げ始めると、各地の自治体がSDP炉に興味を示し始めた。一九七九年から八一年の三年間で、都市ゴミ用焼却炉一一件、汚泥用焼却炉三件の計一四件の受注を得ることができた。

こうして焼却炉市場への参入にはひとまず成功したものの、受注は地方向けの中小型焼却炉に限られたものだった。平均的な大型焼却炉の受注額は百億円を超え、政令指定都市クラスになると数百億円規模になるのに対し、中小の自治体向けの中小型焼却炉の受注金額はせいぜい数億から十数億円程度にとどまる。焼却炉事業を成長させるためには、大型焼却炉市場への拡大が必須であった。

3　第一ステップ：TIF炉の開発（一九七八年以降）

3・1　大型化への技術的制約

しかし、SDPによって大型焼却炉市場へと進出することには大きな障害があった。流動層技術では、原理的に、炉を大型化することが難しかったのである。

第一に、流動層炉では、重量のある大型の廃棄物を燃焼させることができなかった。流動層のなかに重量のある廃棄物を投入すると、廃棄物が炉底に沈んで堆積する。廃棄物と砂が炉底に堆積すると、局部過熱を起こして廃棄物と砂が溶けて固まってしまう[11]。その結果、層内の流動が阻害されて運転不能になる危険性がある。それゆえ、流動層炉では、廃棄物をあらかじめ小さく破砕する前処理が必要であった。しかしゴミを破砕すると騒音や異臭が発生し、作業環境が悪化するだけでなく、近隣に住宅がある場合には公害問題を引き起こすおそれがあった。また破砕機の電力消費が非常に大きかったために、ランニングコストを押し上げる要因にもなっていた。

第二に、炉を大型化することによって廃棄物の攪拌が阻害されるという問題があった。流動層炉は、砂を下から吹き上げて上下方向に動かしながら投入物を攪拌する。一方、投入物を横方向に攪拌する力が弱いのが原理的な問題であった。炉を大型化すると、この横方向の攪拌が決定的に不足して、炉内（流動層内）で熱が拡散されずに動作不良を起こしてしまう。それゆえ、五〇t/dの規模（焼却炉では中規模）が流動層炉の限界であるというのが当時の常識的な見解であった。

大型焼却炉市場に参入するためには、これら二つの技術的課題、すなわち、①ゴミの無破砕化と②横方向の攪拌を実現する必要があった。しかし、これらの問題を克服することは不可能であるという見方が強かった。たとえ市場規模が限られており、破砕に付随する問題を抱えていようとも、SDPに特化して事業を展開するべきであるという考え方が社内では支配的であった[12]。

3・2 内部循環型流動層技術とTIF炉の開発

「無破砕型ゴミ焼却炉」の開発は一九七九年、開発課長の石原秀郎、主任技術者の大下孝裕、斉藤晴光のわずか三人によるチームでスタートした。

その年に五件のSDP炉の受注を抱えていた事業部門は、無破砕型ゴミ焼却炉にはまったく関心を示さなかった。それゆえ開発チームは、ラインから外れ、化工機部（事業部）の部長直轄の別部隊としての活動を余儀なくされた。社内的には現行のSDP炉を支持する声が圧倒的に強かった。無破砕型ゴミ焼却炉の開発を支持してくれたのは、業務部門の担当者一名のみという状況であった[13]。

大下らが挑んだ技術的な課題は、①無破砕で投入した重量物の沈降を防ぐこと、②層内の横方向の流動を確保すること、であった。

課題解決の最初のヒントは、再び、SDP炉の発明者の一人であったミッチェル（A. D. Mitchell）が考案したアイデアにあった。それは流動層炉の中央に仕切壁を設け、炉内に二つの循環流を生じさせて層内の燃焼物を移動させるというものであった。これはTIF（Twin Interchanging Fluidized-bed）と呼ばれる技術である。

しかし、実際にミッチェルの仕切壁付TIFを実験[14]してみると、重量の軽いものが流動層の表面に浮かんだまま沈降しないという結果が得られた。可燃物が表面に浮いたままだと、燃焼熱が層内に拡散せず層内の温度維持が不安定になるおそれがある。そこでいくつかの試行錯誤を続けるうちに、仕切壁をとることで層内の動きに大きな変化が見られることがわかった。仕切壁がない場合、表面に浮かんだゴミは速い速度で沈降し、その後ふたたび両脇の流動層に戻って上昇する。また重量のあるものは沈降せず、両脇に横滑りして移動することがわかった。

こうした発見に基づいて開発された「内部循環型」流動層の原理とは、次のようなものであった。まず構造的には、①炉底部が山型になっており、②炉底の両脇（すなわち山の両裾）からは強い流速で、中央部分からは弱い流速でガスが吹き上げられるようになっており、③炉の両サイドには上昇してきた流動層をはじき返すディフレクタープレートが付けられている、という特徴がある（図表2参照）。

この構造のもとでは次のような循環が生じる。流動速度の速い両脇では上昇流が生じ、吹き上げられた砂はディフレクタープレートに跳ね返され、中央部に向けて移動していく。中央部の流動速度は両脇よりも遅いため、そこでは下降流が生じる。これによって、両脇から砂が上昇して中央で下降するという二つの循環流が生じる。真上からゴミが投入されると、ゴミはまず下降流に沿って沈降しつつ、両脇に向かって横方向

図表２　内部循環型流動層の機構概念図

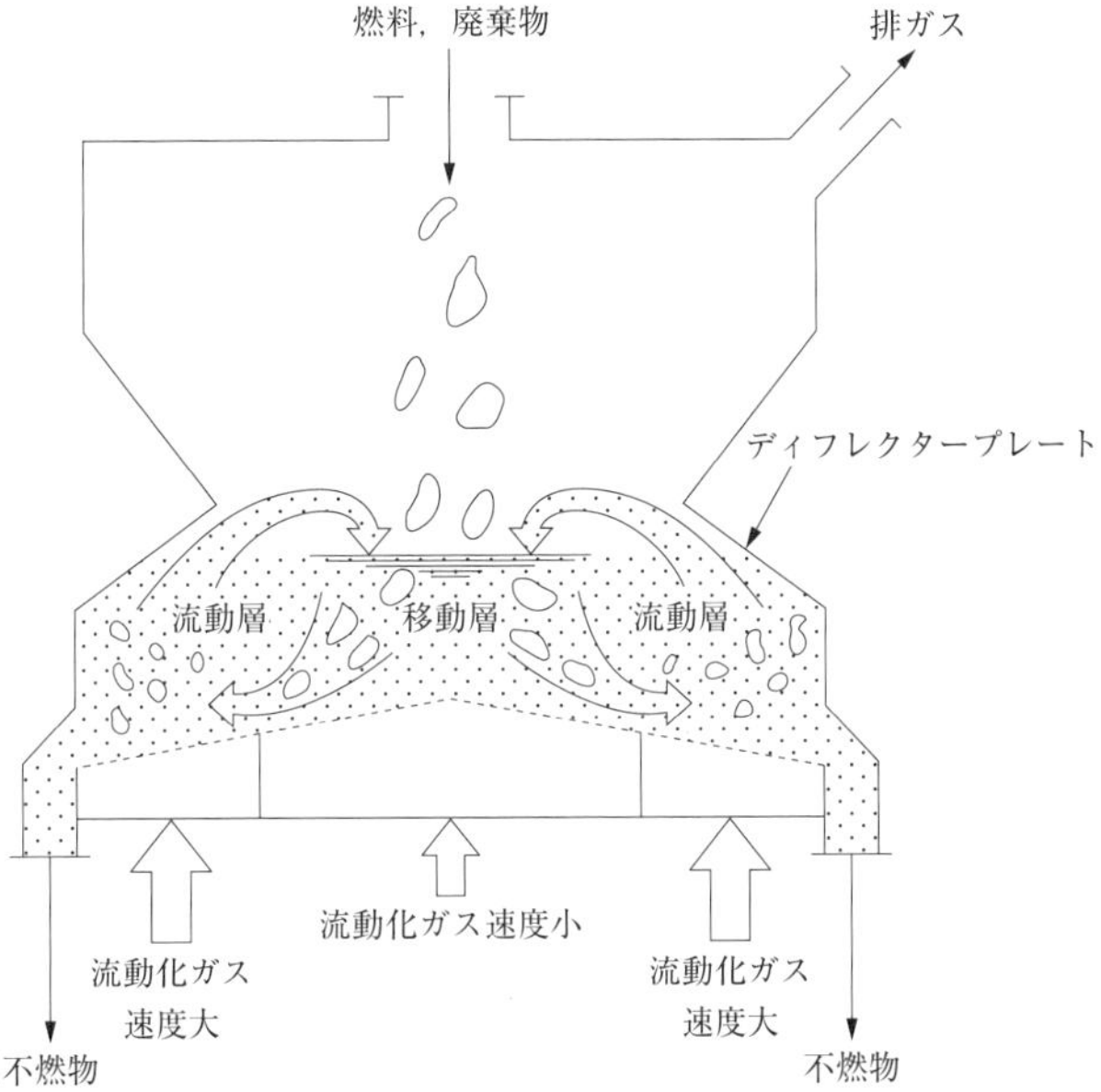

出所：荏原製作所内部資料。

に移動する。このとき、炉底部が山型になっていることがその移動を助けるように作用する。こうして、軽量物も重量物も炉床に沈降することなく層内で循環する。一方、大きな不燃物は、左右の不燃物排出口に寄せ集められて取り出される。

　こうした機構によれば、横方向の流動が熱の拡散を促進するため層内温度は安定する。同時に重量物が一カ所に堆積して動作不良を起こすこともない。こうして開発チームは、ミッチェル型ＴＩＦ炉を破棄し、仕切壁を除いた独自のＴＩＦ炉で無破砕型大型焼却炉の実用化を目指すことになった。

　実験炉でのテストが終了し、営業活動を開始しようとした頃、社内では一つの問題が持ち上がった。化工機部におけるＴＩＦ炉の開発と並行して、荏原総合研究所（以下、総研）においても別の技術を使った大型炉の開発が進められていたため、総研側がＴＩＦ炉の実用化を一旦ストップするよう働きかけてきたのである。この問題に関しては、総研側と化工機部双方の開発者、さらに同じ化工機部の営業担当者が加わって会合が設けられた。それぞれの優劣が論じられた後、最終的に営業部から、構造的にシンプルでコストも安いＴＩＦ炉を売りたいという意見が述べられ、この問題は決着をみた[15]。

3・3　ＴＩＦ炉の市場導入

ＴＩＦ炉の第一号機は、一九八一年に神奈川県藤沢市石名坂清掃センターから受注した案件で納入された（130 t/d×3 基）。この案件の検討が始まった八〇年六月頃の段階では、まだＴＩＦ炉の開発は完了しておらず、営業はＳＤＰ炉によって対応していた。しかし受注に成功したのと相前後してＴＩＦ炉の開発が完了したことから、開発陣はＴＩＦ炉の導入を促すべく、トップを含む社内関係者と藤沢市の担当者の説得にあたった。実験炉のデータを支えに熱心な説得を繰り返した結果、条件付きでＴＩＦ炉の導入が了承されることとなった。その条件とは、破砕機を設置することだった。

顧客と社内関係者の説得においてネックとなったのは、無破砕型焼却炉が背負うリスクである。都市ゴミには事前に想定されない雑多なものが混入されるおそれがある。とくに当時は、今ほど廃棄物処理に対する規制が厳しくなかったため、ずさんな民間の廃棄物処理業者により、本来焼却炉に投入すべきではないタイヤや電化製品などといった、難燃性・不燃性の廃棄物が持ち込まれることもしばしばあった。こうした不適当な投入物が直接混入すると、炉内でトラブルが生じる確率が高くなる。もしも炉が運転不能状態に陥った場合、自治体全体の清掃業務そのものが麻痺する危険がある。それゆえ、自治体も社内の営業担当者も、多少の不適当な投入物が混入したとしても頑健な、実績のある設備を選ぶ傾向が強かった。

開発チームは無破砕型に自信があったものの、こうした顧客と営業のもつ懸念を減らすために、安全策として破砕機を設置することを提案することにした。これは「炉は新型でも良いが、粉砕機は外してはならぬ」というトップからの指令によるものであった（大下［2006］四二五頁）。

また開発チームは、新技術に対する社内外での抵抗感を和らげるための工夫として、ＴＩＦ炉の開発当初は「ＴＩＦ」という呼称を使わず、「ＳＤＰ-２型」という呼称を用いていた。そこには、ＴＩＦ炉はあくまでもＳＤＰ炉の延長線上にある改良技術であり「それほど難しい技術ではない」という印象をもたせる意図があった[16]。

破砕機をつけない完全な無破砕型ＴＩＦ炉は、藤沢市と同じ頃に受注した和歌山県海南市の案件で実現した（75 t/d×2基）。このときも、社内では無破砕型に対する懐疑の念が強かった。しかし今回は営業と業務からの協力を得ることができた。顧客からは「従来炉（ＳＤＰ）では問題があり技術評価で落ちると思っていた。これ（ＴＩＦ）ならよい」（大下［2006］四二五頁）という前向きの意見を得ることができた[17]。とくに顧客側の担当者が技術者出身で、ＴＩＦ炉の性能を高く評価したことが追い風となった。開発チームにも「ここで妥協をしたら（破砕機をつけたら）先に進むことができない[18]」という強い思いがあった。その結果、海南市には初めて無破砕型のＴＩＦ炉が納入されることとなった。

一九八四年に竣工[19]した藤沢市と海南市の両施設は、最終的な試運転ではトラブルもなく、無事操業を開始した。新たなＴＩＦ炉は開発チームの予想を超えた性能を発揮した。例えば、流動層炉では不可能といわれていたタイヤを丸ごと投入しても、問題なく処理することができた。実際に運転する過程で開発チームは旋回流のもつ潜在能力を発見していった。

二つの案件を無事成功させたことにより、荏原は大型炉にも対応可能な流動層焼却炉メーカーとしての地

図表3　TIF炉の納入実績

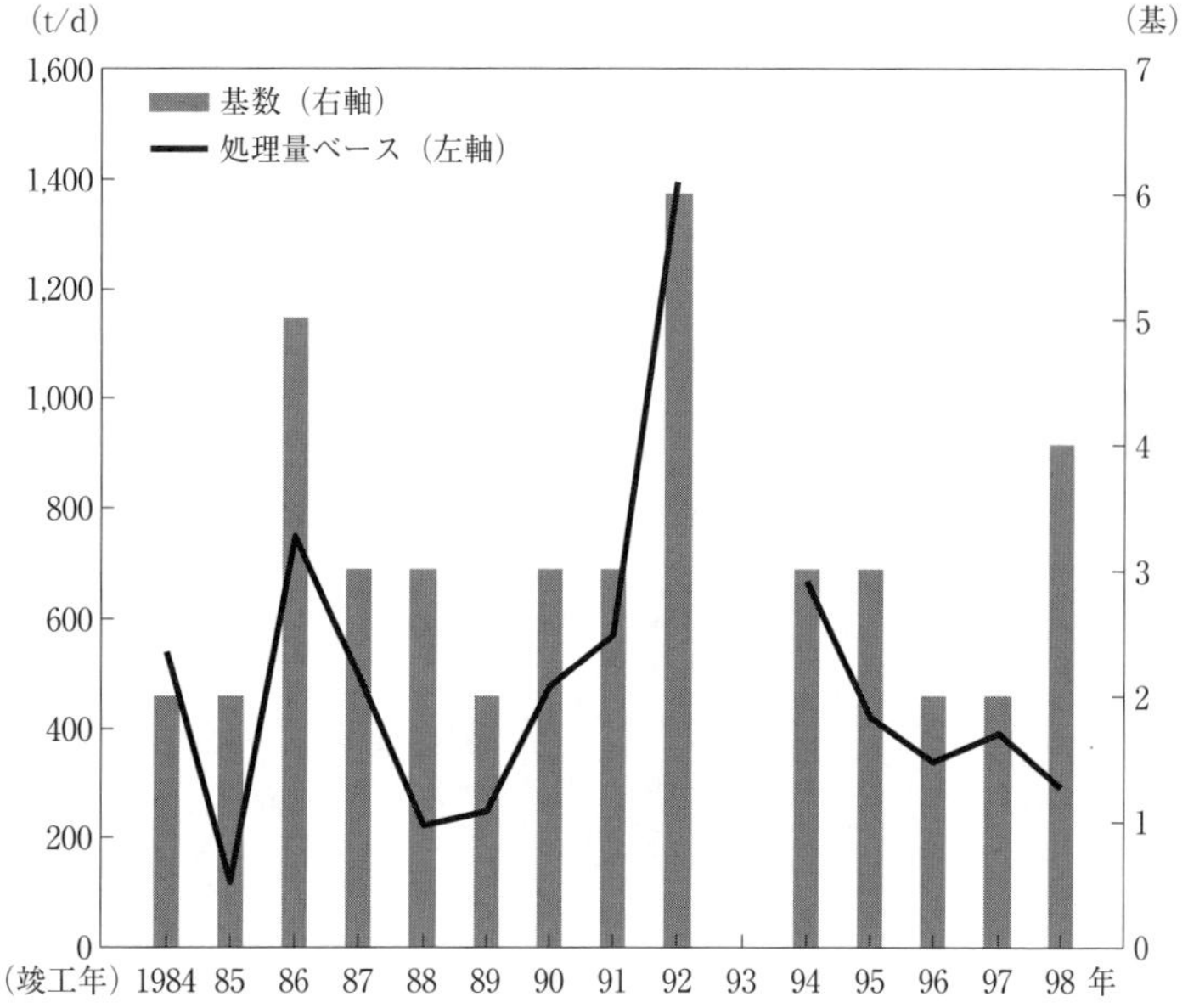

出所：荏原製作所内部資料。

位を得ることになった。図表3には、荏原における、一九八四年から九八年までのTIF炉の納入実績の推移が示されている。八〇年代後半における施設の処理量を年平均でみた場合、既存の大手メーカーが600-1000 t/d程度であったのに対して、荏原は460 t/d程度となっており、大手メーカーに迫る大きなプレゼンスを占めるようになったことがわかる。しかも、それらの案件のうち約三分の一は全連続の大型炉であった。それは荏原が大型炉メーカーとしての地位を確立したことを意味していた。

とりわけ一九八六年に竣工した新潟市の案件（360 t/d（120 t/d×3 基））は、TIFの大型炉市場への普及に大きな意味をもっていたと推察される。新潟市はその当時日本に一二市しか認定されていない政令指定都市の一つであった。政令指

図表４　廃棄物関連政府予算の推移　（単位：億円）

	1972～75 年 第三次	1976～80 年 第四次	1981～85 年 第五次	1986～90 年 第六次	1991～95 年 第七次	1996～2000 年 第八次
予算計画合計	4,020	11,300	17,600	19,100	28,300	50,500
うち都市ゴミ処理施設関連	2,530	7,740	12,300	11,390	19,324	21,27

出所：八木［2004］。

定都市によって採用されたことは、ＴＩＦ炉が全国のいかなる規模の自治体にも導入されうる十分な資格をもっているという評価が示されたに等しかった。

一九七〇年代以降、日本全体のゴミ排出量は急速に増大した。その処理に頭を悩ませる各地の自治体は、焼却後の最終処分量がより少なくなるような、より燃焼性の高い新型の焼却炉を模索していた。政府も新型焼却炉の整備を積極的に推奨し、六三年から進めてきた「廃棄物処理施設整備計画」の予算規模を拡大した（図表４参照）。こうした背景にあって、内部循環型流動層炉の完成は時宜を得たものであったといえる。

一九八四年の納入以降二〇〇八年に至るまで、荏原は合計で一五四基のＴＩＦ炉を納入した（施設数は八九施設）。その内訳は国内一二二基、海外三二基となっている。国内では一般廃棄物用が九六基四七施設、産業廃棄物用が一五基一三施設、その他、下水汚泥処理用などが一一基という内訳である。海外施設に関しては基本的に技術供与の形をとっている。

4　第二ステップ：ＩＣＦＢ（内部循環型流動層ボイラ）の開発（一九八四年以降）

4・1　熱回収型焼却炉の要請

ＴＩＦ炉の納入が一段落した一九八四年頃、大下を含む三名に「次の開発をせよ」という指令が下った。当初三人は、ラインから外れた部長直轄の立場で開発をスタートし、一年後に正式の開発チームとなった。「あまり期待されていなかったと思う」と大下が述べているように、全社的な支持を得て始まった開発というわけではなかった。開発チームは、大下をリーダーとして、チーム員である永東秀一、課員である小杉茂と三好敬久の四人で構成された[20]。

当時世界では、石油ショック以降の省エネルギー化の流れの中で、低質の微粉炭を燃焼することによる発電技術が注目を集めていた。流動層技術はその一つの技術としてすでに利用されていた。

一方、ＳＤＰ炉やＴＩＦ炉を販売する営業サイドからは熱回収型の焼却炉の要請がきていた。廃棄物の発熱量が高くなると、流動層の層温度が高くなりすぎるため（八〇〇℃）、せっかくのエネルギーに水をかけて層温度を制御していた。廃棄物からのエネルギー回収という時代背景の中、余剰熱を回収する必要性が生じていた。

このように、省エネルギー型発電において流動層技術が注目されるという背景のもと、熱回収型に対する営業からの直接的な要望があり、開発チームは内部循環型流動層ボイラ（ＩＣＦＢ：Internally Circulating Fluidized-bed Boiler）の開発に取り組むことになった。

図表５　バブリング型流動層ボイラ

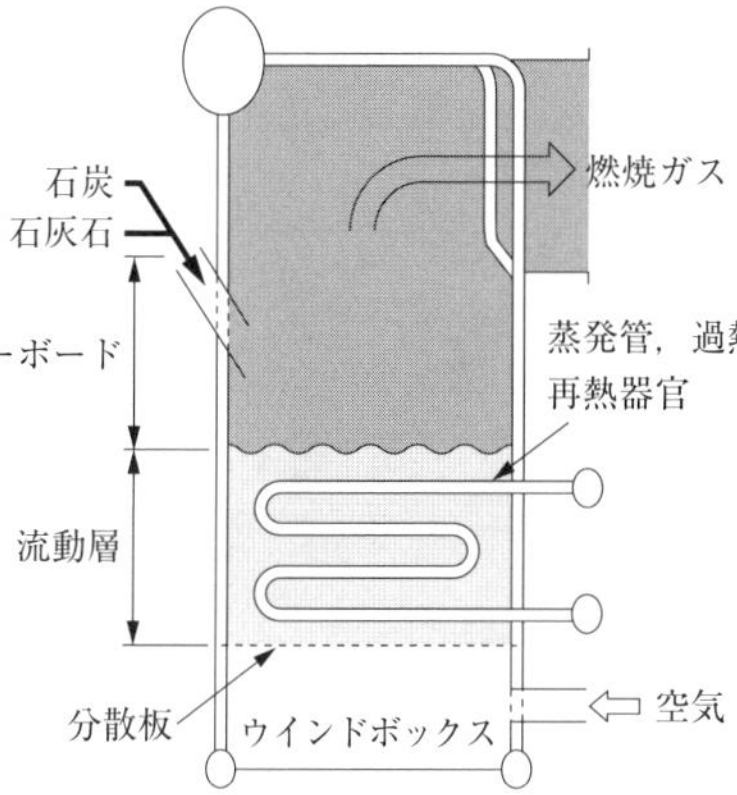

出所：荏原製作所内部資料。

4・2　熱回収室の分離

従来型の石炭燃焼用の流動層ボイラは、前述のバブリング型流動層をベースにしたものである（図表5参照）。バブリング型流動層ボイラでは、ボイラの蒸気が通る伝熱管が流動層の中に挿し込まれたような形となっており、流動層の中で燃える石炭の燃焼熱が直接伝熱管から回収されるような仕組みになっていた。

バブリング型流動層ボイラには、低質燃料でも燃焼できるという利点があったが（日本粉体工業技術協会［1999］）、この機構には二つの構造的問題があった。第一は、ボイラの伝熱管が流動層の中にあるため、砂の流動によって伝熱管が摩耗して穴が空いてしまうという問題である。小さな穴が空くとそこから水蒸気が一気に吹き出して、炉内の砂を巻き込み、いわゆるサンドブラストを引き起こし、それが周りの水管を破壊してしまうという問題を引き起こす危険性がある。

第二は、流動層から伝熱管へと伝達される熱量を制御することが難しいという問題である。投入する燃焼物によって発熱量が異なるため、炉内の燃焼温度を安定させるため

図表６　内部循環型流動層ボイラ

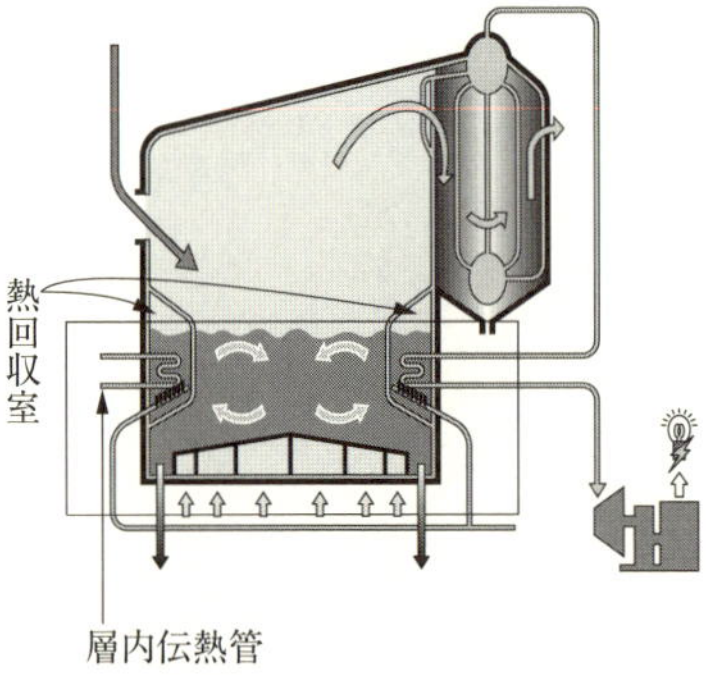

出所：荏原製作所内部資料。

には、熱回収量を制御する必要があるのだが、バブリング型流動層ボイラではそれが難しかった。熱回収量を制御できないと投入物が限定されてしまい、廃棄物を燃料としたボイラとしては実用化できない。

これら二つの問題に対して荏原の開発チームは、燃焼室と熱回収室を分離するという独自の解決法を考え出した。大下によれば、「流動層ボイラの案は、ある時突然ひらめいた[21]」という。実は、すでに事業部門では別の案でボイラを実現することが決定していたのだが、大下には「それでは駄目だ」という直感があった。最終的に大下の案と当初の事業部門の案が比較検討され、大下の案が採用されることになった。ＴＩＦ炉をＳＤＰ炉の改良型と位置づけ関係者を説得したように、大下は、このＩＣＦＢ炉もＴＩＦ炉の改良型（ＴＩＦ‐２型）と位置づけることによって、新規な試みに対する組織内の抵抗を緩和した。

大下が考え出した解決法では、燃焼用の流動層の中に直接伝熱管を挿し込むのではなく、流動層炉の左右に設けられた熱回収室に伝熱管を設置する（図表６参照）。燃焼室内では激しい流動によって投入物が燃焼されるが、熱回収室ではディフレクターで反転する一部の砂が流入し、伝熱管の間をゆっくりと沈降していく。

一般に、伝熱管の摩耗量は砂の流動化速度の三乗に比例する。熱回収室内における流動化速度は燃焼室における速度の三分の一程度であるため、摩耗は二七分の一にまで軽減されることになる。

熱回収量の制御は、熱回収室の下方から吹き上げる空気量を調整して、流動化速度を変化させることによって可能となる。伝熱管への熱伝達係数（総括熱伝達係数＝一定伝熱面あたりの伝熱量）は一般に砂の流動化速度が三U/Umを超えると一定となる。つまり三U/Umfを超えると流動化速度の変化によって熱伝達量を制御することができなくなる。ところがバブリング型では、安定な流動層を形成するために三U/Um以上の流動化速度が必要となる。バブリング型で熱伝達量を制御できない理由はここにある。

それに対して荏原の内部循環型流動層ボイラでは、流動化速度が二U/Umf以下である熱回収室で熱の伝達が行われるために、砂の流動速度を変化させることによって熱回収量を制御することができる。これによって投入物の種類に合わせて負荷を制御することができるようになる。あるいは必要に応じて蒸気流量を制御することができる。その結果、一般廃棄物から産業廃棄物、石炭に至るあらゆる投入物を燃料として使用できるようになった[22]。

4・3　ICFBの市場導入

ICFBは主として産業廃棄物向けに事業化されることになった。構造上は一般廃棄物でも問題ないのだが、一般廃棄物の焼却では発熱量が二〇〇〇kcal/kg程度しかなく、熱回収をすると逆に層温度が下がりすぎてしまう。また、ゴミ発電によって二〇〇〇kW以上の発電を行うと、六六〇〇〇ボルト以上の送電線を装備しなければならないという規制の存在も、一般廃棄物向けの高効率ボイラの普及を妨げていた。

それに対して、例えば、産業廃棄物のタイヤの焼却であれば八〇〇〇kcal/kgの熱が発生するので、熱回収の必要があるし、その熱を発電に利用するのが経済的である。産廃であれば発電した電気を自社で使用するため、送電線の規制の問題もクリアできる。こうしたことから、ＩＣＦＢは産業廃棄物向けの法人需要に特化した事業となった。

実機化において大下は、プロジェクトリーダーであった上司から技術関係をすべてまかされた。顧客から、「荏原はボイラメーカーではないから不安」という声もあったが、大下は、この画期的な技術の良さを信じて、実機化に注力した。その結果、一九八九年六月には第一号機の竣工にこぎつけることができた。ただし、「上司には大変苦労をかけた」と大下が述懐するように、さまざまなトラブルに悩まされることになった。

ＩＣＦＢの第一号機は製紙会社に納入された。古紙を回収する時に出る太い針金の束を破砕して投入した。第二号機は大手自動車メーカーに納入された。廃プラスチック、塗装粕、汚泥などを原料とする廃棄物発電プラントであった。この自動車メーカーへの導入では大きなトラブルが発生した。層内伝熱管の固定方法の甘さから、穴が空き、そこから吹き出た過熱蒸気によってサンドブラストが発生して周囲の蒸気管を破損してしまったのである。こうした問題の修復や改良に技術者は大変な時間を費やすことになった。

二〇〇八年までに、ＩＣＦＢは二一施設に納入された。産業廃棄物に特化して事業展開したため、ＴＩＦ炉に比べるとおのずと市場は限られているが、技術的にはきわめて画期的なものであった。ドイツのヘキスト工業団地で建設が進められている施設が完成して操業を始めれば、日本独自の技術として世界的な評価を得る可能性がある[23]（二〇〇八年時点）。

5　第三ステップ：ＴＩＦＧ（内部循環型ガス化溶融炉）の開発（一九九四年以降）

5・1　ダイオキシン問題と灰溶融

ゴミ焼却施設の集塵灰からダイオキシンが検出されたという一九八三年秋の報告に端を発して、八〇年代中盤以降、廃棄物処理に伴うダイオキシン問題が大きな関心を呼ぶことになった。特に、世界で最も焼却処理比率の高い日本では、この問題がきわめて深刻に受け止められた。世論のあおりを受けた当時の厚生省は、一九九〇年、ゴミ焼却炉に対する「ダイオキシン類発生防止等ガイドライン」を通知し、適正処理の一つとして焼却灰の高温溶融による無害化処理の方法を指定した。

この結果、焼却炉から排出される灰を高温溶融する付帯設備として「灰溶融炉」が盛んに導入されることになった。灰溶融炉とは、プラズマなどを用いて、排煙に含まれる煤塵および焼却灰に含まれる重金属類やダイオキシン類を高温溶融し、無害化・減容化する設備である。

焼却炉メーカーの多くは、操業上のエネルギーコストを抑えるために、熱回収による自家発電設備を備えた「焼却炉＋灰溶融炉」方式を普及させるようになった。旺盛な公共投資にも支えられてゴミ処理施設の受注総額は急拡大し、一九八九年に業界全体で二〇〇〇億円規模であった市場は九四年には三倍の六〇〇〇億円にまで拡大した。

しかし一方で、灰溶融炉の建設コストと操業コストの高さが普及の足かせになっていた。焼却設備の建設費の推移をみると、一九八〇年代を通じて二五〇〇万円程度であった一 t/d あたりの平均単価は、灰溶融炉方式が登場した八九年頃から急激に上昇し、九三年には五八〇〇万円になっている（図表7参照）。自治体の中には、焼却炉をセットで更新せず、灰溶融炉のみを後付けで建設する自治体も多かったが、それでも灰溶融炉単体で一 t/d あたり一二〇〇万円程度の建設費が必要であった。また操業コストという点からみると、施設が一つ別に増えることになるので、それだけ人件費・修繕費がかかり、さらに施設の敷地面積も拡張し

図表7　ゴミ処理施設の受注総額と平均単価

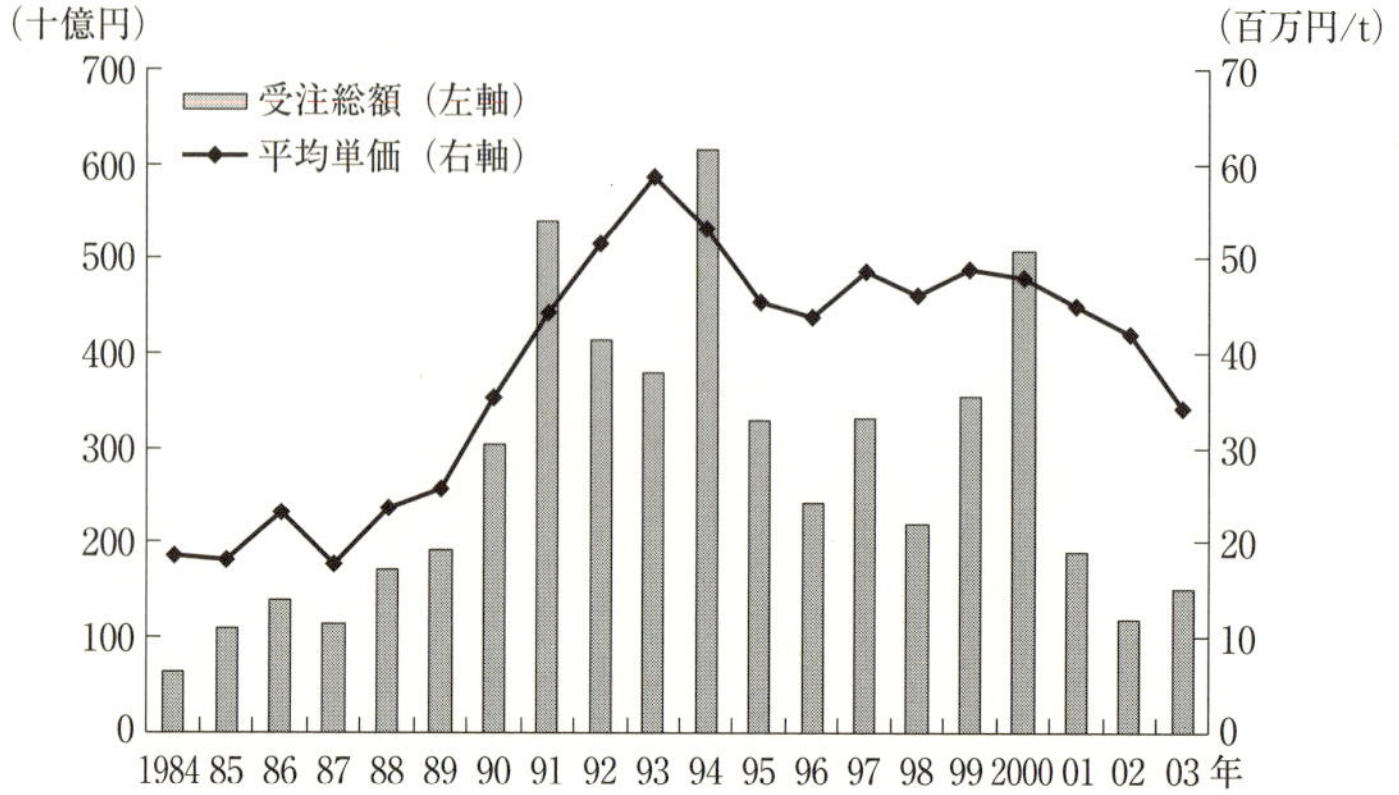

出所：『環境施設』第48号，1992年，2-13頁；第56号，1994年，32-41頁；第88号，2002年 50-58頁；第96号，2004年，44-48頁。

なければならなかった。

5・2　ガス化溶融炉への注目

灰溶融炉の高コストが普及を抑制する中で、有力な代替技術として注目されるようになったのが、ガス化溶融炉技術である。ガス化溶融炉は、ゴミを熱分解してガス化し、その熱分解ガスを一三〇〇度以上の高温で燃焼し、残渣を溶融するという仕組みをもっている（図表8参照）。ごみの熱分解で得たガスを溶融の熱源にするため、外部エネルギーを抑制でき、コスト削減につながる。また、焼却設備と溶融設備が一体化しているため、施設拡張の問題も抑制することができる。

一九九〇年代に入ると、欧州企業数社がガス化溶融炉技術を発表し、日本では、中堅メーカーの三井造船が、九一年、他社に先駆けてシーメンスのキルン式ガス化溶融炉の技術導入をおこなった[24]。九四年には二四t/dの実証炉を横浜市に建設、そこで二年間の実証試験をおこない、九六年四月には厚生省の外郭団体である廃棄物研究財団からガス化溶融炉の技術評価認定を受けた。

図表８　ガス化溶融炉の処理プロセスと「焼却炉＋灰溶融炉」処理プロセスとの違い

A. 従来型の「焼却炉＋灰溶融炉」処理プロセス

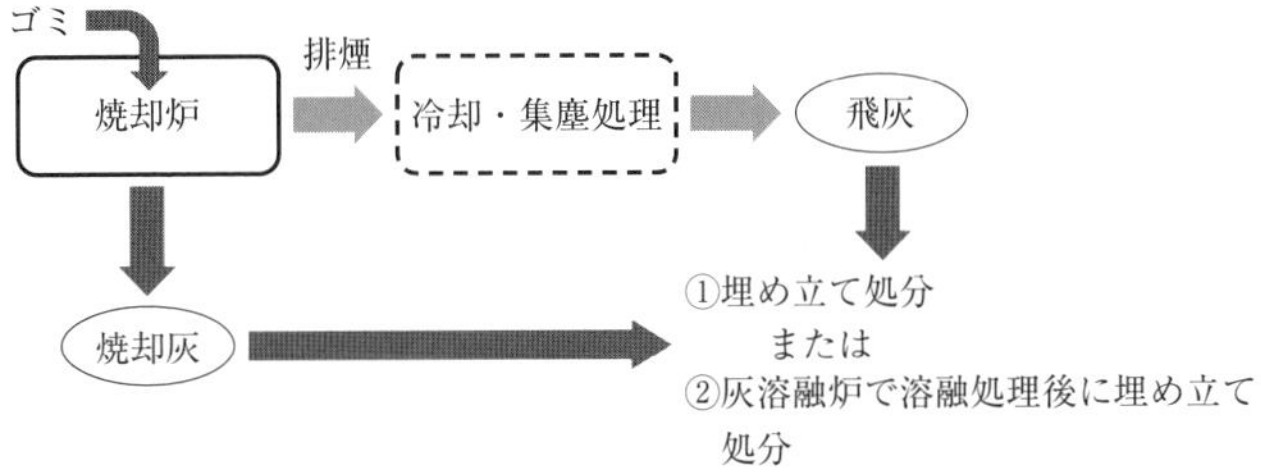

B. ガス化溶融炉を用いた処理プロセス

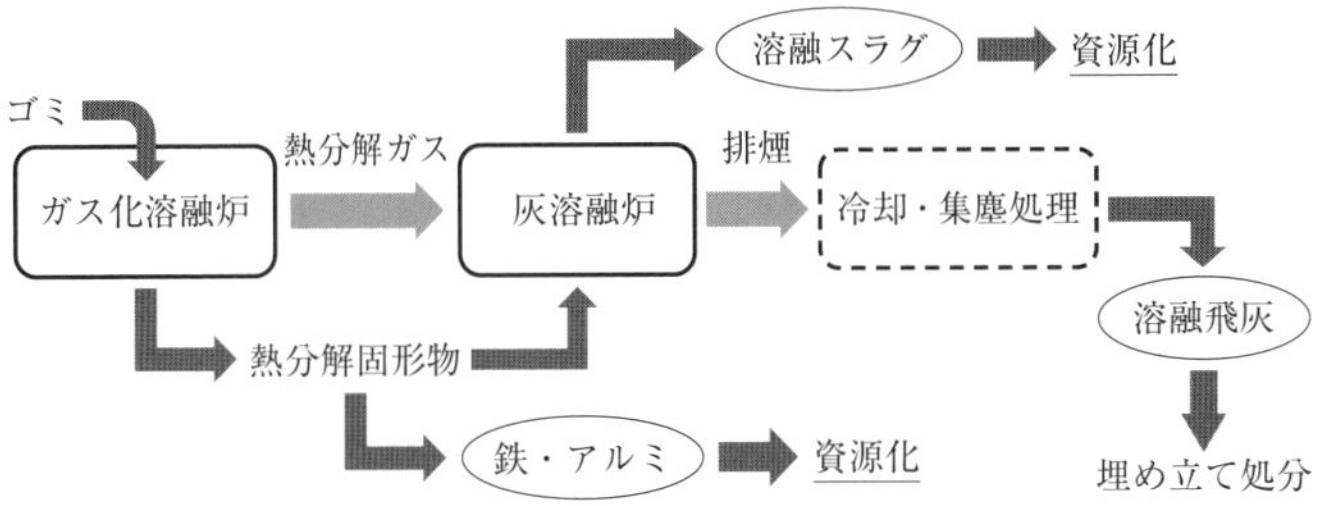

出所：筆者作成。

この動きに対して、他社もガス化溶融炉の開発を積極化するようになった。三井造船が技術評価書を取得した一九九六年の十一月、廃棄物研究財団の内部に「次世代型ごみ焼却処理施設の開発研究委員会」が発足し、業界全体でガス化溶融炉の開発競争がスタートした。この研究委員会には三井造船のほかに、三菱重工業、川崎重工業、ＮＫＫ、タクマ、石川島播磨重工業、栗本鉄工所、神戸製鋼所、三機工業、住友重機械工業、月島機械、東レエンジニアリング、バブコック日立、日立製作所、ユニチカ、そして荏原もまた参加していた。各社はここで、開発上の共通の問題について共同研究や意見交換を行いつつガス化溶融炉の開発と実証試験を進め、技術評価の取得を目指すことを急いだ。

このようなガス化溶融炉への関心の高

まりと相前後して、一九九七年一月には厚生省から「ごみ処理にかかるダイオキシン類発生防止等ガイドライン」（通称「新ガイドライン」）が通知された。それは、ダイオキシンの排出上限を、現在操業中の炉については80 ng-TEQ/Nm3、新設する炉については0.1 ng-TEQ/Nm3と規定していた。また80 ng-TEQ/Nm3以内におさまっている既存施設も、向こう五年以内に0.1 ng-TEQ/Nm3の規制値をクリアしなければならないとしていた。この通知によって、コストの問題から溶融設備の建設を回避してきた自治体も、既存の設備を更新する必要に迫られることになった。

この通知は五年以内に大規模なリプレイス需要が発生するということを示唆していた。その主役となるのが、新たに登場したガス化溶融炉になるのか、それとも灰溶融炉方式になるのかということについては、メーカーの技術者間や専門の研究者間でも意見が分かれていた。

5・3　荏原におけるガス化溶融炉の開発

荏原におけるガス化溶融炉の開発は一九九四年にスタートした。三井造船がシーメンスの技術を導入してキルン式のガス化溶融炉を華々しく発表したことがきっかけとなった。三井造船の発表に対して、営業サイドがすぐに反応し始めた。また、大下も、ダイオキシン問題の解決に関して、「これからはこれだ」と即座に思ったという。当時、欧州ではガス化溶融炉への動きがすでに活発化しており、日本ではダイオキシン問題が社会問題として注目を集めていた。それゆえ、ガス化溶融炉の開発に反対するような意見は社内に存在しなかった。

一九九四年にはガス化溶融炉の開発を目的として、新たに、事業本部内に環境開発センターが設置され、その環境エネルギー開発部において、部長の大下のもとで開発が進められた。事業本部長も、社長も、この

図表９　荏原の流動層型ガス化溶融炉

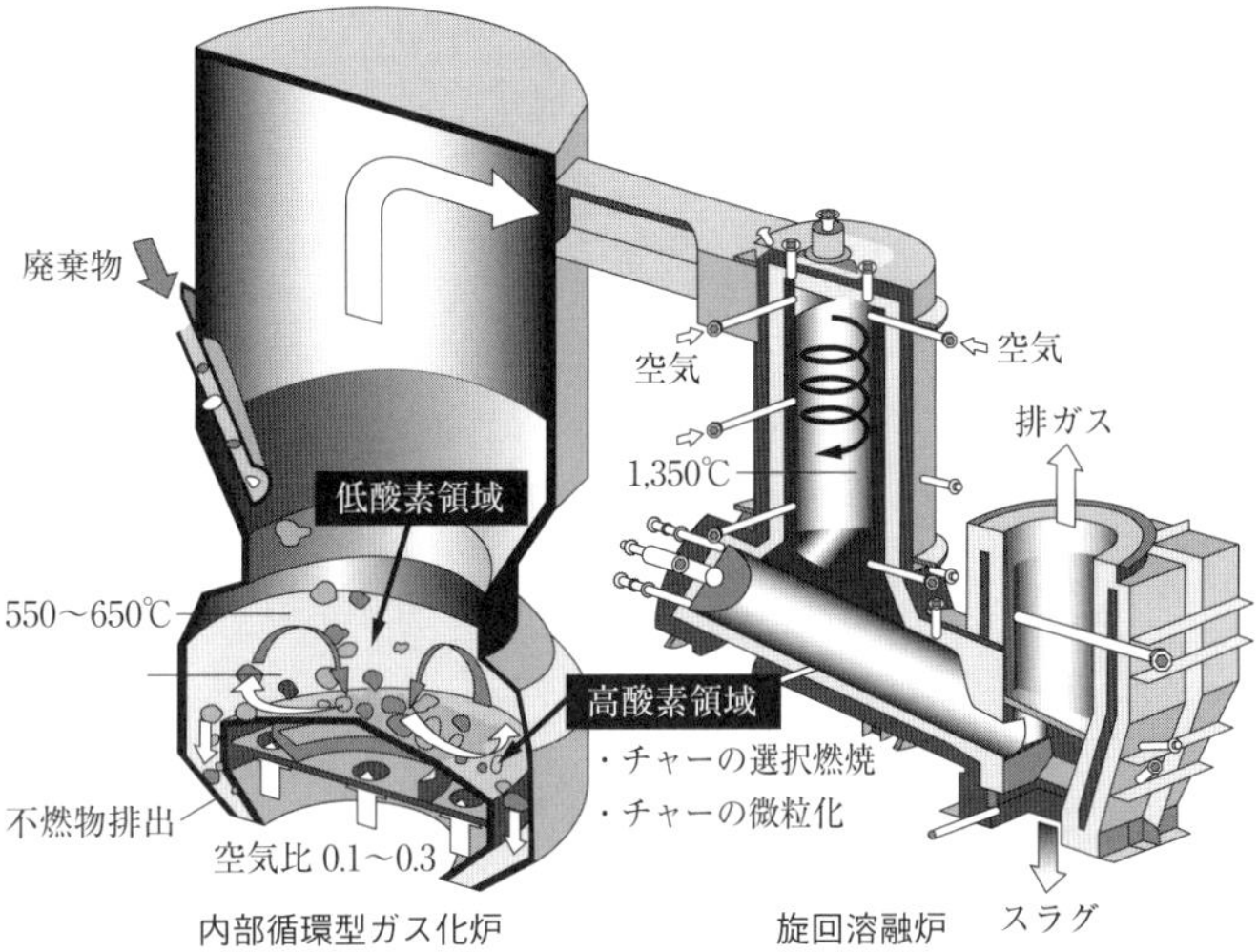

出所：荏原製作所内部資料。

技術開発を強く支持した。第二ステップまでの開発とは異なり、この開発は、当初から全社的な公認のもとで始まった。

既述したように、一九九六年には厚生省の外郭団体に「次世代型ごみ焼却処理施設の開発研究委員会」が発足し、国全体でガス化溶融炉の開発競争が激化した。荏原もまたこの熾烈な競争に巻き込まれることになった。

荏原のガス化溶融炉は、他社の流動層型ガス化溶融炉と同様に、空気比を下げて低温でガス化する内部循環型ガス化炉と、可燃性のガスを熱源として灰を溶融する旋回溶融炉から構成されている（図表９参照）。旋回溶融炉で溶融された灰はスラグとして取り出され、高温のガスは熱回収を行うボイラに送られる。続いて、熱回収によって発電された電気が取り出され、ガスは冷却・洗浄されて、外部に排出される。荏原のガス化溶融炉の特徴はＴＩＦ炉から続く、内部循環型流動層をガス化炉に採用しているところである。日本でガス化溶融炉を導入した二六社の内、八社は欧米からの技術導入であったが、荏原を含むその他の企業は独自技術で開発を行った。

5・4　TIFG炉の市場導入

第一号機は、二〇〇〇年三月、青森PERにシュレッダーダスト（廃車ガラを細かく粉砕したもの）焼却用の施設として納入された。この一号機では竣工後も頻発するトラブルに開発陣は悩まされ続けた。シュレッダーダストは最も処理の難しい種類の廃棄物である。都市ゴミと比べると一〇〇倍以上の銅や亜鉛を含んでおり、それらが廃棄物中に含まれる塩素と結合し、さまざまな金属化合物をつくりだす[25]。問題はそれらの金属化合物が、熱回収を行う伝熱面に付着してしまうことである。伝熱面に金属化合物が付着するとガスの流れが妨げられ、熱回収ができなくなる。また、ガスの流路が閉塞する。そうなると、処理量を減らすか、炉を止めるしかなくなる。

荏原では一九九六年から二〇t/dの実験炉を使って開発をおこなってきたが、二〇〇〇年に竣工した第一号機は、二二五t/d（×二基）という極めて大規模な炉であった。こうした極端なスケールアップのために、実験データからは把握できないさまざまな問題に直面することになった。青森の一号機では、結局、竣工から二年間、トラブル対応のために技術者が常駐することになった。

こうした初期トラブルは荏原だけではなく、他のほとんどのメーカーが経験をしている[26]。三井造船が技術導入したシーメンスのキルン式ガス化溶融炉についても、開発したシーメンス自身が、一九九八年に大きなトラブルを起こして事業撤退している。ガス化溶融炉は非常に不確実性が高い技術であった。しかし、溶融機能の整備を五年以内に設定した新ガイドライン（一九九七年）の施行にともなう「駆込み特需」を享受すべく、各社はガス化溶融炉の受注を急いだのであった。

そうした流れの中で荏原は、青森の一号機以降も、次々と受注を進めた。一号機の竣工からわずか三年で、八施設一八基のガス化溶融炉を納入した。二〇〇八年に至るまでには合計で一二施設に二七基の炉を納入した。そこには、環境事業を主軸とした事業転換を行うという荏原の企業ドメインの設定が強く関わっていた。しかし未成熟な技術のこうした急速な展開はさまざまなトラブルを引き起こすことになった。荏原のガス化溶融炉は技術的には先進的なものであったが、その一方で、二〇〇〇年代初頭から中盤の荏原の経営悪化の主たる要因となった。

6　第四ステップ：ＰＴＩＦＧ（内部循環型ケミカルリサイクル用ガス化炉）の開発

6・1　トップの指令

一九九〇年代中盤以降、「ゼロエミッションの伝道師」と呼ばれた藤村宏幸会長（当時）のもと、荏原は、循環型社会の実現に向けた環境関連事業の展開を積極化していった。そうした中、ＴＩＦＧの受注が次々と進む一方、九七年にはトップから「ゴミからアンモニアをつくれ」という新たな研究テーマが大下に与えられた。

一九九一年に米国政府が、二〇〇〇年までに硫黄酸化物（SO_x）を半減する方針を打ち出したことによって、火力発電所や工場の排煙から、酸性雨の原因である硫黄酸化物と窒素酸化物（NO_x）を取り除く、排脱硫・排煙脱硝装置が脚光を浴びるようになった。荏原も、後発ながら、ＥＢＡ法という電子線ビームを利用した独自技術によってこれら装置の開発を進め、二〇〇〇年には中国の石炭火力発電所向けに第一号機を納入している。[27] 九〇年代後半は、中国における酸性雨が強く問題視された時期である。中国ではまだ、排煙脱硫・脱硝装置が設置された施設がほとんど存在していなかったため、将来の市場拡大が望まれていた。[28] 荏原はこの事業機会をとらえるべく装置開発を進めていた。

荏原の開発したEBA法では、排煙粒子を捕集して冷却し、電子ビームを照射することで硫酸や硝酸を生成し、それらをアンモニアと反応させることによって硫安や硝安といった肥料を作り出す。しかし中国にはアンモニアの供給源が乏しい。もしゴミ焼却を通じてアンモニアが生成できれば好都合である。「ゴミからアンモニア」というトップダウンテーマの背景にはこうした状況があった。

しかし、エンジニアリング事業本部環境開発センター長としてトップの命を受けた大下は、「ゴミからアンモニア」という発想には、どうしても賛同できなかった。エネルギーの少ない一般ゴミからエネルギーの高いアンモニアを生成するということは、外部から追加エネルギーを供給することを意味する。エネルギーを加えてアンモニアを作るのであればなにもゴミ焼却炉をつかう必要はない。

そこで、大下は、エネルギーの高いプラスチックゴミを利用することにした。しかし、この技術開発には多くの困難が伴うと予測され、荏原一社では実現できないと考えられた。そこで、石炭からアンモニア生成を行う技術を持っている宇部興産と共同して、NEDOの補助事業として開発を進めることとなった。共同開発の成果は加圧二段ガス化プロセスと呼ばれ、それには内部循環型流動層技術が応用された。第一号機は宇部興産の化学工場敷地内に設置された。運営は、二〇〇〇年六月に両社折半の出資で設立された「イーユーピー」に移管された。

6・2　加圧二段ガス化プロセス

図表10　ケミカルリサイクル用ガス化炉

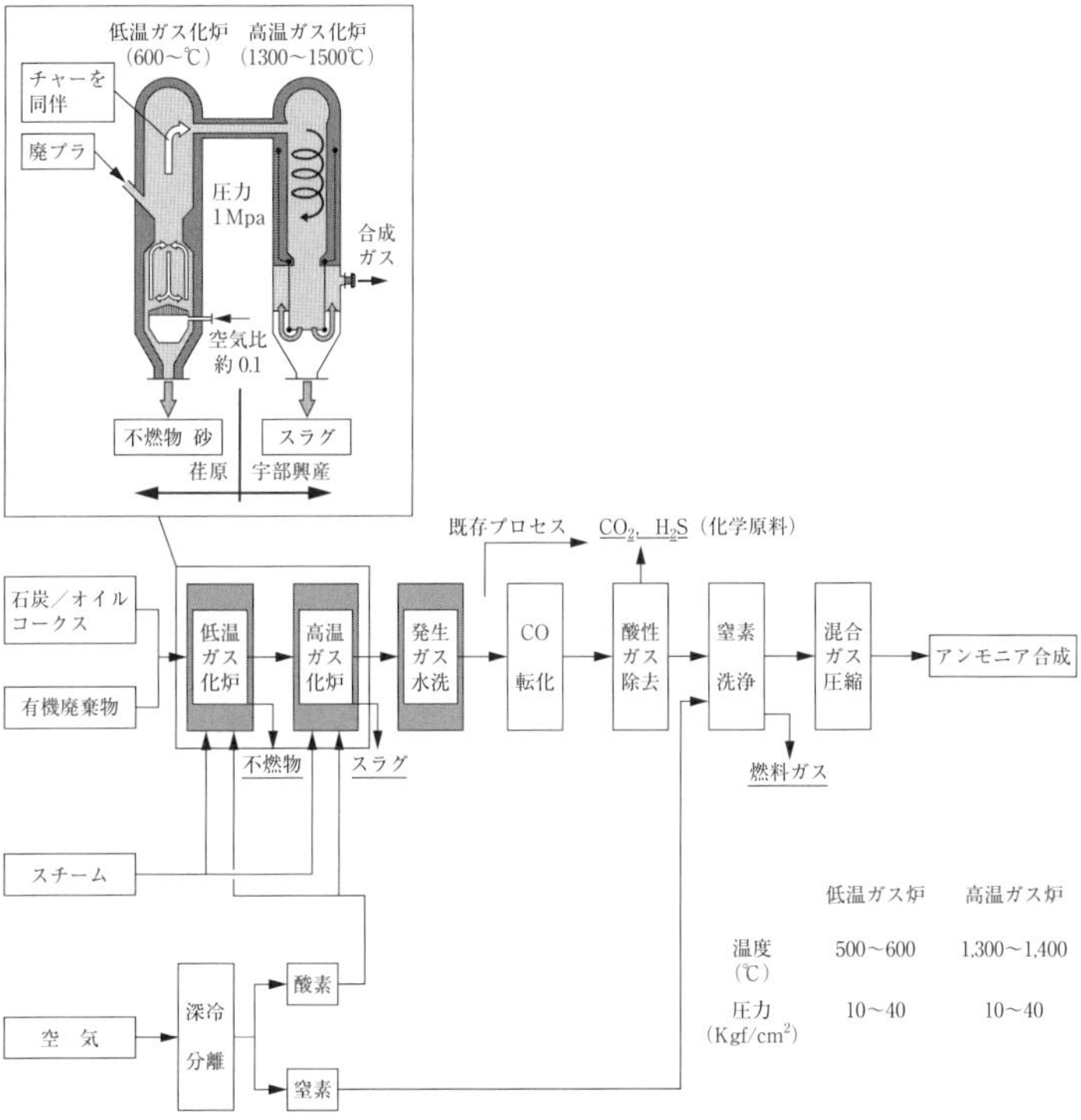

	低温ガス炉	高温ガス炉
温度（℃）	500〜600	1,300〜1,400
圧力（Kgf/cm²）	10〜40	10〜40

出所：第3回流動層シンポジューム，1997年より。

宇部興産との提携によって作られた加圧二段ガス化プロセスは、低温ガス化炉と高温ガス化炉の二つを段階的に組み合わせたものだった（図表10参照）。投入された廃棄物はまず低温ガス化炉でガス化され、さらにそのガスが高温ガス化炉で改質され、洗浄プロセスへと移動する。荏原製作所は流動層技術を利用した低温ガス化炉の製作を受け持ち、宇部興産が高温ガス化炉の製作を担った。このシステムでは高温ガス化炉で一三〇〇℃以上になったガスが冷え、ダイオキシンが最も発生しやすい三〇〇～五〇〇℃付近になることを抑制するため、高温ガス化炉から排出される水素や一酸化炭素ガスは直接水と接触して急冷却されるようになっている。精製された高濃度のガスは、直結された配管を通じて隣の宇部アンモニア工業に移送され、そこでアンモニアが生成されている。

昭和電工の川崎事業所もこのシステムを導入し、二〇〇三年、国内最大級のケミカルリサイクルプラントを稼動させた。昭和電工はアンモニアの原料としているナフサが高騰している時期において、廃プラスチックから原料を賄うことにより、アンモニア事業の安定化を図っている。[29]

6・3　直面した課題

ケミカルリサイクル用ガス化炉の開発では、さまざまな技術的な問題に直面した。問題の原因の多くは、このガス化炉が、高圧・高温で稼動し、さらにそこにHCLガスが存在することにあった。高圧状態（一〇気圧）では、温度が一三〇度まで下がるとHCLガスが結露して、塩酸となる。こうなると炉の内部が一気に腐食してしまう。そこで、圧力容器表面にヒーターを巻いて温度が低下しないように工夫しなければならなかった。一方、圧力容器の温度が三五〇℃を超えると、今度は、強度の問題が生じる。それゆえ、安全を考えると、圧力容器の温度を常に一八〇℃から三五〇℃以下に制御しなければならない。

また、一〇気圧を保持したまま原料を投入することも、開発陣の頭を悩ませる問題であった。気圧を保持するために投入口は二重扉の構造をもっているが、投入物を投入する度に気圧調整のために、大量の窒素を使用しなければならない。その費用がかなりの規模となった。

さらに、荏原の流動層炉開発の歴史の中で、はじめて原料を加工してRDF化（廃棄物の固形燃料化）しなければならなかったことも、開発陣にとっては残念なことであった。荏原の内部循環型流動層炉開発は破砕機をはずすことから始まっている。種類を選ばずさまざまなモノを投入できるところに特徴があった。この基本的な信条を、このケミカルリサイクルガス化炉では曲げなければならなかった。

こうした技術上の課題とともに、荏原は、事業運営上も壁に直面することになった。「イーユーピー」は荏原と宇部興産の折半出資会社ではあったものの、事業モデル的には、宇部興産のアンモニア生成事業の一部であった。ガス化炉は宇部興産の化学プラント内に建設され、それは宇部アンモニア工業のアンモニア生成施設に直結されていた。それゆえ荏原が事業運営を主導できる立場にはなかった。

また、容器包装リサイクル法でのプラスチック容器包装の商品化において、ケミカルリサイクルよりもマテリアルリサイクルが優先されていることから、原料となる廃プラスチックの確保が困難となったことも、イーユーピーの運営を難しくした。マテリアルリサイクルが優先される状況下では、たとえ入札価格でマテリアルをケミカルが上回っても、マテリアルが落札できるようになっている[30]。こうした状況からイーユーピーが黒字化されることはなく、二〇〇七年九月に荏原は出資を引き上げ、イーユーピーは宇部興産の一〇〇％子会社となった。さらに二〇〇八年三月には宇部興産に統合されてイーユーピーは解散することになった[31]。

7　事業化上の課題

一九八四年、荏原の開発陣は、流動層炉では大型化が不可能であるという当時の常識を覆し、破砕機を必要としない内部循環型流動層炉（ＴＩＦ）を実現した。ＴＩＦの成功は、荏原がポンプメーカーから総合環境エンジニアリング企業へと大きく転身する重要なきっかけとなった。そして、ＴＩＦ炉を基盤として、第二、第三、第四ステップと、次々と新しい焼却炉技術の開発に成功した。ＴＩＦ炉の開発から延々と続くゴ

図表11　各炉の導入数（2008年時点）

	TIF炉	ICFB炉	TIFG炉	PTIFG炉
導入数	154基 （89施設）	27基 （21施設）	28基 （11施設）	4基 （2施設）

注：一般廃棄物用に限ると，TIF炉が47施設、ICFB炉2施設，TIFG炉7施設となる。その他にSDP炉が13施設存在する。

ミ焼却炉開発を牽引してきた大下を中心とする開発陣は、困難な課題を一つひとつ解決しながら、流動層技術を新たな用途へと展開してきた。その流れはいまだ止まっていない。すでに焼却炉の開発は、第五ステップの内部循環型ガス化炉（ＩＤＦＧ）へと進んでいる。それは、低発熱量可燃物から経済的に有価ガスを抽出して、高効率発電やクリーンガス燃料の生成を可能にする、高い環境性能をもつ技術である。

こうした技術開発上の偉業に対して、荏原の廃棄物焼却炉事業に対する評価は意見の分かれるところである。図表11に示されるように、第一ステップのＴＩＦ炉は、二〇〇八年までに一五四基（八九施設）が市場導入されている。図表12には、国内の一般廃棄物用焼却施設数の推移が示されている。二〇〇六年時点では流動層炉二一三施設の内、六九施設が荏原による施設であり、国内流動層炉では十数社の中で三割以上のシェアを占めていることがわかる。この六九施設の内、七割弱にあたる四七施設が第一ステップのＴＩＦ炉であり、ＴＩＦ炉の貢献の大きさがわかる。

第二ステップのＩＣＦＢ炉は、産廃に特化したことから自ずと市場が限られている。これまでに二七基が二一施設に導入されているが、民間向け施設の場合には納入後のメンテナンス収入が見込めないため[32]、大きな収益源とはなっていないと考えられる。

第三ステップのガス化溶融炉以降は、納入後のトラブル対応に多大なコストを要したと思われ多額の損失を計上している。図表13には荏原の企業全体の業績と廃棄

図表 12　方式別一般廃棄物焼却施設数の推移

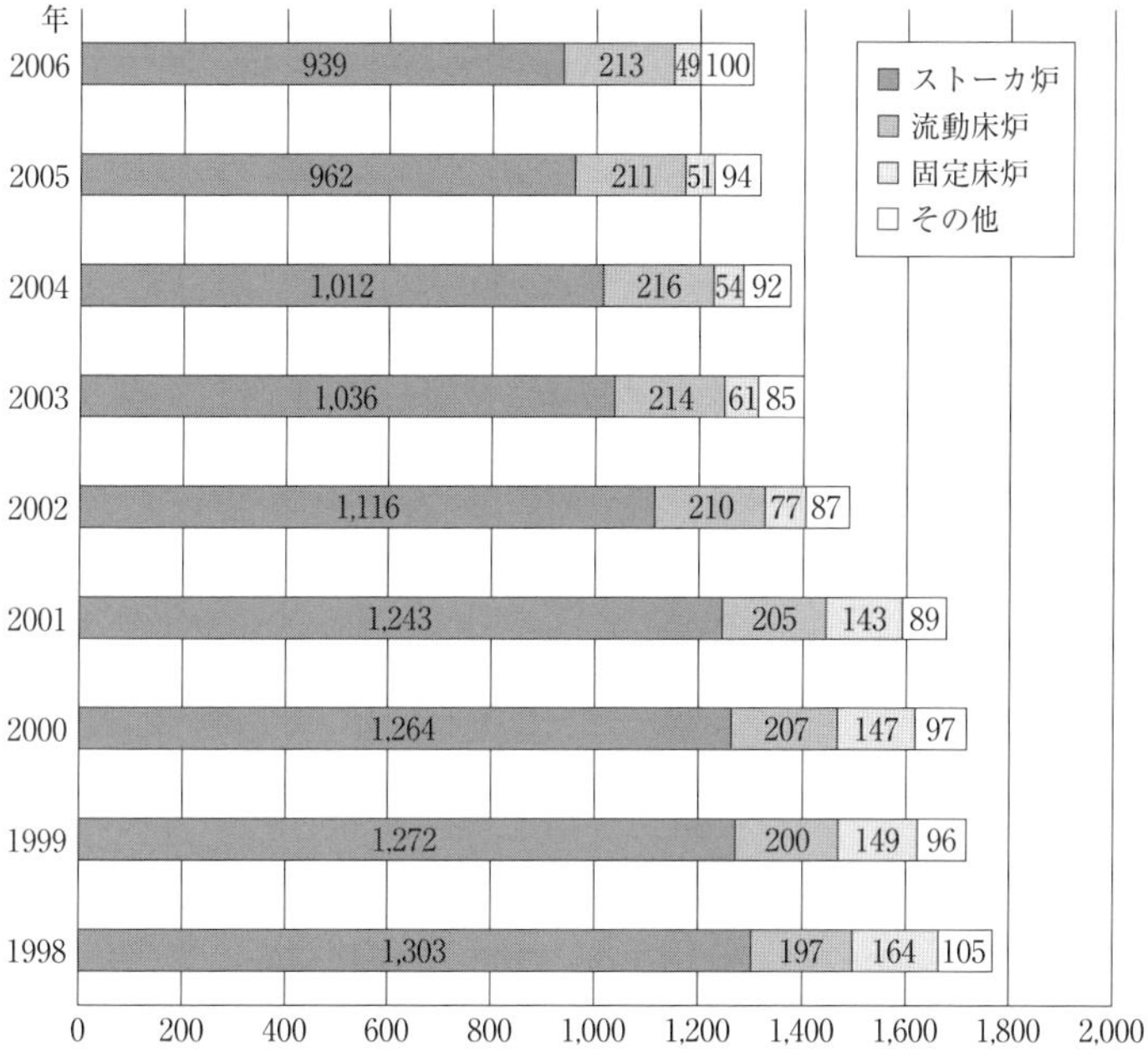

出所：『日本の廃棄物処理：平成 18 年度版』。

物焼却炉プラント事業を含むエンジニアリング事業の業績推移が示されている。エンジニア事業の利益に関しては、営業利益（損失）と特別損失（特定完成工事補償損失、プロジェクト中止に伴う損失、完成工事損失引当金繰入損を含む）を合算したデータを示しており、事業セグメントの営業利益（損失）とは異なっている。有価証券報告書の記載によれば、これらの特別損失は廃棄物焼却炉プラント事業に関わるものと見られる。

図表13からわかるように、ガス化溶融炉の受注が加速化した二〇〇一年以降、荏原の業績は急速に悪化している。全社の純損失のほとんどがエンジニアリング事業に関する特別損失計上によるものとなっている。二〇〇七年には七〇〇億円を超える

図表 13　荏原製作所全社（連結）とエンジニアリング事業の業績推移

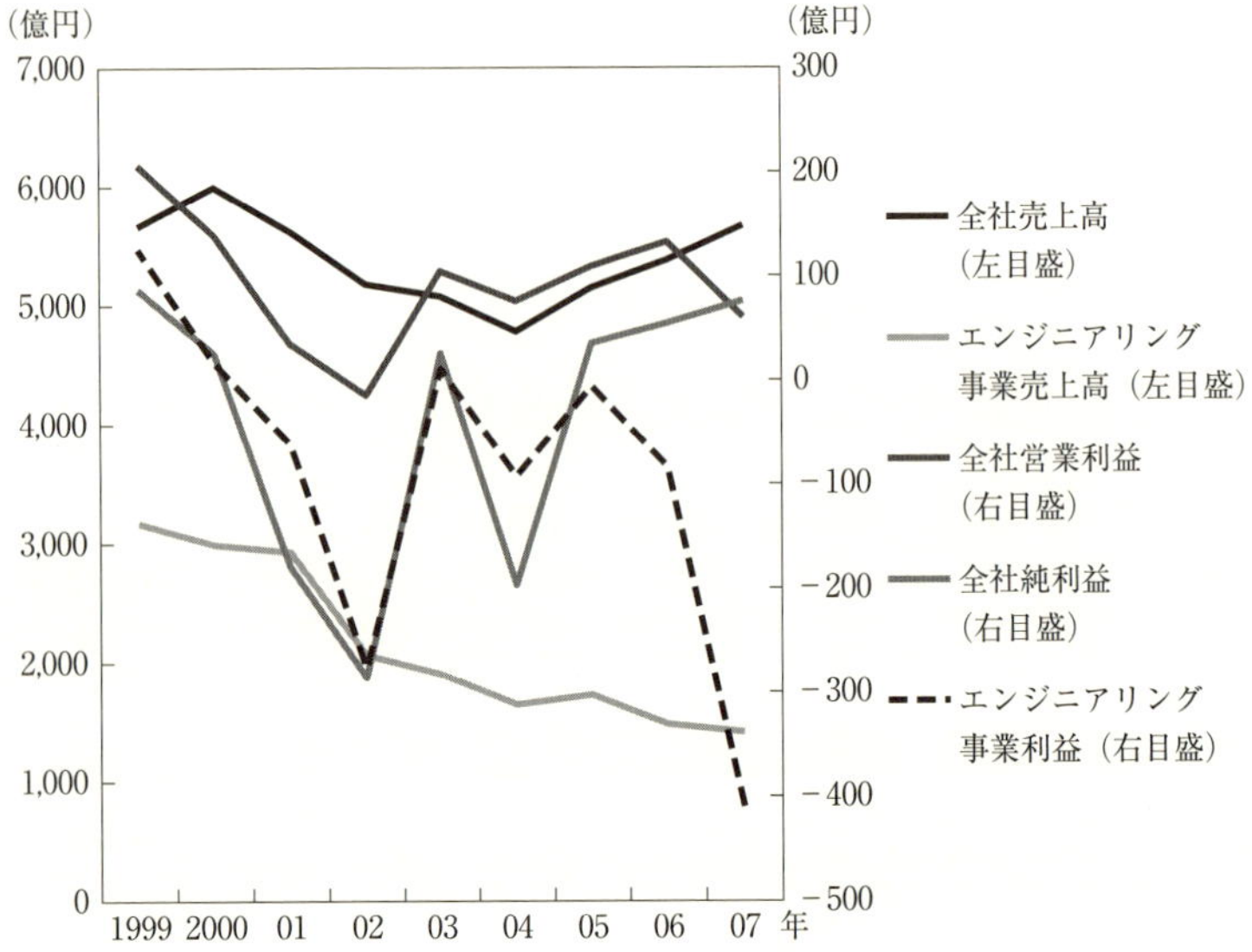

注：グラフ中の年は年度を示す。例えば 1999 年は 2000 年 3 月期決算情報を示している。
出所：有価証券報告書より作成。

固定資産売却益によって全社としてかろうじて黒字を計上しているものの、ドイツで受注した廃棄物処理施設に関する特別損失が大きく足を引っ張っている。また、二〇〇一年以降一貫してエンジニアリング事業の売上高が低下していることからも、第三ステップ以降の技術が事業に十分に貢献できていない様子がうかがえる。

技術開発の輝かしい成果と低迷する業績。この対比は、優れた技術の開発が必ずしも事業成果に結びつかないという、イノベーションの難しさを象徴しているのかもしれない。

8　イノベーションの理由

荏原が一連のゴミ焼却炉技術を開発、事業化していったプロセスをもう一度振り返ってみよう。

第一ステップのＴＩＦ炉開発は、流動層炉の大型化を目的として、わずか三人によるチームでスタートした。この開発と事業化は、社内からの支持をほとんど得ることができなかった。ＳＤＰ炉の受注を抱えていた事業部門は、無破砕型ゴミ焼却炉にはまったく関心を示さなかった。それゆえ開発チームは、ラインから外れた化工機部（事業部）の部長直轄の別部隊として活動することを余儀なくされた。開発を支持してくれたのは、唯一、業務部門の担当者一名というさびしい状況であった。さらに、別の技術をつかった大型炉を開発していた、グループ内の荏原総合研究所は、ＴＩＦ炉の開発をストップするように働きかけてきた。

これらの困難の中、一九八一年にようやく第一号機を納入することができたものの、不本意なことに、社内からの指令によって、破砕機をつけるという条件が付された。開発者の思いが叶って、無破砕型ＴＩＦ炉を導入することができたのは、海南市に導入された第二号機においてであった。そこでは、顧客である海南市の担当者が技術出身で、ＴＩＦ炉の性能を高く評価したことが追い風となっていた。

逆風の中においてもＴＩＦ炉の開発が進んだ理由は、流動層炉の成長には無破砕型が重要であるという技術者の信念と、その信念に基づく、経営トップや社内の顧客に対する地道な説得作業にあった。

続く内部循環型流動層ボイラ（ＩＣＦＢ炉）では、廃棄物からのエネルギー回収という時代背景と、ＳＤＰ炉やＴＩＦ炉で発生する余剰熱を回収したいという事業部門からの要請が開発を後押しした。しかし、社内で開発陣が十分な支持を得られたわけではなく、開発は当初、ラインからはずされた三人で進めるといった具合であった。またボイラの経験がない荏原に対しては、顧客の側からも懐疑的な声が上がっていた。こうした状況を克服できた背景には、再び、技術に対する開発陣の強い思い入れと、それに基づく巧みな説得工作があった。例えば、大下は、ICFB炉を新しい技術として紹介するのではなく、あくまでもTIF炉の改良型として位置づけることによって、事業化に対する社内の抵抗を緩和した。

開発陣が社内で十分な支持を得られるようになったのは、第三ステップ以降であった。一九九〇年代中盤になると、ダイオキシンの発生が社会問題となり、時代に要請される形でガス化溶融炉の開発は自然と正当化された。社内での抵抗もなく、むしろ開発者たちが心配になるほどのスピードで、急速に事業化が進んだ。その後、開発者たちの心配は現実のものとなり、さまざまなトラブルに直面し、荏原の業績に多大な影響を与えることになった。

第四ステップの開発に入る頃には、荏原は環境事業を企業の中核に据えて、積極的な事業拡大を進めるようになった。そうした中で進められた加圧ガス化炉の開発は、それまでの開発とは異なって、トップからの指令によって始動されたものだった。それゆえ、開発活動に対して支持を得ることへの苦労はまったくなかった。その代わり、トップからの強力な期待と難題を与えられた。

「ゴミからアンモニアをつくる」というトップのアイデアに開発陣は必ずしも賛同していなかったが、多くの技術的な課題を克服して、宇部興産との合弁による事業化にまでこぎ着けることができた。しかしその事業自体は必ずしも成功とはいえなかった。

このように、四つの技術の内、最初の二つは社内からの支持が得られず開発者たちは大変な苦労をしてなんとか事業化までこぎつけた。一方、後半の二つの技術は、トップを含む社内から十分な支援を得て進められた。しかし皮肉なことに、事業として成果を上げたのは前者の二つの技術であり、後者は荏原の業績全体に影響を与えるほどの損失を計上することになった。

1　これら四つの技術が「内部循環型流動層技術の開発」として、第五四回大河内記念賞を受賞することとなった。後述するように、すでに五つ目の新技術が開発されているが、それは大河内賞の受賞対象ではないため本ケースでは扱っていない。ただし、五番目の技術である内部循環型ガス化炉（ＩＣＦＧ）もまた大河内記念賞評価委員会からその将来の発展性を高く評価されている。

2　本ケースは、青島・大倉［2009］をもとに、加筆修正したものであり、特に断りのない限り、二〇〇八年時点での情報に基づいて書かれている。

3　以下の同社沿革についての記述は『ポケット社史　荏原―環境の総合エンジニアリング企業を目指して』（一九九六年）を参考としている。

4　その後一九二〇年に、現在の株式会社荏原製作所として発足する。

5　鉄鋼や化学プラントといった他の分野も同様の問題を抱えている。

6　正確には、荏原はすでに環境設備事業への参入を果たしていた。一九五六年、水処理事業への参入のために米国のインフィルコとの折半出資による合弁会社、荏原インフィルコを設立しており、同社は都市ゴミ焼却炉事業への参入も果たしていた。ただし、荏原インフィルコは独立企業であり、荏原が環境設備事業に参入した後も、両社の合併が実現する九四年までは、両社のゴミ焼却炉事業はそれぞれ独立に運営されていた。

7　ストーカ炉の内部には金属の格子板が階段状に並べられ、下方から燃焼用の空気が供給されるようになっている。段々になった格子板にゴミが載せられると、格子板が小刻みに動きながらゴミを下方に向かって移動させ、順次ゴミを燃焼させていく仕組みである。「Stoker」（蒸気機関に炭をくべる火夫）という呼称は、次々とゴミが炉に投入され、連続的に焼却される様子に由来している。

8　fluidized-bed の訳。「流動床」とも訳す。一般的に流動層技術を用いた焼却炉は「流動床炉」と呼ぶことが多く、専門文献でも二つの語を併用する場合が多いが、本稿では読者の混乱を避けて「流動層」の訳語に統一する。

9　焼却炉は操業時間によってタイプ分けがなされる。大都市ほど処理されるゴミの量が多いので操業時間も長くなる。最長のものが全連続炉（二四時間連続運転）、中小規模の市町村に多いのが準連続炉（一六時間、八時間連続運転）であり、より処理量が少ないとバッチ炉（間欠運転）が採用される。

10　焼却炉の規模は通常、一日に処理するゴミの重量（t/d：トン／日）で表す。大規模炉は一〇〇 t/d から二〇〇 t/d 以上に及ぶものがある。前注で延べた操業時間によるタイプ分けと処理量は比例する。例えば珠洲市の場合、ゴミの量が大都市ほど多くないので、一日一六時間だけ運転する「準連続」の二五トン炉（25 t/16 h）を発注した。

11　これをアグロメレーションという。

12　一橋大学イノベーション研究センター大河内賞ケース研究プロジェクト講演会における大下氏の発言による。二〇〇八年一一月七日、一橋大学イノベーション研究センターにて。

13　前注講演会における大下氏の発言による。

14　流動層炉の開発では、最初に純粋に流体の動きだけを観察するために、燃焼炉ではなく「コールドモデル」と呼ばれる実験用のモデルに疑似ゴミを投入してその挙動を見る。次に焼却炉、すなわち「ホットモデル」で燃焼性等の実験を行う。

15　石原秀郎［2004］「高い志と大きな夢：旋回流型流動床焼却炉の歴史」（荏原製作所社内資料）より。

16　前掲講演会における大下氏の発言より。

17　最終的には数社による競争入札によって受注は決定されるが、その前段階として、一定の技術的要件が満たされているという評価が自治体から得られない限り、メーカーは入札に参加することができない。したがって自治体への営業活動の目的は、この入札の前段階でのプロセス、すなわち設備建設に関する自社の提案書を提出し、適格であることを認定してもらうことにある。ここで自治体によってふるいをかけられた後に競争入札に入る。

18　前掲講演会における大下氏の発言より。

19　焼却炉を含めたゴミ処理場の建設は通常二年から三年程度かかる。

20　その後一九八六年に化工機部が環境プラント事業部へと組織替えしたことに伴って、開発チームも環境プラント事業部環境開発部に所属することになった。さらに実機化のために八六年十二月にCP八六〇一プロジェクトチームが設けられた。

21　筆者による大下氏に対するインタビューより。二〇〇八年一一月二六日。荏原製作所羽田事業所にて。

22　筆者による小杉氏に対するインタビューより。二〇〇八年一一月二六日。荏原製作所羽田事業所にて。

23　ただしこの案件は、赤字で受注しており、二〇〇八年度三月期決算における百数十億円の特別損失の大きな原因となった。

24 『日経産業新聞』一九九六年六月一二日（12面）。

25 塩化銅の融点は五〇〇℃、塩化亜鉛の融点は三一三℃であり、どちらも焼却後の廃熱ボイラ等で冷却されると伝熱管表面で付着・固化してしまう。

26 これらの詳細については、津川［2004］参照。

27 『日刊工業新聞』二〇〇〇年一一月六日（12面）。

28 『週刊東洋経済』一九九九年一月一六日号。

29 『化学工業日報』二〇〇四年五月一九日（12面）。

30 「『化学工業日報』二〇〇七年六月一四日（10面）。

31 しかし、装置は現在も運転されている。

32 自治体とは異なり、民間事業者は自社の生産プロセスを構成するプラントの操業には当然ながら十分な技術的知識を有している。

あとがき

1　イノベーションにとっての多様性と偏在性の意義

誰もが納得するような経済的合理性を欠く中で、固有の理由からイノベーションの実現を目指す推進者が、同じく固有の理由からそれを支持する人びとと出会い、必要な資源をなんとか獲得し、一歩一歩前に進み、その積重ねによってやがて普遍的な経済合理性が見出され、大きな経済成果が生まれる。これが、本書が描き出したイノベーション・プロセスである。こうしたイノベーション・プロセスを支えていたのは、多様な理由を駆使して、多様なルートを自ら主体的に開拓して、多様な人びとに働きかけ、継続的な資源動員を可能にする創意工夫と努力の総体であった。それを本書では「創造的正当化」と呼んだ。

イノベーションは推進者が信じる固有の理由で始まる。それは、普通ではない「変わったもの」だから、普通の人びとからの支持は得られにくい。やはり、普通ではない「変わった」人に働きかけて、固有の理由から支持をうける以外にない。この主観と主観の出会いを実現するために、独特の創意工夫が必要となる。

もちろん、社会が一様で人びとがみな同じであれば、そうした創意工夫の入り込む余地などない。しかし、社会は一様ではない。人も組織も、長い歴史の中で、多様な価値観を醸成する。置かれた立場や状況によっても、価値の置き方は異なってくる。富、権限、影響力も、社会に一様に分布してはいない。だからこそ、「どのような理由で、どのようなルートで、誰に働きかけるのか」という創意工夫が、イノベーションへの資源動員を可能にする。

一般に、イノベーションを創出するには「特異で創造的な人材」や「多様な価値観の許容」が大事だといわれる。確かに、まったく新規のアイデアを思いつくのは、普通の人より格段に創造的な人なのかもしれない。まったく新しい事業を起こす人は、普通の人よりはるかに進んでリスクを負う特別な人のように思える。そして、これら普通でない特異な人びとが活躍するには多様な価値観を許容する社会が必要になるといわれれば、なるほどと思う。

こうしたわれわれの直感は正しいのかもしれない。しかし、本書の立場からすると、それは、特異な人材や多様な価値観がもつイノベーションに対する意味を一面的にしかとらえていない。「新しいこと（イノベーション）は普通でない人がやるものだ」という感覚的な理解は、イノベーション・プロセスの知識創造の側面に偏っている。

それに対して、本書が明らかにしたことは、イノベーション・プロセスへの継続的な資源動員を実現するためにも、またそのためにこそ、特異な人びとの存在、価値観の多様性、富や権力の偏在が必要になるということであった。社会が一様でないからこそ、客観的な経済合理性を示せなくともイノベーション・プロセスへと資源を集めることが可能となる。

2　難しくなるイノベーション

このように本書を振り返ると、われわれの社会は、特に大企業のイノベーションへの依存度が高い日本社会は、イノベーションを起こしにくくなっているのではないかと思えてくる。厳しい国際競争にさらされる中、企業は、ますます同質化しているように見えるし、それに伴って、イノベーションに必要な余剰資源が、企業から次々と流出しているように感じるからである。

グローバリゼーションの進展によって、ヒト、モノ、カネ、情報が、国境を越えて、かつてよりはるかに自由に行き交うようになった。技術の平準化が進み、差別化が難しくなった産業では、新興国を巻き込んだ、世界規模での激しい競争が繰り広げられている。規制の撤廃、経営の透明性や説明責任の追及、標準化の促進といったことも、公平な競争環境をもたらすと同時に、企業の差異化を抑制するように働く。国際的な資本市場からの影響を受ける企業は、創業以来歴史的に培ってきた固有の理念や価値を、一部にせよ放棄しなければならないかもしれない。同じことは多角化企業の内部でも起きうる。固有の価値をもち、多様な価値観を内包するという、イノベーションに好意的な多角化企業の特質は、失われつつあるように思える。本書は、イノベーション・プロセスの中核には、固有の主観と固有の主観との出会いがあることを描いた。それはまさにローカルなプロセスである。とするなら、グローバリゼーションは、そもそも、イノベーションと馴染まない側面をもつのかもしれない。

一方で、同質化に起因する激しい競争は、イノベーションに動員できる余剰資源を企業から奪い取っている。インターネットから大量の情報を得た消費者が力をもつようになったことも生産者の立場を弱くしている。もちろん、競争の促進は、経済の効率性を高める。消費者は多くの恩恵を受け、社会的な余剰は増える。その意味で、われわれの経済は、経済学の教科書が理想として描く均衡状態へと着実に向かっているように見える。

しかし、シュンペーターは、均衡状態に達した、（究極的に）効率的な循環経済の内部からイノベーションは生じないと指摘する（Schumpeter［1934］）。均衡状態では、すべての資源が、日々の循環的な経済活動に瞬時に費やされてしまう。不確実性の高いイノベーション活動に費やされる余剰が、そこには存在しない。たとえ余剰が存在しても、それは「当たり前のように」、「これまでの理由から」、「これまでの活動に」、投入されてしまう。それゆえに、イノベーションを創出して、経済発展を実現するには、循環経済から資源を奪い取ることが必要になる。つまり、実現が不確実なイノベーション活動へと振り向けられる余剰資源を社会的に作り出す仕組みが必要となる。

シュンペーターはその仕組みの一つとして、銀行家による信用創造の役割に注目した。創造された信用によって不確実で長期的な投資が可能となる（Schumpeter［1934］）。シュンペーターが注目したもう一つの仕組みが大企業による独占利潤である（Schumpeter［1942］）。企業に独占を認めることは、教科書的な経済学には反している。独占は、価格の増大と生産量の抑制によって、社会的余剰を減少させる「悪」であると、教科書は教える。しかし、シュンペーターは、たとえ短期的に経済の効率性を削《そ》いだとしても、それによってイノベーションへの投資が確保されるならば、独占はむしろ、長期的には経済にプラスの効果をもちうると主張する。

確かに、日本の高度成長は、企業が享受した（独占）利潤を、社会のステーツマンとして心ある経営者が、経済と社会の長期的な発展のため、つまり、イノベーションに投資することによって実現されてきたように思える。松下幸之助、本田宗一郎、井深大といった、日本の高度成長を支えてきた名経営者の口から聞かれたのは、決して目の前の利益を求めることではなかった。彼らが常に意識していたのは、社会・経済の長期的な発展に資すること、そのために常に新しいことにチャレンジすること、つまりイノベーションを起こすことの重要性であった。

ところが、グローバリゼーションに伴う激しい国際競争は、「独占利潤＋理念をもつ経営者」という組合せを通じた経済発展を困難にしてきたように思える。一九六〇年代から七〇年代のはじめ七～八％であった日本の製造企業の営業利益率は九〇年代に入ると三％台に落ち込んだ。二〇〇二年から二〇〇七年にかけては、それが五％程度まで上昇するものの、一方で付加価値率は二二～二三％から一七～一八％にまで急落した。人件費や投資の抑制によるものである。激しい国際競争にさらされる企業は、将来が不確実なイノベーションに資源をまわす余力を失いつつある。余力がなくなり、資本市場から攻められれば、経営者も「社会・経済の長期的発展のために」などといっている場合ではなくなる。

イノベーションの必要性は認識していても、余剰がない。だから、余剰を確保するために、新技術や新事業のアイデアに対して過度に市場性を求める。本来、安易に市場性を求めることができないはずのイノベーションへの資源を確保するために、イノベーションに初期から市場性を求めるという矛盾がそこに生じる。

問題は、企業における余剰の喪失だけではない。貧富の差が拡大していることを考えれば、おそらく、社会のどこかに余剰は存在しているはずである。しかし、その余剰の使い道を、経済合理性という基準から、広く透明性を確保し、民主的な合意形成プロセスで決めるような圧力が高まるほど、不確実性の高いイノベーションに資源は振り向けられなくなる。

グローバリゼーションと技術進歩、そしてそれに伴う国際競争の激化は、イノベーションの実現に必要な、固有の価値、価値の多様性、資源や権力の偏在性を減少させるがゆえに、あるいは資源の配分ルールを均質化してしまうがゆえに、イノベーションを難しくしているようにみえる。

3　新たなイノベーション・システムの模索と企業家機能

　ではどうすれば良いのか。「だからこそ創造的正当化が重要なのだ」というのが本書から導き出される一つの答えである。そもそも、企業に無尽蔵に資源があれば、経済合理性が十分に示せないイノベーションに対しても容易に資源を動員できるだろう。資源が希少であるからこそ、経済合理性を示せないイノベーション推進者は、資源動員に苦労するのである。企業の余剰が減少し、その使い道に対する透明性が求められ、長期投資に向けられる資源が希少になればなるほど、イノベーション推進者には高度な創造的正当化が求められる。もちろん、第4章や第5章で議論したように、創造的正当化のコストも考える必要があるが、企業でイノベーションを推進する人は、かつて以上に「多様な理由で、多様なルートを開拓して、多様な人びとに働きかける」ことに主体的に取り組まなければならないだろう。

　もう一つの答えは、企業のイノベーションに頼らない、国の新しいイノベーション・システムを模索することである。もちろんすぐに現実的な解が見つかるとは思えない。日本は今でも大企業中心に動いている。優秀な学生の多くは相変わらず、大企業志向である。大企業が日本の頭脳を抱えている現状を冷静にみれば、少なくとも当面は、大企業におけるイノベーションを活性化することを考えるのが現実的である。

　しかし、企業の同質化、競争の激化による余剰の喪失、余剰の使い道を決める透明で民主的な合意形成への圧力が高まれば、将来的には、国のイノベーション・システムを根本から考え直すことが必要になるかもしれない。そこではあらためて、イノベーションに必要な多様性や資源の偏在を、社会の「どこに」、また「どのように」確保すべきなのかを考えなければならない。

イノベーションに振り向ける資源の確保という点はこれまでにも議論されてきた。ベンチャーキャピタルの制度を整えるべきだとか、国家のR＆D予算を拡大すべきだとかいう議論はみな、イノベーションという不確実な活動に振り向けられるべき余剰資源を国としてどこに配置すべきであるかという問題を扱っている。

しかし、余剰資源があるだけではイノベーションは起きない。その資源が革新的なアイデアと結びつかない限り、つまり、それがイノベーション・プロセスに注ぎ込まれなければ、イノベーションは決して実現しない。そのためには、多様な価値観をもつ支持者（もしくは資源提供者）が、革新的アイデアと直接出会う機会が必要である。場合によっては資源配分の集権的な仕組みも重要となる。そこに多角化した大企業の強みが見出されることは、第5章で議論したとおりである。しかし、価値の多様性と余剰資源が減少し、資源配分の透明性への圧力にさらされる大企業のイノベーション創出能力が低下しているとするなら、社会としては別の仕組みを考えなければならなくなる。例えば、マイクロ・ファイナンスの仕組みは、多様な理由をもつ資金提供者を世界中から募り、資金を必要とする人びと（主に貧困層）に直接結びつけている。バーチャルではあるが、そこには固有の理由と別の固有の理由の直接的な出会いがある。このように、発達したインターネット技術を活用すれば、企業という枠組みに頼ることなく、革新的アイデアを資源に結びつけることが可能となるかもしれない。

ただ社会のどこに余剰資源を求めるにせよ、イノベーションを実現するには、それを革新的アイデアに投入し、さまざまな生産要素を新たな方法で結合し、経済価値を創出することが必要となる。これこそシュンペーターのいった企業家機能である。本書が明らかにした「創造的正当化」は、こうした企業家機能の重要な要素である。創造的正当化は、循環的な経済活動に日々注がれている諸資源を、さまざまな困難を乗り越えつつ、イノベーション活動へと引き込む「橋渡し活動」である。企業家という言葉のもつ一般的な印象に必ずしもそぐわないかもしれないが、企業家とは決して特別な才能をもつ人びとだけを指すのではない。創造的正当化を特徴づけていたのは、革新的アイデアを温め、周りの人びとを説得し、時には外部の応援者を募り、生き残りのために新たな理由を創造し、徐々に人びとを巻き込んでいく、漸進的で地道な活動であった。

今後模索される（かもしれない）国の新たなイノベーション・システムが、どこに多様性を求め、どこに資源の偏在性を求めようとも、企業の内外を問わず、こうした橋渡し活動が重要となることを忘れてはならないだろう。

付属資料：「大河内賞ケース研究プロジェクト」事例研究担当者

本書で用いた事例について、「大河内賞ケース研究プロジェクト」で事例研究を担当した方々を以下に示す。また、本書の分析の題材としては用いなかったが、第一期の「大河内賞ケース研究プロジェクト」で行った他の事例研究についてもその担当者を示す。

なお、各事例研究の成果は（第二期の大河内賞ケース研究プロジェクトの分も含めて）、一橋大学イノベーション研究センターの「ＩＩＲケーススタディ」および／もしくは季刊誌『一橋ビジネスレビュー』のビジネス・ケースとして公表されている。前者はイノベーション研究センターのウェブサイトからダウンロードすることができる。詳細については以下のＵＲＬを参照のこと：

http://www.iir.hit-u.ac.jp/iir-w3/reserch/GCOEokochiprize（A）.html

- 松下電器産業「ＩＨクッキングヒーター」：工藤秀雄・延岡健太郎
- 三菱電機「ポキポキモータ」：軽部大・小林敦
- 東洋製罐／東洋鋼鈑「タルク缶」：尹諒重・武石彰
- 東芝「ニッケル水素二次電池」：坂本雅明
- オリンパス光学工業「超音波内視鏡」：軽部大・井守美穂
- 花王「アタック」：藤原雅俊・武石彰
- セイコーエプソン「自動巻発電クオーツウォッチ」：武石彰・金山維史・水野達哉

- 松下電子工業「GaAsパワーモジュール」：武石彰・高永才・古川健一・神津英明
- 東北パイオニア／パイオニア「有機ＥＬディスプレイ」：坂本雅明
- 川崎製鉄／川鉄マシナリー／山九「大ブロックリング高炉改修工法」：平野創・軽部大
- トレセンティテクノロジーズ「新半導体生産システム」：北澤謙・井上匡史・青島矢一
- 日清ファルマ「コエンザイムＱ10」：朴宰佑・松井剛
- 富士写真フイルム「デジタルX線画像診断システム」：武石彰・宮原諄二・三木朋乃
- 日本電気「HSG-Siキャパシタ」：坂本雅明
- 京セラ「エコシス・プリンタ」：加藤俊彦・山口裕之
- 日本電気「GaAs MES FET」：高梨千賀子・武石彰・神津英明
- 東芝「エンジン制御用マイコンシステム」：武石彰・伊藤誠悟
- 東京電力／日本ガイシ「ＮＡＳ電池」：福島英史
- 日立製作所「ＬＳＩオンチップ配線直接形成システム」：青島矢一
- ＴＤＫ「Ni内部電極積層セラミックコンデンサ」：小阪玄次郎・武石彰
- セイコーエプソン「高精細インクジェットプリンタ」：青島矢一・北村真琴
- 東レ「携帯電話液晶ディスプレイ用カラーフィルター」：山口裕之
- 荏原製作所「内部循環型流動層炉」：青島矢一・大倉健
- 日本放送協会放送技術研究所ほか「ハイビジョン用プラズマディスプレイ」：名藤大樹
- 根本特殊化学「放射性物質を用いない長残光性夜光塗料」：軽部大・大倉健
- 伊勢電子工業／日本陶器「平型蛍光表示管」：小阪玄次郎・武石彰

参考文献・資料

【分析・理論篇】

欧文文献

Aldrich, H. E. and C. M. Fiol [1994], "Fools Rush in? The Institutional Context of Industry Creation," *The Academy of Management Review*, 19(4), pp. 645–670.

Auerswald, P. E. and L. M. Branscomb [2003], "Valleys of Death and Darwinian Seas: Financing the Invention to Innovation Transition in the United States," *Journal of Technology Transfer*, 28, pp. 227–239.

Bijker, W. E. [1995], *Of Bicycles, Bakelites, and Bulbs: Toward a Theory of Sociotechnical Change*, Cambridge, Mass.: MIT Press.

Bijker, W. E., T. P. Hughes and T. Pinch (eds.) [1987], *The Social Construction of Technological Systems: New Direction in the Sociology and History of Technology*, Cambridge, Mass.: MIT Press.

Bower, J. L. [1970], *Managing the Resource Allocation Process: A Study of Corporate Planning and Investment*, Boston, Mass.: Harvard Business School Press.

Bower, J. L. and C. G. Gilbert (eds.) [2005], *From Resource Allocation to Strategy*, Oxford: Oxford University Press.

Burgelman, R. A. [1983], "A Process Model of Internal Corporate Venturing in the Diversified Major Firm," *Administrative Science Quarterly*, 28(2), pp. 223–244.

Burgelman, R. A. [1985], "Managing the New Venture Division: Research Findings and Implications for Strategic Management," *Strategic Management Journal*, 6(1), pp. 39–54.

Burgelman, R. A. [1991], "Intraorganizational Ecology of Strategy Making and Organizational Adaptation: Theory and Field Research," *Organization Science*, 2(3), pp. 239-262.

Burgelman, R. A. [2002], "Strategy as Vector and the Inertia of Coevolutionary Lock-in," *Administrative Science Quarterly*, 47(2), pp. 325-357.

Burgelman, R. A. and R. S. Rosenbloom [1989], "Technology Strategy: An Evolutional Process Perspective" in R. A. Burgelman and R. S. Rosenbloom (eds.), *Research on Technological Innovation, Management and Policy*, Vol. 4, Greenwich, Conn.: JAI Press, pp. 1-23.

Christensen, C. M. [1997], *The Innovator's Dilemma: When New Technologies Cause Great Firms to Fail*, Boston, Mass.: Harvard Business School Press.（玉田俊平太監修・伊豆原弓訳『イノベーションのジレンマ』増補改訂版、翔泳社、二〇〇一年）

Christensen, C. M. and J. L. Bower [1996], "Customer Power, Strategic Investment, and the Failure of Leading Firms," *Strategic Management Journal*, 17(3), pp. 197-218.

Christensen, C. M. and M. E. Raynor [2003], *The Innovator's Solution: Creating and Sustaining Successful Growth*, Boston, Mass.: Harvard Business School Press.

David, P. A. [1986], "Technology Diffusion, Public Policy and Industrial Competitiveness" in R. Landon and N. Rosenberg (eds.), *The Positive Sum Strategy*, Washington, DC.: National Academy Press, pp. 354-373.

David, P. A., B. H. Hall and A. A. Toole [2000], "Is Public R&D a Complement or Substitute for Private R&D? A Review of the Econometric Evidence," *Research Policy*, 29(4-5), pp. 497-529.

Day, D. L. [1994], "Raising Radicals: Different Processes for Championing Innovative Corporate Ventures," *Organization Science*, 5(2), pp. 148-172.

Delmar, F. and S. Shane [2004], "Legitimating First: Organizing Activities and the Survival of New Ventures," *Journal of Business Venturing*, 19, pp. 385-410.

Dougherty, D. [1990], "Understanding New Markets for New Products," *Strategic Management Journal*, 11, pp. 59-78.

Dougherty, D. [1992], "Interpretive Barriers to Successful Product Innovation in Large Firms," *Organization Science*, 3

(2), pp. 179–202.

Dougherty, D. and C. Hardy [1996], "Sustained Product Innovation in Large, Mature Organizations: Overcoming Innovation-to-Organization Problems," *The Academy of Management Journal*, 39(5), pp. 1120–1153.

Dougherty, D. and T. Heller [1994], "The Illegitimacy of Successful Product Innovation in Established Firms," *Organization Science*, 5(2), pp. 200–218.

Freeman, C. [1982]. *The Economics of Industrial Innovation*, London: Pinter.

Freeman, C. and L. Soete [1997], *The Economics of Industrial Innovation* (Third Edition), Cambridge, Mass.: MIT Press.

Garud, R., P. R. Nayyar and Z. B. Shapira [1997], "Technological Choices and the Inevitability of Errors" in R. Garud, P. R. Nayyar, and Z. B. Shapira (eds.), *Technological Innovation: Oversights and Foresights*, Cambridge: Cambridge University Press, pp. 20–40.

Henderson, R. M. and K. B. Clark [1990], "Architectural Innovation: The Reconfigulation of Existing Product Technologies and the Failure of Established Firms," *Administrative Science Quarterly*, 35(1), pp. 9–30.

Howell, J. M. and C. A. Higgins [1990], "Champions of Technological Innovation," *Administrative Science Quarterly*, 35(2), pp. 317–341.

Lieberman, M. B. and D. B. Montgomery [1988], "First-Mover Advantages," *Strategic Management Journal*, 9 (Special Issue: Strategy Content Research), pp. 41–58.

Maidique, M. A. [1980], "Entrepreneurs, Champions and Technological Innovation," *Sloan Management Review*, 21(2), pp. 59–76.

Markham, S. K. [2000], "Corporate Championing and Antagonism as Forms of Political Behavior: An R&D Perspective," *Organization Science*, 11(4), pp. 429–447.

McMullen, J. S and D. A. Shepherd [2006], "Entrepreneurial Action and the Role of Uncertainty in the Theory of the Entrepreneur," *Academy of Management Review*, 31(1), pp. 132–152.

Mintzberg, H., B. Ahlstrand and J. Lampel [1998], *Strategy Safari: A Guided Tour Through The Wilds of Strategic Management*, New York: Free Press.（齋藤嘉則監訳，木村充・奥澤朋美・山口あけも訳『戦略サファリ：戦略マネジメン

ト・ガイドブック』東洋経済新報社、一九九九年）

Nonaka, I. and H. Takeuchi [1995], *The Knowledge-Creating Company: How Japanese Companies Create the Dynamics of Innovation*, Oxford: Oxford University Press.（梅本勝博訳『知識創造企業』東洋経済新報社、一九九六年）

Nonaka, I. and R. Toyama [2002], "A Firm as a Dialectical Being: Towards a Dynamic Theory of a Firm," *Industrial and Corporate Change*, 11(5), pp. 995-1009.

Pinch, T. J. and W. E. Bijker [1987], "The Social Construction of Facts and Artifacts: Or How the Sociology of Science and the Sociology of Technology Might Benefit Each Other" in W. E. Bijker, T. P. Hughes and T. J. Pinch (eds.), *The Social Construction of Technological Systems*, Cambridge, Mass.: MIT Press, pp. 17-50.

Porter, M. E. [1985], *Competitive Advantage: Creating and Sustaining Superior Performance*, New York: Free Press.（土岐坤・中辻萬治・小野寺武夫訳『競争優位の戦略』ダイヤモンド社、一九八五年）

Reinganum, J. F. [1983], "Uncertain Innovation and Persistence of Monopoly," *American Economic Review*, 73(4), pp. 741-748.

Roberts, E. B. and A. C. Fusfeld [1981], "Critical Function: Needed Roles in the Innovation Process" in R. Katz (ed.), *Career Issues in Human Resource Management*, Englewood Cliffs, NJ: Prentice-Hall, pp. 182-207.

Rogers, E. M. [1983], *Diffusion of Innovations* (Third Edition), New York: Free Press.（青池愼一・宇野善康監訳『イノベーション普及学』産能大学出版部、一九九〇年）

Saxenian, A. [1994], *Regional Advantage: Culture and Competition in Silicon Valley and Route 128*, Cambridge, Mass.: Harvard University Press.（大前研一訳『現代の二都物語』講談社、一九九五年）

Schein, E. H. [1985], *Organizational Culture and Leadership*, San Francisco: Jossey-Bass.

Schon, D. A. [1963], "Champions for Radical New Inventions," *Harvard Business Review*, 41(2), pp. 77-86.

Schumpeter, J. A. [1934], *The Theory of Economic Development*, Cambridge, Mass.: Harvard University Press.（塩野谷祐一・中山伊知郎・東畑精一訳『経済発展の理論：企業者利潤・資本・信用・利子および景気の回転に関する一研究』岩波文庫、一九七七年）

Schumpeter, J. A. [1942], *Capitalism, Socialism and Democracy*, New York: Harper & Row.（中山伊知郎・東畑精一訳

『資本主義・社会主義・民主主義』東洋経済新報社、一九六二年)

Starr, J. A. and I. C. MacMillan [1990], "Resource Cooptation Via Social Contracting: Resource Acquisition Strategies for New Ventures," *Strategic Management Journal*, 11 (Special Issue: Corporate Entrepreneurship), pp. 79-92.

Suchman, M. C. [1995], "Managing Legitimacy: Strategic and Institutional Approaches," *Academy of Management Review*, 20(3), pp. 571-610.

Teece, D. J. [1986], "Profiting from Technological Innovation: Implications for Integration, Collaboration, Licensing and Public Policy," *Research Policy*, 15(6), pp. 285-306.

Thomas, R. J. [1994], *What Machines Can't Do: Politics and Technology in the Industrial Enterprise*, Berkeley, Cal.: University of California Press.

Tidd, J., J. R. Bessant and K. Pavitt [2005], *Managing Innovation: Integrating Technological, Market and Organizational Change* (Third Edition), New York: John Wiley & Sons. (後藤晃・鈴木潤訳『イノベーションの経営学：技術・市場・組織の統合的マネジメント』NTT出版、二〇〇四年)

Tripsas, M. and G. Gavetti [2000], "Capabilities, Cognition, and Inertia: Evidence from Digital Imaging," *Strategic Management Journal*, 21, pp. 1147-1161.

Utterback, J. M. [1994], *Mastering the Dynamics of Innovation: How Companies Can Seize Opportunities in the Face of Technological Change*, Boston: Harvard Business School Press. (大津正和・小川進監訳『イノベーション・ダイナミクス』有斐閣、一九九八年)

Van de Ven, A. H. [1986], "Central Problems in the Management of Innovation," *Management Science*, 32(5), pp. 590-607.

Wejnert, B. [2002], "Integrating Models of Diffusion of Innovations: A Conceptual Framework," *Annual Review of Sociology*, 28, pp. 297-306.

Zimmerman, M. A. and G. J. Zeitz [2002], "Beyond Survival: Achieving New Venture Growth by Building Legitimacy," *Academy of Management Review*, 27(3), pp. 414-431.

邦文文献

加護野忠男［2002］、「『合理性万能論』の経営者がはまる罠」『プレジデント』四〇巻一三号、一五七―一五九頁。

金井壽宏［1984］、「実験主義組織におけるコミットメント」『神戸大学経営学部研究年報』第XXX号、一七一―三〇六頁。

軽部大・武石彰・青島矢一（2007）、「資源動員の正当化プロセスとしてのイノベーション：その予備的考察」一橋大学イノベーション研究センター・ワーキングペーパー WP#07-05。

楠木建［2010］、『ストーリーとしての競争戦略』東洋経済新報社。

榊原清則［2005］、『イノベーションの収益化：技術経営の課題と分析』有斐閣。

沼上幹［1999］、『液晶ディスプレイの技術革新史：行為連鎖システムとしての技術』白桃書房。

沼上幹［2004］、「ビジネススクール流知的武装講座（九六）戦略策定における『不確実性』の読み方」『プレジデント』四二巻五号、一二一―一二三頁。

延岡健太郎［2006］、『MOT「技術経営」入門』日本経済新聞社。

一橋大学イノベーション研究センター［2001］、『イノベーション・マネジメント入門』日本経済新聞社。

山田仁一郎［2006］、「不確実性対処としての企業家チームの正統化活動：地方大学発ベンチャーの組織形成プロセス」『ベンチャーズ・レビュー』第八号、二三―三二頁。

米倉誠一郎・青島矢一［2001］、「イノベーション研究の全体像」一橋大学イノベーション研究センター編『知識とイノベーション』東洋経済新報社、一―二三頁。

【事例篇】

事例1

安藤雅一［1976］、「『濃縮洗剤』発売の背景と企業姿勢」『日本洗剤公害レポート』日本地域社会研究所、二三一―二四〇頁。

今村哲也［1996］、「花王株式会社：トータル・マーケティング・システム」山之内昭夫編『テクノマーケティング戦略』産能大学出版部、五一―一〇〇頁。

花王［1993］、『花王史一〇〇年（一八九〇―一九九〇年）』。

経済産業省経済産業政策局調査統計部『化学工業統計年報』各年版。

近藤礼一［1973］、『花王対ライオン油脂の市場戦争』評言社。

日経産業新聞『市場占有率』各年版。

日本政策投資銀行［2002］、『〝財務データ〟で見る産業の四〇年：一九六〇年度〜二〇〇〇年度』。

福嶋路［1998］、「成熟市場におけるイノベーション：花王『アタック』の開発」伊丹敬之・宮本又郎・加護野忠男・米倉誠一郎編『ケースブック日本企業の経営行動⑶：イノベーションと技術蓄積』有斐閣。

藤原雅俊・武石彰［2005］、「花王：酵素入りコンパクト洗剤『アタック』の開発」『一橋ビジネスレビュー』五三巻一号、一〇二―一一二頁。

村田守康［2010］、「花王における三つのイノベーション：『アタック』・『ヘルシア』・『クイックルワイパー』の開発に携わって」『京都マネジメント・レビュー』第一七号、一一三―一二九頁。

矢野経済研究所『日本マーケットシェア事典』各年版。

事例２

Amemiya, Y. and J. Miyahara [1988], "Imaging Plate Illuminates Many Fields," *Nature*, Vol. 336, No. 6194, pp. 89–90.
Sonoda, M., M. Takano, J. Miyahara and H. Kato [1983], "Computed Radiography Utilizing Scanning Laser Stimulated Luminescence," *Radiology*, Vol. 148, No. 3, pp. 833–838.
加藤久豊・鈴木俊昭・高橋健治・中島延淑・阿賀野俊孝［1995］、「ＦＣＲ開発の歴史」『Fuji Medical Review』No. 6、一八―三六頁。
高野正雄［1992a］、「ＦＣＲのブレークスルースピリットから二一世紀を見つめて」『日本歯科産業学会誌』第五巻第五号、二九―四二頁。
高野正雄［1992b］、「ＣＲシステムの原理」『呼吸』一一巻七号、八四九―八五五頁。
高野正雄［2000］、「ＣＲのコンセプトと開発の歴史」『INNERVISION』一五巻一号、一四―二〇頁。
武石彰・宮原諄二・三木朋乃［2008］、「富士フイルム：デジタルＸ線画像診断システムの開発」『一橋ビジネスレビュー』五六巻二号、一二六―一四七頁。

宮原諄二［1999］、「放射線イメージングのイノベーション：イメージング・プレートとその開発」一橋大学イノベーション研究センター・ワーキングペーパー WP#99-10。

宮原諄二［2001］、「放射線イメージングのイノベーション：イメージング・プレートとその開発」一橋大学イノベーション研究センター編『知識とイノベーション』東洋経済新報社、一〇三-一三四頁。

宮原諄二・園田實・高野正雄・加藤久豊［1991］、「放射線イメージングシステムの開発」財団法人大河内記念会『第三八回大河内賞業績報告書』一-七頁。

柳田邦男［1988］、「続・ガン回廊の朝」『NEXT』三月号、二四四-二六一頁。

山田達哉・高野正雄・宮原諄二・加藤久豊［1984］、「画期的なX線写真システム」『日経サイエンス』一月号、八二-九一頁。

富士フイルム株式会社ホームページ　http://www.fujifilm.co.jp/

富士フイルムメディカル株式会社ホームページ　http://fms.fujifilm.co.jp/

事例 3

宇津木幹夫［1997］、「大河内賞プレゼンテーション資料」一一月一九日。

オリンパス光学工業五〇年史編集委員会［1969］、『五〇年の歩み』オリンパス光学工業。

オリンパス光学工業第三開発部［1987］、「ラジアル走査式超音波内視鏡」『超音波内視鏡の実際』医学図書出版、二四-四三頁。

奥嶋一武・乾和郎［1997］、「超音波内視鏡検査の方法」中澤三郎（編著）『超音波内視鏡ハンドブック』医学書院。

軽部大・井守美穂［2004］、「オリンパス超音波内視鏡の構想・開発事業化」一橋大学イノベーション研究センターＩＩＲケース・スタディ（大河内賞ケース研究プロジェクト）CASE#04-14。

「がんの統計」編集委員会編『がんの統計'10』がん研究振興財団。

斉藤吉毅・塚谷隆志［1999］、「超音波内視鏡：最近の機器の進歩」『臨床消化器内科』Vol. 14, No. 9。

鈴木茂・村田洋子［1993］、『消化器超音波内視鏡診断テキスト』文光堂。

竹本忠良・川井啓市・山中桓夫［1987］、『超音波内視鏡の実際』医学図書出版。

中澤三郎［1997］、『超音波内視鏡ハンドブック』医学書院。

長廻紘［2001］、『消化管内視鏡を育てた人々』金原出版。

丹羽寛文［1997］、『消化管内視鏡の歴史』日本メディカルセンター。

福田守道［1999］、「超音波内視鏡開発の歴史」『臨床消化器内科』Vol. 14, No. 5。

福田守道・板谷晴隆［1980］、「超音波診断」『癌の臨床』第二六巻第一〇号。

村田洋子・峯徹哉［2004］、『超音波内視鏡 Up to Now』メディカルビュー。

諸隈肇［1999］、『内視鏡テクノロジー』裳華房。

矢野経済研究所『二〇〇二〜二〇〇三年版、機能別ME機器市場の中期予測とメーカーシェア』。

芳野純治［2000］、「超音波内視鏡の可能性」『映像情報』Vol. 32, No. 10。

オリンパス社内説明資料「超音波とは」。

オリンパス社内説明資料「内視鏡って何？」。

『OLYMPUS TECHNO ZONE』Vol. 46、二〇〇〇年七月。

『OLYMPUS TECHNO ZONE』Vol. 39、一九九八年一〇月。

「MEの周辺」『日経産業新聞』一九八〇年一一月一四日。

「大河内賞プレゼンテーション資料」一九九七年一一月一九日、宇津木幹夫氏。

「経営戦略・マーケティング、オリンパス光学工業：医師との太いパイプ強み内視鏡で独走体制を築く」『日経ビジネス』一九九三年一〇月四日、四五-四七頁。

「オリンパス・超音波内視鏡」『日経産業新聞』一九九七年五月九日。

「二一世紀日本企業技術編、医療機器（中）」YOMIURI ON LINE、二〇〇一年四月四日。

「研究オリンパス（上）」『日経産業新聞』二〇〇二年一一月一八日。

「内視鏡各社独自の製品戦略で攻勢」『日経産業新聞』二〇〇三年九月三日。

「新・日本の底力　第二部　世界に勝つ八」『日経産業新聞』二〇〇三年一一月一六日。

「大河内賞ケース研究プロジェクト　超音波内視鏡の開発」プレゼンテーション資料二〇〇四年二月二七日、斉藤吉毅氏。

事例４

軽部大・小林敦［2004］、「三菱電機ポキポキモータ新型鉄心構造と高速高密度巻線による高性能モーター製造法の開発」一橋大学イノベーション研究センターIIRケース・スタディ（大河内賞ケース研究プロジェクト）CASE#04-15。

川口守弥・大穀晃裕・安江正徳・小松孝教［2002］、「エレベーター巻上機用モータ」『三菱電機技報』六月号、六頁。

川口仁・馬場和彦・松岡篤・石井博幸・及川智明［2002］、「住環境機器用高効率モータ」『三菱電機技報』六月号、一〇頁。

中原裕治［2000］、「分割鉄心による中小型モーター製造技術に関する研究」博士論文（大阪大学）。

中原裕治［2004］、「分割鉄心によるモーター製造技術：ポキポキモータの進化」大河内賞ケース研究プロジェクト講演会用論文、二月三日。

中原裕治・五十棲秀三・三宅俊彦［2000］、「ポキポキモータの車載機への応用」『三菱電機技報』九月号、三五頁。

三宅展明［2002］、「最新のモータ製造技術」『三菱電機技報』六月号、五四頁。

「三菱電、オーディオ不況で郡山工場の三割二六〇人を配転」『日本経済新聞』一九八二年六月五日（6面）。

「三菱電機郡山、効率化で生産増強：主要部品の内製化促進」『日本経済新聞』一九八五年三月一四日、地方経済面（東北A：2面）。

「三菱電郡山、六三年度生産五〇〇億円に：FDD・スピーカー増産」『日本経済新聞』一九八六年八月一〇日、地方経済面（東北A：2面）。

「企業内構造調整（産業が変わる・第五部　エレクトロニクス：四）」『朝日新聞』一九八七年二月六日（8面）。

「三菱電機、小型軽量の三・五インチFDD」『日本経済新聞』一九八七年三月四日（8面）。

「三菱電機、近く新会社五・二五インチのFDD生産：タイに全面移管」『日経産業新聞』一九八七年七月二三日（1面）。

「三菱電機、タイでFDD生産：来春に月産15万台体制」『日経産業新聞』一九八八年八月二二日（2面）。

「先端拠点はいま、三菱電機中津川製作所」『日経産業新聞』一九八九年四月二四日（9面）。

「三・五インチFDD薄さを競う、各社相次ぎ新製品」『日本経済新聞』一九九一年七月二二日（11面）。

「三菱電・情報通信機器、生産体制を再編」『日本経済新聞』一九九二年三月二二日（5面）。

「三菱電機（飯田工場）：換気扇生産をCIM化」『日経産業新聞』一九九二年一〇月七日（7面）。

「素人感覚、無人化を実現モーター設計に革新」『日経産業新聞』一九九三年五月二四日（9面）。

「次世代フロッピー普及に弾み、三菱電機駆動装置生産へ」『日経産業新聞』一九九六年六月一九日（8面）。

「先端研究最前線モーター製造の効率化に貢献：工程をガラリと変えた新技術」『科学技術ジャーナル』一九九八年六月号、四六-四七頁。

「三菱電　電動パワステ用モーター量産」『日刊工業新聞』二〇〇三年一〇月二八日（4面）。

「『ポキポキモータ』製造技術三菱電が社外供与」『日経産業新聞』二〇〇三年一二月一〇日（1面）。

事例5

青柳一弘［2000］、『セイコーエプソン：知られざる全貌』日刊工業新聞社。

加藤良平［2004］、『エプソン『挑戦』と『共生』の遺伝子』実業之日本社。

清水修［1991］、『日経産業シリーズ：時計』日本経済新聞社。

セイコーエプソン［2001］、『年表で読むセイコーエプソン「一八八一～二〇〇〇」』セイコーエプソン。

滝田誠一郎［2001］、『テクノ・ヒーローの伝言：世界を制したメイド・イン・ジャパン』小学館。

武石彰・金山維史・水野達哉［2006］、「セイコーエプソン：自動巻発電クオーツウォッチの開発」『一橋ビジネスレビュー』五四巻二号、一三四-一五二頁。

中村新［2003］、『よくわかる精密機器業界』日本実業出版社。

日経産業新聞『市場占有率』（1992～2005年版）日本経済新聞社。

平野光雄［1968］、『精工舎史話』精工舎。

吉野雅士・河角和夫・安川尚昭・長尾昭一［1996］、「自動巻発電クオーツウォッチの開発」財団法人大河内記念会『第四二回大河内賞業績報告書』二二三-二三〇頁。

事例6

Funk, J. [2002], *Global Competition Between and Within Standards: The Case of Mobile Phones*, London: Palgrave.
NTTドコモ［2002］、『NTTドコモ一〇年史：モバイル・フロンティアへの挑戦』。
武石彰・古川健一・高永才・神津英明［2007］、「松下電子工業：携帯電話端末用GaAsパワーモジュールの開発」『一橋ビジネスレビュー』五五巻二号、一一〇–一二六頁。

富士キメラ総合研究所［2005］、「二〇〇五　次世代携帯電話とキーデバイス市場の将来展望」。

松下電子工業半導体社［2001］、「移動体通信端末用低消費電力／小型 GaAs パワーモジュールの開発と量産化」（平成一二年度大河内記念生産賞）大河内記念会『大河内賞受賞業績報告書』。

松下電器産業半導体社事業本部「半導体デバイス研究センターのご案内」（リーフレット）。

松下電器産業グループホームページ。

松下電器産業アニュアルレポート。

事例 7

越智英夫・坂本強・石塚真一・土田正美［2000］、「有機ＥＬフルカラーモジュール駆動システムの開発」『PIONEER R&D』Vol. 11, No. 1、二九–三六頁。

加藤敬［2003］、「有機ＥＬディスプレイの開発状況」『PIONEER R&D』Vol. 13, No. 2、三六–四四頁。

鎌倉修司［2004］、「パイオニア有機ＥＬ：技術開発が加速された要因」修士論文（一橋大学大学院経営学修士コース）。

川見伸・中村健二・脇本健夫・宮口敏・渡辺輝一［2000］、「燐光材料を用いた有機ＥＬ素子の長寿命化の可能性」『PIONEER R&D』Vol. 11, No. 1、一三–二〇頁。

坂本雅明［2005］、「東北パイオニア：有機ＥＬ開発と事業化」一橋大学イノベーション研究センターＩＩＲケース・スタディ（大河内賞ケース研究プロジェクト）CASE#05–10。

杉本晃・吉田綾子・宮寺敏之［2002］、「有機ＥＬフィルムディスプレイの開発」『PIONEER R&D』Vol. 11, No. 3、四八–五六頁。

長島貴・山田秀夫・花岡実・市川努・石田毅・小田啓二［2003］、「フィルム有機ＥＬ生産化のための要素技術開発」『PIONEER R&D』Vol. 13, No. 3、六五–七三頁。

西久保靖彦［2003］、『よくわかる最新ディスプレイ技術の基本と仕組み』秀和システム。

日経マイクロデバイス監修［2004a］、「フラットパネル・ディスプレイ二〇〇五〈戦略編〉」日経ＢＰ社。

日経マイクロデバイス監修［2004b］、「フラットパネル・ディスプレイ二〇〇五〈実務編〉」日経ＢＰ社。

日経マイクロデバイス監修［2005］、「フラットパネル・ディスプレイ二〇〇五〈技術編〉」日経BP社。

原澤直希［2002］、「フィルム有機ELの用途開発」『PIONEER R&D』VOL. 11, No. 3、五六-六一頁。

宮口敏［2004］、「総合研究所紹介」『PIONEER R&D』Vol. 14, No. 1、八九-一〇二頁。

宮口敏・脇本健夫・舟木淳・福田善教・久保田広文・大下勇・渡辺輝一［2000］、「有機ELフルカラーディスプレイの開発」『PIONEER R&D』Vol. 11, No. 1、二一-二八頁。

武藤守男［2003］、「部門紹介：生産技術センター」、『PIONEER R&D』Vol. 13, No. 3、八三-八六頁。

「液晶対抗へ有機ELが参入、注目集まる携帯電話パネル」『日経マイクロデバイス』二〇〇〇年三月、一一六-一二〇頁。

「ケータイに照準定め立ち上がる有機EL」『日経エレクトロニクス』二〇〇〇年三月一三日、五五-六二頁。

「特集：ディスプレイに見る戦国時代、ケータイはPCほど単純ではない」『日経マイクロデバイス』二〇〇一年四月、八六-一〇四頁。

「有機ELの技術戦略：市場拡大に向け大型化に挑む」『日経マイクロデバイス』二〇〇一年六月、一〇五-一一二頁。

「有機ELがついに果たし状、液晶パネルに追いつき、抜き去る」『日経エレクトロニクス』二〇〇一年七月三〇日、六三-七〇頁。

「有機ELに電子ペーパー、巨大市場へ挑戦」『日経マイクロデバイス』二〇〇一年七月、八六-九一頁。

「東北パイオニア、技術力武器に地元密着、〝親離れ〟着々」『日経ビジネス』二〇〇一年九月一七日、五三-五六頁。

「大型と中小型の二大バトル、液晶 vs. PDP、液晶 vs. 有機EL」『日経マイクロデバイス』二〇〇三年一一月、一三七-一四七頁。

「モバイル機器をテレビに、小型パネルも美しさを競う」『日経エレクトロニクス』二〇〇三年一二月八日、五七-六四頁。

事例 8

青島矢一・大倉健［2009］、「荏原製作所：内部循環型流動層技術の開発」一橋大学イノベーション研究センターIIRケース・スタディ（大河内賞ケース研究プロジェクト）CASE#09-2。

石川禎昭編［2001］、『最先端のごみ処理溶融技術：熱分解ガス化溶融技術と焼却残渣溶融技術』日報出版。

大下孝裕［2006］、「心に火を付けて」『粉体工学会誌』四三巻六号、四二五頁。

環境省大臣官房廃棄物・リサイクル対策部［2006］、『日本の廃棄物処理：平成一八年度版』。

経済界「ポケット社史」編集委員会［1996］、『ポケット社史荏原：環境の総合エンジニアリング企業を目指して』経済界。

津川敬［2004］、『検証：ガス化溶融炉』緑風出版。

日本粉体工業技術協会編［1999］、『流動層ハンドブック』培風館。

八木信一［2004］、『廃棄物の行財政システム』有斐閣。

「激戦ごみリサイクル（上）焼却炉五強時代に風穴（新時代の環境ビジネス）」『日経産業新聞』一九九六年六月一二日、一二頁。

「対中環境ODAで何をすべきか：最新現地報告「中国の環境汚染」」『週刊東洋経済』一九九九年一月一六日号、一〇八－一一一頁。

「荏原、中国に電子ビーム排煙脱硫脱硝システム一号機を納入」『日刊工業新聞』二〇〇〇年一一月六日、一二頁。

「昭和電工・川崎事業所、使用済みプラ・ケミカルリサイクル軌道に」『化学工業日報』二〇〇四年五月一九日、一二頁。

「溶リ廃プラ再商品化、ケミカルリサイクル存続の危機」『化学工業日報』二〇〇七年六月一四日、一〇頁。

索　引

【人名索引】

【事項索引】

◆ あ　行

◆ さ　行

◆ た　行

【企業名・組織名索引】

著者紹介

武石　彰（たけいし・あきら）
学習院大学経済学部教授，京都大学名誉教授

青島 矢一（あおしま・やいち）
一橋大学イノベーション研究センター教授

軽部　大（かるべ・まさる）
一橋大学イノベーション研究センター教授

イノベーションの理由
資源動員の創造的正当化

Reasons for Innovation:
Creating Legitimacy for Resource Mobilization

2012年3月30日　初版第1刷発行
2024年3月15日　初版第6刷発行

著　者　武石　彰
　　　　青島　矢一
　　　　軽部　大
発行者　江草　貞治
発行所　株式会社　有斐閣
郵便番号101-0051
東京都千代田区神田神保町2-17
https://www.yuhikaku.co.jp/

印刷・大日本法令印刷株式会社／製本・大口製本印刷株式会社

ISBN 978-4-641-16392-8